中经税务宝典系列丛书

综合管理与通用知识学习宝典

刘绪义◎主编

中国经济出版社
CHINA ECONOMIC PUBLISHING HOUSE
·北 京·

图书在版编目（CIP）数据

综合管理与通用知识学习宝典／刘绪义主编．--北京：中国经济出版社，2021.7（2021.12重印）
（中经税务宝典系列/钟税仁主编）
ISBN 978-7-5136-6534-6

Ⅰ.①综… Ⅱ.①刘… Ⅲ.①税收管理-中国-干部培训-自学参考资料 Ⅳ.①F812.423

中国版本图书馆CIP数据核字（2021）第130839号

策划编辑　雷　生
责任编辑　孙东健　康会欣
责任印制　马小宾
封面设计　高鹏博

出版发行　中国经济出版社
印 刷 者　北京富泰印刷有限责任公司
经 销 者　各地新华书店
开　　本　787mm×1092mm　1/16
印　　张　32.25（图书）；1.5（手册）
字　　数　671千字
版　　次　2021年7月第1版
印　　次　2021年12月第2次
定　　价　98.00元
广告经营许可证　京西工商广字第8179号

中国经济出版社 **网址** www.economyph.com **社址** 北京市东城区安定门外大街58号 **邮编** 100011
本版图书如存在印装质量问题，请与本社销售中心联系调换（联系电话：010-57512564）

>>写在前面

习近平总书记告诫我们："党的历史经验和现实发展都告诉我们，没有全党大学习，没有干部大培训，就没有事业大发展。"要实现"两个一百年"奋斗目标，面对复杂形势和艰巨任务，全体干部都要以更高的要求、更大的努力提升整体素质和干事创业的能力。为促进全国税务干部业务大学习、能力大提升的需要，我们组织编写了这本《综合管理与通用知识学习宝典》。

本书旨在帮助税务干部解决两大问题：一是实现综合管理能力的提升，二是进行通用知识（包括政治素养和通用业务知识）的学习。

我国公务员职位分类主要有综合管理类、专业技术类和行政执法类。之所以如此分类，目的在于根据各类别公务员的管理特点，实行分类招录、分类培训、分类考核等，提高管理效能和科学化水平，促进专业化建设。本书第四编"综合管理专门业务"就是为综合管理类公务员实现能力提升而设置的。新时代新税务，要出色地完成税收使命、担当时代重任，提升干部的综合管理能力是最基本、最基础的内容。该部分内容主要包括政务管理、干部管理、监督管理、党务管理、财务与机关事务管理等。

本书的编写强调干部能力，但并非单纯讲业务能力，而着眼于干部整体素质的提升。提升干部能力，必须把政治能力放在首位。政治能力，是干部政治立场、政治方向、政治态度、政治原则的体现。因此，在本书第一编"测试要求与命题分析"之后，第二编特别总结了"政治素质知识谱系"。而就干部整体素质的提升来说，还应该注重通用业务知识的学习与积累。本书第三编专门介绍了通用业务知识谱系，主要包括管理学基础、政务管理、干部管理、监督管理，以及税务机关公务员应具备的税收基础、税收征管、法律基础、财会知识、税收信息化等通用业务知识。

需要明确的是，专业技术类和行政执法类公务员在税务机关主要属于征管评估、纳税服务、税务稽查和信息技术等类别，对其而言，政治素质和通用业务知识同样是必学必会的。政治素养和通用业务知识包括的内容非常丰富，涵盖哲学、历史、文学、科技、国情国力等领域，是每一名税务公务员都应该掌握的内容。在本系列丛书中，政治素质、通用业务知识方面的考查内容可以通用，为避免重复，仅在本书中进行介绍，而在《征管评估专业知识与技能学习宝典》《纳税服务专业知识与技能学习宝典》《税务稽查专业知识与技能学习宝典》等书中不再介绍。

本书在编写中已考虑到税务机关公务员的实际情况和能力水平、知识结构，既有重点地讲解学习方法和能力提升技巧，又针对干部的薄弱环节有所侧重。同时，为了便于税务干部检验自己的学习情况，还有针对性地编写了适量的模拟试题。

本书的一个显著特色是，着眼于相关测试，从命题和答题两个方面提供了一些技巧作为备考参考。希望本书能帮助读者轻松应对“两测”考试，一册在手，既能实现综合管理能力的提升和通用知识的学习，又能化解备考复习缺少参考资料的难题。

编　者

2021 年 6 月

>> CONTENTS 目 | 录

第三编　通用业务知识谱系

第五编　考点训练与分析500题

第一编

测试要求与命题分析

备考综合管理能力测试，让许多干部感到头痛的是既没有教材，又没有习题，加上平时工作很忙，没有时间复习，因此深感缺乏系统学习的抓手。

其实，综合管理能力的提升主要靠我们在日常工作中勤于学习、注意总结经验，以同事为师，以岗位为师。如此一来，即使遇到能力测试，也只需要让注意力回到“干什么、学什么、考什么”上来即可。

第一章 综合管理能力测试要求

第一节 综合管理能力学习要点

备考综合管理能力测试，让许多干部感到头痛的是既没有教材，又没有习题，加上平时工作很忙，没有时间复习，因此深感缺乏系统学习的抓手。

其实，综合管理能力的提升主要靠我们在日常工作中勤于学习、注意总结经验，以同事为师，以岗位为师。如此一来，即使遇到能力测试，也只需要让注意力回到“干什么、学什么、考什么”上来即可。

就综合管理能力测试而言，测试内容十分丰富而庞杂，别说一本书，就是十本书也不能全覆盖。有的干部感觉学习起来无从着手，主要原因在于忽视了平时的学习和积累。这里透露一点：不管是哪一类考试，考试大纲都给了我们一个很好的抓手，一个大纲本身就是一本好的教材。一方面，考试一定是严格按照大纲规定的测试目标和内容出题的；另一方面，大纲也基本规定了“考什么”的范围。所以，大纲就是教材。

综合管理能力测试一般采取分级制，测试题型以客观题为主。随着能力等级的升级，到了高等级阶段，测试时就会增加主观题，主、客观题占比大致为3:7。

从测试角度看，如今的各类测试题型一般都采取机考方式，闭卷考试，时间一般为120分钟，所以题量不会很大，而且不大可能出写作题，因为一道作文题没有一个小时是很难完成的。

客观题，包括但不限于单项选择题、多项选择题、判断题；主观题，包括但不限于简答题、论述题和实务题。很多人害怕主观题，其实，主观题恰恰一般都是送分题——只要掌握了答题技巧，主观题就是送分的。而且，如果从全国或一省来看，考生越多，出主观题的可能性越小。从某个政府部门的角度看，不大可能举行像全国高考那样声势浩大的考试，因为主观题的阅卷主要靠人工，需要阅卷人花费大量的阅卷时间。这期间的组织、保密工作难度之大，可想而知。

综合管理能力测试的知识谱系主要分三大部分：

一是政治素质知识谱系。这部分内容是变化最大且最快的，涉及的知识和能力也是最丰富的。虽然看起来都是大家经常听到、见到的很熟悉的内容，但真正要做起题来，往往让人很没有把握。

二是通用业务知识谱系。这部分内容是各个类别的能力测试所共同考查的，无论是综合管理还是征管评估等其他类别的能力测试，基本上都要考。

三是专门业务，其内容主要是专业知识与技能。这部分内容是区别各个能力测试类别的重点。对综合管理能力测试来说，只要掌握其学习方法就能够快速转化为能力。而且，综合管理能力中的专业知识与技能板块又是通用业务知识的具体化和深化。

特别值得注意的是，包括综合管理在内的业务能力提升测试的“政治素质”“通用业务知识”部分，在学习、测试内容和要求上是一样的。

因此，本丛书中的征管评估、纳税服务、税务稽查和信息技术均只编写了专业知识与技能的内容，这4类业务能力中的政治素质、通用业务知识均在本书中体现，以免重复。

第二节　能力测试等级的区分度

业务能力的提升一般分初级、中级、高级，分别对应各等级（以官方文件为准）。如何区分这些等级之间的学习内容，是很多干部关心的问题。这种关心可以理解，但完全没有必要。

首先，它的学习范围（也就是内容）是一样的。

其次，命题者也很难区别各个等级之间的差异，一套试卷总有易、中、难三个层次的试题搭配，只不过比例稍有不同。

最后，结合业务能力的提升来看，对于知识和技能，只有“了解”“熟悉”和“掌握”这三个层次的要求。对于所有的学习内容、知识要点，我们要尽量做到“熟悉”，并在工作实践中运用，达到“掌握”的程度。“了解”这个层次太低，不利于领导干部增强自身能力，提升个人素质，故不宜将其作为指导性标准。何况，学习的目的并不只是为了考试。因此，不要纠结区分度的问题。

五类业务能力知识考点的关联情况可见表1-1。

表 1－1 五类业务能力知识考点关联表

分类	政治素质与通用业务知识（综合管理、征管评估、纳税服务、税务稽查、信息技术测试通用）——政治素质
知识点	习近平新时代中国特色社会主义思想
	党性修养
	新时代党的建设
	全面从严治党

分类	政治素质与通用业务知识——通用业务知识	
知识点	管理学基础	
	政务管理	公文处理
		保密工作
		应急管理
		政府信息公开
		解决形式突出问题为基层减负
		重大事项请示报告工作
	干部管理	人事管理
		考核考评管理
	监督管理	党风廉政建设
		税务机关权力监督制约
		违法违纪行为惩处
	税收基础	税收概论
		各税种政策与管理
		社会保险费与非税收入
	税收征管	税务管理
		税款征收
		税务检查
		纳税服务
	法律基础	法理及行政法基础
		税务行政执法
		税务行政执法证据
		税收的刑法保障
		税务行政法律救济
		税收执法者及其责任
	财会知识	会计基础知识
		会计主要经济业务的核算
		会计凭证与账簿
		财务会计报告
	税收信息化	计算机终端基础知识
		常用软件应用
		网络与信息安全
		互联网＋税务

分类	综合管理专门知识（综合管理测试专业知识与技能）	
知识点	政务管理	公文处理
		税收宣传
		税收舆情管理
		政务信息
		会议管理
		政府信息公开
		保密工作
		信访工作
		督查督办
		应急管理
		印信管理
		档案管理
	干部管理	人事管理
		教育培训管理
		考核考评管理
	监督管理	纪检工作
		巡视巡查工作
		督查内审工作
		内控机制建设
	党务管理	党员管理
		党组织管理
		群团工作
	财务与机关事务管理	财务管理
		会计制度
		预算管理
		财务收支和决算管理
		国库集中支付管理
		国有资产管理
		基本建设管理
		政府采购
		机关事务管理

第二章　命题趋势与答题技巧

第一节　命题趋势

“两测”命题的趋势，用一个字概括就是“活”，基本上不会出简单的全靠记忆的题目，而非常注重情境化。

一、客观性试题

客观性试题也叫客观题，要求能够进行客观判分。在客观题中，除题干外，出题者已将备选答案列出，让应试者从中做出选择。

客观题具有三个特征：①多数试题答案事先提供；②考试结果评价客观准确；③应答形式固定。

客观题不会像填空题一样，将某一知识点挖出一个空来，供考生选择填空，而是将所考的知识用括号［即“（　　）”］括出。也就是说，题干的表述要求不再是简单的某一句话、某个概念或某个知识点的直接陈述，而非常注重情境性描述。客观题的题干可能是某个工作场景，将考点融入其中，让考生做出选择。

客观题的题型只有单项选择题、多项选择题、判断题。

从命题思路来看，选择题更具有欺骗性、迷惑性，也就是选项有相似性，这增加了考试的难度。

【例2－1】新时代历史机遇期是大有可为的，我们必须紧紧抓住，做到（　　）。

A. 实干、快干、会干　　B. 快干、实干、会干

C. 会干、快干、实干　　D. 快干、会干、实干

【参考答案】B

【考点分析】这其实是习近平总书记的讲话，《习近平新时代中国特色社会主义思想三十讲》中也有特别阐述。抓住历史机遇期，首先要尽快行动起来，即“快干”；其次要扎实地干，即“实干”；最后要注意方法和能力，即“会干”。本题测试的是看我们读原著、学原文、悟原理的程度，检验我们是不是真正理解了原文内在的逻辑和思想的精髓。

二、主观性试题

主观性试题也叫主观题。顾名思义，主观题是一种便于学习者自由理解、充分发挥、反映个性和创新意识的题型。它不提供标准答案，只规定了评分标准。在重视自主学习、能力提升的今天，主观题能够以一种更灵活、更自由的方式去检测学习者对知识的把握、应用，以及在此基础上所表现出来的创造力。但是，它也给阅卷评分带来了一定的难度——主要是评分标准如何把握的问题。从重视公平的角度来看，由于主观题答题模式非标准化、阅卷标准非客观化，难免会出现评分的主观随意性。

目前，在主观题测试中，一个非常值得关注的命题趋势就是主观题客观化。也就是说，为了检测考生能否对知识灵活运用，命题者一般会提供一段或几段材料，在此基础上，将原来要求自由发挥答题的部分改为具体的问题，并提供若干选项，答题者只要做出选择就行了。简单地说，就是将材料分析题或者实务题、案例题变成选择题，就是主观题客观化。它最大的好处是有利于评分，不过也限制了答题者的自由表达和才智发挥。

【例 2－2】（不定项选择题）2012 年初，A 市寰宇房产开发公司开发了某房地产项目。在项目开工仪式上，该公司经理陈某邀请了该公司所在县税务局局长李某等相关部门领导参加，并送给李某等人各 1000 元的劳务费，李某收下。之后，公司经理陈某通过李某帮忙关照，很快办好了相关的房产销售审批手续。次年中秋节，陈某为表示感谢又送 5 万元给李某，李某予以拒绝。在接下来的闲聊中，李某有意无意地说："我有个表叔在农村，生活比较困难。小时候，表叔对我很好，快到中秋节了，我想抽空去看看他。"陈某心领神会，不久就将 5 万元送给了其表叔。到了中秋节，李某去看望表叔时，表叔感激地对他说，谢谢他托人带来的 5 万元，李某笑说应该的。又一年春节，陈某到李某家拜年，送给其妻 2 万元。几个月后，李某到革命老区参观学习，看到老区条件很艰苦，很受教育，回来后就将陈某送给其妻的 2 万元捐给老区的学校。后来，检察院在调查陈某案件时，掌握了李某的有关问题，李某主动到纪委交代了上述事实。

根据上述材料，回答下列问题：

1. 李某在开工仪式上收受 1000 元属于（　　）行为。

A. 正常劳务费　　　　B. 收受可能影响公正执行公务的礼金

C. 正常的人情往来　　D. 明显超出正常礼尚往来的礼金

2. 李某在开工仪式上收受 1000 元，按照《中国共产党纪律处分条例》，应给予其（　　）处分。

A. 警告或严重警告　　　　B. 留党察看

C. 撤销党内职务　　　　D. 开除党籍

3. 陈某送给李某表叔的 5 万元的性质属于（　　）。

A. 李某受贿　　　　B. 李某表叔受贿

C. 陈某个人行为　　　　D. 不算李某受贿

4. 对李某可从宽处理的情形有（　　）。

A. 虽收受陈某 2 万元，但将其捐给学校

B. 主动到纪委交代本人违纪问题

C. 检举同案人或者其他人应当受到党纪处分或者法律追究的问题，经查证属实的

D. 主动上交违纪所得的

5. 根据《中国共产党纪律处分条例》第十七条的规定，不能从轻或者减轻处分的是（　　）。

A. 检举同案人或者其他人应当受到党纪处分或者法律追究的问题，经查证属实的

B. 主动挽回损失

C. 隐藏违纪所得

D. 有效阻止危害结果发生的

【参考答案】1. B；2. A；3. A；4. AB；5. C

【考点分析】本题考查的是领导干部对《中国共产党纪律处分条例》的熟悉和掌握程度，领导干部是否能够准确判断和界定违纪行为以及处分的尺度。

1. 收受被管理服务对象的红包，虽然数额不大，但也属于典型的可能影响公正执行公务的礼金。

2. 收受可能影响公正执行公务的礼品、礼金、消费卡和有价证券、股权、其他金融产品等财物，情节较轻的，给予警告或者严重警告处分。

3. 李某的表叔属于他的特定关系人，陈某送给表叔的钱，视同李某收受贿赂。

4.《中国共产党纪律处分条例》第三章“纪律处分运用规则”第十七条规定：“有下列情形之一的，可以从轻或者减轻处分：（一）主动交代本人应当受到党纪处分的问题的；（二）在组织核实、立案审查过程中，能够配合核实审查工作，如实说明本人违纪违法事实的；（三）检举同案人或者其他人应当受到党纪处分或者法律追究的问题，经查证属实的；（四）主动挽回损失、消除不良影响或者有效阻止危害结果发生的；（五）主动上交违纪所得的；（六）有其他立功表现的。”

从规定上来说，选项C、D都符合从轻或减轻处分的情形，但问题是材料中并没有出现选项C和D所表现的相关材料，所以不选。做这种实务题，有一个前提条件：要根据材料来作答，材料中没有提供的内容，不能凭空想象。

5. 隐藏违纪所得，属于对抗组织调查，应加重处分，而不能从轻处理。

第二节 答题技巧

一、选择题的答题技巧

熟悉或牢固掌握基本知识是做选择题的前提。掌握技巧则可以帮助我们提高答题速度。

做选择题，一般我们会先读题干、审题干。**注意：**审完题干材料后，不宜立刻审题中所给出的选项，原因是这些选项会对我们分析题干产生干扰，使我们难以迅速做出准确的判断。这在做哲学、政治等的选择题时表现得尤为突出。

审完题干后，建议根据题干先构思自己的大致设想，即设想正确的选项应该是什么，然后把自己的设想和题中的选项进行比较，找出二者的重合之处，选择的准确率就相应提高了。

很多考生会在看完题干材料后立刻对选项进行分析，常常感觉不少选项可以选，这在很大程度上是被选项干扰的结果。

【例2-3】古希腊哲学家克拉底鲁认为，万物只是一种不可名状的“旋风”，瞬息万变。他拒绝给事物以名称，主张对客观事物“什么都不说”。其错误在于（　　）。

A. 否定了事物的客观性　　B. 夸大了人的主观能动性

C. 否定了事物的相对静止　　D. 割裂了物质和运动的关系

【参考答案】C

【考点分析】题干材料中介绍了哲学家克拉底鲁对事物的观点认识，并要求我们判断其错在哪里。先不看选项，根据题干可知，克拉底鲁的观点是万物是运动变化的，无法命名。也就是说，在他看来，万物是绝对运动的，他不承认事物的另一面是相对静止的——其错误就在这里。

再来看选项。根据唯物辩证法，可知运动是绝对的、无条件的，静止是相对的、有条件的。世界上一切事物的存在和发展，都是绝对运动和相对静止的统一。克拉底鲁夸大了运动的绝对性，否定了相对静止。据此，选择C。

那么，为什么不选D？看起来D也是对的——因为如果否认了相对静止，就可能进一步导致否认事物的客观性，割裂物质和运动的关系。但从材料中来看，克拉底鲁并没有直接得出这个结论。

小技巧

（1）了解错误选项常见的干扰情况。

错误的选项，其迷惑性往往表现在：因果颠倒；前后矛盾；表述绝对化；概念混淆；表述错误或不完整；以偏概全，以点带面；与题干无关；等等。

（2）注意题干中出现的类似“最”“主导”“第一”“首先”“根本”“本质”等限定词，当这些词出现时应做个记号，以示提醒。

（一）去伪存真：做排除

【例2-4】马克思主义哲学的产生实现了哲学史上的伟大变革。它第一次实现了(　　)。

①唯物主义与辩证法的有机统一

②唯物辩证的自然观与唯物辩证的历史观的有机统一

③世界观和方法论的统一

④实践基础上的科学性和革命性的统一

A. ①②③　　B. ①②④　　C. ①③④　　D. ②③④

【参考答案】B

【考点分析】在选择题中运用排除法就是去伪存真的过程。哲学既是世界观的学说，又是方法论的学说，世界观和方法论是统一的。马克思主义哲学也是哲学的一种，但它无疑并不是第一次实现世界观和方法论统一的学说。因此，排除③，这也就排除了A、C、D三项，选择B。

（二）求同存异：做比较

【例2-5】2013年3月17日，习近平总书记在十二届全国人大闭幕会讲话中指出，中国特色社会主义道路“来之不易，它是在改革开放30多年的伟大实践中走出来的，是在中华人民共和国成立60多年的持续探索中走出来的，是在对近代以来170多年中华民族发展历程的深刻总结中走出来的，是在对中华民族5000多年悠久文明的传承中走出来的”。这体现出他的（　　）。

A. 辩证思维　　B. 战略思维　　C. 历史思维　　D. 创新思维

【参考答案】C

【考点分析】将A、B、C、D四个选项进行比较便知，题干论述的是思维类型，从"30多年""60多年""170多年""5000多年"这几个数字中可以推知，这与辩证思维、战略思维、创新思维都无关，而是一种历史思维。

（三）因果逆推：反向法（逆向思维）

遇到因果型选择题，常用逆推法，也就是逆向思维。逆向思维包含多种形式，常见的形式有逆用知识、逆向推理、反证法等。突破思维障碍的关键是结合题目给定的信息，逆向思考、合理推理，最终找到解题思路。执果索因，使思维顺序逆转，选择出这一结果或结论的原因或条件。逆向思维是一种重要的学习方法和思维形式，是创造性思维的重要特征之一，既有利于拓展思路、活化知识、提高解题能力，又有利于防止思维僵化、克服习惯性思维。

二、辨析题的答题技巧

回答辨析题，首先，一定要判断对错，是全对、全错，还是部分正确；其次，指出错误的地方；最后，分析错在哪里，也就是要讲出理由。这三点缺一不可，否则就得不到满分。

【例2-6】党员行为规范作为党的纪律具体表现形式之一，与行政纪律是一样的。

【参考答案】×

【考点分析】就这道题目来说，其说法并不完全正确：

（1）"党员行为规范作为党的纪律具体表现形式之一"这句话是没错的，但它与行政纪律是有原则性区别的。

（2）二者在性质、手段及适用对象上是不同的，绝不能混为一谈，也不应互相代替。

（3）强调党纪政纪的区别，有利于加强对党员的外部制约。党的纪律规范难以全部覆盖，而且在手段上不像行政纪律那样，能够使受处分者受到严重物质损失。

（4）政纪处分补充了党纪处分的不足，增大了对党员行为的制约力量，使少数不能自重、严重违纪犯罪的党员受到不只是来自党的内部，还有来自党的外部的制裁和震慑。

这样回答才是全面的。

三、简答题的答题技巧

前面说过，越是参考人数多的考试，命题人出主观题的可能性越小。但是，也不能完全排除出现主观题的可能性。简答题就是主观题的一种形式。

简答题可分为以下几种：

（1）分析类简答题：针对一个观点或原理进行分析。

（2）演绎类简答题：从一般性、规律性的结论去推知与其相关的、特殊的、个别的对象。如“上述材料是怎样体现某一观点（原理）的?”

（3）意义类简答题：针对某一做法的意义来设问。

（4）认识类简答题：如“为什么要用中国梦来概括中华民族伟大复兴?”

（5）措施类简答题：如“党员干部如何做到两个维护?”

（6）研究类简答题：要发现问题、分析问题和解决问题。

简答题主要是考查考生对基本概念、基础知识和基本原理的掌握程度和运用能力，以及对一些问题的认识分析能力，要求考生对基础知识能够准确阐述和运用。

一般情况下，我们答题时一定要看这道题的分值。例如，10 分的题目，一般要回答 200 ~ 300 字。但是，对简答题来说，顾名思义，其重点在“简”，所以也不必回答太多，否则就没有足够的应考时间。因此，在做简答题时，建议标出“1.”“2.”“3.”三点，这样可以让阅卷人一目了然。

例如，如果一道简答题的分值是 5 分，那么最好答出 5 个知识点。

如果一道简答题是 5 分，那么，最好的办法是答出 5 点或 6 点，多了没必要，少了肯定不行。

和论述题一样，阅卷人不可能从头到尾看你怎么作答，只会扫一下其中的关键词或者知识点，只要答到了，就会给分。我们答题时，目的就是要说服阅卷人能够慷慨地给你打分，帮助他找到打分的理由。

对于每一个要点，不要长篇大论，几十个字就够了，多写无用，因为每一点也只能给你一个知识点的得分，考试时是不能浪费时间的。

只要你认为把知识点答到了就行，稍微展开一下，就要收住。

答题时，需要按照知识点分开作答，不要混在一起，否则会被阅卷人忽略掉。

考试作答是答给阅卷人一个人看的，不必写得那么完美。

四、论述题的答题技巧

论述题是主观题的一种形式。这种题型在厅局级能力测试中出现的可能性极大，一是因为参加厅局级能力测试的人数相对较少，组织阅卷工作的难度较小；二是因为级别较高的领导干部应该体现出较强的思维能力和表达能力。论述题便于考查领导干部的领导思维和能否自由发挥出其个性。通过这种题型，考查领导干部灵活组织材料、清楚表达问题、深刻了解问题实质的能力。

论述题的分值相对更高，而且在“两测”中，论述题是最关键的一个题型，所以大家要高度重视。

（一）论述题如何破题

看到论述题时，应先看分值有多少，在心里盘算一下做这道题要花多少时间、写多少字。例如，一道分值为15分的论述题，应该写500字左右。否则，篇幅过短，阅卷人不可能给你高分；篇幅过长，没有充分的时间作答。

在回答论述题时，应认真阅读题目或材料，仔细审题，判断出这是何种论述题。

论述题的设问方式一般分两种类型，即“怎么办”和“为什么”。

（1）“怎么办”型：关键词往往是“如何”“怎样”等。

（2）“为什么”型：关键词往往是“必要性”“重要性”“意义”等。

做出判断后，便可开始作答。此时，最重要的就是找出并解释题目中的**核心概念**。

很多参考人员在答论述题时感到非常困惑：弄得懂题目，也知道怎么做，但就是不知如何下笔。

论述题和作文题的最大区别是：作文题考查考生的思维能力和文字表述能力，论述题考查考生对知识点的掌握情况和运用情况。作文题讲究创新、个性，不陈词滥调；论述题讲究掌握和运用。因此，哪怕大家知道怎么做，也要下笔答出来。其步骤是：

首先，一定要解释题中的**核心概念**。

其次，**分述论点**，即运用知识点、政策、实例进行简单概括，提出自己关于这个问题的几个论点（这些论点就是考点）。

最后，为自己的论点寻找支撑点，即**论述**。

做论述题时，不要一段到底，要分成“1.”“2.”“3.”点来表述，每一点就是一个分论点。在表述分论点时，要便于自己迅速作答，也要让阅卷人很容易就找到你的得分点。

（二）论述题作答的基本格式

1. “怎么办型”论述题

一般将“题目设问的对象”放在后面，将“题目要考的知识点”放在前面。基本格式如下：

（1）**（题目要考的知识点）**+可以（能够）+题目设问的对象。

例如：如何切实增加农民收入？

分论点可以这样表述：扩大农民就业（题目要考的知识点）+可以（能够）+增加农民收入（题目设问的对象）。

有了这个基本格式，考生在考试中自然会想到平时所学或所掌握的知识点，然后可以延伸作答，这样才能发挥好平时所学。

（2）**（题目要考的知识点）**+是+题目设问的对象+的基础**（保障、方式、环节、措施）**。

以上题为例，分论点可以这样表述：扩大农民就业（题目要考的知识点）+是+提高农民收入（题目设问的对象）+的基础（保障、方式、环节、措施）。

2. “为什么型”论述题

一般将“题目设问的对象”放在前面，将“题目要考的知识点”放在后面。基本格式如下：

（1）问意义：**（题目设问的对象）**+可以（有利于、有助于、能够）+（题目要考的知识点）。

例如：税务系统为什么要从严治党？

分论点可以这样表述：税务系统从严治党（题目设问的对象）+有利于+营造良好的政治生态（题目要考的知识点）。

（2）问重要性或必要性：**（题目的设问的对象）**+是+**（题目要考的知识点）**+的**（要求或保障等）**。

例如：请谈谈税务系统从严治党的必要性（相当于意义）。

分论点可以这样表述：税务系统构建全面从严治党新格局（题目设问的对象）+是+推动实现税收现代化（题目要考的知识点）+的重要保障。

也可以这样表述：税务系统从严治党（题目设问的对象）+是+加强党对税收工作的领导，推进税务系统党的建设，进一步发挥税收在国家治理中的基础性、支柱性、保障性作用（题目要考的知识点）+的必然要求。

将每个分论点答出来后，还要适当展开论述。这个论述过程就是运用科学的原理或知识点（政策或规定）或事实、案例证明自己归纳的论点。

记住：最后要回到**分论点**。

（三）答题注意事项

（1）首先，要将归纳出来的分论点按照与题目相关的顺序进行排序，分别从不同的设问角度或层次来选择论点。

（2）论述过程中对材料（知识点）的选择和运用，多数来自考生自己平时的积累，但也可以运用题目中所给出的材料。

（3）多数情况下，论述题的作答只需要概括性的材料，不需要具体的数据材料，也不需要特殊的材料，而是需要大家都能理解的或者具有代表性的材料或例子。

（4）对不同论点，应避免用相同的材料来论述，但可以从不同的角度对同一个材料进行分析。否则，阅卷人只会将其当作一个论点予以打分。

再次强调：表述分论点时，一定要标明顺序号（“1.”“2.”“3.”），因为阅卷人不喜欢自行去搜寻考生答出了哪几个知识点。

阅卷人在打分时，会在脑海里记住标准答案中的知识点或关键词。如果你的答案中出现了这些知识点或关键词，他就算你得分。

举个例子：新个税法规定的综合所得的基本扣除标准为什么要实行全国一刀切？

首先，要找到题目的核心概念：个税综合所得扣除标准一刀切，先要解释一下这个概念。然后，提出 3～5 个分论点，如：①“一刀切”有利于政策执行的统一性；②“一刀切”有利于政策尺度把握的公平性；③“一刀切”有利于实际操作的规范性。三个“有利于”就是三个分论点，这样作答便可让阅卷人一目了然。

做论述题时，要解答得详细一点。比如，可以从正反角度来论证，如果不“一刀切”，而是各地区“起征点”不同，会造成什么后果。另外，三个分论点的表述还可以更规范、更专业些，如“‘一刀切’是税法统一性的内在要求”。还可以通过中外对比来进行论证，如“国外的经验如何”等。

【例 2－7】如何提升税收的治理体系和治理能力？

【考点分析】首先，分析税收的治理体系及治理能力的现状。

其次，可以从以下几点来谈：①健全税法体系；②完善税收组织体系和征管体系；③优化纳税服务体系，改进服务方式；④科技兴税，提升税收信息化体系，提升信息管税能力；⑤人才强税，提升税收治理能力。

最后，看到题目后，假如完全不知从何下手，可根据税务部门“到 2020 年基本实现税收现代化”的目标来作答，即“建立完备规范的税法体系、成熟定型的税制体系、优质便捷的服务体系、科学严密的征管体系、稳固强大的信息体系、高效清廉的组织体系”。

小材料

2013 年 12 月 26 日，全国税务工作会议在京召开。会议提出，要“着眼未来定目标。建立完备规范的税法体系、成熟定型的税制体系、优质便捷的服务体系、科学严密的征管体系、稳固强大的信息体系、高效清廉的组织体系，到2020 年基本实现税收现代化。”

2021 年 1 月 8 日，全国税务工作会议在北京召开。会议提出了新的“六大体系”建设，使之更有时代性，更富创造性，更增先进性，更具引领性：

- 坚强有力的党的领导制度体系；
- 成熟完备的税收法治体系；
- 优质快捷的税费服务体系；
- 严密规范的税费征管体系；
- 合作共赢的国际税收体系；
- 高效清廉的队伍组织体系。

第二编

政治素质知识谱系

与综合管理能力相关的知识可分为政治素质知识谱系、通用业务知识谱系和综合管理专门业务。其中，政治素质和通用业务知识是各个类别的能力测试所必考的，而综合管理能力测试中的通用业务知识和涉及综合管理专门业务的专业知识与技能其实大体相同，后者是对前者的具体和深化，所以，这是选择参加综合管理能力测试的考生的一大优势。因此，在本书中，我们将通用业务知识和综合管理专门业务合起来讲，让你一书在手，一个完整的知识图谱就完整展现在大脑之中。

第三章　习近平新时代中国特色社会主义思想

2017 年 10 月 24 日，中国共产党第十九次全国代表大会审议并一致通过十八届中央委员会提出的《中国共产党章程（修正案）》，把习近平新时代中国特色社会主义思想写入党章。

2018 年 3 月 11 日，十三届全国人大一次会议表决通过了《中华人民共和国宪法修正案》，把习近平新时代中国特色社会主义思想载入宪法，把党的指导思想转化为国家指导思想，以国家根本法的形式确立习近平新时代中国特色社会主义思想在国家政治和社会生活中的指导地位。

习近平新时代中国特色社会主义思想是所有类别能力测试共同的重要考点。本书突出强调了其中最精要的部分。

第一节　习近平新时代中国特色社会主义思想的主要内容

新时代中国特色社会主义是我们党领导人民进行伟大社会革命的成果，也是我们党领导人民进行伟大社会革命的继续，必须一以贯之地进行下去。

胸怀“两个大局”：中华民族伟大复兴的战略全局和世界百年未有之大变局。

推进“两个伟大革命”：坚持和发展中国特色社会主义的伟大社会革命和全面从严治党的伟大自我革命。

提出**以人民为中心**的发展思想，深化了社会主义本质理论。

提出**我国社会主要矛盾发生历史性转化**，发展了社会主义发展阶段理论。

推进**全面深化改革**，提升了社会主义发展动力理论。

推进**国家治理体系和治理能力现代化**，发展了社会主义现代化理论。

统筹推进**“五位一体”总体布局**、协调推进**“四个全面”战略布局**，完善了社会主义全面发展理论。

提出和践行**新发展理念**，拓展了关于社会主义发展途径和目标的理论。

坚持党的全面领导，提出**中国共产党领导是中国特色社会主义最本质的特征和中国特色社会主义制度的最大优势**，提出新时代党的建设总要求、党建新布局和新时代党的组织路线，丰富发展了马克思主义执政党建设理论。

在理论观点创新上，提出**“八个明确”**和**“十四个坚持”**，形成中国特色社会主义道路、理论、制度、文化，丰富发展了社会主义社会结构理论。

第二节　习近平新时代中国特色社会主义思想的时代背景、实践基础和理论渊源①

一、习近平新时代中国特色社会主义思想的时代背景

我们需要从当代中国、当今世界和世界社会主义发展的时空方位中去把握习近平新时代中国特色社会主义思想的时代背景。

（1）时代是思想之母，思想是时代之帆。习近平新时代中国特色社会主义思想的历史方位无疑是新时代，而这个新时代的基本指向是中国发展新的历史阶段，是中国从站起来、富起来到强起来的新的历史跨越，是实现社会主义现代化、实现中华民族伟大复兴的新的历史进程。

（2）中国是世界的一部分，中国的发展离不开世界。特别是在中国综合国力显著增强、对外开放程度不断加深的情况下，在中国日益走近世界舞台中央、影响日益扩大的情况下，中国的社会主义现代化之路、中华民族的复兴之路更是同人类命运、世界社会主义命运紧密联系在一起，更是作为人类文明发展、科学社会主义发展的重要方面呈现在世人面前。

（3）如果再联系改革开放特别是党的十八大以来中国的发展变化，联系当今中国在世界上的地位影响，联系中国特色社会主义发展在世界范围内产生的有利于马克思主义的新发展，一个不用争辩的事实是，中国特色社会主义使世界资本主义与世界社会主义的力量对比发生深刻变化，成为代表世界社会主义运动的主流方向。正如习近平同志所指出的：“科学社会主义在中国的成功，对马克思主义、科学社会主义的意义，对世界社会主义的意义，是十分重大的。”

① 参见中央党校副校长、习近平新时代中国特色社会主义思想研究中心副主任甄占民撰写的《划时代的思想火炬——深刻认识习近平新时代中国特色社会主义思想的时代背景、实践基础和理论渊源》一文（有删节），发表于2018年1月23日的《人民日报》。

二、习近平新时代中国特色社会主义思想的实践基础

我们需要从推进“四个伟大”创造性实践、历史性变革的深厚底蕴中去把握习近平新时代中国特色社会主义思想的实践基础。

（1）实践是理论之源，实践进程决定思想进程。我们党领导全国人民进行革命、建设、改革的历史一再表明，实践越是艰苦卓绝、越是波澜壮阔，越是呼唤科学管用的理论、越是催生博大精深的思想。毛泽东思想是这样诞生的，邓小平理论、“三个代表”重要思想、科学发展观是这样诞生的，习近平新时代中国特色社会主义思想也是这样诞生的。

（2）党的十八大以来，以习近平同志为核心的党中央统揽伟大斗争、伟大工程、伟大事业、伟大梦想的生动实践，以巨大的政治勇气和强烈的责任担当，以一系列极具创新创造的举措，解决了许多长期想解决而没有解决的难题，办成了许多过去想办而没有办成的大事，开创了党和国家事业的新局面新气象。这一全方位、开创性的实践过程，赋予习近平新时代中国特色社会主义思想全方位、开创性的历史意义。可以说，这一新思想是在伟大实践丰厚沃土中长成的参天大树。

（3）党的十八大以后党和国家事业发展的巨变，离不开长期的积累，离不开新中国成立后特别是改革开放以来奠定的坚实基础。正是由于同创造性实践、历史性变革紧密相连，习近平新时代中国特色社会主义思想具有鲜明的实践特色，彰显出强大实践魅力和现实说服力。

三、习近平新时代中国特色社会主义思想的理论渊源

我们需要从不忘本来、吸收外来、面向未来的集大成特点中去把握习近平新时代中国特色社会主义思想的理论渊源。

（1）根深叶茂，源远流长。在对待“本来”的问题上，习近平新时代中国特色社会主义思想有着更为坚定、更加自觉的立场态度。科学社会主义基本原则不能丢，丢了就不是社会主义；中华优秀传统文化是中华民族的“根”和“魂”；中华文化是中国特色社会主义的沃土，是中国特色社会主义的历史渊源；文化自信是更基础、更广泛、更深厚的自信，是更基本、更深沉、更持久的力量；等等。

（2）吸收“外来”是集大成之养分所在。习近平同志反复强调，文明是多彩的，人类文明因多样才有交流互鉴的价值；文明是平等的，人类文明因平等才有交流互鉴的前提；文明是包容的，人类文明因包容才有交流互鉴的动力。事实上，正是注重对国外有

益文明成果的吸收借鉴，成就了习近平新时代中国特色社会主义思想的宽广视野和博大气度，增强了这一新思想引领时代发展和世界潮流的理论价值和思想光芒。

（3）习近平新时代中国特色社会主义思想并没有停留在对“本来”和“外来”的一般性阐发和运用上，而是在继承或吸纳的基础上，更加注重立足新的实践开辟马克思主义发展新境界，注重对传统文化的创造性转化、创新性发展，注重在扬弃结合中推动人类文明发展。尤其是对共产党执政规律、社会主义建设规律、人类社会发展规律的一些重要问题的本质性把握、原理性揭示，有许多是在认识论方法论层面实现重要突破，这更表明这一新思想的原创性价值。

第三节　习近平新时代中国特色社会主义思想的鲜明品格、科学体系和核心要义

一、习近平新时代中国特色社会主义思想的鲜明品格①

（1）习近平新时代中国特色社会主义思想具有深厚的历史哲学底蕴，善于从历史大视野中进行深度哲学思考，把握历史发展大趋势。

（2）习近平新时代中国特色社会主义思想具有强大的守正创新性，在坚持马克思主义基本原理的基础上推进了理论创新和实践创新。

（3）习近平新时代中国特色社会主义思想具有强烈的风险忧患意识，始终强调在推进中国特色社会主义伟大事业的进程中防范化解风险。

（4）习近平新时代中国特色社会主义思想具有能动的自我革命性，在伟大社会革命中推进自我革命。

二、习近平新时代中国特色社会主义思想的科学体系

习近平新时代中国特色社会主义思想具有鲜明主题目标，从历史与现实、理论与实践、国内与国际等结合上对一系列重要问题作出全方位、立体化回答，在各领域、各方面都形成系统化的思想观点，是一个内涵丰富、系统完备、相互贯通、逻辑严密的思想体系。党的十九大报告用“八个明确”“十四个坚持”概括了这一思想体系的主要内容。

① 参见中国社会科学院马克思主义研究院副院长、研究员辛向阳撰写的《习近平新时代中国特色社会主义思想的鲜明品格》（有删节），发表于2019年6月27日的《光明日报》。

（一）八个明确

（1）明确坚持和发展中国特色社会主义，总任务是实现社会主义现代化和中华民族伟大复兴，在全面建成小康社会的基础上，分两步走在本世纪中叶建成富强民主文明和谐美丽的社会主义现代化强国。

（2）明确新时代我国社会主要矛盾是人民日益增长的美好生活需要和不平衡不充分的发展之间的矛盾，必须坚持以人民为中心的发展思想，不断促进人的全面发展、全体人民共同富裕。

（3）明确中国特色社会主义事业总体布局是“五位一体”、战略布局是“四个全面”，强调坚定道路自信、理论自信、制度自信、文化自信（四个自信）。

（4）明确全面深化改革总目标是完善和发展中国特色社会主义制度、推进国家治理体系和治理能力现代化。

（5）明确全面推进依法治国总目标是建设中国特色社会主义法治体系、建设社会主义法治国家。

（6）明确党在新时代的强军目标是建设一支听党指挥、能打胜仗、作风优良的人民军队，把人民军队建设成为世界一流军队。

（7）明确中国特色大国外交要推动构建新型国际关系，推动构建人类命运共同体。

（8）明确中国特色社会主义最本质的特征是中国共产党领导，中国特色社会主义制度的最大优势是中国共产党领导，党是最高政治领导力量，提出新时代党的建设总要求，突出政治建设在党的建设中的重要地位。

（四）十四个坚持

（1）坚持党对一切工作的领导。党政军民学，东西南北中，党是领导一切的。必须增强政治意识、大局意识、核心意识、看齐意识，自觉维护党中央权威和集中统一领导，自觉在思想上政治上行动上同党中央保持高度一致，完善坚持党的领导的体制机制，坚持稳中求进工作总基调，统筹推进“五位一体”总体布局，协调推进“四个全面”战略布局，提高党把方向、谋大局、定政策、促改革的能力和定力，确保党始终总揽全局、协调各方。

（2）坚持以人民为中心。人民是历史的创造者，是决定党和国家前途命运的根本力量。必须坚持人民主体地位，坚持立党为公、执政为民，践行全心全意为人民服务的根本宗旨，把党的群众路线贯彻到治国理政全部活动之中，把人民对美好生活的向往作为奋斗目标，依靠人民创造历史伟业。

（3）坚持全面深化改革。只有社会主义才能救中国，只有改革开放才能发展中国、发展社会主义、发展马克思主义。必须坚持和完善中国特色社会主义制度，不断推进国家治理体系和治理能力现代化，坚决破除一切不合时宜的思想观念和体制机制弊端，突破利益固化的藩篱，吸收人类文明有益成果，构建系统完备、科学规范、运行有效的制度体系，充分发挥我国社会主义制度优越性。

（4）坚持新发展理念。发展是解决我国一切问题的基础和关键，发展必须是科学发展，必须坚定不移贯彻创新、协调、绿色、开放、共享的发展理念。发展是解决我国一切问题的基础和关键，发展必须是科学发展，必须坚定不移贯彻创新、协调、绿色、开放、共享的发展理念。

（5）坚持人民当家作主。坚持党的领导、人民当家作主、依法治国有机统一是社会主义政治发展的必然要求。必须坚持中国特色社会主义政治发展道路，坚持和完善人民代表大会制度、中国共产党领导的多党合作和政治协商制度、民族区域自治制度、基层群众自治制度，巩固和发展最广泛的爱国统一战线，发展社会主义协商民主，健全民主制度，丰富民主形式，拓宽民主渠道，保证人民当家作主落实到国家政治生活和社会生活之中。

（6）坚持全面依法治国。全面依法治国是中国特色社会主义的本质要求和重要保障。必须把党的领导贯彻落实到依法治国全过程和各方面，坚定不移走中国特色社会主义法治道路，完善以宪法为核心的中国特色社会主义法律体系，建设中国特色社会主义法治体系，建设社会主义法治国家，发展中国特色社会主义法治理论，坚持依法治国、依法执政、依法行政共同推进，坚持法治国家、法治政府、法治社会一体建设，坚持依法治国和以德治国相结合，依法治国和依规治党有机统一，深化司法体制改革，提高全民族法治素养和道德素质。

（7）坚持社会主义核心价值体系。文化自信是一个国家、一个民族发展中更基本、更深沉、更持久的力量。必须坚持马克思主义，牢固树立共产主义远大理想和中国特色社会主义共同理想，培育和践行社会主义核心价值观，不断增强意识形态领域主导权和话语权，推动中华优秀传统文化创造性转化、创新性发展，继承革命文化，发展社会主义先进文化，不忘本来、吸收外来、面向未来，更好构筑中国精神、中国价值、中国力量，为人民提供精神指引。

（8）坚持在发展中保障和改善民生。增进民生福祉是发展的根本目的。必须多谋民生之利、多解民生之忧，在发展中补齐民生短板、促进社会公平正义，在幼有所育、学有所教、劳有所得、病有所医、老有所养、住有所居、弱有所扶上不断取得新进展，深入开展脱贫攻坚，保证全体人民在共建共享发展中有更多获得感，不断促进人的全面发展、全体人民共同富裕。

（9）坚持人与自然和谐共生。建设生态文明是中华民族永续发展的千年大计。必须树立和践行绿水青山就是金山银山的理念，坚持节约资源和保护环境的基本国策，像对待生命一样对待生态环境，统筹山水林田湖草系统治理，实行最严格的生态环境保护制度，形成绿色发展方式和生活方式，坚定走生产发展、生活富裕、生态良好的文明发展道路，建设美丽中国，为人民创造良好生产生活环境，为全球生态安全作出贡献。

（10）坚持总体国家安全观。统筹发展和安全，增强忧患意识，做到居安思危，是我们党治国理政的一个重大原则。必须坚持国家利益至上，以人民安全为宗旨，以政治安全为根本，统筹外部安全和内部安全、国土安全和国民安全、传统安全和非传统安全、自身安全和共同安全，完善国家安全制度体系，加强国家安全能力建设，坚决维护国家主权、安全、发展利益。

（11）坚持党对人民军队的绝对领导。建设一支听党指挥、能打胜仗、作风优良的人民军队，是实现"两个一百年"奋斗目标、实现中华民族伟大复兴的战略支撑。必须全面贯彻党领导人民军队的一系列根本原则和制度，确立新时代党的强军思想在国防和军队建设中的指导地位，坚持政治建军、改革强军、科技兴军、依法治军，更加注重聚焦实战，更加注重创新驱动，更加注重体系建设，更加注重集约高效，更加注重军民融合，实现党在新时代的强军目标。

（12）坚持"一国两制"和推进祖国统一。保持香港、澳门长期繁荣稳定，实现祖国完全统一，是实现中华民族伟大复兴的必然要求。必须把维护中央对香港、澳门特别行政区全面管治权和保障特别行政区高度自治权有机结合起来，确保"一国两制"方针不会变、不动摇，确保"一国两制"实践不变形、不走样。必须坚持一个中国原则，坚持"九二共识"，推动两岸关系和平发展，深化两岸经济合作和文化往来，推动两岸同胞共同反对一切分裂国家的活动，共同为实现中华民族伟大复兴而奋斗。

（13）坚持推动构建人类命运共同体。中国人民的梦想同各国人民的梦想息息相通，实现中国梦离不开和平的国际环境和稳定的国际秩序。必须统筹国内国际两个大局，始终不渝走和平发展道路、奉行互利共赢的开放战略，坚持正确义利观，树立共同、综合、合作、可持续的新安全观，谋求开放创新、包容互惠的发展前景，促进和而不同、兼收并蓄的文明交流，构筑尊崇自然、绿色发展的生态体系，始终做世界和平的建设者、全球发展的贡献者、国际秩序的维护者。

（14）坚持全面从严治党。勇于自我革命，从严管党治党，是我们党最鲜明的品格。必须以党章为根本遵循，把党的政治建设摆在首位，思想建党和制度治党同向发力，统筹推进党的各项建设，抓住“关键少数”，坚持“三严三实”，坚持民主集中制，严肃党内政治生活，严明党的纪律，强化党内监督，发展积极健康的党内政治文化，全面净化党内政治生态，坚决纠正各种不正之风，以零容忍态度惩治腐败，不断增强党自我净化、自我完善、自我革新、自我提高的能力，始终保持党同人民群众的血肉联系。

三、习近平新时代中国特色社会主义思想的核心要义①

准确把握习近平新时代中国特色社会主义思想的核心要义，是正确认识这一思想的理论主题和精神实质的关键所在。

习近平新时代中国特色社会主义思想的核心要义，就是坚持和发展中国特色社会主义。

中国特色社会主义是历史的结论、人民的选择，是当代中国大踏步赶上时代、引领时代的康庄大道，是当代中国发展进步的根本方向。

改革开放以来，我们取得一切成绩和进步的根本原因，归结起来，就是开辟了中国特色社会主义道路，形成了中国特色社会主义理论体系，确立了中国特色社会主义制度，发展了中国特色社会主义文化。

党的十八大以来，以习近平同志为核心的党中央，准确把握中国特色社会主义的历史新方位、时代新变化、发展新要求，科学回答了新时代中国发展提出的一系列重大理论和现实问题，把我们党对中国特色社会主义的认识和实践推进到一个新的阶段，推动中国特色社会主义进入新时代。

习近平新时代中国特色社会主义思想：

——具有鲜明的时代性，是时代的理论。

——具有鲜明的人民性，是人民的理论。

——具有鲜明的科学性，是科学的理论。

——具有鲜明的实践性，是实践的理论。

——具有鲜明的全球性，是富有世界意义的理论。

---

① 参见中央党史和文献研究院学术和编审委员会主任陈理撰写的《深刻认识习近平新时代中国特色社会主义思想的核心要义和理论品格》（有删节），发表于2019年7月11日的《光明日报》。

第四章　新时代共产党人的党性修养

第一节　党的历史和传统

一、党的初心和使命

为中国人民谋幸福，为中华民族谋复兴，是中国共产党人的初心和使命，也是改革开放的初心和使命。

为人民谋幸福、为民族谋复兴、为世界谋大同，是深刻理解和全面把握习近平新时代中国特色社会主义思想的“金钥匙”。

为人民谋幸福，是中国共产党毫不动摇的初心。

为民族谋复兴，是中国共产党应运而生就肩负起的伟大历史使命。

为世界谋大同，是中国共产党人为人类谋和平、谋发展、做贡献的使命担当。

二、“不忘初心、牢记使命”主题教育

重点关注：习近平总书记《在“不忘初心、牢记使命”主题教育工作会议上的讲话》。

“不忘初心、牢记使命”，是习近平总书记于2017年10月18日在十九大报告中正式提出的。

（一）总要求

守初心、担使命，找差距、抓落实。

“找差距”时，有4个“对照”标准：

（1）对照习近平新时代中国特色社会主义思想和党中央决策部署。

（2）对照党章党规。

（3）对照人民群众新期待。

（4）对照先进典型、身边榜样。

（二）根本任务

（1）深入学习贯彻习近平新时代中国特色社会主义思想。

（2）锤炼忠诚干净担当的政治品格。

（3）团结带领全国各族人民为实现伟大梦想共同奋斗。

（三）具体目标

（1）理论学习有收获。

（2）思想政治受洗礼。

（3）干事创业敢担当。

（4）为民服务解难题。

（5）清正廉洁作表率。

（四）重要意义

（1）不忘初心、牢记使命，是贯彻党的十九大精神的重要举措。

（2）“为中国人民谋幸福、为中华民族谋复兴”的初心和使命是激励中国共产党人不断前进的根本动力。

（3）不忘初心、牢记使命，是中国共产党保持永远年轻的重要法宝。

（4）不忘初心、牢记使命，是中国共产党始终铭记历史的重要力量。

（5）不忘初心、牢记使命，是中国共产党不断开创未来的重要基础。

三、党的历史和贡献

中国共产党有着100年的历史，有着极其丰富且重要的历史经验和贡献。

2021年是中国共产党成立100周年，在这个特殊的有纪念意义的时期，请大家对党的历史和贡献的内容重点关注。

（一）主要的历史贡献

（1）根本上改变了中国人民的前途命运，开创了中国特色社会主义。

（2）领导中华民族走向伟大复兴。

（3）推动了人民和平与发展的崇高事业。

（4）铸造了坚强的领导核心。

（5）蕴含了深刻的历史启示，积累了宝贵的历史经验。

（二）宝贵的历史经验

（1）正确对待马克思主义，坚定不移地走自己的路。

（2）顺应世界大势，始终走在时代前列。

（3）代表最广大人民根本利益，尊重人民主体地位和首创精神。

（4）加强党的自身建设，把党要管党、全面从严治党落到实处。

四、党的优良传统和政治灵魂

（一）三大优良传统

（1）理论联系实际。

（2）密切联系群众。

（3）批评和自我批评。

（二）政治灵魂

对马克思主义的信仰，对社会主义和共产主义的信念，是共产党人的政治灵魂，是共产党人经受住任何考验的精神支柱。

第二节 党的理想和信念

一、党的远大理想和共同理想

（1）共产主义远大理想。

（2）中国特色社会主义共同理想。

二、党的信仰和信念

（1）对马克思主义的信仰。

（2）对社会主义和共产主义的信念。

（注意以上对信仰和信念的表述）

三、党的路线和政治原则

（1）思想路线：一切从实际出发，理论联系实际，实事求是，在实践中检验真理和发展真理（党章）。

（2）根本工作路线：群众路线。

（3）根本政治原则：独立自主。

四、党的纲领和政治定力

（1）党在不同的时期有不同的纲领。

——党的基本纲领：建成富强民主文明和谐美丽的社会主义现代化强国。

——党的最高纲领：实现共产主义的社会制度。

（2）政治定力：毫不动摇地坚持马克思主义和共产主义的信仰，坚持中国特色社会主义，坚决与各种错误思想、错误行为作斗争，能够经受住各种政治考验。

第三节　党的性质和宗旨

一、党的性质

中国共产党是中国工人阶级的先锋队，同时是中国人民和中华民族的先锋队，是中国特色社会主义事业的领导核心，代表中国先进生产力的发展要求，代表中国先进文化的前进方向，代表中国最广大人民的根本利益。

（**注意**：这个表述和十八大之前有所不同）

二、党的宗旨

党的宗旨是全心全意为人民服务。

是否实现人民的利益，得到广大人民群众的拥护，是衡量我们党的路线、方针和政策是否正确的最高标准。中国共产党100年来奋斗历程的基本经验之一，就是始终牢记全心全意为人民服务的宗旨，紧紧地依靠人民群众，诚心诚意地为人民谋利益，从人民群众中汲取前进的不竭力量。

全心全意为人民服务的宗旨，要求共产党员把党和人民的利益摆在高于一切的位置上，任何时候、任何情况下都应当首先想到党和人民群众的整体利益。

中国共产党从她诞生之日起就是中国各族人民利益的忠实代表，就把全心全意为人民服务当作自己的唯一宗旨。

第四节　党的纪律和规矩

一、党的章程与党员主体地位

党的章程即党章，是一个政党为保证全党在政治上、思想上的一致和组织上、行动上的统一所制定的章程。

党章是一个政党为实现党的纲领、开展正规活动、规定党内事务所规定的根本法规，是党赖以建立和活动的法规体系的基础，是党的各级组织和全体党员必须遵守的基本准则和规定，具有最高党法、根本大法的效力。

党章一般由党的代表大会制定和通过，它的内容主要是规定党纲、组织机构、组织制度、党员条件、党员的权利义务、党的纪律等。

党的十八大通过的《中国共产党章程（修正案）》，首次将尊重党员主体地位写入党章：充分发扬党内民主，尊重党员主体地位，保障党员民主权利，发挥各级党组织和广大党员的积极性创造性。

二、党的准则与党员道德规范

两准则：《关于新形势下党内政治生活的若干准则》《中国共产党廉洁自律准则》。

（一）《关于新形势下党内政治生活的若干准则》（摘要）

办好中国的事情，关键在党，关键在党要管党、从严治党。党要管党必须从党内政治生活管起，从严治党必须从党内政治生活严起。

开展严肃认真的党内政治生活，是我们党的优良传统和政治优势。

共产主义远大理想和中国特色社会主义共同理想，是中国共产党人的精神支柱和政治灵魂，也是保持党的团结统一的思想基础。必须高度重视思想政治建设，把坚定理想信念作为开展党内政治生活的首要任务。

思想理论上的坚定清醒是政治上坚定的前提。

以党委（党组）中心组学习等制度为主要抓手，各级党组织要定期开展集体学习。

党在社会主义初级阶段的基本路线是党和国家的生命线、人民的幸福线，也是党内政治生活正常开展的根本保证。

考察识别干部特别是高级干部必须首先看是否坚定不移贯彻党的基本路线。

全党各个组织和全体党员服从党的全国代表大会和中央委员会，核心是全党各个组织和全体党员服从党的全国代表大会和中央委员会。

坚持党的领导，首先是坚持党中央的集中统一领导。

政治纪律是党最根本、最重要的纪律，遵守党的政治纪律是遵守党的全部纪律的基础。

民主集中制是党的根本组织原则，是党内政治生活正常开展的重要制度保障。坚持集体领导制度，实行集体领导和个人分工负责相结合，是民主集中制的重要组成部分。

领导班子成员必须坚决执行党组织决定，如有不同意见，可以保留或向上一级党组织提出，但在上级或本级党组织改变决定以前，除执行决定会立即引起严重后果等紧急情况外，必须无条件执行已作出的决定。

党员有权在党的会议上有根据地批评党的任何组织和任何党员。

坚持正确选人用人导向，是严肃党内政治生活的组织保证。

建设廉洁政治，坚决反对腐败，是加强和规范党内政治生活的重要任务。必须筑牢拒腐防变的思想防线和制度防线，着力构建不敢腐、不能腐、不想腐的体制机制，保持党的肌体健康和队伍纯洁。

（二）《中国共产党廉洁自律准则》

《中国共产党廉洁自律准则》重在立德，是党执政以来第一部坚持正面倡导、面向全体党员的规范全党廉洁自律工作的重要基础性法规，是对党章规定的具体化。

1. 党员廉洁自律规范

（1）坚持公私分明，先公后私，克己奉公。

（2）坚持崇廉拒腐，清白做人，干净做事。

（3）坚持尚俭戒奢，艰苦朴素，勤俭节约。

（4）坚持吃苦在前，享受在后，甘于奉献。

2. 党员领导干部廉洁自律规范

（1）廉洁从政，自觉保持人民公仆本色。

（2）廉洁用权，自觉维护人民根本利益。

（3）廉洁修身，自觉提升思想道德境界。

（4）廉洁齐家，自觉带头树立良好家风。

三、党的纪律与党员行为规范

（一）党的纪律

政治纪律、组织纪律、廉洁纪律、群众纪律、工作纪律、生活纪律。

（二）党员行为规范

（1）《中国共产党纪律处分条例》。

（2）《中国共产党问责条例》。

（3）《中国共产党党内监督条例》。

（4）《中国共产党巡视工作条例》。

第五章　新时代党的建设

第一节　主线、总要求和总体布局

一、主线

一条主线：党的长期执政能力建设、先进性和纯洁性建设。

二、总要求

坚持和加强党的全面领导，坚持党要管党、全面从严治党，以加强党的长期执政能力建设、先进性和纯洁性建设为主线，以党的政治建设为统领，以坚定理想信念宗旨为根基，以调动全党积极性、主动性、创造性为着力点，全面推进党的政治建设、思想建设、组织建设、作风建设、纪律建设，把制度建设贯穿其中，深入推进反腐败斗争，不断提高党的建设质量，把党建设成为始终走在时代前列、人民衷心拥护、勇于自我革命、经得起各种风浪考验、朝气蓬勃的马克思主义执政党。

三、总体布局（5+2）

全面推进党的政治建设、思想建设、组织建设、作风建设、纪律建设，把制度建设贯穿其中，深入推进反腐败斗争。

第二节　政治建设

一、目的

加强党的政治建设的目的是坚定政治信仰，强化政治领导，提高政治能力，净化政治生态，实现全党团结统一、行动一致。

二、首要任务

政治建设的首要任务是保证全党服从中央，坚决维护党中央权威和集中统一领导。

三、总体要求

（一）坚定政治信仰

（1）坚持用党的科学理论武装头脑。

（2）坚定执行党的政治路线。

（3）坚决站稳政治立场。

（二）坚持党的政治领导

（1）坚决做到“两个维护”。

（2）完善党的领导体制。

（3）改进党的领导方式。

（三）提高政治能力

（1）增强党组织政治功能。

（2）彰显国家机关政治属性。

（3）发挥群团组织政治作用。

（4）强化国有企事业单位政治导向。

（5）提高党员干部政治本领。

（四）净化政治生态

（1）严肃党内政治生活。

（2）严明党的政治纪律和政治规矩。

（3）发展积极健康的党内政治文化。

（4）突出政治标准选人用人。

（5）永葆清正廉洁的政治本色。

（五）强化组织实施

（1）落实领导责任。

（2）抓住“关键少数”。

（3）强化制度保障。

（4）加强监督问责。

第三节 思想建设

一、思想建设是党的基础性建设

加强党的思想理论建设是科学把握党执政的内在要求和客观规律，提高党的吸引力的重要途径。

加强党的思想理论建设是党始终保持先锋队性质，提高党的凝聚力的根本性措施。

加强党的思想理论建设是胜利推进改革开放和现代化事业，提高党的战斗力的根本保证。

加强党的思想建设，最根本的是要用马克思主义理论武装全党。

党的思想建设，是指党为保持创造力、凝聚力和战斗力而在思想理论方面所进行的一系列工作。思想建设是党的基础性建设，主要任务就是强化马克思主义理论武装，对党员进行党的基本理论、基本路线、基本方略的教育，保持全党在思想上政治上行动上的高度一致，保持党的先进性、纯洁性。坚定的理想信念，是保持党的团结统一的思想基础。

二、坚定理想信念是党的思想建设首要任务

一个人如果没有理想信念支撑，他们的人生就如同失去了舵的船，只能任由利益和欲望的风吹浪打。他们其实不缺钱，巨额贪污受贿，只是因为把利益的攫取、欲望的满足当成了人生目的。一个党也是如此。理想信念的坍塌是最根本的坍塌。

衡量一名党员干部理想信念是否坚定，看他能否坚持全心全意为人民服务的根本宗旨，能否吃苦在前、享受在后，能否勤奋工作，廉洁奉公，能否为理想而奋不顾身去拼搏、去奋斗、去献出自己的全部精力乃至生命。

三、思想理论创新：思想建党、理论强党

思想建党，从根本上说，就是牢固树立共产主义理想信念，牢固树立全心全意为人民服务根本宗旨。

理论强党，从根本上说，就是真正把马克思主义这个看家本领学精悟透用好，用马克思主义中国化最新成果武装头脑、指导实践、推动工作。

四、思想政治教育

要坚持把立德树人作为中心环节，把思想政治工作贯穿教育教学全过程，实现全程

育人、全方位育人，努力开创我国高等教育事业发展新局面。（习近平：《在全国高校思想政治工作会议上的讲话》，2016 年 12 月 7—8 日）

五、意识形态工作

意识形态决定文化前进方向和发展道路，对一个政党、一个国家、一个民族的生存发展至关重要。

牢牢把握“两个巩固”根本任务，把增强“四个意识”、坚定“四个自信”作为建设社会主义意识形态的关键，坚持用习近平新时代中国特色社会主义思想武装全党、教育人民，深入培育和践行社会主义核心价值观，不断增强社会主义意识形态的凝聚力和引领力。

巩固马克思主义在意识形态领域中的指导地位；大力弘扬社会主义核心价值观。

经济建设是党的中心工作，意识形态工作是党的一项极端重要的工作。（习近平：《在全国宣传思想工作会议上的重要讲话》，2013 年 8 月 19 日）

人民是历史的创造者，是决定党和国家前途命运的根本力量。坚持以人民为中心做好意识形态工作。

加强党对宣传思想工作的全面领导，旗帜鲜明坚持党管宣传、党管意识形态。

各级党委要以政治建设为统领，增强“四个意识”、坚定“四个自信”，强化意识形态工作责任制，切实负起政治责任和领导责任。把意识形态工作牢牢抓在手上，作为党的建设和政权建设的重要内容纳入议事日程，进一步加强意识形态阵地建设和管理。保持清醒头脑，提高政治敏锐性和政治鉴别力，注意区分政治原则问题、思想认识问题、学术观点问题，不为杂音噪音干扰，不为错误思潮迷惑。

小思考

党的十九大报告一改过去长期以来把党的思想建设放在首位的惯例，第一次把党的政治建设摆在首位，认为“思想建设是党的基础性建设”，把它调到了第二位。这种顺序的调整把党的政治建设作为党的根本性建设，凸显了政治属性是政党的第一属性。请思考：这一调整是不是否定了党的思想建设的重要性？

第四节　组织建设

党的组织建设是党的建设主要内容之一，主要包括党的干部队伍建设、党员队伍建设和民主集中制建设等任务。党的组织体系是依据党的纲领和章程、按照民主集中制的原则，自下而上组织起来的统一整体。党要实现各个历史时期的政治任务，必须始终把加强党的组织建设摆在突出位置。

一、民主集中制建设是党的组织建设的重要任务

民主集中制既是党的根本组织原则。党最大的制度优势便在于民主集中制。

《党政领导干部选拔任用工作条例》将民主集中制列为选拔任用党政领导干部的七大原则之一，将民主集中制贯穿选拔任用过程。

二、干部队伍建设在党的组织建设中居于核心地位

主要内容包括：坚持用好的作风选人，选作风好的人。注重在改革和建设的实践中考察和识别干部，把那些德才兼备、实绩突出和群众公认的人及时选拔到领导岗位上来。加强对年轻干部的培养。

好干部标准：信念坚定、为民服务、勤政务实、敢于担当、清正廉洁。

党的干部是党和国家事业的中坚力量。要坚持党管干部原则，坚持德才兼备、以德为先，坚持五湖四海、任人唯贤，坚持事业为上、公道正派，把好干部标准落到实处。要坚持正确用人导向，把好干部选出来、用起来，促进能者上、庸者下、劣者汰。

三、党员队伍建设：党员教育与管理

党员队伍建设是党的组织建设的又一重要内容，其主要内容包括：在改革开放和现代化建设的新形势下，坚持党员标准，加强和改进党员教育管理工作，提高党员素质，增强党员党性，保持党的先进性和纯洁性，增强党的战斗力和凝聚力。充分发挥每个党员的先锋模范作用。

严格党员管理教育，坚持民主评议党员制度，及时地清除腐败分子，妥善处理不合格党员。同时要重视培养、吸收生产第一线的工人、农民、知识分子中的优秀分子入党，特别要加强在产业工人中发展党员工作。

（一）党员教育

2019 年 5 月，中央印发了《中国共产党党员教育管理工作条例》，其中涉及党员教育的主要内容如下：

（1）把用习近平新时代中国特色社会主义思想武装全党作为党员教育管理的首要政治任务，引导党员充分认识学习贯彻习近平新时代中国特色社会主义思想的重大意义，自觉学懂弄通做实。

（2）建立以学习贯彻习近平新时代中国特色社会主义思想为中心内容的党员教育教材体系。

（3）坚持集中教育和经常性教育相结合，组织培训和个人自学相结合，采取集中轮训、党委（党组）理论学习中心组学习、理论宣讲、组织生活、在线学习培训等方式，形成习近平新时代中国特色社会主义思想学习教育长效机制，推动党员学深悟透、入脑入心。

（4）党员教育的基本任务：

——加强政治理论教育；

——突出政治教育和政治训练；

——强化党章党规党纪教育；

——加强党的宗旨教育；

——进行革命传统教育；

——开展形势政策教育；

——注重知识技能教育。

（二）党员管理

《中国共产党党员教育管理工作条例》涉及党员管理的主要内容如下：

（1）党支部应当运用“三会一课”制度，对党员进行经常性的教育管理。党员应当按期参加党员大会、党小组会和上党课，进行学习交流，汇报思想、工作等情况。党员领导干部应当参加双重组织生活。

（2）党支部应当每月开展 1 次主题党日。

（3）党员应当按期交纳党费。党组织应当做好党费收缴、使用和管理工作。

（4）党支部每年至少召开 1 次组织生活会，也可以根据工作需要随时召开，一般以党员大会、党支部委员会会议或者党小组会形式进行。

（5）党支部一般每年开展 1 次民主评议党员。

（6）党员每年集中学习培训时间一般不少于 32 学时。

（7）鼓励和引导党员参与志愿服务。

（8）每个党员都必须编入党的一个支部、小组或者其他特定组织。

（9）对外出 6 个月以上并且没有转移组织关系的流动党员，应当保持经常联系，跟进做好教育培训、管理服务等工作。

（10）对出国（境）学习研究党员，由原就读高校或者工作单位党组织保留其组织关系，每半年至少与其联系1次。

（11）地方各级党委组织部和纪检监察机关、党委宣传部、党校（行政学院）、机关工委、教育工委、国资委党委等，分别按照职能职责，承担党员教育管理工作任务。

（12）党员教育管理工作经费应当列入地方各级财政预算。

第五节 作风建设

一、作风建设的核心和关键

作风建设的核心是保持党同人民群众的血肉联系，是以人民为中心价值取向对党自身提出的道德要求。

作风建设的关键在于解决问题、务求实效。

要树立正确的权力观。

要突出重点，抓好领导干部的作风建设。

注重加强党的作风建设的制度保证。

党的作风就是党的形象。

二、"中央八项规定"及其实施细则精神

（一）"中央八项规定"

2012年12月4日，中共中央政治局会议审议通过《十八届中央政治局关于改进工作作风、密切联系群众的八项规定》，即"中央八项规定"。主要内容是：

（1）要改进调查研究，到基层调研要深入了解真实情况，总结经验、研究问题、解决困难、指导工作，向群众学习、向实践学习，多同群众座谈，多同干部谈心，多商量讨论，多解剖典型，多到困难和矛盾集中、群众意见多的地方去，切忌走过场、搞形式主义；要轻车简从、减少陪同、简化接待，不张贴悬挂标语横幅，不安排群众迎送，不铺设迎宾地毯，不摆放花草，不安排宴请。

（2）要精简会议活动，切实改进会风，严格控制以中央名义召开的各类全国性会议和举行的重大活动，不开泛泛部署工作和提要求的会，未经中央批准一律不出席各类剪彩、奠基活动和庆祝会、纪念会、表彰会、博览会、研讨会及各类论坛；提高会议实效，开短会、讲短话，力戒空话、套话。

（3）要精简文件简报，切实改进文风，没有实质内容、可发可不发的文件、简报一

律不发。

（4）要规范出访活动，从外交工作大局需要出发合理安排出访活动，严格控制出访随行人员，严格按照规定乘坐交通工具，一般不安排中资机构、华侨华人、留学生代表等到机场迎送。

（5）要改进警卫工作，坚持有利于联系群众的原则，减少交通管制，一般情况下不得封路、不清场闭馆。

（6）要改进新闻报道，中央政治局同志出席会议和活动应根据工作需要、新闻价值、社会效果决定是否报道，进一步压缩报道的数量、字数、时长。

（7）要严格文稿发表，除中央统一安排外，个人不公开出版著作、讲话单行本，不发贺信、贺电，不题词、题字。

（8）要厉行勤俭节约，严格遵守廉洁从政有关规定，严格执行住房、车辆配备等有关工作和生活待遇的规定。

（二）“中央八项规定”实施细则

2017 年 10 月 27 日，十九届中共中央政治局召开会议，研究部署学习宣传贯彻党的十九大精神，审议《中共中央政治局贯彻落实中央八项规定的实施细则》。主要内容是：

（1）全面从严治党依然从落实八项规定开局。

（2）持之以恒正风肃纪。

（3）勇于自我革命，从严管党治党，是我们党最鲜明的品格。

（4）着重对改进调查研究、精简会议活动、精简文件简报、规范出访活动、改进新闻报道、厉行勤俭节约等方面内容作了进一步规范、细化和完善。

（5）坚持精准发力，从具体事情抓起，以小见大、以小带大，抓铁有痕、踏石留印，以钉钉子精神加以推进；坚持以上率下，从中央政治局做起，各级领导干部带头，压实各级党组织特别是主要领导干部全面从严治党主体责任，这也正是五年来党抓“八项规定”精神落实的重要经验。

三、党的十八大以来反“四风”的举措

反“四风”，即反对“形式主义、官僚主义、享乐主义和奢靡之风”四种不正之风。

（1）反对形式主义，重在解决作风漂浮、工作不实，文山会海、表面文章，贪图虚名、弄虚作假等问题。

（2）反对官僚主义，重在解决脱离实际、脱离群众，消极应付、推诿扯皮，作风霸道、迷恋特权等问题。

（3）反对享乐主义，重在解决追名逐利、贪图享受，讲究排场、玩物丧志等问题。

（4）反对奢靡之风，重在解决铺张浪费、挥霍无度，骄奢淫逸、腐化堕落等问题。

2013 年 11 月，中央党的群众路线教育实践活动领导小组印发《关于开展“四风”突出问题专项整治和加强制度建设的通知》，强调要认真贯彻执行《党政机关厉行节约反对浪费条例》，把专项整治作为教育实践活动整改落实的重中之重，狠抓落实，务求实效。

每年 12 月底，中共中央办公厅、国务院办公厅都要印发相关通知，“严禁年底突击花钱”和“杜绝节日腐败”。这是反“四风”举措剑之所指。

问责力度明显加大，强调“问题典型、突出的点名道姓通报曝光”。抓细节、抓具体，用问题倒逼，管住一个个节点，以点带面、逐步深入，不断加大典型案件的曝光力度，持续释放执纪必严的强烈信号。

开展“不忘初心、牢记使命”主题教育，力戒形式主义，以好的作风确保好的效果。有力地反对、查处调研成看秀、窗口“卡”变“拖”、项目造“盆景”等不良现象。

针对形式主义、官僚主义问题，习近平总书记明确“一把手要负总责”，并强调“要靠深入调查研究下功夫解难题，靠贴近实际和贴近群众的务实举措抓落实，确保党中央决策部署落地生根”

防止“四风”反弹。紧盯“四风”隐形变异、改头换面等新动向、新情况，盯具体人、具体事、具体节点，保持高压态势。

四、党的群众路线教育实践活动

2013 年 4 月，中央决定在全党自上而下分批开展党的群众路线教育实践活动。从中央到地方，全党上下迅速行动起来，广泛听取群众意见，以整风精神开展批评和自我批评，扎实整改、建章立制。党的群众路线教育实践活动深入开展。

第六节　纪律建设

一、加强纪律建设是全面从严治党的治本之策

纪律严明是党的光荣传统和独特优势。

严明党的纪律，首先要严格遵守党章。

严明党的纪律，要增强纪律教育针对性。

严明党的纪律，要深化运用监督执纪四种形态。

二、加强纪律建设的具体措施

（1）在“早发现”上深化，挺纪在前，提高发现违纪问题能力。

（2）在“分类处置”上深化，提高精准把握执纪标准和运用政策能力。

（3）在“用好第一种形态”上深化，加强日常管理和监督，使批评教育成为常态。

（4）在“谈话函询”上深化，发挥采信告知的教育激励作用和抽查核实的监督作用。

（5）坚持纪严于法、纪在法前。

三、自觉遵守和严格执行党的纪律

党的纪律主要包括政治纪律、组织纪律、廉洁纪律、群众纪律、工作纪律、生活纪律。

对党员的纪律处分有五种：警告、严重警告、撤销党内职务、留党察看、开除党籍。

（一）政治纪律

严明党的纪律，首要的就是严明政治纪律。党的纪律是多方面的，但政治纪律是最重要、最根本、最关键的纪律，遵守党的政治纪律是遵守党的全部纪律的重要基础。政治纪律是各级党组织和全体党员在政治方向、政治立场、政治言论、政治行为方面必须遵守的规矩，是维护党的团结统一的根本保证。

党员干部违反政治纪律的表现主要有：

（1）在重大原则问题上不同党中央保持一致且有实际言论、行为或者造成不良后果。

（2）丑化党和国家形象，或者诋毁、诬蔑党和国家领导人、英雄模范，或者歪曲党的历史、中华人民共和国历史、人民军队历史。

（3）党员领导干部在本人主政的地方或者分管的部门自行其是，搞山头主义，拒不执行党中央确定的大政方针，甚至背着党中央另搞一套。

（4）对党不忠诚不老实，表里不一，阳奉阴违，欺上瞒下，搞两面派，做两面人。

（5）干扰巡视巡察工作或者不落实巡视巡察整改要求。

（6）组织、利用宗教活动反对党的路线、方针、政策和决议，破坏民族团结。

（7）信仰宗教或者参与利用宗教搞煽动活动。

（8）团团伙伙、破坏党内团结、对抗组织审查、听传谣言、传抄大字报、组织或参与上访。

（二）组织纪律

增强全党组织纪律性。组织纪律是规范和处理党的各级组织之间、党组织与党员之间以及党员与党员之间关系的行为规则，是维护党的集中统一、保持党的战斗力的基本条件。

违反组织纪律的行为和表现主要有：

（1）故意规避集体决策，决定重大事项、重要干部任免、重要项目安排和大额资金使用。

（2）借集体决策名义集体违规。

（3）搞有组织的拉票贿选。

（4）用公款拉票贿选。

（5）在干部选拔任用工作中，有任人唯亲、排斥异己、封官许愿、说情干预、跑官要官、突击提拔或者调整干部等违反干部选拔任用规定行为。

其他违反组织纪律的行为和表现还有：

（1）违反民主集中制。

（2）侵犯党员权利行为。

（3）违反组织工作原则等行为。

（4）违规办理因私出国（境）证件和在国（境）外擅自脱离组织等行为。

（三）廉洁纪律

廉洁纪律是党组织和党员在从事公务活动或者其他与行使职权有关的活动中应当遵守的廉洁用权的行为规则，是干部清正、政府清廉、政治清明的重要保障。腐败是党长期执政面临的最大威胁。要严肃查处权权交易、权钱交易和权色交易行为，超标准、超范围接待以及收受礼品、礼金、消费卡等行为，永葆共产党人清正廉洁政治本色。

违反廉洁纪律的行为和表现主要有：

（1）收受可能影响公正执行公务的礼品、礼金、消费卡和有价证券、股权、其他金融产品等财物。

（2）借用管理和服务对象的钱款、住房、车辆等，影响公正执行公务。

（3）通过民间借贷等金融活动获取大额回报。

（4）利用参与企业重组改制、定向增发、兼并投资、土地使用权出让等决策、审批过程中掌握的信息买卖股票，利用职权或者职务上的影响通过购买信托产品、基金等方式非正常获利。

（5）为配偶、子女及其配偶等亲属和其他特定关系人在审批监管、资源开发、金融信贷、大宗采购、土地使用权出让、房地产开发、工程招投标以及公共财政支出等方面谋取利益。

（6）为配偶、子女及其配偶等亲属和其他特定关系人吸收存款、推销金融产品等提供帮助谋取利益。

（7）公款旅游或者以学习培训、考察调研、职工疗养等为名变相公款旅游。

（8）改变公务行程，借机旅游。

其他一些常见的行为也违反了廉洁纪律，主要包括以下7个方面：

（1）以权谋私。

（2）违规接受礼品礼金和服务。

（3）违规从事营利活动。

（4）违反工作生活待遇规定。

（5）违规占用公款公物。

（6）违反厉行节约反对浪费规定。

（7）权色交易。

（四）群众纪律

群众纪律是党的各级组织和全体党员贯彻执行党的群众路线和处理党群关系必须遵守的行为规则，是党的先进性的重要体现。要坚守人民立场，增强群众感情，提高群众工作本领，严肃查处超标准、超范围向群众摊派费用以及克扣群众财物、拖欠群众钱款等行为，严肃查处在社会保障、救灾救济款物分配等事项中优亲厚友、显失公平的行为，严肃查处对待群众消极应付、推诿扯皮、态度恶劣等行为，始终保持党同人民群众的血肉联系。

违反群众纪律的行为主要表现在侵害群众利益、漠视群众利益、侵占群众知情等方面，主要有：

（1）扶贫领域侵害群众利益。

（2）利用宗族或者黑恶势力等欺压群众。

（3）纵容涉黑涉恶活动、为黑恶势力充当“保护伞”。

（4）对涉及群众生产、生活等切身利益的问题依照政策或者有关规定能解决而不及时解决，庸懒无为、效率低下，造成不良影响。

（5）盲目举债、铺摊子、上项目，搞劳民伤财的“形象工程”“政绩工程”，致使国家、集体或者群众财产和利益遭受较大损失。

（五）工作纪律

压实管党治党政治责任。工作纪律是党的各级组织和全体党员在党的各项具体工作中必须遵守的行为规则，是党的各项工作正常开展的重要保证。要紧紧抓住全面从严治党主体责任这个“牛鼻子”，严肃追究对主体责任认识不清、落实不力，或者不敢担当、不愿负责的行为，严肃追究党组织负责人不负责任或者疏于管理，对存在的问题装聋作哑、避重就轻等行为，确保全面从严治党政治责任落到实处。

违反工作纪律的行为和表现主要体现在滥用职权、玩忽职守，以及形式主义、官僚主义等作风问题等方面，主要有：

（1）贯彻创新、协调、绿色、开放、共享的发展理念不力，对职责范围内的问题失察失责，造成较大损失或者重大损失。

（2）贯彻党中央决策部署只表态不落实。

（3）热衷于搞舆论造势、浮在表面。

（4）单纯以会议贯彻会议、以文件落实文件，在实际工作中不见诸行动。

（5）在上级检查、视察工作或者向上级汇报、报告工作时对应当报告的事项不报告或者不如实报告，造成严重损害或者严重不良影响。

（6）泄露、扩散或者打探、窃取党组织关于干部选拔任用、纪律审查、巡视巡察等尚未公开事项或者其他应当保密的内容。

（六）生活纪律

生活纪律是党员在日常生活和社会交往中应当遵守的行为规则，涉及个人品德、家庭美德、社会公德等各个方面，直接关系党的形象。要严肃查处享乐主义、奢靡之风、追求低级趣味等行为，严肃查处违背家庭伦理和社会公序良俗的行为，督促党员干部在生活上做好表率。

违反生活纪律的行为主要有：

（1）不重视家风。

（2）对配偶、子女及其配偶失管失教，造成不良影响或者严重后果。

（3）生活奢靡。

（4）违反家庭伦理和社会公德。

第七节　制度建设

一、制度建设是全面从严治党的重要保障

（1）以党章为根本。

（2）以民主集中制为核心。

（3）以准则、条例等党内法规为主干（党内法规制度体系）。

增强党自我净化能力，根本靠强化党的自我监督和群众监督。

形成巡视、派驻、监察三个全覆盖的统一的权力监督格局。

制度的生命力在执行。

党内法规制度体系建设正加快推进，制度的“笼子”正编织得更加紧密、牢固。

二、党内法规和制度体系建设成果丰硕

党的十八大以来，党内法律和制度体系建设取得了丰硕的成果。

党内法规制度体系，是以党章为根本，以民主集中制为核心，以准则、条例等中央党内法规为主干，由各领域各层级党内法规制度组成的有机统一整体。

“1 +4”为基本框架的党内法规制度体系：在党章之下分为党的组织法规制度、党的领导法规制度、党的自身建设法规制度、党的监督保障法规制度四大板块。

2013 年 5 月,《中国共产党党内法规制定条例》和《中国共产党党内法规和规范性文件备案规定》陆续发布，中国共产党首次拥有正式的党内“立法法”，为党内法规制度体系建设提供基本依据和规范。

2013 年 8 月,《中共中央关于废止和宣布失效一批党内法规和规范性文件的决定》发布，我们党历史上对党内法规和规范性文件的第一次全面系统清理工作完成。清理的范围包括 1978 年至 2012 年 6 月期间中央制定的所有 767 件法规和规范性文件。

到 2014 年底，党中央部署完成了对第二阶段清理范围即中华人民共和国成立至 1977 年期间中共中央制定的 411 件党内法规和规范性文件的清理工作。至此，党中央系统全面清理了新中国成立至 2012 年 6 月期间中央出台的全部文件，共清理党内法规和规范性文件 1178 件，其中 322 件在清理中被废止、369 件被宣布失效，二者合计占 58.7%。

2015 年 8 月，《中国共产党巡视工作条例》颁布，成为党内法规制度建设的第一个主干制度。

2015 年 10 月，中共中央政治局审议通过《中国共产党廉洁自律准则》和《中国共产党纪律处分条例》。

2016 年 7 月，中共中央政治局审议通过《中国共产党问责条例》。这是第一部规范党的问责工作的基础性法规。

2016 年 10 月，十八届六中全会审议通过《关于新形势下党内政治生活的若干准则》和《中国共产党党内监督条例》。

2017 年 1 月，十八届中央纪委七次全会审议通过《中国共产党纪律检查机关监督执纪工作规则（试行）》，全面梳理整合监督执纪相关制度，把纪委的权力关进了制度笼子。

党的十九大报告指出，党内法规制度体系将实现全覆盖。

2018 年，中共中央印发《中央党内法规制定工作第二个五年规划（2018—2022 年）》

2018 年 8 月，中共中央印发修订后的《中国共产党纪律处分条例》。

2018 年 11 月，中共中央印发《中国共产党支部工作条例（试行）》。

2019 年 2 月，中共中央出台《中国共产党重大事项请示报告条例》。

2019 年 4 月，中共中央印发《党政领导干部考核工作条例》《中国共产党党组工作条例》。

2019 年 5 月，中共中央印发《中国共产党党员教育管理工作条例》。

2019 年 8 月，中共中央修订印发《中国共产党党内法规制定条例》。该条例作为党内“立法法”，是党内法规制定工作的基本遵循。

2019 年 9 月，中共中央印发《中国共产党问责条例》。

2020 年 1 月，中共中央印发《中国共产党国有企业基层组织工作条例（试行）》《中国共产党党和国家机关基层组织工作条例》。

2020 年 7 月，中共中央印发《中国共产党基层组织选举工作条例》。

2020 年 10 月，中共中央印发《中国共产党中央委员会工作条例》。

全面从严治党永远在路上，党内法规制度的完善也永远在路上。

三、提高党内法规制定质量和制度执行力

要牢牢把握党内法规制度建设的正确方向，以党章为根本依据，切实体现党的意志

主张，体现全面从严治党要求，强化“四个意识”，特别是核心意识、看齐意识，坚持依法治国与制度治党、依规治党统筹推进、一体建设，推动党的制度优势更好转化为治国理政的实际效能。要突出工作重点，坚持目标导向和问题导向相统一，抓紧建立和完善主干性、支撑性党内法规制度，健全相关配套法规制度，统筹推进立改废释工作，加快形成内容科学、程序严密、配套完备、运行有效的党内法规制度体系。要以改革创新精神推进党内法规制度建设，在解决突出问题、补齐法规制度短板上下功夫，提高党内法规制度质量。

（1）提高党内法规制度执行力，要坚持以上率下，从各级领导机关和党员领导干部做起，以身作则、严格要求，带头遵规学规守规用规。

（2）加强学习教育，加大党内法规宣讲解读力度，将党内法规制度作为各级党委（党组）中心组学习重要内容，纳入党校、行政学院、干部学院必修课程。

（3）强化监督检查，将党内法规制度实施情况作为各级党委督促检查、巡视巡查的重要内容，对重要党内法规制度实施情况开展定期督查、专项督查。

（4）加大责任追究和惩处力度，严肃查处违反和破坏党内法规制度的行为。

（5）完善备案审查制度，建立贯通上下的备案工作体系，建立备案工作考核通报制度。

第六章　全面从严治党

第一节　全面从严治党基本方略

一、全面从严治党的提出及其意义

全面从严治党是党的十八大以来党中央作出的重大战略部署，是“四个全面”战略布局的重要组成部分，也是全面建成小康社会、全面深化改革、全面依法治国顺利推进的根本保证。全面从严治党，基础在全面，关键在严，要害在治。

全面从严治党，要坚持六个统一：

（1）坚持思想建党和制度治党相统一。

（2）坚持使命引领和问题导向相统一。

（3）坚持抓“关键少数”和管“绝大多数”相统一。

（4）坚持行使权力和担当责任相统一。

（5）坚持严格管理和关心信任相统一。

（6）坚持党内监督和群众监督相统一。

一体推进不敢腐、不能腐、不想腐，不仅是反腐败斗争的基本方针，也是新时代全面从严治党的重要方略。

毫不动摇坚持和加强党对一切工作的领导，是全面从严治党的核心。

二、全面从严治党的新要求和新部署

（一）全面从严治党的新要求

（1）落实从严治党责任：抓好党建是最大的政绩。

（2）坚持思想建党和制度治党紧密结合：实施二者并重的方针。

（3）严肃党内政治生活：党性锻炼的主要平台。

（4）坚持从严管理干部：党要出问题，主要出在干部身上。

（5）持续深入改进作风：以最严厉的举措治理作风问题。

（6）严明党的纪律：党规党纪严于国家法律。

（7）发挥人民监督作用：坚持党内监督和人民监督相结合。

（8）深入把握从严治党规律：增强系统性、预见性、创造性、实效性。

（二）全面从严治党的新部署

（1）全面从严加强思想建设：把理想信念教育作为战略任务。

（2）全面从严加强组织建设：坚持民主集中制的制度优势。

（3）全面从严加强作风建设：始终保持党同人民群众的血肉联系。

（4）全面从严加强反腐倡廉建设：严惩踩红线、越底线、闯雷区。

（5）全面从严加强制度建设：制度治党的根本保证。

全面从严治党要以党的政治建设为统领，把政治建设摆在首位。

三、全面从严治党与党的建设的关系

全面从严治党是“四个全面”的重要组成部分。从严治党是党的建设的基本历史经验，它是党的性质、政治路线和自身状况决定的。全面从严治党是新的形势和任务的迫切要求。

全面从严治党对于新形势下党的建设具有极为重要的意义，其长度表现为党的建设新常态，其力度集中在作风建设和反腐败斗争，其尺度归结到党的纪律和规矩，其广度覆盖了党的建设各个方面，其深度体现在思想建党和制度治党紧密结合，其效度落脚到取信于民、赢得民心。全面从严治党初步形成了新形势下党的建设的一系列相互联系的基本理论观点，是新形势下党的建设的总方针。

（1）要把党的政治建设摆在首位。

（2）要用新时代中国特色社会主义思想武装全党。

（3）要建设高素质专业化干部队伍。

（4）要加强基层组织建设。

（5）要持之以恒正风肃纪。

（6）要夺取反腐败斗争压倒性胜利。

（7）要健全党和国家监督体系。

（8）要全面增强执政本领。

把全面从严治党贯穿于党的建设全过程。“全面从严治党”重要论述的提出，标志着党的建设进入了新的重大历史阶段。

第二节 税务系统全面从严治党的责任

一、税务局党委和机关党组织的主体责任

各级税务局党组织： 履行全面从严治党主体责任；重点履行组织领导、选人用人、支持保障、管理监督责任。

党委书记： 履行全面从严治党主体责任的第一责任人；重点履行统筹推进、选人用人、管理监督和示范引领责任。

党委成员： 对分管单位的全面从严治党工作负领导责任；重点履行统筹落实、管理监督、示范引领责任。

党建工作部门： 负责统筹协调、组织推进全面从严治党主体责任的落实；重点履行协助推进、教育引导、管理监督责任。

各职能部门： 按照职责范围协助党组组织落实全面从严治党主体责任。

纪检监察机构： 履行监督执纪问责职责。

各党支部： 负责落实本支部全面从严治党工作。

党支部书记： 本支部落实全面从严治党主体责任的第一责任人。

二、纪检组和机关纪委的协助和监督责任

纪检组、机关纪委是党内监督的专责部门，履行监督执纪问责职责。纪检组与监察室合署办公，履行纪检监察两项职能。

纪检组负责对本级党组及领导班子成员的监督，对下一级党组及领导班子成员、管辖范围内党员领导干部进行监督检查。

机关纪委负责对本级机关基层党组织和管辖范围内党员干部的监督检查。

（一）监督检查责任

（1）监督党组织和党员干部遵守党章党规党纪、贯彻落实党的理论和路线方针政策情况，以及完成党中央和上级党组织部署的任务情况。把维护党的政治纪律和政治规矩放在首位，坚决纠正和查处上有政策、下有对策，有令不行、有禁不止，口是心非、阳奉阴违，搞团团伙伙、拉帮结派，欺骗组织、对抗组织等行为，强化纪律约束，确保政令畅通。

（2）监督党组织及领导班子成员执行民主集中制、“三重一大”等重大事项决策、落实议事程序和工作规则等情况，及时制止和纠正违规决策行为，促进科学决策、民主

决策、依法决策。

（3）监督党委及领导班子成员落实全面从严治党主体责任情况，发现重大问题，直接向上级纪检监察机构报告。

（4）监督党组织和党员干部落实中央八项规定精神，严格执行税务系统贯彻中央八项规定精神实施办法情况，紧抓重要节点和具体事项，严肃查处违规违纪行为，以突出问题的解决带动作风整体好转。实行“月报告”“零报告”“双签字背书”、重大问题24小时内报告等制度。

（5）监督党委及领导班子成员执行干部选拔任用有关制度规定的情况，严把干部选拔任用“党风廉洁意见回复”关，综合日常工作中掌握的情况，加强分析研判，实事求是评价干部廉洁情况，防止“带病提拔”“带病上岗”。

（6）监督党委及有关职能部门落实内控机制建设主体责任情况，建立健全权力运行监督制约机制，有效防控税收执法风险、行政管理风险和廉政风险。监督行政管理权和税收执法权运行，强化对职能部门履行日常监管职责情况的监督检查，及时纠正和查处职能部门日常工作中监管缺位、失职失责行为，促使各职能部门认真履行法定职责。

（7）加强自身建设，健全内控机制，自觉接受党内监督、外部监督，严格执行《中国共产党纪律检查机关监督执纪工作规则》，规范线索处置、谈话函询、初步核实、立案审查、审理、监督管理等各环节工作，确保权力受到严格约束。省及省以下税务局纪检监察机构每年向本级党组汇报纪检监察工作情况至少2次。省税务局[①]纪检组每半年向国家税务总局党组、党风廉政建设领导小组书面报告1次履行监督执纪问责情况；省以下税务局纪检组每半年向上一级税务局党组、纪检组书面报告1次履行监督执纪问责情况。

（二）执纪审查责任

（1）正确运用监督执纪“四种形态”，坚持抓早抓小，运用好批评教育、诫勉谈话、轻处分、重处分等方式，处理各类违规违纪行为，实现监督常态化。

（2）规范信访举报工作，拓宽举报渠道，依法依规登记处理。加大信访举报办理力度，对实名举报和违反中央八项规定精神、“四风”问题等信访举报优先办理。定期分析研判信访举报情况，对信访反映的典型性、普遍性问题提出有针对性的处置意见，督促信访举报比较集中的单位查找分析原因并认真整改。

① 在本书中，一般将省、自治区、直辖市、计划单列市税务局简称为省税务局。

（3）实行问题线索分类管理和处置。按照谈话函询、初步核实、暂存待查、予以了结四类方式，统一处置和管理各级领导干部以及巡视巡察、督察内审、干部人事、税务稽查等部门移交的问题线索，防止多头处置导致线索流失、失密泄密，造成不良后果。坚持问题线索集体排查制度，严格执行请示报告制度，线索处置、谈话函询、初步核实、立案审查、案件审理、处置执行中的重要问题，应当经集体研究。发现或收到反映本级领导班子及其成员的问题线索和线索处置情况，应及时向上级纪检监察机构报告。

（4）依规依纪进行执纪审查，重点审查不收敛不收手，问题线索反映集中、群众反映强烈，现在重要岗位且可能还要提拔使用的领导干部。坚决查处违反党的纪律特别是政治纪律和政治规矩、违反中央八项规定精神、侵害纳税人利益以及在政府采购、基本建设、信息化建设和税收管理等方面违规违纪问题。

（5）加大涉税违法案件“一案双查”力度，加强与稽查部门的协调配合，建立沟通机制，定期交流信息，及时发现并严肃查处涉税案件中税务机关和税务人员违纪违法问题。

（6）加强对查办案件工作的督促检查，定期通报情况，督促下级纪检监察机构加大问题线索核实和案件查办工作力度。落实重大案件情况报告制度和舆情处置报告制度。

（7）发挥查办案件的治本功能，对重大腐败案件和违反中央八项规定精神的典型问题要及时进行剖析通报，加强警示教育，总结教训，举一反三，提出加强管理、堵塞漏洞、完善制度的意见和建议。

（三）问责追究责任

（1）党组织和党员领导干部不履行或不正确履行全面从严治党主体责任，对党的领导弱化、党的建设缺失、全面从严治党不力、维护党的纪律不力、推进党风廉政建设和反腐败工作不坚决不扎实，造成严重后果的，按照有关规定和干部管理权限，提出问责建议，履行问责程序，落实问责决定。

（2）对违反中央八项规定精神的，严重违纪被立案审查开除党籍的，严重失职失责被问责的，以及发生在群众身边、影响恶劣的不正之风和腐败问题，按照有关规定和干部管理权限，点名道姓通报曝光。

（3）对纪检监察机构、纪检监察干部不认真履行监督职责，致使本单位、本部门党风廉政建设出现重大失误或发生严重违纪违法案件的，对在监督和查办案件工作中，有案不查、压案不办、瞒案不报、徇私包庇，越权批办、催办或干预有关单位案件调查和处理，失密泄密、跑风漏气、隐匿和瞒报线索、以案谋私的，按照有关规定严肃问责。

（4）按照《中国共产党问责条例》及国家税务总局党委实施办法，属于纪检监察职权范围的，由纪检监察机构直接作出问责决定，属于党委或其他部门职权范围的，纪检监察机构及时提出问责建议。在纪律审查中发现党的领导干部严重违纪涉嫌违法犯罪的，应当先作出党纪处分决定，再移送行政机关、司法机关处理。

（四）党建领导小组成员单位的工作职责

本部分内容从略。

（五）税务系统相关职能部门的工作职责

1. 办公室（厅）

办公室（厅）是协助党委履行全面从严治党主体责任的职能部门，主要职责是：

（1）依照职责分工，参与党委落实全面从严治党主体责任有关综合协调工作。

（2）根据党委工作部署，将全面从严治党工作任务纳入绩效管理，加强督查考评。

（3）协助党委落实意识形态责任制，协调开展全面从严治党工作宣传，形成正确舆论导向。

2. 人事部门

人事部门是协助党组履行全面从严治党主体责任的职能部门，主要职责是：

（1）严格执行《党政领导干部选拔任用工作条例》，严明组织人事纪律，严格执行干部考察考核制度，调整使用干部前按规定征求纪检监察机构意见，坚决防止选人用人上的不正之风和腐败问题。

（2）加强领导干部个人有关事项报告工作，组织开展抽查核实，对违反规定故意虚报瞒报个人重大事项的干部提出处理意见。

（3）加强对党员领导干部的日常监督管理，强化领导干部问责工作，对不适宜担任现职的领导干部，及时向党组提出调整意见。

3. 督察内审部门

督察内审部门是协助党组履行全面从严治党主体责任的职能部门，主要职责是：

（1）统筹、指导、协调内控机制建设，督促各部门落实内控主体责任，建立健全权力运行监督制约机制，防范各类税务工作风险和廉政风险。

（2）发现在行使行政管理权和税收执法权过程中存在违规违纪线索问题的，按规定移交有关部门处理。

4. 巡视巡察部门

巡视巡察部门是协助党委履行全面从严治党主体责任的职能部门，主要职责是：

（1）巡视巡察下级党组织和党的领导干部尊崇党章、党的领导、党的建设和党的路线方针政策落实情况，履行全面从严治党责任、执行党的纪律、落实中央八项规定精神、党风廉政建设和反腐败工作以及选人用人情况，发现问题、形成震慑，推动改革、促进发展，发挥从严治党利剑作用。

（2）根据党委部署，每年研究制定巡视巡察计划并严格执行。巡视巡察结束后形成巡视巡察报告。对巡视巡察发现的问题抓好督促整改，涉及违纪违法线索的，及时移交有关部门处理。

5. 教育部门

教育部门是协助党组履行全面从严治党主体责任的职能部门，主要职责是：

（1）将理想信念、纪律规矩、廉洁从税等方面的教育纳入干部培训计划，在公务员初任培训、领导干部任职培训、后备干部培训等培训班中开设党建和党性教育课程。

（2）依托党校、干部培训学校开设党组书记、纪检组组长、党支部书记、支部委员培训班。参与税务廉政文化建设，推进税务廉政教育基地建设，与党建工作部门共同推进反腐倡廉教育。

6. 其他部门

其他职能部门要按照本级党委统一部署和要求，按照职责范围协助党组组织落实全面从严治党主体责任，切实加强党建和党风廉政建设工作。部门主要负责人为第一责任人，其他负责人履行"一岗双责"。

重点关注：《税务系统落实全面从严治党主体责任和监督责任的实施办法》。

上级组织在作出同下级组织有关的重要决策前，应征求下级组织意见。

党委班子成员分工由主要负责人提出初步意见，经党委讨论决定并予以公布。主要负责人不直接分管人事、财务和基建工作；领导班子成员分管税务稽查工作的，不得同时分管重大案件审理工作；分管财务工作的，不得同时分管审计工作；纪检组组长专门履行监督职责，不分管其他业务工作，可分管巡视巡察和督察内审工作。

党委决策一经作出，应当坚决执行。党委成员对党委决策有不同意见的，可以保留或者向上级党组织反映，但在党委决策改变前应当坚决执行。

发现领导干部有思想、作风、纪律等方面苗头性、倾向性问题的，有关党组织负责人应当及时对其提醒谈话。

发现轻微违纪问题的，上级党组织负责人应当对其诫勉谈话，并由本人作出说明或者检讨，经所在党组织主要负责人签字后报上级纪检监察机构和人事部门。受到诫勉的领导干部，取消当年年度考核、本任期考核评优和各类先进的资格，六个月内不得提拔或者重用。

全面从严治党领导小组下设办公室，负责统筹协调、组织推进主体责任的落实。办公室主任由机关党委副书记担任，副主任由机关党办、人事、纪检监察部门负责人担任，成员由法规、人事、机关党办、纪检监察、巡视巡察、督察内审、稽查等单位人员组成。

第三节　税务系统全面从严治党新格局的构建

一、总体思路

构建“条主责、块双重，纵合力、横联通，齐心抓、党建兴”的新纵合横通强党建机制体系。

重点关注：《关于加强新形势下税务系统党的建设的意见》。

二、核心

以加强党的领导为核心，以“条主责、块双重，纵合力、横联通，齐心抓、党建兴”为主线，以体制机制建设为基础，以落实全面从严治党主体责任为抓手，以厘清责任边界、强化责任担当、严格管理考核、严肃责任追究为重点。

构建税务系统全面从严治党新格局，核心是加强党的领导，基础在全面，关键在严，要害在治。

国家税务总局党委的主体责任在重点履行好领导、用人、保障、管理等四个方面的责任。

三、要点

统筹推进全面从严治党和税收工作，实现同部署、同落实、同检查。每年研究制定包括党建工作和党风廉政建设、干部队伍建设等在内的全面从严治党工作计划，作出具体部署。每半年至少专题分析研究1次全面从严治党工作，遇有重大问题或上级安排的重要工作，及时研究部署。

每年听取领导班子成员履行主体责任情况汇报至少1次，听取机关党委纪委工作汇报至少2次，听取国家税务总局各司局和省国税局主要负责人履行主体责任情况汇报至少1次，与各司局、省国税局主要负责人进行廉政谈话至少1次。

组织开展经常性的党性党风党纪教育，开展先进典型示范教育和反面典型警示教育，加强税务廉政文化建设，发挥税务文化的引领和凝聚作用。

各级税务机关成立党建工作领导小组，由党组书记任组长，领导小组成员由领导班子成员、机关党委专职书记（或副书记）和人事、机关党办、纪检监察、巡视及税务师行业协会党委等单位的负责人组成。

层层压实责任、注重统筹推进、强化监督考核、严格责任追究。

坚持条条与块块共抓，确保全面从严治党工作形成合力。

形成国家税务总局党组与地方党委及其工作部门共抓税务系统全面从严治党的合力。制定《关于建立“条主动、块为主”工作机制 推进国税系统党建工作的指导意见》，按照“条主动、块为主；两结合、互为补；抓党建、带队伍”的工作思路，充分发挥垂直管理和属地管理两个优势，探索形成税务系统与地方党委优势互补、共管共治的工作机制，解决“两边管、两难管”的问题。

上级税务机关主动听取下级税务机关所在地党委及其工作部门有关党建工作的意见建议；各级税务机关在开展党风廉政建设和反腐败工作中，主动争取地方纪委指导，提高监督执纪水平等。

形成国家税务总局党组与各级税务机关党组共抓全面从严治党的合力。坚持上级和下级共抓，一级抓一级，层层抓落实，着力打造“层层传导、层层压实”的责任链条，解决全面从严治党主体责任有效传导不够的问题。从国家税务总局党组到各省、市、县税务机关党组，成立党建工作领导小组，既抓好本级班子主体责任的落实，又抓好下一级班子主体责任的落实，还督查再下一级班子主体责任的落实。

坚持部门与部门共抓，确保全面从严治党工作协同有序。

在“横向”上实现了“六个打通”：打通国家税务总局机关党建与税务系统党建工作、党建与党风廉政建设工作、人事与机关党委工作、党建与监督管理工作、党建与教育培训工作、党建与绩效管理工作。实行国家税务总局党建工作领导小组与党风廉政建设领导小组合署办公并实体化运作，相关部门分工负责的齐抓共管、有机融合的管党治党工作机制。实行人事司领导与机关党委领导交叉任职，一起协助党组抓主体责任和监督责任的落实。党建办既管机关又管系统，横向抓到边、纵向抓到底。

第四节 构建税务系统新“纵合横通强党建”机制体系

《中共国家税务总局委员会关于进一步加强税务系统党建工作完善新“纵合横通强党建”机制体系的意见》（税总党委发〔2020〕106 号）规定，国家税务总局党建工作领导小组组长由党委书记担任，副组长由分管党建工作的党委委员担任，成员单位包括办公厅、人事司、党建工作局、机关党委、教育中心、宣传中心、督察内审司、稽查局，领导小组办公室设在党建工作局，办公室主任由分管党建工作的党委委员兼任，副主任由党建工作局主要负责人、机关党委专职副书记兼任。

（一）切实担负主体责任

国家税务总局党委紧紧抓住主体责任这个“牛鼻子”，研究制定各级税务局党委主体责任清单以及党委工作部门、纪检机构、机关党委、党支部、党小组等主体责任清单，推动各责任主体自觉守责、负责、尽责。积极探索“党委主体责任、纪检监督责任、党委书记第一责任、班子成员‘一岗双责’”的四责协同、合力运行的责任落实体系。

（二）自觉接受地方党委领导并积极争取相关部门支持

国家税务总局党委从强化责任落实、加强党建工作统筹、主动融入地方党建活动、开展常态化走访汇报、实现考评结果互通等 8 个方面，对各级税务局党委加强条块协同、凝聚党建合力作出规范。

各级税务局党委至少每半年向地方党委报告 1 次工作，相关部门至少每半年要向地方纪委监委、组织部、宣传部、机关工委汇报 1 次工作，重要情况及时报告、汇报。

（三）凝聚上下级税务机关共抓党建合力

着力抓实“下抓两级、抓深一层”工作机制，深化拓展“总局主抓省局、延伸抓市局，省局主抓市局、延伸抓县局，市局主抓县局、延伸抓分局”的有效举措，注重示范带动、工作互动、指导推动，持续推动全面从严治党向纵深发展、向基层延伸，着力打通责任落实“最后一公里”。

（四）实现内部各部门横向联通

将“纵合横通强党建”机制体系落实情况作为政治督查、巡视巡察的重要内容，并纳入专项考评，充分发挥绩效管理“抓班子、促落实”作用。抓紧开发建设税务党建云平台，为新“纵合横通强党建”机制体系在全系统落实落地提供技术支持和保障。

各级税务局党委要健全党建工作领导小组，建立各成员单位情况通报、信息共享、成果共用等机制，完善岗责体系，加强协作配合，形成各司其职、各负其责、合力共抓的良好局面。

第三编

通用业务知识谱系

通用业务知识主要包括管理学基础、政务管理、干部管理、监督管理、税收基础、税务征管、法律基础、财会知识和税收信息化等。

综合管理、征管评估、纳税服务、税务稽查、信息技术等5类业务能力升级测试对通用业务知识的内容、要求，都是基本一致的。

第七章　管理学基础

第一节　管理的本质与内涵

一、管理的内涵

1. 管理的定义

管理是指一定组织中的管理者，通过实施计划、组织、领导、协调、控制等职能来协调他人的活动，使别人同自己一起实现既定目标的活动过程。

2. 管理的特点

管理是一种有意识、有组织的群体活动。

（1）管理是一个动态的协调过程。

（2）管理的目的在于有效地达到组织目标，在于提高组织活动的成效。

（3）管理的对象是组织资源和组织活动。

（4）管理是围绕着某一共同目标进行。

二、管理的本质

管理的本质就是从事管理工作的人通过他人并使他人同自己一起实现组织的目标。另外，对于管理的本质，还存在其他的观点，如：

（1）管理就是协调。

（2）管理就是领导。

（3）管理就是决策。

（4）管理就是服务。

三、管理的职能

管理职能是指管理系统所具有的功能与职责。管理具有五项基本职能：

（一）计划职能

计划职能是指管理者对将要实现的目标和应采取的行动方案做出选择及具体安排的

活动过程，主要内容包括：分析内外环境、确定组织目标、制定组织发展战略、提出实现既定目标和战略的策略与作业计划、规定组织的决策程序等。

（二）组织职能

组织职能是指管理者根据既定目标，对组织中的各种要素及人员之间的相互关系进行合理安排的过程，主要内容包括：设计组织结构、建立管理体制、分配权力、明确责任、配置资源、构建有效的信息沟通网络等。

（三）领导职能

领导职能是指管理者为了实现组织目标而对被管理者施加影响的过程。管理者一方面要调动组织成员的潜能，另一方面要促进组织成员之间的团结协作。领导职能的主要内容包括：激励下属、指导下属活动、选择最有效的沟通渠道、解决组织成员之间以及与其他组织之间的冲突等。

（四）控制职能

控制职能是指管理者运用事先确定的标准，衡量实际工作绩效，寻找偏差及其产生的原因，并采取措施纠正偏差，以保证组织工作运行在正确的轨道上，确保组织目标的实现。

（五）协调职能

协调职能是指管理者让事情和行动都有合适的比例，就是方法适应于目的。

法约尔认为，协调能使各职能机构与资源之间保持一定的比例，收入与支出保持平衡，材料与消耗形成一定的比例。总之，协调就是让事情和行动都有合适的比例。

管理的五项基本职能相互联系、相互制约，共同构成一个有机的整体。任何一项职能出现问题，都会影响其他职能的发挥乃至组织目标的实现。

第二节　管理的基本原理

一、系统原理

管理系统是个社会系统，其目的就是通过管理主体的主导活动实现系统的各种目标。其中又可包括：

（1）整体性原理：系统内部要素间相互关系以整体为主进行协调（整分合、能级原则）。

（2）动态相关性原理：系统内部要素间的相关性；要素与整体的相关性；系统环境的相关性（弹性、环境适应性原则）。

（3）有序性原理：结构合理，系统有序度高；由低级向高级发展；保持系统的开放性（层次性、开放性）。

（4）反馈原理：负反馈即通过反馈信息的影响，使系统偏离目标的运动收敛，趋于稳定；正反馈则与负反馈相反（控制＋闭合原则）。

这些概念或原理虽然很枯燥，但很可能用得上，是指导我们思考、答题的依据，考试时可能会出现在选择题、判断题当中。

二、人本原理

人本原理的核心是以人为中心。

人力资源管理就是以此原理为基础的。相关理论认为，管理的目标是人的发展，主张让员工参与管理。

三、责任原理

（1）追求责、权、利的统一。

（2）主张组织设计合理。

（3）职责明确，责任到人。

（4）授权恰当，考核公正，奖励及时。

四、效益原理

管理就是追求效益，以最小的成本代价，获得最佳的经济和社会效益。

第三节 管理理论

一、管理理论的历史发展

在历史发展过程中，主要形成了以下几种管理理论：一是古典管理理论，二是人际关系学说和行为科学理论，三是管理理论丛林，四是战略管理，五是全面质量管理，六是学习型组织管理。

古典管理理论阶段是管理理论最初形成阶段。这一阶段的管理理论，侧重于从管理职能、组织方式等方面研究企业的效率问题，对人的心理因素考虑很少或根本不去考虑。代表人物有“科学管理之父”泰勒（F. W. Taylor）、“管理理论之父”法约尔（H. Fayol）以及“组织理论之父”马克斯·韦伯（M. Weber）。

现代管理理论阶段的管理理论主要指行为科学理论及管理理论丛林。行为科学理论主要研究个体行为、团体行为与组织行为，重视研究人的心理、行为等对高效率地实现组织目标的影响作用。行为科学理论的主要成果有梅奥（Mayo）的人际关系理论、马斯洛（A. H. Maslow）的需求层次理论、赫茨伯格（F. Herzberg）的双因素理论、麦格雷戈（D. M. McGregor）的“X 理论 - Y 理论”等。

许多管理学者都从各自不同的角度发表对管理学的见解。其中，主要的代表学派有：管理过程学派、管理科学学派、社会系统学派、决策理论学派、系统理论学派、经验主义学派、经理角色学派和权变理论学派等。各个学派都有各自的代表人物，各有自己所主张的理论、概念和方法，孔茨（H. Koontz）称其为“管理理论丛林”。

进入 20 世纪 70 年代以后，国际环境的剧变，尤其是石油危机对国际环境产生了重要的影响。这时的管理理论以战略管理为主，研究企业组织与环境关系，重点研究企业如何适应充满危机和动荡的环境的不断变化。

20 世纪 80 年代为企业再造时代，该理论的创始人是原美国麻省理工学院教授迈克尔·哈默（M. Hammer）与詹姆斯·钱皮（J. Champy）。他们认为，企业应以工作流程为中心，重新设计企业的经营、管理及运作方式，进行所谓的“再造工程”。

20 世纪 80 年代以来，管理理论研究主要针对学习型组织而展开。彼得·圣吉（P. M. Senge）在其所著的《第五项修炼》中更是明确指出：企业唯一持久的竞争优势源于比竞争对手学得更快更好的能力，而学习型组织正是人们从工作中获得生命意义、实现共同愿景和获取竞争优势的组织蓝图。

二、古典管理理论

古典管理理论是对 19 世纪末 20 世纪初西方管理理论的总称，由泰勒的科学管理理论、法约尔的管理过程理论、韦伯的古典行政组织理论构成。

古典管理理论把管理看作任何有组织的社会必不可少的因素，是协调集体、努力达到目标、取得最大成效的过程。强调管理的科学性、精密性和严格性。在组织结构上强调上下严格的等级系统，视组织为一个封闭系统，组织职能的改善仅靠内部合理化，而很少考虑外部环境影响，忽视人的心理因素。

（一）科学管理理论

科学管理理论的创始人是泰勒，他首次提出了科学管理的概念，1911 年出版了《科学管理原理》一书，被公认为“科学管理之父”。

泰勒的科学管理理论的内容主要有：

（1）科学管理中的中心问题是提高劳动生产效率。

（2）为了提高劳动生产效率，必须为工作挑选第一流的工人。

（3）为了提高劳动生产效率，必须研究工时与标准化。

（4）在制定标准定额基础上，实行差别计件工资制。

（5）设置计划层，实行职能工长制。泰勒把责任分为两大类：执行职责和计划职责。

（6）对组织机构的管理控制，实行例外原则。例外原则对于帮助经理人员摆脱日常具体事务，以集中精力对重大问题进行决策监督，是必要且有利的。执行这一原则不仅要授权给下级，而且应当使日常业务工作标准化、制度化，使下级有章可循。

（7）为实现科学管理，应开展一场“心理革命”。

（二）一般管理理论

法国人法约尔对组织管理进行了系统的、独创的研究，1925 年出版了《工业管理与一般管理》一书，后人把他称为“管理过程之父”。

1. 经营

法约尔认为，经营和管理是两个不同的概念。经营是指导或引导一个组织趋向目标，它由 6 项活动组成：

（1）技术活动：指生产、制造、加工等。

（2）商业活动：指购买、销售、交换等。

（3）财务活动：指资金的筹措及运用。

（4）安全活动：指设备和人员保护。

（5）会计活动：指存货盘点、成本核算、统计等。

（6）管理活动：指组织内行政人员所从事的计划、组织、指挥、协调和控制活动。

2. 管理

法约尔指出，管理是一种普遍存在于各种组织的活动，这种活动对应着计划、组织、指挥、协调和控制五种职能：

（1）计划：对有关事件的预测，并且以预测的结果为根据，拟订出一项工作方案。

（2）组织：为组织中各项劳动、材料、人员等资源提供一种结构。

（3）指挥：有关促使组织为达成目标而行动的领导艺术。

（4）协调：为达成组织目标而进行的维持必要的统一的工作。

（5）控制：保证各项工作按既定计划进行。

3. 一般管理原则

法约尔还给出了14条一般管理原则，具体内容如下：

（1）分工：分工不局限于技术工作，还可适用于管理职能专业化和权限的划分。

（2）权力和责任：权力是下达命令的权利和强使人服从的职权。法约尔把由于担任的职务地位而拥有的正式权力，与由于他的智慧、经验、品质、能力、过去的功绩而产生的个人权力区别开来。这两者是相互补充的。此外，权力和责任也是相互联系的，行使权力就要承担责任，委以责任就要授予相应的权力。

（3）纪律：纪律建立在尊重而不是畏惧的基础之上，纪律好坏关系到企业的成败。

（4）统一指挥："一个雇员不管采取什么行动，只应接受一个上级的命令。"

（5）统一指导：同一目标的各项工作只能有一个领导和一个计划指导。

（6）个人利益服从整体利益。

（7）人员报酬：报酬必须公平合理。

（8）集权：根据企业的规模、特点和领导者的能力等具体条件，规定集权和分权的程度，把集权和分权做到恰到好处。

（9）等级链：从最高的权力机构到最基层的上下级关系要形成阶梯形的权力锁链，表明权力等级的顺序和传递消息的途径。为了克服由于统一指导原则而产生的信息沟通方式的延误，法约尔提出了允许横跨权力线进行横向交往的联系板，此联系板被称为"法约尔跳板"。

（10）秩序：物资存放有秩序，厂区必须整洁，每个职工都有明确的岗位职责。

（11）公平：善意和公正地处理职工之间的关系。

（12）人员保持稳定。

（13）创造性：在一切工作中要积极主动充满热情、富有创造精神。

（14）集体精神：在企业内部建立和谐与团结的气氛。

（三）行政组织理论

1. 韦伯的理想行政体系

韦伯认为，理想的行政体系具有以下特点：

（1）明确的组织分工。

（2）自上而下的等级体系。

（3）合理地任用人员。

（4）建立职业的管理人员制度。

（5）建立严格的、不受各种因素影响的规则和纪律。

（6）建立理性的行动准则。

韦伯强调，必须建立不受个人情感影响而在任何情况下都适用的规则和纪律，组织中人员之间的关系完全以理性准则为指导。

2. 科层制

理想的行政组织体系是所谓官僚制，亦叫“科层制”。这种行政组织体系包括以下6个方面的内容：

（1）为了实现一个组织的目标，要把组织中的全部活动划分为各种基本的作业，作为公务分配组织中的各个成员。

（2）各种公务和职位是按照职权的等级原则组织起来的，每一职位有明文规定的权利和义务，形成一个指挥系统或层次体系。

（3）组织中人员的任用完全根据职务上的要求，通过正式考试或教育训练来实行。

（4）管理人员有固定的薪金和明文规定的升迁制度，是一种“职业的”管理人员。

（5）管理人员必须严格遵守组织规定的规则和纪律，使之不受任何人的感情因素的影响，保证在一切情况下都能贯彻执行。

（6）组织中的各级官员必须完全以理性为指导，他们完全没有个人目标，没有仇视、偏爱、怜悯、同情，然而却有理性——尽管这种理性带有机械性。

3. 理想行政体系的主要特点

一个理想的行政组织体系主要具有以下4个特点：

（1）组织体系中的每个职位都有明文规定其权力和责任，由职务地位产生的正式权力和由个人才能、威望产生的个人权力要相互补充。组织中的全部活动划分为各种基本的职能，在分工的基础上，每个职能单位都可使用有职有权的专家。

（2）各种职位是按职权的等级原则组织起来的，形成一个金字塔形的指挥层次系统。每个下级要接受其上级的控制和监督，上级要对自己以及下属的决定和行动负责。

（3）组织中人员的任用，完全通过职位上的要求，通过正式考核或教育训练来实现。

（4）组织中人员的关系不受感情的影响，完全以理性准则为指导，这种理性的行政组织体系能提高工作效率、精确性、稳定性和纪律性。

三、行为科学学派

行为科学学派是在梅奥开创的人际关系学说基础上发展起来，以人的行为及其产生的原因作为研究对象的学派，主要的代表人物及理论有：马斯洛的需求层次理论、赫茨伯格的双因素理论、麦格雷戈的“X 理论 – Y 理论”。

行为科学学派从心理学、社会学角度侧重研究个体需求、行为，团体行为、组织行为和激励、领导方式，认为人不仅仅是“经济人”，同时还是“社会人”，将人的管理提升到所有管理对象中最重要的地位，开创了管理理论中的人本主义潮流，引发了许多全新的管理观念和方法。

把管理的重点放在人及其行为的管理上。这样，管理者就可以通过对人的行为的预测、激励和引导，来实现对人的有效控制，并通过对人的行为的有效控制，达到对事和物的有效控制，从而实现管理的预期目标。

行为科学学派由原来的监督管理，转变到人性化的管理。传统的古典管理理论强调自上而下的严格的权力和规章制度的作用，把人看作会说话的机器，在管理活动中施以强大的外界压力，派工头进行严格的监督，造成工人心理上的压力而产生对立情绪，忽视了人的社会关系和感情因素的作用以及人的主动性和创造性。与此相反，行为科学理论则强调人的欲望、感情、动机的作用，因而在管理的方法上强调满足人的需要和尊重人的个性，以及采用激励和诱导的方式来调动人的主动性和创造性，借此把人的潜力充分发挥出来。与此相对应，企业界提出了“以职工为中心的”“弹性的”管理方法，出现了“参与管理”“目标管理”“工作内容丰富化”等各种新的管理方式。

（一）需求层次理论

需求层次理论是由美国心理学家亚伯拉罕·马斯洛于 1943 年在《人类激励理论》一文中提出的一种激励模式理论。该理论主要论点有：人的需求取决于他已经得到什么，尚缺少什么，只有尚未满足的需求能够影响行为；人的需求都有轻重层次之分，某一层次的需求得到满足后，另一层次的需求才会出现。

该理论将需求分为五种，像阶梯一样从低到高，按层次逐级递升，分别为：生理需求、安全需求、社交需求、尊重需求、自我实现需求（图 7 – 1）。

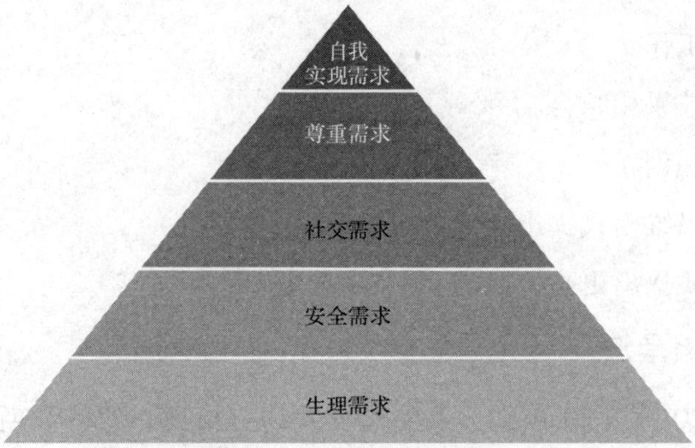

图 7－1 马斯洛的需求五层次

（二）双因素理论

双因素理论又称激励保健理论，是美国的行为科学家费雷德里克·赫茨伯格（Fredrick Herzberg）提出来的一种激励模式理论。双因素理论认为引起人们工作动机的因素主要有两个：一是保健因素，二是激励因素。只有激励因素才能够给人们带来满意感，而保健因素只能消除人们的不满，但不会带来满意感。

（三）X 理论和 Y 理论

此理论由道格拉斯·麦格雷戈在他所著的《企业的人性面》一书中首次被提出。X 理论指人本性是坏的，一般人都有好逸恶劳、尽可能逃避工作的特性；而 Y 理论与 X 理论相反，指人一般不懒惰，他们对工作的喜爱和憎恶取决于这份工作对于他们是一种惩罚还是奖励，在正常情况下人们愿意承担责任，热衷于发挥自己的才能和创造力。

四、现代管理理论

现代管理理论是近代所有管理理论的综合，是一个知识体系，也是一个学科群，它的基本目标就是要在不断急剧变化的现代社会面前，建立一个充满创造活力的自适应系统。要使这一系统能够得到持续的、高效率的输出，不仅要有现代化的管理思想和管理组织，还要有现代化的管理方法和手段来构成现代管理科学。

它们之间的共性有：

（1）强调系统化。

（2）重视人的因素。

（3）重视“非正式组织”的作用。

（4）运用先进的管理理论与方法。

（5）加强信息工作。

（6）将效率和效果相结合。

（7）重视预见和创新。

（8）对领导的思维模式提出新的要求。

（9）对领导素质提出更高的要求。

（一）人际关系学派

该学派起始于20世纪20年代。主要代表人物有梅奥、罗特利斯柏格、马斯洛、赫茨伯格等。该学派认为，以前的各种管理理论主要强调管理的科学性和严密性，而轻视人的作用，把工人看作机器的附属品。主张重视人的因素，研究人的个体行为和群体行为，强调满足职工的社会需求。

人际关系学派的基本观点：

（1）工人是“社会人”，是复杂的社会系统的成员。

（2）企业中除“正式组织”外，存在着“非正式组织”。

（3）新型的领导能力表现在通过提高职工的满意度，激励职工的“士气”，从而达到提高劳动生产率的目的。人是社会中的人，他们不仅有追求物质利益的欲望，还有追求人与人之间的友情以及安全、归属等方面的社会和心理欲望。新型的领导能力就是要在“正式组织”的经济需求和工人的“非正式组织”的社会需求之间保持平衡。

（二）管理科学学派

该学派又称数量学派或计量学派，也称数量管理科学学派，是现代管理理论中的一个主要学派。该学派将数学引入管理领域，用电子计算机作为工具，把科学的原理、方法和工具应用于管理的各种活动，使管理问题的研究由定性分析发展为定量分析，制定用于管理决策的数学统计模型，并进行求解，以降低管理的不确定性，使投入的资源能发挥最大的作用，得到最大的经济效果。

（三）权变理论学派

该学派是从系统观点来考察问题的，它的理论核心就是通过组织的各子系统内部和各子系统之间的相互联系，以及组织和它所处的环境之间的联系，来确定各种变数的关系类型和结构类型。它强调在管理中要根据组织所处的内外部条件随机应变，针对不同的具体条件寻求不同的最合适的管理模式、方案或方法。其代表人物有弗雷德·卢桑斯、菲德勒、豪斯等人。典型理论有权变领导理论和领导生命周期理论。

领导生命周期理论由科曼于1966年首次提出，其后由赫西和布兰查德予以发展。该理论也是以俄亥俄州立大学的领导行为四分图理论为依据，并与阿吉利斯的“不成熟—成熟”理论相接近，是一个三维结构的领导有效性模型。其主要观点是：领导者的风格应适应其下属的“成熟”程度。在被领导者渐趋成熟时，领导者的领导行为要做相应的调整。这样才能取得有效的领导。生命周期理论认为，随着下属由不成熟而走向成熟，领导行为应按下列程序逐步推进：

高工作与低关系→高工作与高关系→低工作与高关系→低工作与低关系。

相应的领导方式取决于下属的成熟程度，基本的领导方式分为4种：

（1）命令型（S1）：高工作与低关系，适用于低成熟度的情况。

（2）说服型（S2）：高工作与高关系，适用于较不成熟的情况。

（3）参与型（S3）：低工作与高关系，适用于比较成熟的情况。

（4）授权型（S4）：低工作与低关系，适用于高度成熟的情况。

（四）决策理论学派

此学派是在第二次世界大战之后发展起来的，以社会系统论为基础，吸收了行为科学和系统论的观点，运用电子计算机技术和统筹学的方法而形成的一门新兴的管理学派。

主要代表人物有赫伯特·西蒙和詹姆斯·马奇，核心理论是赫伯特·西蒙提出的决策理论。

决策理论的内容包括：

（1）管理就是决策。组织中经理人员的重要职能就是作决策。任何作业开始之前都要先作决策，制订计划就是决策，组织、领导和控制也都离不开决策。

（2）系统阐述了决策原理。决策过程包括4个阶段：搜集情况阶段；拟定计划阶段；选定计划阶段；评价计划阶段。这4个阶段中的每一个阶段本身都是一个复杂的决策过程。

（3）在决策标准上，用“令人满意”的准则代替“最优化”准则。以往的管理学家往往把人看作以“绝对的理性”为指导，按最优化准则行动的理性人。“管理人”假设代替“理性人”假设，“管理人”不考虑一切可能的复杂情况，只考虑与问题有关的情况，采用“令人满意”的决策准则，从而可以作出令人满意的决策。

（4）一个组织的决策根据其活动是否反复出现可分为程序化决策和非程序化决策。经常性的活动的决策应程序化，以降低决策过程的成本，只有非经常性的活动，才需要进行非程序化的决策。

五、学习型组织理论

学习型组织理论是由美国麻省理工学院彼得·圣吉博士提出来的。《财富》杂志曾经指出："20 世纪 90 年代最成功的公司，将是那些建基于学习型组织基础上的公司。"人类将从"工具性"工作观转变为较"精神面"的工作观。未来的组织竞争主要取决于组织的素质。组织的素质是一个组织所具有的潜在的品质与能力。组织修炼是提高组织素质的基本手段。

（一）学习型组织的特点

（1）组织成员拥有一个共同的愿景。

（2）组织由多个创造性个体组成。

（3）善于不断学习。

（4）兼学别样。

（5）扁平式结构。

（6）无边界行为。

（7）自主管理。

（8）员工家庭与事业平衡。

（9）领导者的新角色。

（二）学习型组织的五项修炼

（1）自我超越。

（2）改善心智模式。

（3）建立共同愿景。

（4）团体学习。

（5）系统思考。

（三）学习型组织的主要观点

1. 自我超越是"学习型组织的精神基础"

自我超越的前提是建立个人愿景。

自我超越修炼的重要方法是保持创造性张力。

组织必须塑造一种让员工充分发展自我，让每个员工的潜能都得到充分展现的内部环境。

2. 改善心智模式

心智模式就是指我们每个人理解和看待周围事物的思维模式。

这项修炼的核心任务，就是让心智模式浮出水面，创造出更适合我们的新心智模式。

改善心智模式需要长期的修炼，在组织内需要对其进行管理。

3. 建立共同愿景

共同愿景是由共同的目标、价值观与使命构成的。

要鼓励发展个人愿景。

要以团体学习为基本方式，塑造整体形象。

必须明确组织的目标、使命和企业理念。

4. 团体学习

团体学习是发展团体成员整体搭配与实现共同目标能力的过程。

团体学习的基本方式是深度会谈。

5. 系统思考

系统思考是一种系统的、整体的、动态的思维方式。

系统思考是五项修炼的核心。系统思考可以强化其他每一项修炼，也需要由其他四项修炼来发挥它的潜力。

6. 对管理变革理论的评析

管理变革理论积极适应管理环境的新变化，是探索管理理论发展新思路、新方法和新内容的有益尝试。

管理变革是对管理实践和管理理论的一种深刻的反思和彻底变革，是管理理论的新阶段。

管理变革理论既需要在理论基础、方法论、理论体系等方面加以完善，又需要在实践中经受检验，不能仅仅停留在“实验和假想之中”。

第四节　团队管理

团队管理是指在一个组织中，依成员工作性质、能力组成各种小组，参与组织各项决定和解决问题等事务，以提高组织生产力和达成组织目标。

团队管理是运用成员专长，鼓励成员参与及相互合作，致力于组织发展，是合作式管理模式。

在管理过程中容纳个人的不同和集体的一致和目标，鼓励团队成员之间的支持和对抗，注意业绩、学习和发展。

读者可参考《领导胜任力提升学习宝典》有关章节。

一、行政执行

行政执行是国家行政机关及其公务人员依据宪法、法律、法规、规章，充分调动政府资源，通过一定运作机制，逐级贯彻国家权力机关和上级的政策、决策，推行国家政务和执行行政决定，以落实公共事务管理和公共服务诸任务的全部活动过程。（三个阶段：准备—实施—监控）

（一）行政执行的方法

行政执行的方法有行政手段、经济手段、法律手段、教育手段。

（二）行政执行的作用或意义

（1）行政执行决定行政决策的实现程度。

（2）行政执行是检验、修正和完善行政决策的途径。

（3）行政执行是实现政府职能的必要形式。

（4）行政执行是衡量公共组织及其运行状况的重要标志。

（三）行政执行的四大原则

行政执行的四大原则包括绩效原则、符合决策原则、灵活变通原则、民主集中原则。

这些知识点在答题时都用得上，至少可以引导大家在答题时将思路往这些表述上引导，然后作答。

二、税务行政管理

税务行政管理指对行政事务的构成要素及流程进行规划、组织、监督、控制、协调等一系列的管理活动。

（一）税务行政管理的两层含义

（1）合理设置机构、配置资源，对各类管理要素进行有效管理，使各项资源更好地用于税务管理。

（2）搭建平台，使税务工作人员的个人能力和素质不断提升，满足税收工作的需要。

（二）广义的税务行政管理和狭义的税务行政管理

广义的税务行政管理是指根据国家法律而设立的税务行政机关执行国家税收法律、政策，依法管理税收行政事务的行为。其管理内容涵盖了税务机关行使税收征管权和税收执法权的具有法律效力的所有行政行为，包括对纳税人的税务管理和对税务机关内设机构和税务工作人员及其工作质量的行政管理。

狭义的税务行政管理是相对于税收业务管理而言，仅指税务机关为保障税收职能正常运转而开展的行政管理活动。其管理内容包括各级税务机关行政、人事、财务、资产及内部后勤保障管理等。即税务机关对内设机构和税务工作人员及其工作质量的管理。管理主体主要指各级税务机关内设的办公室、法规处、人事处、财务处、监察室及具有部分行政管理职能的直属事业单位，包括信息中心、服务中心、培训中心等。

税务行政管理就是对人、财、物、文、事等的管理。人员管理泛指对税务工作人员进行的管理和服务，包括机构设置、人事管理、绩效管理、纪检监察、党务管理等内容。

（三）税务行政管理的特点

（1）税务行政管理工作程序化。

（2）税务行政办公手段电子化。

（3）税务行政与业务管理互渗化。

（4）税收行政管理目标精细化。

三、税务文化建设

重点关注：《关于加强新时代税务文化建设的意见》（税总发〔2019〕66 号）。

此文件的主要内容包括以下几点：

（1）加强政治文化建设：加强意识形态工作、营造良好政治生态、发扬革命文化。

（2）传承中华优秀传统文化：弘扬中华人文精神、重视文明家庭建设、弘扬传统节日文化。

（3）践行中国税务精神：构筑共同精神家园、组织精神传播活动、开展税史研究教育。

（4）深化税务精神文明建设：深化群众性精神文明创建、推进公民道德建设、培育宣传先进典型、推进学雷锋志愿服务。

（5）强化税务职业道德建设：建设法治文化、深化廉政文化、推广服务文化、重视健康文化。

（6）繁荣发展税务文艺：搭建税务文艺创作平台、丰富税务文艺创作内容、提升税务文艺创作质量。

（7）夯实税务文化基础：统一税务形象标识、完善办税服务设施建设、加强办公场所文化建设、完善税务文化设施建设。

另外，还有一些概念可以关注一下：中国税务精神，税收使命，税务职业道德，税务核心价值观。

第五节 自我修养

此处所说的自我修养一般指管理者的自我修养，包括管理者的道德、政德、管理者的心态调适、压力疏解等。这里需要掌握、可考的内容非常庞杂。

一、自我管理

管理学中的自我管理是指个体对自己本身，对自己的目标、思想、心理和行为等表现进行的管理，是一个自己把自己组织起来，自己管理自己，自己约束自己，自己激励自己，自己管理自己的事务，最终实现自我奋斗目标的过程。

（一）时间自我管理

有效地进行时间自我管理，首先必须有一套明确的远期、中期、近期目标；其次是有一个价值观和信念；再次是根据目标制订长期计划和短期计划，然后分解为年计划、月计划、周计划、日计划；最后是对相应的日结果、月结果、年结果等结果的反馈和计划的修正。

（二）团队自我管理

（1）要坚定信念，相信团队合作的力量是制胜的不二法则。

（2）要有团队精神，有“适当地放低自己，方能海纳百川”的胸怀。

（3）要懂得团队学习，在团队中成长。

（三）学习自我管理

要注重学习力。学习力是一个人的学习毅力、学习能力和学习动力之总和。

（1）自觉学习：自觉是主动。

（2）自主学习：自主是计划。

（3）快乐学习：快乐是心态。

（4）分享学习：分享是获得。

（5）改造学习：改造是改变。

（四）情商自我管理

情商是心智，认识自己的情绪，管理自己的情绪，认识他人的情绪，理解他人的情绪。学会人际沟通，掌握压力管理。

（五）习惯自我管理

习惯是一种恒常而无意识的行为倾向，反复地在某种行为上产生，是心理或个性中的一种固定倾向。

成功与失败，都源于你所养成的习惯。要培养自己好的习惯，比如工作有计划，生活有规律，做事有效率。要正确进行自我管理，提升自我管理技能，包括健康自我管理技能、工作自我管理技能、心智自我管理技能、人际关系自我管理技能、理财自我管理技能、家庭自我管理技能、心灵思考自我管理技能、休闲自我管理技能。

二、沟通与协调

（一）沟通

1. 沟通的定义

沟通是指将某一信息传递给客体或对象，以期取得客体作出相应反应效果的过程。沟通是双方的行为，而且还要有中介体。沟通是一个过程。

编码、译码和沟通渠道是沟通过程取得成效的关键环节，它始于主体发出信息，终于得到反应。

2. 沟通的表现形式

沟通的表现形式包括人际沟通、人机沟通、人和组织的沟通，又可分为语言沟通、非语言沟通。沟通的目的是信息分享，使组织的所有行为在既定目标上保持一致。主要通过语言和非语言渠道进行。

3. 沟通的作用

（1）使组织中的人认清形势；

（2）使决策更加合理有效；

（3）稳定员工的思想情绪，统一组织行动。

4. 沟通的分类

（1）正式沟通和非正式沟通

——正式沟通：指在组织系统内，依据明文规定的原则进行的信息沟通，具有严肃性和规范性。

优点：代表组织本身，有一定的权威性。

缺点：信息层层传递，速度慢，刻板性。

——非正式沟通：正式途径以外的沟通，不代表组织或上级，通过个人之间的接触进行，具有非正规性和较强的感情色彩。

优点：不受规定程序的限制，灵活方便。

缺点：容易失真，造成流言蜚语传播。

什么情况下用正式沟通，什么情况下用非正式沟通，这是领导能力的一种体现。

（2）上行沟通、下行沟通和平行沟通（略）

（3）单向沟通和双向沟通（略）

（4）口头沟通和书面沟通（略）

5. 选择沟通方式要考虑的因素

（1）沟通的性质。

（2）沟通人员的特点。

（3）人际关系的协调程度。

（4）沟通渠道的性质。

6. 沟通的原则

沟通应具备明确性和完整性。

7. 有效沟通的要求

（1）信息表达清楚。

（2）信息传递准确。

（3）避免过早评价。

（4）消除沟通对象的顾虑。

（5）管理者积极进行沟通。

（6）对信息沟通过程加以控制。

8. 常见沟通障碍

常见的沟通障碍有主观障碍、客观障碍、沟通方式的障碍。

9. 危机沟通

危机沟通要善于利用媒体。新闻媒体不仅是一种沟通工具，同时也是重要的沟通对象。领导者要懂得公众舆论的重要性，在危机中必须最大限度地通过媒体影响公众舆论，为组织服务。

（二）协调

1. 协调的定义

协调是为了完成计划和实现目标，对各项工作及各位人员的活动进行调节，使之同步，互为依托。是对影响组织和谐的各种矛盾、冲突进行调整、控制，使组织保持一种平衡状态以实现组织的预定目标。包括协调群体中的个人；协调组织中的群体；协调不同的组织。

2. 协调的原则

协调的原则有全员参与、有效沟通、及时协调、连续原则、直接接触。

一个组织应将70%的时间花在沟通与协调上。

三、思维与创新

（一）思维

思维是人类最本质的特征。

人类思维的加工对象是形象 + 表象，主要是表象。

思维是在实践基础上的分析综合、抽象想象、判断推理等认识过程。

思维有两个基本属性：概括性（即综合，思维能反映事物的本质），超越性（即推理，超越时间和空间，超越具体的客观事物）。

（二）创新

创新能力的核心是创新思维能力。

创新思维的特征：主动性、灵活性、多样性、新颖性、独特性。

创新者要有问题意识，讲究发散思维、辐射思维。

创新思维的基本类型：发散思维、逆向思维、想象思维、分解思维、灵感思维（及其对立面的思维）。

想一想

乾隆出了一道难题，要求纪晓岚作一副对联歌颂关羽夫妻。纪晓岚写道：“生何年，殁何月，皆无从考；夫尽忠，子尽孝，岂不谓贤?”请问，这副对联采用的是何种思维方式?

（三）六大思维

六大思维包括战略思维、历史思维、辩证思维、创新思维、底线思维、法治思维。

1. 战略思维

战略思维，是指从全局视角和长远眼光把握事物发展总体趋势和方向、客观辩证地思考和处理问题的科学思维。

战略思维突出体现在三个方面：一是善于从全局视角谋划问题；二是善于从长远眼光思考问题；三是善于从整体思路上把握问题。

2. 历史思维

历史思维，是指运用马克思主义唯物史观从历史视野和发展规律中思考分析问题、把握前进方向、指导现实工作的科学思维。

善于把事物放在历史长河中来考察，从正反两方面历史经验教训中来总结，从历史分析中判断未来的发展趋势。

历史思维突出体现在四个方面：一是高度重视学习历史特别是党的历史。习近平总书记指出："历史是最好的教科书"，"中国革命历史是最好的营养剂"。学历史可以"看成败、鉴得失、知兴替"，他要求各级领导干部"要认真学习党史、国史，知史爱党，知史爱国"（《在庆祝中国共产党成立 95 周年大会上的讲话》，2016 年 7 月 1 日）。二是善于总结党的历史。三是科学对待党的历史。四是善于运用历史。

3. 辩证思维

辩证思维是人们自觉运用唯物辩证法分析问题和解决问题的科学思维方式。辩证思维能力，就是承认矛盾、分析矛盾、解决矛盾，善于抓住关键、找准重点、洞察事物发展规律的能力。

首先要坚持唯物辩证法的"两点论"，善于一分为二地看问题。

其次要坚持唯物辩证法的"重点论"，善于抓住关键、找准重点。

习近平总书记指出："在任何工作中，我们既要讲两点论，又要讲重点论，没有主次，不加区别，眉毛胡子一把抓，是做不好工作的。"（《习近平在中央政治局第二十次集体学习时强调 坚持运用辩证唯物主义世界观方法论提高解决我国改革发展基本问题本领》，新华社 2015 年 1 月 24 日电）

4. 创新思维

"明者因时而变，知者随事而制。"创新思维能力，就是破除迷信、超越过时的陈规，善于因时制宜、知难而进、开拓创新的能力。

2015年11月15日，习近平主席在二十国集团领导人第十次峰会第一阶段会议上关于世界经济形势的发言中指出："必须把创新作为引领发展的第一动力，把人才作为支撑发展的第一资源，把创新摆在国家发展全局的核心位置，不断推进理论创新、制度创新、科技创新、文化创新等各方面创新，让创新贯穿党和国家一切工作，让创新在全社会蔚然成风。"

5. 底线思维

底线，即最下限，是事物存在和发展的最低限度。底线思维，是以底线为导向的一种科学思维方法。

底线思维能力，就是客观地设定最低目标，立足最低点，争取最大期望值的一种积极的思维能力。

提高底线思维能力，就是要居安思危、增强忧患意识，宁可把形势想得更复杂一点，把挑战看得更严峻一些，做好应付最坏局面的思想准备。要见微知著、未雨绸缪，增强前瞻意识，把工作预案准备得更充分、更周详，做到心中有数、处变不惊。

6. 法治思维

法治思维是基于法治的固有特性和以法治的信念来认识事物、判断是非、解决问题的思维方式。

法治思维能力，就是运用法治思维和法治方式开展工作、解决问题、推动发展的能力。

习近平总书记指出："各级领导干部要提高运用法治思维和法治方式深化改革、推动发展、化解矛盾、维护稳定能力，努力推动形成办事依法、遇事找法、解决问题用法、化解矛盾靠法的良好法治环境，在法治轨道上推动各项工作。"（《在首都各界纪念现行宪法公布施行30周年大会上的讲话》，2012年12月4日）

第八章　政务管理通用知识

第一节　公文处理

一、公务处理基础知识

“公文”一词，源于晋代陈寿《三国志·魏志·赵俨传》：“公文下郡，绵绢悉以还民。”即指一种体式的公务文书。最早的公文总称为“书契”，其后又有典册、枢机文、官文书、案牍、公牍等称谓。随着社会的发展，公文的名称、种类及内涵也在不断发展变化。

（一）遵循原则

（1）实事求是。

（2）准确规范。

（3）精简高效。

（4）安全保密。

（二）公文处理流程

公文处理流程包括公文拟制、公文办理（收发文办理）、公文管理、公文归档等一系列衔接有序的工作。

1. 公文办理

（1）发文办理。

发文办理流程包括起草（含修改、协调）、校核、会签、签发、复核、登记（编号）、印制（含排版、校对、装订）、缮印、分发、立卷、归档11个程序。

公文正式印制和发出前需进行复核。复核的重点是：审批、签发手续是否完备，附件材料是否齐全，格式是否统一、规范等。不符合要求的公文不予缮印和发出。

经复核需要对文稿进行实质性修改的，应当提请签发人复审并签名。

公文签发后，由文秘部门统一编排文号。文号应当连续编排。编号后取消发文的，原文号重新使用；跨年度取消发文的，原文号不再使用。

印制文件以负责人签发的原稿为依据，不得擅自改动。

公文制版应当版面干净无底灰，字迹清楚无断划，尺寸标准，版心不斜，误差不超过1mm。

公文应当左侧装订，不掉页，两页页码之间误差不超过4mm，裁切后的成品尺寸允许误差±2mm，四角成90°，无毛茬或缺损。

涉密公文应当在符合保密要求的场所印制。

公文的印发传达范围应当按照发文机关的要求执行；需要变更的，应当经发文机关批准。

各级税务机关报送上级税务机关的公文，不得同时报送上级税务机关的内设机构；邮寄时，收件人（单位）应与公文主送单位一致。各地税务机关报送国家税务总局的公文，数量为1份。

公文公开发布的时间、形式和渠道由发文机关确定。涉密公文公开发布前应当履行解密程序。经批准公开发布的公文，同发文机关正式印发的公文具有同等效力，各级税务机关可以不再行文。同时，发文机关应当印制少量文本，供存档备查。

公文的撤销和废止，由发文机关、上级机关或者权力机关根据职权范围和有关法律法规决定。公文被撤销的，视为自始无效；公文被废止的，视为自废止之日起失效。

（2）收文办理。

收到公文的处理过程，包括签收、登记、审核、拟办、批办、承办、传阅、催办、答复等程序。

收文人员收到公文后，应当在对方投递单或送文簿上签字以示收到。签收时要注意以下几点：

——清点实收文件，与对方的投递单或送文簿核对，查看是否相符，包装和封口是否牢固，确认无误后再签收；

——如发现错投应当及时退回或转投，有散包或被拆后重封等现象的应当立即追查原因；

——收到绝密级公文后，必须在机要室存放并专人保管；

——本机关内设机构收到外单位来文，应当交办公厅（室）签收。

公文签收无误后，收文人员应当对来文进行登记。登记的内容主要包括：收文编号、日期、来文机关、文号、标题、密级、紧急程度、附件、份数、处理情况等。

对下级税务机关上报并需要办理的公文，办公厅（室）应当对来文的合法性、规范性进行审核。

来文出现以下情况的，应予退回：不应当由本机关办理的；与有关法律、法规及规章相抵触的；文种使用不当，违反行文规则的；上行文未注明签发人的；文头与机关代字不相符的；用印有误，未注明附件或附件有缺漏的；其他违反《党政机关公文处理工作条例》或《全国税务机关公关处理办法》的。

对来文标有“特急”或“加急”字样的，收文部门应当优先进行审核，及时送下一环节办理。

经签收、登记后，需要本机关办理的公文，应当由办公厅（室）提出拟办意见。拟办意见应当明确、具体。需要 2 个以上部门办理的公文，应当明确主办部门。紧急公文，应当明确办理时限。

一般性公文由办公厅（室）提出拟办意见后，送承办部门办理；重要公文由办公厅（室）提出拟办意见后，呈机关负责人批办。

机关负责人对办公厅（室）呈请批示的公文应当提出批办意见。如对拟办意见无异议，负责人圈阅视为同意。如拟办意见为呈请负责人阅示的，或者对拟办意见有补充以及不同意拟办意见的，负责人应当作出明确的批示。

承办部门收到交办的公文后应当及时办理，不得延误、推诿，在规定的时限内办理完毕。紧急公文应当按时限要求优先办理，确有困难的，应当及时向交办的文秘部门说明。对不属于本单位职权范围或者不宜由本单位办理的，应当及时退回交办的文秘部门并说明理由。

公文办理中遇有涉及其他部门职权范围内的事项，主办部门应当主动与有关部门协商。如有分歧，主办部门主要负责人要出面协调，如仍不能取得一致意见，报请局领导协调或者裁定。

2. 公文归档

个人不得保存应当归档的公文。

归档范围内的公文，应当以“件”为单位进行分类、排列、编号、编目、装订、装盒。首页右上部空白处加盖“归档章”，打印文件目录。联合办理的公文，原件由主办机关整理、归档，其他机关保存复制件或其他形式的公文副本。

本机关负责人兼任其他机关职务，在履行所兼职责过程中形成的公文，由其兼职机关整理、归档。

税务机关公文的归档范围和保管期限，按照档案管理的有关规定执行。每年 6 月 30 日前将本部门上一年度办理完毕的公文、材料整理后集中向本机关档案管理部门移交。

机关合并时，全部公文应当随之合并管理；机关撤销时，需要归档的公文经整理后按照有关规定移交档案管理部门。

3. 公文管理

税务机关公文由文秘部门或者专人统一管理。县以上税务机关应当建立机要保密室和机要阅文室，并按照有关保密规定配备工作人员和必要的安全保密设施设备。

公文确定密级前，应当按照拟定的密级先行采取保密措施。确定密级后，应当按照所定密级严格管理。绝密级公文应当由专人管理。公文的密级需要变更或者解除的，由原确定密级的机关或者其上级机关决定。

传递涉密公文，必须采取保密措施，确保安全。利用计算机、传真机等传输涉密公文，必须符合国家有关保密规定。

复制、汇编机密级、秘密级公文，应当符合有关规定并经本机关负责人批准。绝密级公文一般不得复制、汇编，确有工作需要的，应当经发文机关或者其上级机关批准。复制、汇编的公文视同原件管理。

复制件应当加盖复制机关戳记。翻印件应当注明翻印的机关名称、日期。汇编本的密级按照编入公文的最高密级标注。

涉密公文应当按照发文机关的要求和有关规定进行清退或者销毁。

不具备归档和保存价值的公文，经批准后可以销毁。销毁涉密公文必须严格按照有关规定履行审批登记手续，确保不丢失、不漏销。个人不得私自销毁、留存涉密公文。

（三）公文种类

税务机关的公文种类主要有 13 种：命令（令）、决议、决定、公告、通告、意见、通知、通报、报告、请示、批复、函、纪要。

（1）命令（令），适用于依照有关法律、行政法规发布税务规章，宣布施行重大强制性行政措施，嘉奖有关单位及人员。发布税务规章，应当按照税务规章产生的程序进行。命令（令）属下行文，一般无主送、抄送。

（2）决议，适用于会议讨论通过的重大决策事项。

（3）决定，适用于对重要事项作出决策和部署、奖惩有关单位和人员、变更或者撤销下级机关不适当的决定事项。决定属下行文。

（4）公告，适用于向国内外宣布重要事项或者法定事项。税务机关应当依照有关法律、法规、规章向国内外公布税收规范性文件和其他重要税收事项。公告应当公开发布，无主送、抄送。

（5）通告，适用于在一定范围内公布应当遵守或者周知的事务性事项。通告面向社会并具有一定的约束力，可采用张贴或媒体刊播的形式公布，无主送、抄送。

（6）意见，适用于对重要问题提出见解和处理办法。意见一般分为参考建议性意见、表明意向性意见、工作指导性意见。意见可以用于上行文、下行文和平行文。

（7）通知，适用于发布、传达要求下级机关执行和有关单位周知或者执行的事项，批转、转发公文。通知一般分为指示性通知、发布和转发性通知、事务性通知和知照性通知。通知主要是上级机关对下级机关行文时使用，属下行文；向有关单位知照某些事项时（如告知机构变更和召开会议等），也可作平行文使用。

（8）通报，适用于表彰先进，批评错误，传达重要精神和告知重要情况。通报分为表扬性通报、批评性通报和情况通报。通报属下行文。

（9）报告，适用于向上级机关汇报工作、反映情况，回复上级机关询问。报告根据内容分为综合性报告和专题性报告。报告属上行文。

（10）请示，适用于向上级机关请求指示、批准。请示一般分为政策性请示、问题性请示和事务性请示。请示属上行文。

（11）批复，适用于答复下级机关请示事项。批复一般分为政策性批复、问题性批复和事务性批复。批复属下行文。上级机关批复下级机关的请示时，必须明确表态，若予否定，应写明理由。批复一般只送请示单位，若批复的事项需有关单位执行或者周知，可抄送有关单位。若请示的问题具有普遍性，可使用“通知”或其他文种行文，不再单独批复请示单位。

上级税务机关针对下级税务机关有关特定税务行政相对人的特定事项如何适用税收法律、法规、规章或税收规范性文件的答复或者解释，需要普遍执行的，应当按照《税收规范性文件制定管理办法》的规定制定税收规范性文件。

（12）函，适用于不相隶属机关之间商洽工作、询问和答复问题、请求批准和答复审批事项。函分为商洽函、询问函、请求批准函、答复函、告知函。函属平行文，有隶属关系的上下级机关之间不得使用函。请求批准函仅用于向平级机关或有关主管部门请求批准相关事项。

（13）纪要，适用于记载会议主要情况和议定事项。国家税务总局的会议纪要分为党组会议纪要、局务会议纪要、局长办公会议纪要和局领导专题会议纪要。

（四）电子公文

电子公文是指在计算机网络系统中形成的具有规范格式的公文的电子数据。税务机关制发的电子公文在税务系统内部具有行政效力，可以作为本系统、本机关内部处理公务的依据。

各级税务机关应当通过税务系统内部建立的公文处理计算机应用系统，按照本办法和有关规定进行电子公文的拟制、办理、管理和归档。

公文处理计算机应用系统的管理由各级税务机关办公厅（室）负责；技术支持与维护由各级税务机关的技术部门负责。

税务系统内部非涉密性公文，发电子公文，其中作为执法依据的，同时发纸质公文。既有电子公文又有纸质公文的，以纸质公文为准。

不便于用电子公文方式传输的，可以只发送纸质公文。

利用计算机网络系统处理涉密公文，必须按照国家有关规定，报保密主管部门审批，确保涉密公文的安全。

电子公文应当按照相关制度确定的范围，将处理过程中形成的不同电子版本归入税务档案数据库。属于永久和 30 年保管期限的电子公文，应当同时将电子公文的最终版本制成纸质公文归档。

电子公文在归档时应当对标题、发文字号、发文日期、发文单位、密级、类别、保管期限进行标引。有相应纸质公文的，还应标引纸质公文的档号。

公文处理系统中形成的电子公文数据应当备份。

二、公文写作要求

（一）公文起草要求

（1）符合国家法律法规和党的路线方针政策，完整准确体现发文机关意图，并同现行有关公文相衔接。

（2）一切从实际出发，分析问题实事求是，所提政策措施和办法切实可行。

（3）内容简洁，主题突出，观点鲜明，结构严谨，表述准确，文字精练。

（4）文种正确，格式规范。

（5）深入调查研究，充分进行论证，广泛听取意见。

（6）公文涉及其他部门职权范围内的事项，起草单位必须征求相关部门意见，力求达成一致。

（7）机关负责人应当主持、指导重要公文起草工作。

（二）行文规则

1. 向上级机关行文应遵循的规则

（1）原则上主送一个上级机关，根据需要同时抄送相关上级机关和同级机关，不抄送下级机关。

（2）下级税务机关向上级税务机关请示、报告重大事项，应当同时遵循本级党委、政府的有关规定；属于职权范围内的事项应当直接报送上级税务机关。

（3）下级机关的请示事项，如需以本机关名义向上级机关请示，应当提出倾向性意见后上报，不得原文转报上级机关。

（4）请示必须在事前，应当一文一事，不得在报告等非请示性公文中夹带请示事项。正文末应当有请示语，在公文附注处注明联系人的姓名和电话。

（5）除上级机关负责人直接交办事项外，不得以本机关名义向上级机关负责人报送公文，不得以本机关负责人名义向上级机关报送公文。

（6）受双重领导的机关向一个上级机关行文，必要时抄送另一个上级机关。

2. 向下级机关行文应遵循的规则

（1）主送受理机关，根据需要抄送相关机关。重要行文应当同时抄送发文机关的直接上级机关。

（2）各级税务机关不得向下级党委、政府发布指令性公文或者在公文中向下级党委、政府提出指令性要求。需经政府审批的具体事项，经政府同意后可以由税务机关行文，文中须注明已经政府同意。

各级税务机关可以以函的形式向下一级政府行文，商洽工作、询问和答复问题、审批事项。

（3）涉及其他部门职权范围内的事务，未协商一致的，不得向下行文；擅自行文的，上级机关应当责令其纠正或者撤销。

（4）上级机关向受双重领导的下级机关行文，必要时抄送该下级机关的另一个上级机关。

3. 对外行文应遵循的规则

（1）各级税务机关可以与同级党政各部门、下一级党委政府、相应的军队机关、同级人民团体和具有行政职能的事业单位联合行文。联合行文应当明确主办单位。

（2）各级税务机关在职权范围内，可以向其他党政部门行文。

（3）各级税务机关的办公厅（室）根据授权可以代表本级机关行文。

（4）各级税务机关的内设机构除办公厅（室）和法律规定具有独立执法权的机构外不得对外正式行文。

三、公文写作

（一）标题

1. 规范式标题

发文机关 + 事由 + 文种（重要公文），如：

国家税务总局关于修订企业所得税年度纳税申报表的公告

2. 灵活式标题

一是发文机关 + 文种；二是事由 + 文种；三是“转发 + 原发机关及原通知标题” + 文种。如：

国家税务总局关于印发《全面推行税务证明事项告知承诺制实施方案》的通知。

3. 只有文种的简便式标题

一般是不大重要的公务，且带周知性。

（二）正文

1. 主送机关

主送机关（注意主送范围、收文单位的隶属关系，通报、公告、通告不需主送机关）在标题下面一行顶格写起。

如果是“请示”，主送机关只写一个，如需同时送其他机关，应用抄报（在文末左下角写明）形式。

2. 正文

（1）缘由（独立成段）。

发文依据，主要包括：

情况：叙述时间、单位、地点、人物和事件等；或者是请示缘由；常用“目前……”类时间状语；简介人物及事迹。

文件：常用“根据……”；往往是一句话。

意义、议论：常用“是……”。

作用：常用“将使……”。

目的：常用“为……”。

【例】 为贯彻落实《中华人民共和国企业所得税法》及有关税收政策，国家税务总局对《中华人民共和国企业所得税年度纳税申报表（A类，2017年版）》部分表单和填报说明进行修订。现公告如下……

（2）事项（分段叙述）。

正文事项的写法有两种：

一是并列式。一般写的是公务的横向的、静态的情况。各部分相互之间无紧密联系，独立性强，但共同为说明主旨服务。好处是概括面广、条理性强。

并列式内容之间的序码可用数字式，也可用分段式；段中并列的内容可用数字、分号（；），也可用句子并列式。

要求重轻有序：重要的放在前边，次要的放在后边，依此类推。

二是递进式。一般写的是公务的纵向的、动态的过程或者事理。各部分层层递进，每一部分都不可缺少，前后顺序也不能颠倒。这种方法的好处是逻辑严密，能准确地说明问题。

在一篇公文中，两种方法可以互相交叉，即以一种方法为主，在某一部分即某一层次中用另一种方法。

（3）结尾（一般写公文执行要求，也可以不要）。

常见的有：

一是各文种专用语如："请予批准""妥否，请批示""特此通知""特此报告"等。

二是提出要求，或者提出希望、号召等。

【例】 本通知自公布之日起实施。

（4）附件。随同请求的有关材料、图表或其他文件。在正文之后（隔一行）注明附件名称和顺序。

（5）落款：发文机关署名。

（6）发文日期。

提醒： 测试中一般不会考公文写作题，但为了考核对公文写作掌握的熟练程度，考公文改错的可能性极大。因此，应该熟练掌握公文文种的使用规则、行文规则和公文格式，以及常用公文如请示、通知、函等的特殊写法。

四、公文写作常见"病例"

公文改错是常见的考题，一般应注意以下常见"病例"。

（一）标题

（1）常见的有语句不合语法规范、词语搭配、“关于”用错位置、语法毛病、标点符号错用乱用等。如“传达……精神”误用为“印发……精神”；“同意”与“批复”搭配连用；“关于对”连用；“申请……请示”。

【例】“关于××县税务局加强党性教育的通知”。“关于”应置于发文机关之后：××县税务局关于加强党性教育的通知。

（2）标有引号的并列成分之间、标有书名号的并列成分之间通常不用顿号。若有其他成分插在并列的引号之间或并列的书名号之间，宜用顿号。

（3）标示时间、地域的起止一般用一字线（占一个字符位置），标示数值范围的起止一般用波浪线（～）。

（4）标题中缺少发文机关，或者发文机关用不规范的省略、不规范简称。

（5）标题中标注文件的书名号用错位置。

（6）标题转行导致歧义。

（二）文种混用

（1）不同文种使用场所、范围不同，必须根据公文涉及事项、目的来选择文种。常见的文种混用是：请示、函、报告三者混淆，“请示报告”连用，通告误用为通知，通知误用为通告，请示误用为报告，报告误用为请示，决定误用为决议，决议误用为决定，复函误用为批复，等等。

（2）根据隶属关系使用公文文种，平行关系用平行文，上下级关系要区别上行还是下行，周知性、普发性公文不能使用请示、报告。

（3）超越权限使用文种、降格使用文种。如随意制定《条例》，本应用“命令”来发布的规章公文，却降格用“通知”发布。

（4）将日常应用文当作公文。比如《××市税务局2021年工作要点》。

（5）生造文种，如“复函”“情况汇报”。

（三）主发送关系混乱

（1）主送机关和发送机关不对应：比如，主送机关是党的机关，发送机关却是行政机关，这属于党政不分；

（2）主送机关使用不规范化简称：如“省局”“总局”之类。

（3）多头主送：上行文如需要主送两个以上的机关，应该只写一个，抄送另一个。

（4）请示误抄送下级；上下级机关联合行文。

（5）上级机关直接向下级机关的部门行文。

（6）平行机关之间互相用请示。如“某县税务局”向“某区税务局”请示。

（四）数字错用

（1）公历世纪、年代、年、月、日、分、秒，要求使用阿拉伯数字。如，公元前9世纪、公元前221年、20世纪80年代、1949年10月1日、15时20分45秒等。年份一般不用简写，例如：1980—1995年不能写作1980—95年，2005年不应简写成05年。

（2）记数与计量（包括正负整数、分数、小数、百分比、约数等）。例如：1302，1/16，4.5倍，34%，3:1，45万元，500多种、60多万斤等。

（3）物理量量值必须使用阿拉伯数字，并正确使用法定计量单位。如，300kg、15cm、35℃等。如果是多位的阿拉伯数字，不能换行。非物理量，一般情况下应使用阿拉伯数字，如235元、11个月、100名。但小学和初中教科书、非专业书刊的计量单位可使用中文表示。如：200kg（200千克）。

（4）部队番号、文件编号、证件号码和其他序号，须用阿拉伯数字。例如：38915部队、总3211号、国办发〔2010〕号文件、T37/T38次快车、HP—3000型电子计算机、90号汽油、维生素B_1等。

（5）公文中发文字号、版头左上角的编号、印发日期与印发份数，均应使用阿拉伯数字表述。

（6）公文引文标注中的版次、卷次、页码，除古籍应与所据版本一致外，一般要使用阿拉伯数字。

【例】列宁：《新生的中国》，见《列宁全集》中文2版，第22卷，208页，北京：人民出版社，1990。

（7）表示数字的范围也有写法的讲究。例如：3万~8万，不能写成“3~8万”；5%~15%不能写成“5~15%”。应用时应注意：

第一，一个数值的书写形式要照顾到上下文。不是出现在一组具有统计意义数字中的一位数（一、二……九）可以用汉字，如“一个人”“四种产品”“六条意见”“重复三遍”。

第二，5位以上的数字，尾数零多的，可改写为以万、亿作单位的数，一般不得以十、百、千、十万、百万、千万、十亿等作单位（千克、千米、千瓦等法定计量单位不在此列）。如：34000可以改写为3.4万。

第三，一个用阿拉伯数字书写的多位数不能移行。

（8）应当使用汉字的几种情况。

汉语数字通常是指“一、二、三、四、五、六、七、八、九、十”及其大写“壹、贰、叁、肆、伍、陆、柒、捌、玖、拾”等数字。

数字作为词素构成定型的词、词组、惯用语、缩略语或具有修辞色彩的语句。例如：“十二五”规划、一律、二万五千里长征、第三世界、相差十万八千里、三心二意、四平八稳、五星红旗、六神无主、七上八下、八国联军、九死一生、十万火急、零点方案、星期五、第三季度、不管三七二十一、十六届四中全会等。

（9）邻近的多个数字（一、二……九）并列连用，表示概数（连用的多个数字之间不应用顿号隔开）。例如七八十种、一千七八百元、五六万套、三四天、五六米、七八个、十五六岁、三四百里、四十五六岁。

（10）星期几一律用汉字，如星期三。

（11）中国历史纪年、干支纪年、夏历月日、各民族非公历纪年等，均使用汉字。如：万历十五年、丙寅年十月十八日、八月十五中秋节、正月初五等。有时为了表达得更加明白，可以在它们的后边用阿拉伯数字括注公历。如：藏历阳木龙年八月二十六日（1964 年 10 月 1 日）、日本庆应三年（1867 年）等。

（12）含有月日简称表示事件、节日或其他特定意义的词组，应用汉字数字。如果涉及一月、十一月、十二月，为避免歧义，要将表示月和日的数字用间隔号“·”隔开，并外加引号。如：“一·二八”事变（1 月 28 日）、“一二·九运动”（12 月 9 日）等。涉及其他月份时，不用间隔号；是否使用引号，视事件的知名度而定。如五四运动、五一国际劳动节、十一国庆节、“九一三”事件、“七一”讲话等。

（13）用“几、多、余、左右、上下、约”等表示约数时，使用汉语数字。如：几千年、百多次、十余年、八万左右、三十上下、约五十人等。如果文中出现一组具有统计意义和比较意义的数字，用“多、约”等表示约数时，为保持局部体例上的一致，其约数也可以使用阿拉伯数字。如：该省从机动财政中拿出近 2000 万元，调拨钢材 3000 多吨、水泥 3 万多吨、柴油 1400 吨，用于农田水利基本建设。

（五）序数层次错误。

（1）公文中结构序数层次应该是“一、”“（一）”“1.”“（1）”表示。

（2）附件顺序号用阿拉伯数字表示，后面不必加冒号。

（六）标点符号错用

（1）阿拉伯数字表示次序时使用点号不当。

（2）在图、表说明文字末尾错用句号（实际不需用标点）。

（3）标示公文发文字号中的发文年份时，应使用六角括号。

（4）书名号内不用顿号表示停顿，空一格即可，如“根据《××省物价局 ××省财政厅关于××市建制镇城市基础设施配套费征收标准的批复》（××规〔2012〕59号）文件要求，特制定本管理办法”。

（5）括号内行文末尾需要时可用问号、叹号和省略号。除此之外，句内括号行文末尾通常不用标点符号。

（6）附件名称后不需用任何标点符号。

（7）不该用标点的也用了标点符号，如“工、农业生产”，应为“工农业生产”。

（8）百分比符号错误，如“税率3%～17%”，误作：“税率3～17%”。

（七）发文字号错误

（1）发文字号不全：如〔2021〕，写作〔21〕；

（2）发文年份应用六角插号“〔 〕”括入。错用成圆括号“（ ）”、方括号“[ ]”、方头括号“【 】”。

（3）序号累赘。发文顺序号中多加了“0”变成“02”。

（4）滥用“发”字，请参照国家税务总局关于发文字号的规定。

（八）公文中特定称谓不一致

同一个称谓在公文中出现多种不同的表述，如“第一分局”“第一税务分局”“一分局”等。

（九）公文中用词错误

公文发错中要留心容易混淆的词、成语，容易被忽视的习惯性用词错误。如“防患于未然”误作“防患于末然”，“公之于众”误为“公之与众”。一些习惯性错误，如“不良陋习”，难道还有好的陋习？“不必要的浪费”，难道还有必要的浪费？再如“截止”和“截至”，“制定”与“制订”，“期间”与“其间”等词不加区分。

第二节 保密工作

一、税务工作秘密管理

税务机关工作秘密，是指税务机关内部在一定时间内只限一定范围人员知悉的，不属于国家秘密范围，但不宜公开，一旦泄露会给机关、单位的工作造成损害或被动的事项。税务工作秘密主要是文件形式。

凡属于工作秘密范围的事项，应在公文处理系统中标明不予公开或在相关文件、资料右上角位置作出明确标识。工作秘密可标注的标识为："内部""内部文件""内部使用""内部资料，不得外传"等。不得使用国家秘密标识，即"★"。

（一）阅读和使用

（1）应在符合保密条件的办公场所阅读；不得擅自摘抄、复制、销毁、留存、引用、横传。

（2）应在涉密计算机上起草。

（3）只能使用保密 U 盘（涉密专用红盘）传递电子本。

（4）不得擅自扩大缩小阅读、传达范围。

（二）保管

（1）专人管理、专本登记、专柜存放。

（2）会议上发放的涉密文件、资料不得私自留存，及时交单位机要人员管理、登记。

（3）不得将涉密文件带出办公场所；包括涉密笔记本电脑、涉密移动存储介质。

（4）下班后，及时收回涉密文件，存放于符合保密条件的密码柜。

（三）禁止性保密规定

（1）涉密计算机和非涉密计算机之间禁止共用打印机、扫描仪等信息设备。

（2）涉密计算机禁止使用具有无线互联功能或配备无线键盘、无线鼠标等无线装置的信息设备处理国家秘密。

（3）发布或传播禁止性规定：

——不予公开和依申请公开的文件及其过程稿、会议纪要、签报、领导讲话和批示、信息简报、便函等未标注密级的内部材料，不得通过网络、手机传播，包括 QQ 群、微信群。

——中央文件在中央授权媒体公开发布前，不得使用和公开传播。

（4）单位文件主动公开前，应经过政务信息公开保密审查，由办公室统一发布。

（5）内部文件材料的公开发布，由本单位办公室统一管理，其他单位、个人不得擅自公开发布消息、摘要和全文。

（6）不得擅自摘编、汇编出版中央文件、涉密文件和含有税务工作秘密文件信息资料。

（四）严禁普通手机接触涉密信息、载体

（1）普通手机不得存储、处理、传输涉密信息。

（2）不得存储核心涉密人员的工作单位、职务等敏感信息。

（3）禁止在涉密公务活动中开户和使用位置服务功能。

（4）禁止在通信中涉及国家秘密。

（5）禁止连接涉密信息系统、涉密信息设备或秘密载体。

（6）禁止使用未经电信部门进网许可的手机和境外机构、人员赠送的手机。

二、定密管理

机关、单位负责人为本机关、本单位的定密责任人，根据工作需要，可以指定其他人员为定密责任人。

专门负责定密的工作人员应当接受定密培训，熟悉定密职责和保密事项范围，掌握定密程序和方法：

（1）审核批准本机关、本单位产生的国家秘密的密级、保密期限和知悉范围。

（2）对本机关、本单位产生的尚在保密期限内的国家秘密进行审核，作出是否变更或者解除的决定。

（3）对是否属于国家秘密和属于何种密级不明确的事项先行拟定密级，并按照规定的程序报保密行政管理部门确定。

定密授权应当以书面形式作出。授权机关应当对被授权机关、单位履行定密授权的情况进行监督。中央国家机关、省级机关作出的授权，报国家保密行政管理部门备案；设区的市、自治州级机关作出的授权，报省、自治区、直辖市保密行政管理部门备案。

严格限定国家秘密的知悉范围，对知悉机密级以上国家秘密的人员，应当作出书面记录。

定密的三个基本要素：密级、保密期限和知悉范围。

发现国家秘密已经泄露或者可能泄露的，在24小时内向同级保密行政管理部门和上级主管部门报告。地方各级保密行政管理部门接到泄密报告的，在24小时内逐级报至国家保密行政管理部门。规定保密行政管理部门的密级鉴定结论应当自受理之日起30日内作出，不能按期出具鉴定结论的，经保密行政管理部门负责人批准，可以延长30日等。

三、涉密人员管理

（一）涉密人员的三大要素

（1）在涉密岗位工作。涉密人员和涉密岗位应该相对应，实在无法对应的，应对应

到最小的内设部门。

（2）具备一定的能力和条件。这是对涉密人员承担涉密工作的资格要求，既包括应当具备的基本条件，如国籍、品行、作风、涉密岗位要求的业务素质和能力，也包括禁止性条件，如吸毒、赌博、酗酒等不良嗜好或者可能影响国家安全和利益的倾向等不适合在涉密岗位工作的情形等。

（3）通过任（聘）用审查。这是程序性要求，即涉密人员按照一定审查程序接受审查后，经批准在涉密岗位工作，涉密人员要先审后用、严格把关。

（二）涉密人员保密管理

涉密人员保密管理遵守“谁主管、谁负责”的原则。包括涉密人员分类确定、上岗审查、在岗管理、出国（境）管理、离岗离职管理等。

（1）分类确定，指按以岗定人的原则，确定涉密岗位及涉密人员等级，采取不同管理措施。涉密岗位涉及国家秘密密级、数量等发生变化，或者涉密岗位调整时，要及时调整涉密人员涉密等级。

涉密人员依据涉密岗位的不同，分为核心涉密人员、重要涉密人员和一般涉密人员。

（2）上岗审查，指对拟任（聘）用涉密人员应严格审查，已在涉密岗位工作的，要定期复审。对拟任（聘）用到核心涉密岗位工作的人员，还应对其配偶、子女的有关情况进行审查。

（3）在岗管理，指机关单位通过开展保密教育培训、组织涉密人员签订保密承诺书、实施重大事项报告以及履行保密职责考核等，对涉密人员进行管理。其中，保密教育培训、保密承诺等已有相对完善的机制，是机关单位开展涉密人员管理的经常性工作。特别要指出的是，权益保障是加强涉密人员管理的重要保障，涉密人员的合法权益受法律保护。考虑到涉密人员权益在诸多方面受到限制，机关单位应当积极通过多种措施保障涉密人员的权益。

（4）出国（境）管理，指涉密人员出境应当经有关部门批准，机关单位要严格审查，必要时可以征求有关部门意见。有关机关认为涉密人员出境将对国家安全造成危害或者对国家利益造成重大损失的，不得批准出境。涉密人员出国（境）前，所在机关单位要对其进行保密教育和保密提醒。

（5）离岗离职管理，是做好涉密人员管理的最后关口。涉密人员离岗离职实行脱密期管理，在脱密期内，涉密人员应当按照规定履行保密义务，不得违反规定就业，不得以任何方式泄露国家秘密。机关单位根据涉密人员涉密等级等具体情况，确定脱密期，并进行相应管理。

在保密工作方面不负责任，致使发生重大失密泄密事故，造成或者可能造成较大损失的，对负有主要领导责任者，给予警告或者严重警告处分；造成或者可能造成重大损失的，对负有主要领导责任者，给予撤销党内职务处分。

四、国家秘密载体管理

国家秘密载体是以文字、数据、符号、图形、图像、声音等方式记载国家秘密信息的纸介质、磁介质和光盘等各类物品。磁介质载体：包括计算机硬盘、软盘、U 盘、移动硬盘、磁带、录音带、录像带等。

国家秘密载体分为两类：一类是各级党政机关和其他相关单位制发的国家秘密载体，一类是所在单位内部在研发、管理工作中产生的国家秘密载体。

（一）秘密载体的制作

制作秘密载体，应当依照有关规定标明密级和保密期限，注明发放范围及制作数量，绝密级、机密级的应当编排顺序号。

纸介质秘密载体应当在本机关、单位内部文印室或保密工作部门审查批准的定点单位印制。

磁介质、光盘等秘密载体应当在本机关、单位内或保密工作部门审查批准的单位制作。

制作秘密载体过程中形成的不需归档的材料，应当及时销毁。

制作秘密载体的场所应当符合保密要求。使用电子设备的应当采取防电磁泄漏的保密措施。

（二）秘密载体的收发与传递

收发秘密载体，应当履行清点、登记、编号、签收等手续。

传递秘密载体，应当选择安全的交通工具和交通路线，并采取相应的安全保密措施。

传递秘密载体，应当包装密封；秘密载体的信封或者袋牌上应当标明密级、编号和收发件单位名称。

使用信封封装绝密级秘密载体时，应当使用由防透视材料制作的、周边缝有韧线的信封，信封的封口及中缝处应当加盖密封章或加贴密封条；使用袋子封装时，袋子的接缝处应当使用双线缝纫，袋口应当用铅志进行双道密封。

传递秘密载体，应当通过机要交通、机要通信或者指派专人进行，不得通过普通邮政或非邮政渠道传递；设有机要文件交换站的城市，在市内传递机密级、秘密级秘密载体，可以通过机要文件交换站进行。

传递绝密级秘密载体，必须按下列规定办理：

（1）送往外地的绝密级秘密载体，通过机要交通、机要通信递送。

中央部级以上，省（自治区、直辖市）、计划单列市厅级以上和解放军驻直辖市、省会（首府）、计划单列市的军级以上单位及经批准地区的要害部门相互来往的绝密级秘密载体，由机要交通传递。

不属于以上范围的绝密级秘密载体由机要通信传递。

（2）在本地传递绝密级秘密载体，由发件或收件单位派专人直接传递。

（3）传递绝密级秘密载体，实行二人护送制。

向我驻外机构传递秘密载体，应当按照有关规定履行审批手续，通过外交信使传递。

采用现代通信及计算机网络等手段传输国家秘密信息，应当遵守有关保密规定。

（三）秘密载体的阅读和使用

涉密机关、单位收到秘密载体后，由主管领导根据秘密载体的密级和制发机关、单位的要求及工作的实际需要，确定本机关、单位知悉该国家秘密人员的范围。任何机关、单位和个人不得擅自扩大国家秘密的知悉范围。

涉密机关、单位收到绝密级秘密载体后，必须按照规定的范围组织阅读和使用，并对接触和知悉绝密级秘密载体内容的人员做出文字记载。

阅读和使用秘密载体应当在符合保密要求的办公场所进行；确需在办公场所以外阅读和使用秘密载体的，应当遵守有关保密规定。

阅读和使用绝密级秘密载体必须在指定的符合保密要求的办公场所进行。

阅读和使用秘密载体，应当办理登记、签收手续，管理人员要随时掌握秘密载体的去向。

传达国家秘密时，凡不准记录、录音、录像的，传达者应当事先申明。

（四）秘密载体的复制和汇编

复制秘密载体，应当按照下列规定办理：

（1）复制绝密级秘密载体，应当经密级确定机关、单位或其上级机关批准。

（2）复制制发机关、单位允许复制的机密、秘密级秘密载体，应当经本机关、单位的主管领导批准。

(3) 复制秘密载体，不得改变其密级、保密期限和知悉范围。

(4) 复制秘密载体，应当履行登记手续；复制件应当加盖复制机关、单位的戳记，并视同原件管理。

(5) 涉密机关、单位不具备复制条件的，应当到保密工作部门审查批准的定点单位复制秘密载体。

汇编秘密文件、资料，应当经原制发机关、单位批准，未经批准不得汇编。经批准汇编秘密文件、资料时，不得改变原件的密级、保密期限和知悉范围；确需改变的，应当经原制发机关、单位同意。

汇编秘密文件、资料形成的秘密载体，应当按其中的最高密级和最长保密期限标志和管理。

摘录、引用国家秘密内容形成的秘密载体，应当按原件的密级、保密期限和知悉范围管理。

因工作确需携带秘密载体外出，应当符合下列要求：

——采取保护措施，使秘密载体始终处于携带人的有效控制之下；

——携带绝密级秘密载体应当经本机关、单位主管领导批准，并有二人以上同行；

——参加涉外活动不得携带秘密载体；因工作确需携带的，应当经本机关、单位主管领导批准，并采取严格的安全保密措施；禁止携带绝密级秘密载体参加涉外活动。

禁止将绝密级秘密载体携带出境；因工作需要携带机密级、秘密级秘密载体出境的，应当按照有关保密规定办理批准和携带手续。

携带涉密便携式计算机出境，按前款规定办理。

(五) 秘密载体的保存

保存秘密载体，应当选择安全保密的场所和部位，并配备必要的保密设备。

绝密级秘密载体应当在安全可靠的保密设备中保存，并由专人管理。

工作人员离开办公场所，应当将秘密载体存放在保密设备里。

涉密机关、单位每年应定期对当年所存秘密载体进行清查、核对，发现问题及时向保密工作部门报告。

按照规定应当清退的秘密载体，应及时如数清退，不得自行销毁。

涉密人员、秘密载体管理人员离岗、离职前，应当将所保管的秘密载体全部清退，并办理移交手续。

需要归档的秘密载体，应当按照国家有关档案法律规定归档。

被撤销或合并的涉密机关、单位，应当将秘密载体移交给承担其原职能的机关、单位或上级机关，并履行登记、签收手续。

用于记录秘密载体收发、使用、清退、销毁的登记簿，应当由有关部门指定专人妥善保管。

（六）秘密载体的销毁

销毁秘密载体，应当经本机关、单位主管领导审核批准，并履行清点、登记手续。

销毁秘密载体，应当确保秘密信息无法还原。

销毁纸介质秘密载体，应当采用焚毁、化浆等方法处理；使用碎纸机销毁的，应当使用符合保密要求的碎纸机；送造纸厂销毁的，应当送保密工作部门指定的厂家销毁，并由送件单位二人以上押运和监销。

销毁磁介质、光盘等秘密载体，应当采用物理或化学的方法彻底销毁。

禁止将秘密载体作为废品出售。

（七）违规处罚

涉密人员或秘密载体的管理人员违反《中共中央保密委员会办公室 国家保密局关于国家秘密载体保密管理的规定》，情节轻微的，由本机关、单位的保密工作机构给予批评教育；情节严重、造成重大泄密隐患的，保密工作部门应当给予通报批评，所在单位应当将其调离涉密岗位。

涉密机关、单位违反《中共中央保密委员会办公室 国家保密局关于国家秘密载体保密管理的规定》造成泄密隐患的，由其所在行政区域的保密工作部门或所在系统的上级保密工作机构发出限期整改通知书；该机关、单位应当在接到通知书后30日内提出整改方案和措施，消除泄密隐患，并向保密工作部门或保密工作机构写出书面报告。

违反《中共中央保密委员会办公室 国家保密局关于国家秘密载体保密管理的规定》泄露国家秘密的，按照有关规定给予责任人行政或党纪处分；情节严重构成犯罪的，依法追究其刑事责任。

第三节　应急管理

详见本书第四编“综合管理专门业务”第十六章“政务管理”第十节“应急管理”。

第四节 政府信息公开

一、政府信息公开相关规定

详见本书第十六章第六节“政府信息公开”。

二、行政执法公示制度

详见本书第十三章第一节“法理及行政法基础”。

第五节 解决形式主义突出问题为基层减负

一、党中央有关决策部署

（1）以党的政治建设为统领加强思想教育，着力解决党性不纯、政绩观错位的问题。

（2）严格控制层层发文、层层开会，着力解决文山会海反弹回潮的问题。

从中央层面做起，层层大幅度精简文件和会议，确保发给县级以下的文件、召开的会议减少30%～50%。发扬“短实新”文风，坚决压缩篇幅，防止穿靴戴帽、冗长空洞，中央印发的政策性文件原则上不超过10页，地方和部门也要按此规定从严掌握。

少开会、开短会，开管用的会。上级会议原则上只开到下一级，经批准直接开到县级的会议，不再层层开会。严禁随意拔高会议规格、扩大会议规模，未经批准不得要求党委和政府主要负责同志以及部门一把手参会，减少陪会。提倡合并开会、套开会议，多采用电视电话、网络视频会议等形式。提高会议实效，不搞照本宣科，不搞泛泛表态，不刻意搞传达不过夜，坚决防止同一事项议而不决、反复开会。进一步改革会议公文制度。

（3）加强计划管理和监督实施，着力解决督查检查考核过多过频、过度留痕的问题。

中央和国家机关有关部门原则上每年搞1次综合性督查检查考核，对县乡村和厂矿企业学校的督查检查考核事项减少50%以上的目标要确保执行到位。强化结果导向，考核评价一个地方和单位的工作，关键看有没有解决实际问题、群众的评价怎么样。坚决纠正机械式做法，不得随意要求基层填表报数、层层报材料，不得简单将有没有领导批示、开会发文、台账记录、工作笔记等作为工作是否落实的标准，不得以微信工作群、政务 App 上传工作场景截图或录制视频来代替对实际工作的评价。严格控制“一票否决”事项，不能动辄签“责任状”，变相地向地方和基层推卸责任。对涉及城市评选评比表彰的各类创建活动进行集中清理，该撤销的撤销，该合并的合并。对巡视巡察、环保督察、脱贫攻坚督查考核、政府大督查、党建考核等，牵头部门也要倾听基层意见进行完善，提出优化改进措施。调查研究、执法检查等要轻车简从、务求实效，不干扰基层正常工作。

（4）完善问责制度和激励关怀机制，着力解决干部不敢担当、不作为的问题。

坚持严管和厚爱结合，实事求是、依规依纪依法严肃问责、规范问责、精准问责、慎重问责，真正起到问责一个、警醒一片的效果。有效解决问责不力和问责泛化简单化等问题。正确对待被问责的干部，对影响期满、表现好的干部，符合有关条件的，该使用的要使用。制定纪检监察机关处理检举控告工作规则，保障党员权利，及时为干部澄清正名，严肃查处诬告陷害行为。改进谈话和函询工作方法，有效减轻干部不必要的心理负担。把“三个区分开来”的要求具体化，正确把握干部在工作中出现失误错误的性质和影响，切实保护干部干事创业的积极性，为担当者担当，为负责者负责。对基层干部特别是困难艰苦地区和奋战在脱贫攻坚第一线的干部，给予更多的理解和支持，并在政策、待遇等方面给予倾斜。

（5）加强组织领导，为解决困扰基层的形式主义问题提供坚强保障。

各地区各部门党委（党组）要切实履行主体责任，一把手负总责，党委办公厅（室）负责协调推进落实，把力戒形式主义、官僚主义作为重要任务，加强政治巡视和政治督查，加大舆论监督力度，对形式主义、官僚主义典型问题点名道姓通报曝光，对干实事、作风好的先进典型及时总结推广。

二、国家税务总局有关具体措施

把阶段性目标和长期目标有机统一起来；以领导机关、领导干部为主要对象。

（1）深入调查研究，认真对照中央八项规定及实施细则精神和相关配套制度，对照形式主义、官僚主义的具体表现，集中力量，联系实际，采取灵活多样的方式开展深入调研，一条一条梳理，一项一项自查，摸清自身问题、具体表现，剖析根源和危害，找到症结。

（2）强化纠正整改。对照查摆出的形式主义、官僚主义现象和问题，逐项建立问题清单、任务清单、责任清单，边查边改，立行立改。

（3）严肃执纪问责。

（4）抓住关键少数。

（5）与正在开展的重要专项工作相结合。在专项整治扶贫领域腐败和作风问题工作中，重点查处违规决策、弄虚作假、瞒上欺下、做表面文章等突出问题；在扫黑除恶专项斗争中，注重发现和查处工作中不担当、不作为、责任落实不力等问题；查处民生领域漠视群众利益、服务态度差、效率低下等问题。

（6）发挥巡视巡察利剑作用。

（7）通报曝光典型案例。

（8）加强工作研究。

国家税务总局机关、各省级税务机关要加强对下级税务机关的督促指导，确保问题排查全覆盖、无死角。

各级纪检机构要对整改进行监督，对走过场、做虚功等以形式主义整治形式主义的行为要及时纠正，造成不良后果的要予以问责。

第六节　重大事项请示报告工作

重点关注：“税务系统重大事项请示报告工作”的制度规定。

各级税务局党委要承担重大事项请示报告工作主体责任，主要负责同志为第一责任人，按照“分级负责、层层落实”的要求，在做好本级党组织重大事项请示报告工作的同时，加强对下级党组织的指导和监督。

税务系统重大事项请示报告工作实行清单管理。

清单分国家税务总局党委、各省税务局党委、党员和领导干部四个方面的请示报告。

一、各省税务局党委应当请示的重大事项（12 项）

（1）贯彻落实党中央、国务院决策部署以及国家税务总局党委决定中的重要情况和问题，需要作出调整的政策措施，需要支持解决的特殊困难。

（2）贯彻执行以国家税务总局为主、各省区市党委和政府双重领导的管理体制中的新情况、新问题及建议。

（3）重大税收改革措施、重大项目推进、重大体制变动、重大突发事件、重大税务机构调整、重要干部任免、重要表彰奖励立项、重大违纪违法和复杂敏感案件的处理等。

（4）明确规定需要请示的重要会议、重要活动、重要文件等。

（5）重大税务活动、重要税费政策的宣传报道口径、税收新闻宣传和意识形态工作中的全局性问题和不易把握的问题。

（6）出台重大税收创新举措，特别是遇到新情况新问题且无明文规定、需要先行先试，或者创新举措可能与现行规定相冲突、需要授权才能实施的情况。

（7）属于自身职权范围内但事关重大或者特殊敏感的事项。

（8）重大决策时存在较大意见分歧的情况。

（9）跨区域、跨领域、跨行业、跨系统工作中需要国家税务总局党委统筹推进的重大事项。

（10）调整国家税务总局党委文件、会议精神的传达知悉范围，使用国家税务总局党委负责同志未公开的讲话、音像资料。

（11）厅局级干部因私出国（境）。

（12）其他应当请求的重大事项。

二、各省税务局党委应当报告的重大事项（10 项）

（1）学习贯彻落实习近平新时代中国特色社会主义思想、习近平总书记等中央领导同志关于税收工作的重要指示批示精神情况。

（2）党中央、国务院重大决策以及国家税务总局党委、省区市党委重要会议、重要文件、重要部署贯彻落实情况，国家税务总局党委负责同志批示和交办事项的研究办理情况。

（3）党中央、国务院领导同志及中央办公厅、国务院办公厅等机关负责同志到税务部门调研或调研内容涉及税收工作，省区市党委政府对税收工作作出的重大决定和安排。

（4）加强党的建议、履行全面从严治党责任情况（包括集中学习教育活动情况、意识形态工作责任制落实情况、党组织设置及隶属关系调整、民主生活会情况、省税务局党委履行管党治党责任情况、落实中央八项规定及其实施细则精神情况、党员干部直接联系群众情况、省税务局党委巡视整改情况、国家税务总局党委巡视组移交省税务局领导干部问题线索办理情况、省税务局党委书记听取巡察汇报情况、发现重大违纪违法问题情况）。

（5）上半年和全年度省税务局党委全面工作总结和下一步工作安排。

（6）重大专项工作开展情况。

（7）税收领域重大敏感事件、突发事件、群体性事件应对处置情况。

（8）税收事业发展中出现的重要情况和重大舆情。

（9）税收工作中具有在更大范围推广价值的经验做法和意见建议。

（10）其他应当报告的重大事项。

三、各省税务局应当报备的重大事项（5项）

（1）省税务局党委规范性文件。

（2）省税务局领导班子成员分工。

（3）省税务局主要负责同志出国（境），离开本省（区市）出差、学习、培训、休假（包括法定假日）。

（4）省税务局有关干部任免。

（5）其他应当报备的重大事项。

四、税务系统党员应当请示的重大事项（5项）

（1）从事党组织所分配的工作中的重要问题。

（2）代表党组织发表主张或者作出决定。

（3）按照规定需要请示的涉外工作交往活动。

（4）转移党的组织关系。

（5）其他应当向党组织请示的事项。

五、税务系统党员应当报告的重大事项（5项）

（1）贯彻执行党组织决议以及完成党组织交办工作任务的情况。

（2）对党的工作和领导干部的意见建议。

（3）发现党员、领导干部违纪违法线索情况。

（4）流动外出情况。

（5）其他应当向党组织报告的事项。

六、税务系统领导干部应当请示的重大事项（5项）

（1）超出自身职权范围，应当由所在党组织或上级党组织作出决定的重大事项。

（2）属于自身职权范围但事关重大的问题和情况。

（3）代表党组织对外发表重要意见。

（4）因故无法履职或者离开工作所在地。

（5）其他应当向党组织请示的事项。

七、税务系统领导干部应当报告的重大事项（8 项）

（1）学习贯彻习近平新时代中国特色社会主义思想，贯彻落实党中央、国务院决策部署以及国家税务总局党委、省区市党委等党组织决定中的重要情况和问题。

（2）遵守政治纪律和政治规矩、坚决执行维护习近平总书记党中央的核心、全党的核心地位，坚决维护党中央权威和集中统一领导情况。

（3）坚持民主集中制，发扬党内民主，正确行使权力，参与集体领导情况。

（4）参加领导班子民主生活会和所在党支部（党小组）组织生活会情况。

（5）履行管党治党责任，加强党风廉政建设和反腐败工作以及遵守廉洁纪律情况。

（6）重大决策失误或者应对突发事件处置失当，纪检监察、巡视巡察、审计监督、执法监督和监督检查中发现重要问题以及违纪违法情况。

（7）可能影响正常履职的重大疾病等情况。

（8）其他应当向党组织报告的事项。

第九章 干部管理通用知识

第一节 人事管理

一、公务员管理

详见本书第十七章第一节“人事管理”。

二、人才管理

人才管理不等同于人力资源管理。人力资源管理强调平均主义，关注流程，例如职位说明书、薪酬体系、考勤、福利等。人才管理强调的是对人才的关注，例如：吸引、聘用、安置、发展和保留人才。人力资源管理对每个人一视同仁并避免按照公司资源分配情况对大家区别对待，而人才管理将“核心”和“非核心”员工的需要视作不同的需要，并“开始关注不同群体里个人的不同要求 ”。

人力资源管理是人事部门的职责，人才管理则更多是领导者的职责。

人才管理的工作核心是保障适合的人，在适合的时间，从事适合的工作，从而保障公司战略实施过程中的连续的人才供应。包括：

吸引与录用：确定能够吸引并录用招聘到适合的人才。

测评与评估：通过适当的方法对人才进行合理的评估。

三、人才开发与人才培养

根据国家税务总局制定的《全国税务领军人才培养规划（2013—2022 年）》，计划到 2022 年，基本形成覆盖主要税收工作领域、总量为 1000 名左右的税务领军人才队伍。税务领军人才分为综合管理、税收业务和税收信息化管理 3 类。税收业务类近期拟分税收法制、税务风险评估、国际税收管理、税务稽查、税收经济分析 5 个专业领域。

2012 年，国家税务总局开展了所得税人才库、国际税收管理人才库、税务稽查人才库和财产行为税人才库、房地产估价人才子库 4 个专业人才库入库人员选拔工作。

《中共国家税务总局委员会印发〈关于新形势下推进税务系统干部队伍管理法治化

规范化专业化的意见〉的通知》要求，持续推进素质提升“115”工程，打造涵盖税收战略人才、税务领军人才、专业骨干、岗位能手、青年才俊的税务人才工程升级版。

第二节 考核考评管理

一、绩效考核

绩效考核，是企业绩效管理中的一个环节，是指考核主体对照工作目标和绩效标准，采用科学的考核方式，评定员工的工作任务完成情况、员工的工作职责履行程度和员工的发展情况，并且将评定结果反馈给员工的过程。

最早的考核起源于1854年英国，根据这种考核制度，文官实行按年度逐人逐项进行考核的方法，根据考核结果的优劣，实施奖励与升降。

绩效考核本质上是一种过程管理，而不仅仅是对结果的考核。它是将中长期的目标分解成年度、季度、月度指标，不断督促员工实现、完成的过程，有效的绩效考核能帮助组织达成目标。

绩效考核是一个不断制订计划并执行、检查和处理的循环过程，体现在整个绩效管理环节，是一个绩效目标设定、绩效要求达成、绩效实施修正、绩效面谈、绩效改进、再制定目标的循环，这也是一个不断发现问题、改进问题的过程。

绩效工资的分配与员工的绩效考核得分息息相关。

通过考核发现问题、改进问题，找到差距进行提升，最后达到双赢。绩效考核的应用重点在薪酬和绩效的结合上。薪酬与绩效在人力资源管理中，是两个密不可分的环节。

绩效考核分日常考评和定期考评。日常考评，是指对被考评者的出勤情况、产量和质量实绩、平时的工作行为所做的经常性考评；定期考评是按照一定的固定周期所进行的考评，如年度考评、季度考评等。

另外，根据主体不同，绩效考核又分为主管考评、自我考评、同事考评和下属考评。

2014年是税务部门绩效管理的启动之年，从1月起，国家税务总局在总局机关及九个省级税务机关进行试点。

自2014年7月1日起，税务系统开始全面推行绩效管理。逐级分解落实指标，并结合各自工作重点，编制对本级税务机关和系统考评的指标体系，建立了绩效管理运行机制，并完善了各项工作措施，使各省级税务局对省级局机关和系统的绩效管理运行覆盖面达100%。

自2015年起，正式实施3.0版绩效管理体系。注重控制过程，关注管理的各个环节。

自2016年起，引入了多元主体参与绩效管理，省、市、县三级税务局分别结合实际，根据上级的绩效指标制订考核下级及机关部门的绩效指标。

有研究认为，税务系统绩效考核通过组织绩效与个人绩效“双轮驱动”、过程控制与结果运用“动真碰硬”，从而使横向到边、纵向到底、任务到岗、责任到人的格局基本形成。

二、数字人事

（一）简介

税务系统“数字人事”是2014年提出的。

自2014年6月起，数字人事经历了制度起草、模拟完善、试点运行、扩大试点四个阶段。

数字人事的核心，是以税务干部个人为主体，把对事的制度按人进行归集，把各种事态下的分散化的规定，变成以人为单位的整合化的制度体系，把单次、定期、不定期的考评变成日常、累积、同等条件可比的考评机制和得分，把对干部评价的定性表述变为数字化与定性化相结合的具体评价。

目的在于形成以平时考核为核心内容，运用大数据管理的思维和方法，按照税务干部成长轨迹设计考核要素，将“德、能、勤、绩、廉”等方面的信息进行个人账户式量化归集，并应用到干部管理工作中的运行机制，构建起干部管理日常化、日常管理指标化、指标管理数字化、数字管理累积化、累积管理可比化、可比管理挂钩化、挂钩管理导向化的干部综合考核评价管理体系。

（二）主体架构

数字人事的主体架构是“一个基础、四个支柱”，见图9-1。

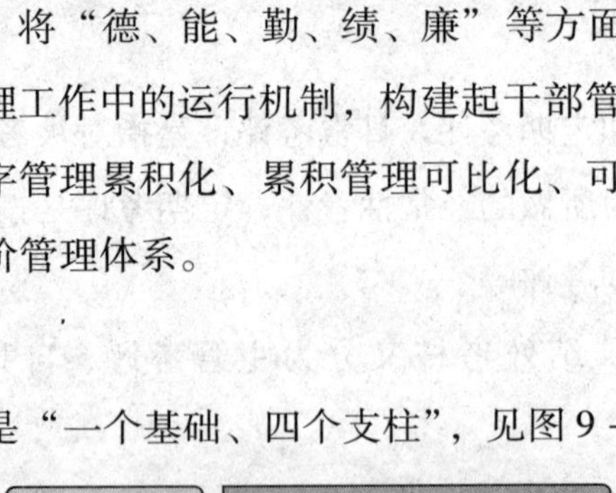

图9-1　数字人事的主体架构

1. 一个基础

“一个基础”是指职业基础，主要是量化税务干部的教育、考录、初任培训等情况。

2. 四个支柱

一是平时考核（日常绩效），就是对干部日常工作情况及各方面表现进行记录和考核。

二是公认评价考核，就是对干部德、能、勤、绩、廉等表现，采取内部公认度和外部满意度相结合的方式进行评价。内部公认度是指年终对全体税务干部进行的年终测评，领导班子成员还包括“一报告两评议”测评和廉政测评，外部满意度是指纳税人、有关单位对税务系统单位及个人工作质效进行的评价，包括办税服务厅现场评价、纳税人满意度调查和行风评议。

三是业务能力升级考核，就是结合税务岗位实际把干部工作能力设置为行政管理、纳税服务、征管评估、税务稽查、信息技术五类11级，设置升级标准，并与干部职务职级晋升挂钩。

四是领导胜任力考核，就是对领导干部履职情况、群众公认度，以及任职考察、试用期管理和党建、巡视、经济责任审计、干部离任检查等专项考评事项的结果进行量化，并实行领导胜任力测试。通过量化记录以上各类数据信息，形成综合评价得分，为干部选拔任用、考核培养提供参考。

（三）考核方式

坚持定性定量相结合，以定量考核为主，对干部的职业基础、业务能力、领导胜任力、日常绩效以及公认评价一级、二级、三级等多层次指标体系，设置不同权重，并折算成分数，全部实时量化记录。

每一位税务干部都有专属的个人成长账户，账户包含个人基本信息、职业基础、业务能力、领导胜任力、日常绩效、公认评价、平时考核等方面数据，其中以上数据又以不同百分比反映于账户中。累积记载历年分数。对同级同类干部可以进行量化比较，个人可以进行纵向对比。对不同分数段的干部进行量化但不唯分，与干部培养、利益、使用和人力资源等挂钩。

应用操作上，实行得分划段，对于同级同类干部，按个人得分高低排序，划分4个分数段。原则上，得分排在前20%的为第1段，得分排在20%～40%的为第2段，得分排在40%～80%的为第3段，得分排在后20%的为第4段。

重点关注：《税务系统数字人事实施办法》（税总党委发〔2021〕13号）等“1+9”制度体系文件。

第十章　监督管理通用知识

第一节　党风廉政建设

一、党风廉政建设责任制

党风廉政建设责任制，是指各级党委（党组）、政府（行政）及其职能部门的领导班子、领导干部在党风廉政建设中应当承担责任的制度。

（一）责任主体

党风廉政建设的责任主体为各级党政领导班子及其成员，各级党政领导班子中的正职为本地区、本部门、本单位党风廉政建设第一责任人。

（二）原则

坚持集体领导与个人分工负责相结合，谁主管、谁负责，一级抓一级、层层抓落实。

（三）内容

领导班子主要负责人是职责范围内的党风廉政建设第一责任人，应当重要工作亲自部署、重大问题亲自过问、重点环节亲自协调、重要案件亲自督办。

领导班子其他成员根据工作分工，对职责范围内的党风廉政建设负主要领导责任。主要包括：

（1）贯彻落实党中央、国务院以及上级党委（党组）、政府和纪检监察机关关于党风廉政建设的部署和要求，结合实际研究制定党风廉政建设工作计划、目标要求和具体措施，每年召开专题研究党风廉政建设的党委常委会议（党组会议）和政府廉政建设工作会议，对党风廉政建设工作任务进行责任分解，明确领导班子、领导干部在党风廉政建设中的职责和任务分工，并按照计划推动落实。

（2）开展党性党风党纪和廉洁从政教育，组织党员、干部学习党风廉政建设理论和法规制度，加强廉政文化建设。

（3）贯彻落实党风廉政法规制度，推进制度创新，深化体制机制改革，从源头上预防和治理腐败。

（4）强化权力制约和监督，建立健全决策权、执行权、监督权既相互制约又相互协调的权力结构和运行机制，推进权力运行程序化和公开透明。

（5）监督检查本地区、本部门、本系统的党风廉政建设情况和下级领导班子、领导干部廉洁从政情况。

（6）严格按照规定选拔任用干部，防止和纠正选人用人上的不正之风。

（7）加强作风建设，纠正损害群众利益的不正之风，切实解决党风政风方面存在的突出问题。

（8）领导、组织并支持执纪执法机关依纪依法履行职责，及时听取工作汇报，切实解决重大问题。

领导干部执行党风廉政建设责任制的情况，应当列为民主生活会和述职述廉的重要内容，并在本单位、本部门进行评议。

（四）责任追究

有下列情形之一的，应当追究责任：

（1）对党风廉政建设工作领导不力，以致职责范围内明令禁止的不正之风得不到有效治理，造成不良影响的。

（2）对上级领导机关交办的党风廉政建设责任范围内的事项不传达贯彻、不安排部署、不督促落实，或者拒不办理的。

（3）对本地区、本部门、本系统发现的严重违纪违法行为隐瞒不报、压案不查的。

（4）疏于监督管理，致使领导班子成员或者直接管辖的下属发生严重违纪违法问题的。

（5）违反规定选拔任用干部，或者用人失察、失误造成恶劣影响的。

（6）放任、包庇、纵容下属人员违反财政、金融、税务、审计、统计等法律法规，弄虚作假的。

（7）有其他违反党风廉政建设责任制行为的。

领导班子有《关于实行党风廉政建设责任制的规定》第十九条所列情形，情节较轻的，责令作出书面检查。情节较重的，给予通报批评。情节严重的，进行调整处理。

（五）处理方式

情节较轻的，给予批评教育、诫勉谈话、责令作出书面检查。情节较重的，给予通报批评。情节严重的，给予党纪政纪处分，或者给予调整职务、责令辞职、免职和降职等组织处理。涉嫌犯罪的，移送司法机关依法处理。以上责任追究方式可以单独使用，也可以合并使用。

1. 应当从重追究责任的情形

（1）对职责范围内发生的问题进行掩盖、袒护的；

（2）干扰、阻碍责任追究调查处理的；

2. 可以从轻或者减轻追究责任的情形

（1）对职责范围内发生的问题及时如实报告并主动查处和纠正，有效避免损失或者挽回影响的。

（2）认真整改，成效明显的。

3. 责任追究

分清集体责任和个人责任、主要领导责任和重要领导责任。

追究集体责任时，领导班子主要负责人和直接主管的领导班子成员承担主要领导责任，参与决策的班子其他成员承担重要领导责任。对错误决策提出明确反对意见而没有被采纳的，不承担领导责任。

错误决策由领导干部个人决定或者批准的，追究该领导干部个人的责任。

实施责任追究不因领导干部工作岗位或者职务的变动而免予追究。已退休但按照本规定应当追究责任的，仍需进行相应的责任追究。

受到责任追究的领导班子、领导干部，取消当年年度考核评优和评选各类先进的资格。

单独受到责令辞职、免职处理的领导干部，一年内不得重新担任与其原任职务相当的领导职务。受到降职处理的，两年内不得提升职务。同时受到党纪政纪处分和组织处理的，按影响期较长的执行。

二、廉洁自律相关规范

（1）坚持公私分明，先公后私，克己奉公。

（2）坚持崇廉拒腐，清白做人，干净做事。

（3）坚持尚俭戒奢，艰苦朴素，勤俭节约。

（4）坚持吃苦在前，享受在后，甘于奉献。

（5）廉洁从政，自觉保持人民公仆本色。

（6）廉洁用权，自觉维护人民根本利益。

（7）廉洁修身，自觉提升思想道德境界。

（8）廉洁齐家，自觉带头树立良好家风。

三、加强作风建设的规定

中央八项规定是一个切入口和动员令，党中央从落实中央八项规定精神破题，坚持以上率下，率先垂范，从中央做起，既抓思想引导又抓行为规范，执纪问责，严肃查处和曝光典型案件，形成高压态势。

（一）八个坚持、八个反对

（1）坚持解放思想、实事求是，反对因循守旧、不思进取。

（2）坚持理论联系实际，反对照抄照搬、本本主义。

（3）坚持密切联系群众，反对形式主义、官僚主义。

（4）坚持民主集中制原则，反对独断专行。

（5）坚持党的纪律，反对自由主义。

（6）坚持清正廉洁，反对以权谋私。

（7）坚持艰苦奋斗，反对享乐主义。

（8）坚持任人唯贤，反对用人上的不正之风。

（二）重要论断

加强和改进党的作风建设，必须把思想作风建设摆在第一位。

理论联系实际是党具有旺盛创造力的关键所在。

加强和改进党的作风建设，核心问题是保持党同人民群众的血肉联系。

民主集中制是党的根本组织制度和领导制度。

纪律严明是贯彻党的路线、维护党的团结统一、完成党的任务的重要保证。

立党为公、执政为民，是党的性质和宗旨决定的，是党的作风建设的根本目的。

艰苦奋斗是党的优良传统，是党团结和带领人民实现国家富强、民族振兴的强大精神力量。

坚持任人唯贤，是加强和改进党的作风建设的组织保证。用什么人，不用什么人，对党的作风建设具有重要的导向作用。

四、党内监督有关规定

重点关注：《中国共产党党内监督条例》。

党内监督没有禁区、没有例外。信任不能代替监督。各级党组织应当把信任激励同严格监督结合起来，促使党的领导干部做到有权必有责、有责要担当，用权受监督、失责必追究。

（一）原则

党内监督必须贯彻民主集中制，依规依纪进行，强化自上而下的组织监督，改进自下而上的民主监督，发挥同级相互监督作用。坚持惩前毖后、治病救人，抓早抓小、防微杜渐。

（二）任务

党内监督的任务是确保党章党规党纪在全党有效执行，维护党的团结统一，重点解决党的领导弱化、党的建设缺失、全面从严治党不力，党的观念淡漠、组织涣散、纪律松弛，管党治党宽松软问题；保证党的组织充分履行职能、发挥核心作用，保证全体党员发挥先锋模范作用，保证党的领导干部忠诚、干净、担当。

即“一个重点，三个保证”。

（三）内容

（1）遵守党章党规，坚定理想信念，践行党的宗旨，模范遵守宪法法律情况。

（2）维护党中央集中统一领导，牢固树立政治意识、大局意识、核心意识、看齐意识，贯彻落实党的理论和路线方针政策，确保全党令行禁止情况。

（3）坚持民主集中制，严肃党内政治生活，贯彻党员个人服从党的组织，少数服从多数，下级组织服从上级组织，全党各个组织和全体党员服从党的全国代表大会和中央委员会原则情况。

（4）落实全面从严治党责任，严明党的纪律特别是政治纪律和政治规矩，推进党风廉政建设和反腐败工作情况。

（5）落实中央八项规定精神，加强作风建设，密切联系群众，巩固党的执政基础情况。

（6）坚持党的干部标准，树立正确选人用人导向，执行干部选拔任用工作规定情况。

（7）廉洁自律、秉公用权情况。

（8）完成党中央和上级党组织部署的任务情况。

（四）对象

重点对象是党的领导机关和领导干部特别是主要领导干部。

加强对党组织主要负责人和关键岗位领导干部的监督。

重点监督其政治立场、加强党的建设、从严治党，执行党的决议，公道正派选人用人，责任担当、廉洁自律，落实意识形态工作责任制情况。

（五）职责

党委（党组）在党内监督中负主体责任，书记是第一责任人，党委常委会委员（党组成员）和党委委员在职责范围内履行监督职责。党委（党组）履行以下监督职责：

（1）领导本地区、本部门、本单位党内监督工作，组织实施各项监督制度，抓好督促检查。

（2）加强对同级纪委和所辖范围内纪律检查工作的领导，检查其监督执纪问责工作情况。

（3）对党委常委会委员（党组成员）、党委委员，同级纪委、党的工作部门和直接领导的党组织领导班子及其成员进行监督。

（4）对上级党委、纪委工作提出意见和建议，开展监督。

（六）方式

（1）巡视是党内监督的重要方式。

（2）严格党的组织生活制度。

（3）坚持党内谈话制度，认真开展提醒谈话、诫勉谈话。

（4）严格执行干部考察考核制度。

（5）述责述廉，接受评议。

（6）坚持和完善领导干部个人有关事项报告制度。

（7）建立健全党的领导干部插手干预重大事项记录制度。

（七）纪委监督

（1）党的各级纪律检查委员会是党内监督的专责机关，履行监督执纪问责职责。

（2）认真处理信访举报，做好问题线索分类处置，早发现早报告。

（3）严把干部选拔任用“党风廉洁意见回复”关。

（4）依规依纪进行执纪审查。

（八）基层监督

党的基层组织应当发挥战斗堡垒作用，履行下列监督职责：

（1）严格党的组织生活，开展批评和自我批评，监督党员切实履行义务，保障党员权利不受侵犯。

（2）了解党员、群众对党的工作和党的领导干部的批评和意见，定期向上级党组织反映情况，提出意见和建议。

（3）维护和执行党的纪律，发现党员、干部违反纪律问题及时教育或者处理，问题严重的应当向上级党组织报告。

（九）党员监督

党员应当本着对党和人民事业高度负责的态度，积极行使党员权利，履行下列监督义务：

（1）加强对党的领导干部的民主监督，及时向党组织反映群众意见和诉求。

（2）在党的会议上有根据地批评党的任何组织和任何党员，揭露和纠正工作中存在的缺点和问题。

（3）参加党组织开展的评议领导干部活动，勇于触及矛盾问题、指出缺点错误，对错误言行敢于较真、敢于斗争。

（4）向党负责地揭发、检举党的任何组织和任何党员违纪违法的事实，坚决反对一切派别活动和小集团活动，同腐败现象做坚决斗争。

党内监督必须把纪律挺在前面，运用监督执纪“四种形态”，经常开展批评和自我批评、约谈函询，让“红红脸、出出汗”成为常态；党纪轻处分、组织调整成为违纪处理的大多数；党纪重处分、重大职务调整的成为少数；严重违纪涉嫌违法立案审查的成为极少数。

建立健全党中央统一领导，党委（党组）全面监督，纪律检查机关专责监督，党的工作部门职能监督，党的基层组织日常监督，党员民主监督的党内监督体系。（5 个监督要分清）

民主生活会重在解决突出问题，领导干部应当在会上把群众反映、巡视反馈、组织约谈函询的问题说清楚、谈透彻，开展批评和自我批评，提出整改措施，接受组织监督。

强化上级纪委对下级纪委的领导，纪委发现同级党委主要领导干部的问题，可以直接向上级纪委报告；下级纪委至少每半年向上级纪委报告 1 次工作，每年向上级纪委进行述职。

纪委派驻纪检组对派出机关负责，对于上级党组织交办以及巡视等移交的违纪问题线索，应当及时处理，并在 3 个月内反馈办理情况。

党组织应当保障党员知情权和监督权、保障监督对象的申辩权、申诉权等相关权利。

五、党内问责有关规定

重点关注：《中国共产党问责条例》。

（一）原则

（1）依规依纪、实事求是。

（2）失责必问、问责必严。

（3）权责一致、错责相当。

（4）严管和厚爱结合、激励和约束并重。

（5）惩前毖后、治病救人。

（6）集体决定、分清责任。

（二）责任

党委（党组）应当履行全面从严治党主体责任；纪委应当履行监督专责；党的工作机关应当依据职能履行监督职责。

（三）问责对象

问责对象是党组织、党的领导干部，重点是党委（党组）、党的工作机关及其领导成员，纪委、纪委派驻（派出）机构及其领导成员。

（四）问责应当分清责任

党组织领导班子在职责范围内负有全面领导责任，领导班子主要负责人和直接主管的班子成员在职责范围内承担主要领导责任，参与决策和工作的班子成员在职责范围内承担重要领导责任。

对党组织问责的，应当同时对该党组织中负有责任的领导班子成员进行问责。

党组织和党的领导干部应当坚持把自己摆进去、把职责摆进去、把工作摆进去。（即“三个摆进去”）

（五）应当予以问责的 11 种情形

（1）党的领导弱化，“四个意识”不强，“两个维护”不力，党的基本理论、基本路线、基本方略没有得到有效贯彻执行，在贯彻新发展理念，推进经济建设、政治建设、文化建设、社会建设、生态文明建设中，出现重大偏差和失误，给党的事业和人民利益造成严重损失，产生恶劣影响的。

（2）党的政治建设抓得不实，在重大原则问题上未能同党中央保持一致，贯彻落实党的路线方针政策和执行党中央重大决策部署不力，不遵守重大事项请示报告制度，有令不行、有禁不止，阳奉阴违、欺上瞒下，团团伙伙、拉帮结派问题突出，党内政治生活不严肃、不健康，党的政治建设工作责任制落实不到位，造成严重后果或者恶劣影响的。

（3）党的思想建设缺失，党性教育特别是理想信念宗旨教育流于形式，意识形态工作责任制落实不到位，造成严重后果或者恶劣影响的。

（4）党的组织建设薄弱，党建工作责任制不落实，严重违反民主集中制原则，不执行领导班子议事决策规则，民主生活会、“三会一课”等党的组织生活制度不执行，领导干部报告个人有关事项制度执行不力，党组织软弱涣散，违规选拔任用干部等问题突出，造成恶劣影响的。

（5）党的作风建设松懈，落实中央八项规定及其实施细则精神不力，“四风”问题得不到有效整治，形式主义、官僚主义问题突出，执行党中央决策部署表态多调门高、行动少落实差，脱离实际、脱离群众，拖沓敷衍、推诿扯皮，造成严重后果的。

（6）党的纪律建设抓得不严，维护党的政治纪律、组织纪律、廉洁纪律、群众纪律、工作纪律、生活纪律不力，导致违规违纪行为多发，造成恶劣影响的。

（7）推进党风廉政建设和反腐败斗争不坚决、不扎实，削减存量、遏制增量不力，特别是对不收敛、不收手，问题线索反映集中、群众反映强烈，政治问题和经济问题交织的腐败案件放任不管，造成恶劣影响的。

（8）全面从严治党主体责任、监督责任落实不到位，对公权力的监督制约不力，好人主义盛行，不负责不担当，党内监督乏力，该发现的问题没有发现，发现问题不报告不处置，领导巡视巡察工作不力，落实巡视巡察整改要求走过场、不到位，该问责不问责，造成严重后果的。

（9）履行管理、监督职责不力，职责范围内发生重特大生产安全事故、群体性事件、公共安全事件，或者发生其他严重事故、事件，造成重大损失或者恶劣影响的。

（10）在教育医疗、生态环境保护、食品药品安全、扶贫脱贫、社会保障等涉及人民群众最关心最直接最现实的利益问题上不作为、乱作为、慢作为、假作为，损害和侵占群众利益问题得不到整治，以言代法、以权压法、徇私枉法问题突出，群众身边腐败和作风问题严重，造成恶劣影响的。

（11）其他应当问责的失职失责情形。

（六）对党组织的问责方式

（1）检查。责令作出书面检查并切实整改。

（2）通报。责令整改，并在一定范围内通报。

（3）改组。对失职失责，严重违犯党的纪律、本身又不能纠正的，应当予以改组。

（七）对领导干部的问责方式

（1）通报。进行严肃批评，责令作出书面检查、切实整改，并在一定范围内通报。

（2）诫勉。以谈话或者书面方式进行诫勉。

（3）组织调整或者组织处理。对失职失责、危害较重，不适宜担任现职的，应当根据情况采取停职检查、调整职务、责令辞职、免职、降职等措施。

（4）纪律处分。对失职失责、危害严重，应当给予纪律处分的，依照《中国共产党纪律处分条例》追究纪律责任。

（八）启动问责调查后，应当组成调查组

查明调查对象失职失责问题后，调查组应当撰写事实材料，与调查对象见面，听取其陈述和申辩，并记录在案；对合理意见，应当予以采纳。调查对象应当在事实材料上签署意见，对签署不同意见或者拒不签署意见的，调查组应当作出说明或者注明情况。

问责决定应当由有管理权限的党组织作出。(不是纪委)

（九）实行终身问责

有下列情形之一，可以从轻或者减轻问责：

（1）及时采取补救措施，有效挽回损失或者消除不良影响的。

（2）积极配合问责调查工作，主动承担责任的。

（3）党内法规规定的其他从轻、减轻情形。

（十）问责对象对问责决定不服

问责对象对问责决定不服的，可以自收到问责决定之日起（1 个月内），向作出问责决定的党组织提出书面申诉。申诉期间，不停止问责决定的执行。

（十一）深化国家监察体制改革

2017 年 11 月 4 日，全国人大常委会通过在全国各地推开国家监察体制改革试点工作的决定。

(1) 党的十九大提出构建集中统一、权威高效的国家监察体系，把组建国家监察委员会列在深化党中央机构改革方案第一条，着眼点就是构建党统一领导、全面覆盖、权威高效的监督体系，形成以党内监督为主、其他监督相贯通的监察合力。

（2）深化国家监察体制改革的初心，就是要把增强对公权力和公职人员的监督全覆盖、有效性作为着力点，推进公权力运行法治化，消除权力监督的真空地带，压缩权力行使的任性空间，建立完善的监督管理机制、有效的权力制约机制、严肃的责任追究机制。

（3）在党和国家各项监督制度中，党内监督是第一位的。

（4）国家监察体制改革的意义：一是有利于党对反腐败工作的集中统一领导；二是有利于对公权力监督的全覆盖；三是有利于坚持标本兼治、巩固扩大反腐败斗争成果。实践证明，党中央关于推进国家监察体制改革的决策是完全正确的。

（5）国家监察是对公权力最直接最有效的监督，监察委员会第一项职责就是“对公职人员开展廉政教育，对其依法履职、秉公用权、廉洁从政从业以及道德操守情况进行监督检查”。

秉公用权、依法用权、廉洁用权、为民用权。

管好关键人、管到关键处、管住关键事、管在关键时。

【例10－1】《中国共产党党内监督条例》规定要提高民主生活会质量，应当从哪些方面抓好落实？

【考点分析】党要管党必须从党内政治生活管起，从严治党必须从党内政治生活严起。

提高民主生活会质量，充分发挥民主生活会在党内监督中的作用，必须严格贯彻《中国共产党党内监督条例》和有关规定的要求，着力突出以下五个方面：

一是民主生活会应当经常化。

二是要坚持问题导向，重在解决突出问题。

三是要真正把自己摆进去，严肃认真开展批评和自我批评。

四是要制定切实可行的整改措施。

五是上级党组织应当加强对下级领导班子民主生活会的指导和监督。加强对下级党组织民主生活会的指导和监督是上级党组织的重要职责。要坚持一级抓一级的原则，切实加强督促指导和监督，提高民主生活会质量和水平。有关负责同志要按规定参加下级党组织民主生活会，有关部门要认真履行职责，加强督促检查。

第二节 税务机关权力监督制约

一、对领导班子和领导干部的监督

坚持从严治党、依法监督、分级负责、违纪必究的原则。

（一）落实党风廉政建设责任制

坚持党委统一领导，党政齐抓共管，主要领导负总责，分管领导分工负责，相关部门各负其责，纪检监察部门组织协调，依靠群众支持和参与的领导体制和工作机制，强化责任分解、责任考核和责任追究。

党委对党风廉政建设负全面领导责任：坚持把党风廉政建设和反腐败工作贯穿于税收工作大局之中，贯穿于税收政策法规制定、税收管理体制机制建设和改革的总体设计之中，贯穿于“两权”运行全过程之中，与税收工作同部署、同落实、同检查、同考核。推进惩治和预防腐败体系建设，完善内控机制，强化权力的监督，保证责任落实，有效防范风险。把中央重大决策部署及上级党组织重要工作安排的贯彻落实情况作为党风廉政建设责任制的重要内容。每年对下一级党风廉政建设情况进行检查考核并予以通报。

（二）执行重大事项决策制度

实行集体领导和个人分工负责相结合的制度。领导班子成员的分工经党委会议讨论决定，分工情况要在系统内公开，并向上级党委报告。

班子成员的分工按照分权、制衡原则，一般情况下“一把手”不直接分管人事、财务、基建工作。其他班子成员不得同时分管征收管理、税务稽查工作；分工原则上3~5年调整一次。

上级人事、纪检监察、巡视巡察部门对下级局落实集体领导和个人分工负责制的情况进行监督检查，发现下级局领导班子不按规定分工、轮换或未按分工履责的，要及时报告。上级党委要责令整改，逾期未整改的，对下级局主要领导实行诫勉谈话。

（三）落实党委议事规则和局长办公会制度的监督

严格执行议事程序、议事规则和议事纪律。

党委会、研究重要事项的局长办公会应有2/3以上成员到会，纪检部门主要负责人列席。

党委会、局长办公会召开前，由班子成员根据分工向主要负责人提出议定事项，主要负责人确定会议议题；半数以上班子成员提请研究的事项，必须列入会议议题。议题确定后，在会议召开前向其他成员通报会议议题；无特殊情况，任何人不得在会上提出临时动议。

涉及干部职工切身利益的重大事项，在决策前要广泛征求干部职工的意见。

集体讨论决定重大事项时，实行主要负责人末位发言制。

形成决议时，按照少数服从多数的原则。研究涉及重大决策、重要干部任免、重大项目安排和大额度资金使用等重大事项，班子难以统一意见时，一般暂缓作出决议。经过进一步沟通酝酿后，仍然达不成一致，必须实行无记名票决，票决时，须有2/3以上班子成员参加。当场公布票决结果，超过50%的赞成票方可形成决定或决议。纪检部门负责人进行监督，如实做好会议记录，会后5个工作日形成会议纪要核发。

决策结果要公开。

班子成员个人不得擅自改变集体决定。参加和列席人员，不得泄露会议内容。

巡视巡察部门、人事、办公室、纪检部门，负责对下级局落实党委会、局长办公会议议事规则的情况进行监督。发现有违规或做出不当决策的，要及时报告，并提出整改意见，发出整改通知书。逾期未整改的，对被检查单位班子主要领导诫勉谈话。

（四）对落实领导干部廉洁自律规定的监督

（1）对违规收送现金、有价证券、支付凭证和金银珠宝、房屋、汽车、高档家电等贵重礼品的监督。

重点在节假日、干部任用、经费审批拨付、基建和大宗物品采购招投、涉税事项行政审批等时期和环节进行监督。

对群众举报，要按干部管理权限处理。工作中发现一般性问题，要对相关人员诫勉谈话，形成书面材料，存入廉政档案；违纪违法的，没收非法所得，按规定处理。

（2）对利用婚丧嫁娶等事宜收钱敛财的监督。

重点在领导干部及亲属生日、婚丧嫁娶、乔迁新居、职务升迁、因病住院、子女升学等时间和环节上进行监督。

事前报告、事后说明。领导干部操办上述事项，事前要向主要负责人或纪检部门负责人报告。事后15日内填写《领导干部个人重大事项报告表》，并在民主生活会、述职述廉中说明情况。

（3）对跑官要官、买官卖官违纪违法行为的监督。

重点在干部选拔任用、重要岗位轮换、确定后备干部等时节和环节上进行监督。

纪检部门参与对干部选拔任用的主要过程进行监督。在会议研究前，纪检部门要对拟任人选的廉政情况提出意见。

对反映跑官要官的，要进行核实、处理；对反映买官卖官的，要核实、处理。对跑官要官、买官卖官打击制止不力，造成用人严重失察失误的，要严肃追责。

（4）对领导干部放任、纵容配偶、子女及其配偶和身边工作人员利用领导职权和职务影响经商办企业或从事中介活动谋取非法利益行为的监督。

重点对领导干部本人是否经商（投资参股）办企业，是否从事有偿的中介活动；配偶、子女及其配偶和身边工作人员经商办企业或从事中介活动是否利用领导干部的职权和职务影响；是否存在利用工作调动之机，违反规定安排配偶、子女工作，或利用各种手段违规为配偶子女谋取利益等情况进行监督。

对本事项的监督要纳入领导干部廉政谈话和个人重大事项报告制度的内容，领导干部配偶、子女从业情况要归入其廉政档案。

对领导干部参与赌博违纪行为的监督：一经发现领导干部参与赌博的，一律先免职再处理。

（五）信访监督

凡涉及反映领导班子和领导干部违纪违法线索的信访举报，应转交纪检部门统一处理。

对举报反映领导班子和领导干部的信访，要按权限采取函询、约谈、初核、处理、留存等程序进行。

（六）其他重要制度监督

（1）重大事项报告制度。

（2）述职述廉制度。

（3）廉政谈话制度。

（4）民主生活会制度。

（5）政务公开制度。

（6）审计监督制度。

（7）巡视巡察制度。

二、对税收执法权和行政管理权的监督

对税收执法权和行政管理权的监督概称“两权监督”。

（一）对领导班子和领导行使“两权”的监督

加强对领导班子和领导干部行使“两权”的监督，重点放在对权力运行的制约、财务经费的监控、干部任用的监督上，落实政务公开，加强审计监督，防止权力滥用和腐败行为发生。

1. 对行使税收执法权的监督

省级税务机关对地方出台的地方税收法规规章，在接到之日起 30 日内报国家税务总局备查。

各级税务机关制定税收规范性文件，由法规部门负责对其合法性审查，未经法规部门审查的税收规范性文件，办公室不得审核，机关负责人不得签发。

下级税务机关的税收规范性文件，应于发布之日起 30 日内报上一级税务机关备案；年度终了后一个月内，向上一级税务机关报送本年度发布的税收规范性文件目录。上级税务机关要及时进行审查，发现有问题的予以纠正，并视情况追责。

各级税务机关得知当地党委政府人大拟超越权限出台与现行税收法律、法规相悖的涉税文件或处理具体涉税事项时，应及时向当地党委政府人大讲明政策、提出意见，于 3 日内向上一级税务机关报告；对已出台的违规文件或作出的涉税事项处理决定不得执行，并负责提请制定或作出决定机关予以纠正，同时报上级税务机关。

2. 对税务行政审批权的监督

各级领导班子和领导干部要严格执行《中华人民共和国行政许可法》。

建立税务行政审批领导小组，领导小组由局长、分管局领导、相关业务部门、纪检部门主要负责人组成。凡是重大（重要）行政许可和非行政许可审批事项，均应通过行政审批领导小组集体研究。

上级纪检部门和法规部门要定期对领导班子、领导干部改造行政审批职责的情况进行监督检查，重点检查重大审批事项是否坚持集体审批，审批是否符合条件，是否做到按程序、按权限审批。

（二）对领导班子和领导干部行使行政执法权的监督

加强对领导班子和领导干部行使行政执法权的监督，重点监督有无签发与税法相抵触的涉税文件；有无授意、指使强令下属人员违规的情况；有无违反程序或超越权限审批；等等。

对检查中发现的执法过错行为，要严格按执法过错责任追究制的要求，追究相关负责人和具体负责人的责任；发现违纪违法线索时，应及时移交纪检部门；涉嫌犯罪的，依法移交司法机关。

对行政管理权的监督还包括对人事管理权、财务管理权特别是预算编制和执行、资金使用监管、基建项目审批、固定资产购买和处置、大宗物品采购等方面的监督。

在税收业务上，分解为征收、管理、稽查、行政复议四个相互分离的系列，各系列工作相互制约。

在税务检查上，将税务检查工作区分为选案、检查、审理、执行四个相互分离的系列，做到选案不查案、查案不审理、审理不执行。

在工作流程上，健全执法行为事前、事中、事后全过程监督机制。建立税收规范性文件管理办法等制度，明确税收规范性文件必须会签法规部门，强化事前监督；对减免缓税实行集体审批，做好税务行政处罚听证等工作，加强事中监督；深入开展执法检查和执法监察，做好税务行政复议等工作，强化对执法行为事后监督。

制定重大税务案件审理办法，建立税务案件审理委员会，负责重大税务案件审理工作。

推行税收执法责任制。实现对税收执法行为进行全过程、全方位的自动监控和考核；实施公正高效的执法过错追究，明确税收执法过错责任追究范围、追究形式、责任划分标准、追究程序。

三、内控机制建设

详见本书第十八章第四节“内控机制建设”。

第三节 违纪违法行为惩处

一、查处范围

税务系统对违纪违法行为的查处坚持实事求是、依法依纪、保护当事人合法权益、查处和教育、改进相结合的原则。

查处的范围包括：

（1）违反政治纪律的行为。

（2）违反组织人事纪律的行为。

（3）违反廉洁从政规定以权谋私的行为。

（4）贪污贿赂的行为。

（5）违反财经纪律的行为。

（6）给国家造成重大经济损失的失职渎职行为。

（7）妨害社会管理秩序的行为。

（8）严重违反社会主义道德的行为。

（9）损害群众利益的行为。

（10）违反税收行政管理规定的行为。

（11）税务人员涉税违规的行为。

（12）其他违反法律法规和纪律规定需要查处的行为。

二、组织措施

（1）批评教育。

（2）通报批评。

（3）责令作出书面检查。

（4）责令改正。

（5）停职检查。

（6）撤销荣誉称号和智力成果。

（7）责令待岗：待岗期限为1~6个月。待岗人员需要接受适当形式的培训后方可重新上岗。

（8）取消执法资格：取消期限为1年。需要接受适当形式的培训后方可重新取得执法资格。

（9）调离工作岗位。

（10）降职。

（11）责令辞职：对担任领导职务的人员因违纪或受到责任追究，要求其主动请求不再担任其原任职务的组织措施。

（12）免职：对担任领导职务的人员因违纪或受到责任追究，免去其担任的领导职务。

（13）辞退：解除其与国家机关的任用关系。

（14）追缴、没收、退赔财物。

三、纪律处分

纪律处分分为两类：一是党纪处分，一是行政处分。

（一）党纪处分

1. 对违纪党组织的处分

（1）改组：对于严重违反党纪、本身又不能纠正的党组织领导机构予以改组，受到改组处理的党组织领导机构成员，除应当受到撤销党内职务以上（含）处分的外，均自然免职。

（2）解散：对于全体或者多数党员严重违反党纪的党组织予以解散，受到解散处理的党组织中的党员应当逐个审查。其中符合党员条件的重新登记，并参加新的组织过党的生活，不符合条件的宣布除名，有违纪行为的依纪追究。

2. 对违纪党员的处分

（1）警告：受到警告处分的党员仍有表决权、选举权和被选举权，但一年内不得在党内提升职务和向党外推荐担任高于原任职务的党外职务。

（2）严重警告：受到严重警告处分的党员仍有表决权、选举权和被选举权，一年内不得在党内提升职务和向党外组织推荐担任高于原任职务的党外职务。

（3）撤销党内职务：受到这一处分的党员，在受处分后两年内不得在党内担任和向党外组织推荐担任与其原职务相当或高于原任职务的职务。可以建议党外组织撤销其党外职务。

（4）留党察看：察看期分一年、两年。受到处分的党员在留党察看期内没有表决权、选举权和被选举权。其党内职务自然撤销，应当建议党外组织撤销其党外职务。恢复党员权利后二年内不得在党内担任和向党外推荐担任与其原职务相当或高于原任职务的职务。

（5）开除党籍：受到处分的，5 年内不得重新入党（另有规定者除外）。

（二）行政处分

（1）警告：对违反行政纪律的行为主体提出告诫，使之认识应负的行政责任，以便加以警惕，使之注意并改正错误，不再犯此类错误。

（2）记过：记载或者登记过错，以示惩处之意。

（3）记大过：记载或登记较大或较严重的过错，以示严重惩处之意。

（4）降级：降低工资级别。

（5）撤职：撤销其现任职务。

（6）开除：解除其在行政机关任职资格。

四、职务违法与职务犯罪

（一）税收职务犯罪简介

税务人员实施税收职务犯罪行为，应当按照刑法规定追究刑事责任，给予刑事处罚。

广义的税收职务犯罪，是指税务人员在执法过程中，利用自己所掌握的税收执法权或行政管理权，以牺牲国家或集体权益为手段，为个人或他人谋取私利，应受刑法处罚的行为。包括其他国家机关工作人员和其他社会团体、企事业单位中依照法律法规或组织章程等从事公务的人员都可能出现的犯罪行为，如贪污受贿、挪用公款等。

狭义的税收职务犯罪，专指《中华人民共和国刑法》规定的只能由税务人员构成的职务犯罪，包括两个罪名：徇私舞弊不征、少征税款罪和徇私舞弊发售发票、抵扣税款、出口退税罪。税收职务犯罪，既有一般职务犯罪的表现形式，也有其职业特点。

税务职务违法是税务人员触犯宪法、法令、行政法规等法律后但是未达到刑法规定犯罪追诉标准的，不够追究刑事责任。

税务系统职务犯罪包括占有型职务犯罪、渎职型职务犯罪、交易型职务犯罪和徇私舞弊型职务犯罪等4种。

（二）税收职务犯罪表现形式

1. 占有型职务犯罪

利用职务上的便利，将国家税款或公款据为已有，使国家利益遭受重大损失，构成挪用公款罪、贪污罪、私分国有资产罪。

具体表现为：收税不开票，开大头小尾票、贪污税款、异地转移税款、从中牟取非法利益予以私分，中饱私囊，将公款、公物占为己有。

2. 渎职型职务犯罪

工作中严重不尽职、不负责，导致国家税款严重流失。

具体表现为：收人情税、关系税，超越权限减免税收，不符合一般纳税人认定标准的擅自认定，不该停业、废业的办理停业、废业；玩忽职守，致使国税税收少征、漏征，误退、多退；违反执法程序，超越职权，滥用税收保全、税收强制执行措施，不该查封扣押的违法查扣，严重侵犯纳税人的权利，造成严重政治影响。

3. 交易型职务犯罪

利用工作职务作为交换资本，以权谋私，以税谋私。

具体表现为：利用税务检查、违法违章处罚、人事管理等权利索贿受贿、收受礼品礼金或有价证券，严重影响公务活动；利用职务之便向纳税人或下级机关报销私人开支的费用；以各种名义和借口向所管辖的纳税人借钱借物，借交通工具和通信工具；收受或索要纳税人礼品、礼金和有价证券。

4. 徇私舞弊型职务犯罪

出于个人不法或不正当目的，损害国家和人民利益。

具体表现为：工作责任心差，随心所欲，徇私枉法，不能尽职尽责，该收不收，该查不查，少征或不征税款。

以上犯罪行为均需移送司法机关追究刑事责任。

第十一章　税收基础

第一节　税收概论

一、税收的概念及税收制度的构成要素

（一）税收的概念

税收是指国家为了向社会提供公共产品、满足社会共同需要，按照法律的规定，参与社会产品的分配，强制、无偿取得财政收入的一种规范形式。

税收是国家（政府）公共财政最主要的收入形式和来源。税收的本质是国家为满足社会公共需要，凭借公共权力，按照法律所规定的标准和程序，参与国民收入分配，强制取得财政收入所形成的一种特殊分配关系。

（二）税收制度的构成要素

税收制度的构成有以下五个要素：

1. 纳税人

纳税人即纳税义务人，是税法规定的直接负有纳税义务的单位或个人。

从法律角度划分，纳税人包括法人和自然人两种。

纳税人并不一定就是负税人。

税负转嫁，即是指纳税人和负税人不一致的现象，或是指纳税人将其所缴纳的税款通过各种方式转移给他人负担的过程。

2. 征税对象

征税对象是指对什么征税，是税法规定的征税的目的物，亦称课税客体。

这是一个税种区别于另一个税种的主要标的，是税收制度的基本要素之一。

国家为了筹措财政资金和调节经济的需要，可以根据客观的经济需要选择多种多样的征税对象。

课税对象是税收分类的主要依据，是设计合理的税制结构，制度可行的征管方法的

必要条件；课税对象是税收杠杆的作用点，课税对象不同，税收杠杆所起的调节作用也不同；课税对象是改革完善税制的重要议题。

3. 税目

税目是征税对象的具体项目，它具体地规定一个税种的征税范围，体现了征税的广度。

设置税目有两种基本方法：

（1）“列举法”：即按照每一种商品或经营项目分别设计税目，必要时还可在税目之下再划分若干个细目。

（2）“概括法”：即按照商品大类或行业设计税目。

4. 税率

税率是应纳税额与征税对象之间的比例，是应纳税额计算的尺度。它体现征税的深度。我国现行税率大致可分为三种：比例税率、累进税率、定额税率。

（1）名义税率与实际税率。

名义税率即法定税率，也就是税法所规定的税率。

实际税率是税收实际负担率。

名义税率和实际税率之间，由于存在税前的大量扣除，及受通货膨胀等因素影响，会产生比较大的差异。

（2）边际税率与平均税率。

边际税率是指最后一个计税依据所适用的税率。

平均税率是全部应纳税额与收入之间的比率。

边际税率与平均税率之间存在紧密的联系。在累进税制情况下，平均税率随边际税率的提高而提高，但平均税率低于边际税率；在比例税制情况下，边际税率就是平均税率。

5. 纳税环节

纳税环节是征税对象在运动过程中交纳税款的环节。

任何一种税都要确定纳税环节。对一种商品，可以选择只在生产环节征税，称为“一次课征制”。也可以选择在两个环节征税，称为“两次课征制”。还可以实行在所有流转环节都征税，称为“多次课征制”。

二、税收的特征及职能

（一）组织财政

税收是政府凭借国家强制力参与社会分配、集中一部分剩余产品的一种分配形式。

组织国家财政收入是税收原生的最基本职能。

（二）调节经济

政府凭借国家强制力参与社会分配，必然会改变社会各集团及其成员在国民收入分配中占有的份额，减少了他们可支配的收入，但是这种减少不是均等的，这种利益得失将影响纳税人的经济活动能力和行为，进而对社会经济结构产生影响。政府正好利用这种影响，有目的地对社会经济活动进行引导，从而合理调整社会经济结构。

（三）监督经济

国家在征收取得收入过程中，必然要以日常深入细致的税务管理为基础，以便具体掌握税源，了解情况，发现问题，监督纳税人依法纳税，并同违反税收法律的行为做斗争，从而监督社会经济活动方向，维护正常的社会生活秩序。

税收的作用具体表现为能够体现公平税负，促进平等竞争；调节经济总量，保持经济稳定；体现产业政策，促进结构调整；合理调节分配，促进共同富裕；维护国家权益，促进对外开放；等等。

第二节　各税种政策与管理

一、增值税

增值税是以商品（含应税劳务）在流转过程中产生的增值额作为计税依据而征收的一种流转税。从计税原理上说，增值税是对商品生产、流通、劳务服务中多个环节的新增价值或商品的附加值征收的一种流转税。实行价外税，也就是由消费者负担，有增值才征税，没增值不征税。

增值税是对销售货物或者提供加工、修理修配劳务以及进口货物的单位和个人就其实现的增值额征收的一个税种。增值税已经成为中国最主要的税种之一，增值税的收入占中国全部税收的60%以上，是最大的税种。

（一）增值税纳税人

在中华人民共和国境内销售货物或者提供加工、修理修配劳务以及进口货物的单位和个人，为增值税的纳税人。

（二）税率

增值税的税率：一般纳税人适用的税率有：13%、9%、6%、0等。

适用13%税率：销售货物或者提供加工、修理修配劳务以及进口货物。提供有形动产租赁服务。

适用9%税率：提供交通运输业服务。销售或进口下列货物，如农产品（含粮食）、自来水、暖气、石油液化气、天然气、食用植物油、冷气、热水、煤气、居民用煤炭制品、食用盐、农机、饲料、农药、农膜、化肥、沼气、二甲醚、图书、报纸、杂志、音像制品、电子出版物等。

适用6%税率：提供现代服务业服务（有形动产租赁服务除外）。

适用0税率：出口货物等特殊业务。

小规模纳税人适用3%税率。

（三）增值税专用发票的管理

增值税专用发票，是增值税一般纳税人（以下简称“一般纳税人”）销售货物或者提供应税劳务开具的发票，是购买方支付增值税额并可按照增值税有关规定据以抵扣增值税进项税额的凭证。

增值税专用发票一般分为四联：第一联是存根联，由售货方留存备查；第二联是发票联，归购货方记账时使用；第三联为抵扣联，由购货方交税务机关作为抵扣税款的凭证；第四联为记账联，由售货方记账时使用。

专用发票的基本内容包括：发票的名称、发票代码和号码、联次及用途、客户名称、开户银行及账号、商品名称或经营项目、计量单位、数量、单价、大小写金额、开票人、开票日期、开票单位（个人）名称（章）等。

专用发票只限于增值税的一般纳税人领购和使用。

领购程序：申请—提供证件—填写购领申请—购核。

一般纳税人销售货物（包括视同销售货物在内）、应税劳务，根据规定应当征收增值税的非应税劳务，必须向购买方开具蓝字专用发票。

专用发票开具必须做到：字迹清楚、不得涂改、项目填写齐全、票、物相符、票面金额与实际收取的金额相符、各项目内容正确无误、全部联次一次开具，上、下联的内容、金额、税额一致，发票联和抵扣联加盖财务专用章或发票专用章。

按照规定的时限开具专用发票（限时开具、限额开具），专用发票实行最高开票限额管理。

虚开增值税专用发票是指在没有任何购销事实的前提下，为他人、为自己或让他人为自己或介绍他人开具发票的行为。虚开增值税专用发票在刑法上构成犯罪。

二、消费税

（一）课税对象

消费税是以特定消费品为课税对象所征收的一种税，属于流转税的范畴。在对货物普遍征收增值税的基础上，选择部分消费品再征收一道消费税，目的是调节产品结构，引导消费方向，保证国家财政收入。

消费税是对特定货物与劳务征收的一种间接税，就其本质而言，是特种货物与劳务税。

消费税是价内税，作为产品价格的一部分存在，税款最终由消费者承担。消费税的纳税人是我国境内生产、委托加工、零售、批发和进口《中华人民共和国消费税暂行条例》规定的应税消费品的单位和个人。

课税对象是依税法规定的特定产品。现行消费税的征收范围主要包括：烟、酒、鞭炮、焰火、化妆品、成品油、贵重首饰及珠宝玉石、高尔夫球及球具、高档手表、游艇、木制一次性筷子、实木地板、摩托车、小汽车、电池、涂料等税目，有的税目还进一步划分若干子目。

（二）税率

税率有两种形式：一种是比例税率；另一种是定额税率。

（三）计税方法

消费税的计税依据分别采用从价定率、从量定额和从价从量复合计征三种计税方法。实行从价定率办法征税的应税消费品，计税依据为应税消费品的销售额。实行从量定额办法计税时，通常以每单位应税消费品的重量、容积或数量为计税依据。实行从价从量复合计征时，通常以应税消费品的销售额和每单位应税消费品的重量、容积或数量一起作为计税依据。

三、企业所得税

企业所得税是对我国境内的企业和其他取得收入的组织的生产经营所得和其他所得征收的一种所得税。

（一）企业所得税的纳税人

在中华人民共和国境内，企业和其他取得收入的组织（以下统称“企业”）为企业所得税的纳税人。企业所得税的纳税人包括各类企业、事业单位、社会团体、民办非企业单位和从事经营活动的其他组织。个人独资企业、合伙企业不属于企业所得税纳税义务人。

(二)企业所得税的课税对象

企业所得税采取收入来源地管辖权和居民管辖权相结合的双管辖权，把企业分为居民企业和非居民企业，分别确定不同纳税义务。

(1)居民企业，是指依法在中国境内成立，或者依照外国(地区)法律成立但实际管理机构在中国境内的企业。

(2)非居民企业，是指依照外国(地区)法律成立且实际管理机构不在中国境内，但在中国境内设立机构、场所的，或者在中国境内未设立机构、场所，但有来源于中国境内所得的企业。

(三)企业所得税的税率

居民企业实行25%的比例税率，非居民企业为20%。

企业应纳所得税 = 当期应纳税所得额 × 适用税率

应纳税所得额 = 收入总额 - 准予扣除项目金额

税收优惠方式包括免税、减税、加计扣除、加速折旧、减计收入、税额抵免等。

企业所得税按年计算，但为了保证税款及时、均衡入库，对企业所得税采取分期(按月或季)预缴、年终汇算清缴的办法。纳税人预缴所得税时，应当按纳税期限的实际数预缴，按实际数预缴有困难的，可以按上一年度应纳税所得额的1/12或1/4，或者经当地税务机关认可的其他方法分期预缴所得税。预缴方法一经确定，不得随意改变。

(四)应纳税所得额

企业每一纳税年度的收入总额，减除不征税收入、免税收入、各项扣除以及允许弥补的以前年度亏损后的余额，为应纳税所得额。

1. 收入总额

企业以货币形式和非货币形式从各种来源取得的收入，为收入总额。包括：

(1)销售货物收入。

(2)提供劳务收入。

(3)转让财产收入。

(4)股息、红利等权益性投资收益。

(5)利息收入。

(6)租金收入。

（7）特许权使用费收入。

（8）接受捐赠收入。

（9）其他收入。

2. 不征税收入

收入总额中的下列收入为不征税收入：

（1）财政拨款。

（2）依法收取并纳入财政管理的行政事业性收费、政府性基金。

（3）国务院规定的其他不征税收入。

（五）准予扣除项目

（1）企业实际发生的与取得收入有关的、合理的支出，包括成本、费用、税金、损失和其他支出，准予在计算应纳税所得额时扣除。

（2）企业按照规定计算的固定资产折旧，准予扣除。

（3）企业按照规定计算的无形资产摊销费用，准予扣除。

（4）企业发生的下列支出作为长期待摊费用，按照规定摊销的，准予扣除。

（5）企业使用或者销售存货，按照规定计算的存货成本，准予在计算应纳税所得额时扣除。

（六）应纳税额计算方法

企业的应纳税所得额乘以适用税率，减除依照《中华人民共和国企业所得税法》关于税收优惠的规定减免和抵免的税额后的余额，为应纳税额。企业转让资产，该项资产的净值，准予在计算应纳税所得额时扣除。

四、个人所得税

个人所得税是调整征税机关与自然人（居民个人、非居民个人）之间在个人所得税的征纳与管理过程中所发生的社会关系的法律规范的总称。

（一）个人所得税纳税人

1. 居民纳税义务人

在中国境内有住所，或者无住所而一个纳税年度内在中国境内居住累计满 183 天的个人，为居民个人。居民个人从中国境内和境外取得的所得，依照《中华人民共和国个人所得税法》规定缴纳个人所得税。

2. 非居民纳税义务人

在中国境内无住所又不居住，或者无住所而一个纳税年度内在中国境内居住累计不满183天的个人，为非居民个人。非居民个人从中国境内取得的所得，依照《中华人民共和国所得税法》规定缴纳个人所得税。

个人所得税以所得人为纳税人，以支付所得的单位或者个人为扣缴义务人。

纳税年度，自公历1月1日起至12月31日止。

（二）个人所得税的课税对象

（1）工资、薪金所得。

（2）劳务报酬所得。

（3）稿酬所得。

（4）特许权使用费所得。

（5）经营所得。

（6）利息、股息、红利所得。

（7）财产租赁所得。

（8）财产转让所得。

（9）偶然所得。

（三）个人所得税的税率

（1）综合所得，适用3%至45%的超额累进税率。

（2）经营所得，适用5%至35%的超额累进税率。

（3）利息、股息、红利所得，财产租赁所得，财产转让所得和偶然所得，适用比例税率，税率为20%。

（四）税收优惠

1. 免征个人所得税的10种情形

（1）省级人民政府、国务院部委和中国人民解放军军以上单位，以及外国组织、国际组织颁发的科学、教育、技术、文化、卫生、体育、环境保护等方面的奖金；

（2）国债和国家发行的金融债券利息；

（3）按照国家统一规定发给的补贴、津贴；

（4）福利费、抚恤金、救济金；

（5）保险赔款；

（6）军人的转业费、复员费、退役金；

（7）按照国家统一规定发给干部、职工的安家费、退职费、基本养老金或者退休费、离休费、离休生活补助费；

（8）依照有关法律规定应予免税的各国驻华使馆、领事馆的外交代表、领事官员和其他人员的所得；

（9）中国政府参加的国际公约、签订的协议中规定免税的所得；

（10）国务院规定的其他免税所得。

2. 减征个人所得税的 2 种情形

（1）残疾、孤老人员和烈属的所得。

（2）因自然灾害遭受重大损失的。

五、财产行为税

财产行为税是以纳税人拥有的财产数量或者财产价值为课税对象，或是为了实现某种特定的目的，以纳税人的某些特定行为为课税对象的税种。

以纳税人拥有或使用的财产为课税对象的是财产税。财产税类包含以下 10 个税种：房产税、城市房地产税、城镇土地使用税、车船使用税、车船使用牌照税、车辆购置税、契税、耕地占用税、船舶吨税、遗产税。

为实现特定政策目的，以特定行为为课税对象的是行为税。行为税类包含以下 8 个税种：城市维护建设税、印花税、固定资产投资方向调节税、土地增值税、屠宰税、筵席税、证券交易税、燃油税。

鉴于税种多、内容丰富，本书不再详细介绍，具体以习题的形式来训练和提高大家对相关知识的掌握程度。

第三节　社会保险费与非税收入

一、社会保险费

社会保险是指国家通过立法，多渠道筹集资金，对劳动者在因年老、失业、工伤、生育而减少劳动收入时给予经济补偿，使他们能够享有基本生活保障的一项社会保障制度。

社会保险是社会保障体系的核心部分，是以国家为主体，由法律法规的专门机构负责实施，运用社会力量，通过立法手段向劳动者及其雇主筹措资金建立专项基金，以保证在劳动者失去劳动收入后获得一定程度的收入补偿，从而保证劳动力再生产和扩大再生产的正常运行，保证社会安定的一种制度。

社会保险费是指在社会保险基金的筹集过程当中，雇员和雇主按照规定的数额和期限向社会保险管理机构缴纳的费用，它是社会保险基金的最主要来源。

社会保险基金是指为了保障参保对象能够享受社会保险待遇，抵御劳动风险，按照国家相关法律、法规规定，由缴费单位和缴费个人分别按缴费基数的一定比例缴纳以及通过其他合法方式筹集的一种专项资金。

社会保险主要包括“五险”。即：养老保险、失业保险、医疗保险、工伤保险和生育保险。

社会保险费分担主体是国家、企业和个人。这三个主体的不同组合就产生了许多费用的分担方式，即使同一国家，在不同的社会保险项目中也有可能使用不同的保险费用分担方式，其中以雇主雇员双方供款、政府负最后责任最为普遍。

在雇主雇员共摊保险费用的方法中，又可细分几种情况：

（1）费率等比分担制。

（2）费率差别分担制。

（3）费率等比累进制。

（一）基本养老保险缴费

1. 企业单位

坚持社会统筹与个人账户相结合的原则，保险费由单位和职工共同负担。其中，企业社会统筹部分缴费比例为企业工资总额的20%左右，职工个人缴费费率为8%。计费依据为上年职工月平均工资，由社保经办机构核定。

自由职业人员、城镇个体工商户业主及解除劳动关系后续缴费人员缴费率为20%。8%计入个人账户。计费依据为本人月工资收入。个体工商户的雇工，费率为8%。计费依据由社保经办机构负责核定。

2. 事业单位

费率不同，职工计费依据为本人上月应发基本工资，单位以全部职工个人缴费之和为计费依据。

（二）失业保险缴费

用人单位按照本单位工资总额的2%缴纳失业保险费，用人单位职工按照本人工资的1%缴纳失业保险费。

计费依据为上月工资总额。

（三）基本医疗保险缴费

基本医疗保险实行社会统筹和个人账户相结合原则，保险费由用人单位和职工双方共同负担。用人单位缴费一般为职工工资总额的6%左右，个人缴费为本人工资的2%。个人缴费全部计入个人账户，用人单位缴费的30%左右划入个人账户，其余部分用于建立统筹基金。

企业缴费部分的计费依据为上月工资总额，机关事业单位、民办非企业单位、社会团体和职工个人缴费的计费依据由社保经办机构负责核定。

（四）工伤保险缴费

由企业缴纳，实行行业差别费率，征收标准为企业全部职工工资总额乘以行业差别费率，平均工伤保险费率一般不超过1%。国家根据不同行业的工伤风险程度确立行业的差别费率，并根据工伤保险费使用、工伤发生率等情况，在每个行业内确立若干费率档次。定期由社保经办机构调整。计费依据为企业上月工资总额。

（五）生育保险缴费

企业缴纳生育保险费，生育保险费按照不超过工资总额的1%缴纳。计费依据为企业上月工资总额。

从2019年1月1日起，将基本养老保险费、基本医疗保险费、失业保险费、工伤保险费、生育保险费等各项社会保险费交由税务部门统一征收。

二、非税收入

非税收入，是指除税收以外，由各级政府、国家机关、事业单位、代行政府职能的社会团体及其他组织依法利用政府权力、政府信誉、国家资源、国有资产或提供特定公共服务、准公共服务取得用于满足社会公共需要或准公共需要的财政性资金。

非税收入是政府参与国民收入初次分配和再分配的一种形式。政府非税收入管理范围主要包括：行政事业性收费、政府性基金、彩票公益金、国有资源有偿使用收入、国有资产有偿使用收入、国有资本经营收益、罚没收入、以政府名义接受的捐赠收入、主管部门集中收入、政府财政资金产生的利息收入等。

非税收入项目繁多，收费环节多，数量庞大。财政部颁布的《政府非税收入管理办法》里的非税收入在财政预算中分三个大类来列示：一般公共预算收入中的“非税收入”、政府性基金收入和国有资本经营收入。

2018年8月20日，国家税务总局、财政部、人力资源和社会保障部、国家卫生健康委员会、国家医疗保障局在北京联合召开社会保险费和非税收入征管职责划转工作动员部署视频会议。按照党中央、国务院决策部署，2018 年 12 月 10 日前完成社会保险费和第一批非税收入征管职责划转交接工作，自 2019 年 1 月 1 日起由税务部门统一征收各项社会保险费和先行划转的非税收入。

自 2019 年 1 月 1 日起，原由财政部驻地方财政监察专员办事处（以下简称“专员办”）负责征收的国家重大水利工程建设基金、农网还贷资金、可再生能源发展基金、中央水库移民扶持基金（含大中型水库移民后期扶持基金、三峡水库库区基金、跨省际大中型水库库区基金）、三峡电站水资源费、核电站乏燃料处理处置基金、免税商品特许经营费、油价调控风险准备金、核事故应急准备专项收入，以及国家留成油收入、石油特别收益金，划转至税务部门征收。

2021 年 6 月 6 日，国务院决定，国有土地使用权出让收入、矿产资源专项收入、海域使用金，无居民海岛使用金四项政府非税收入统一划转税务部门征收。自 2021 年 7 月 1 日起，在河北、内蒙古、上海、浙江、安徽、青岛、云南开展征管职责划转试点。自 2022 年 1 月 1 日起全面实施划转工作。

自 2021 年 1 月 1 日起，水土保持补偿费、地方水库移民扶持基金、排污权出让收入、防空地下室易地建设费划转至税务部门征收。

第十二章　税收征管

第一节　税务管理

一、税务登记管理

（一）管理对象

企业，企业在外地设立的分支机构和从事生产、经营的场所，个体工商户和从事生产、经营的事业单位，均应当按照《中华人民共和国税收征收管理法》及其实施细则和《税务登记管理办法》的规定办理税务登记。

（二）主管机关

县以上（含本级，下同）税务局（分局）是税务登记的主管税务机关，负责税务登记的设立登记、变更登记、注销登记和税务登记证验证、换证以及非正常户处理、报验登记等有关事项。

（三）登记凭证

税务登记证件包括税务登记证及其副本、临时税务登记证及其副本。

扣缴税款登记证件包括扣缴税款登记证及其副本。

（四）管理原则

按照国务院规定的税收征收管理范围，实施属地管理。有条件的城市，可以按照“各区分散受理、全市集中处理”的原则办理税务登记。

（五）执行统一纳税人识别号

已领取组织机构代码的纳税人，其纳税人识别号共15位，由纳税人登记所在地6位行政区划码+9位组织机构代码组成。以业主身份证件为有效身份证明的组织，即未取得组织机构代码证书的个体工商户以及持回乡证、通行证、护照办理税务登记的纳税人，其纳税人识别号由身份证件号码+2位顺序码组成。

纳税人识别号具有唯一性。

（六）登记时间

除国家机关、个人和无固定生产、经营场所的流动性农村小商贩外，均应当自纳税义务发生之日起30日内，向纳税义务发生地税务机关申报办理税务登记，税务机关发放税务登记证及副本。

（七）争议处理

税务机关对纳税人税务登记地点发生争议的，由其共同的上级税务机关指定管辖。

（八）变更登记

纳税人税务登记内容发生变化的，应当向原税务登记机关申报办理变更税务登记。

（九）停、复业登记

实行定期定额征收方式的个体工商户需要停业的，应当在停业前向税务机关申报办理停业登记。纳税人的停业期限不得超过一年。

纳税人停业期满不能及时恢复生产经营的，应当在停业期满前到税务机关办理延长停业登记，并如实填写《停业复业报告书》。

纳税人应当于恢复生产经营之前，向税务机关申报办理复业登记，如实填写《停业复业报告书》，领回并启用税务登记证件、发票领购簿及其停业前领购的发票。

（十）注销登记

纳税人发生解散、破产、撤销以及其他情形，依法终止纳税义务的，应当在向工商行政管理机关或者其他机关办理注销登记前，持有关证件和资料向原税务登记机关申报办理注销税务登记。

纳税人被工商行政管理机关吊销营业执照或者被其他机关予以撤销登记的，应当自营业执照被吊销或者被撤销登记之日起15日内，向原税务登记机关申报办理注销税务登记。

纳税人办理注销税务登记前，应当向税务机关提交相关证明文件和资料，结清应纳税款、多退（免）税款、滞纳金和罚款，缴销发票、税务登记证件和其他税务证件，经税务机关核准后，办理注销税务登记手续。

（十一）外出经营登记

纳税人到外县（市）临时从事生产经营活动的，应当在外出生产经营以前，持税务登记证到主管税务机关开具《外出经营活动税收管理证明》（以下简称《外管证》）。

税务机关按照一地一证的原则，发放《外管证》，《外管证》的有效期限一般为30日，最长不得超过180天。

二、账簿、凭证管理

税务机关采取实地调查、上门验证等方法，进行税务登记证件的管理。

已办理税务登记的纳税人未按照规定的期限申报纳税，在税务机关责令其限期改正后，逾期不改正的，税务机关应当派员实地检查，查无下落并且无法强制其履行纳税义务的，由检查人员制作非正常户认定书，存入纳税人档案，税务机关暂停其税务登记证件、发票领购簿和发票的使用。

纳税人被列入非正常户超过3个月的，税务机关可以宣布其税务登记证件失效。

纳税人通过提供虚假的证明资料等手段，骗取税务登记证的，处2000元以下的罚款；情节严重的，处2000元以上10000元以下的罚款。纳税人涉嫌其他违法行为的，按有关法律、行政法规的规定处理。

三、纳税申报管理

纳税申报是指纳税人按照税法规定的期限和内容向税务机关提交有关纳税事项书面报告的法律行为，是纳税人履行纳税义务、承担法律责任的主要依据，是税务机关税收管理信息的主要来源和税务管理的一项重要制度。

建立、健全纳税人自行申报纳税制度。经税务机关批准，纳税人、扣缴义务人亦可以采取邮寄、数据电文方式办理纳税申报或者报送代扣代缴、代收代缴税款报告表。另外，实行定期定额缴纳税款的纳税人，可以实行简易申报、简并征期等申报纳税方式。

第二节　税款征收

一、税款征收的原则

（1）唯一主体原则：税务机关是征税的唯一行政主体。

（2）税收法定原则：税务机关代表国家向纳税人征收税款，不能任意征收，只能依法征收。

（3）依法原则：税务机关不得违反法律、行政法规的规定开征、停征、多征、少征、提前征收或者延缓征收税款或者摊派税款。

（4）程序原则：税务机关征收税款必须遵守法定权限和法定程序的原则。

税务机关征收税款时，必须给纳税人开具完税凭证。

税款、滞纳金、罚款统一由税务机关上缴国库。

（5）税款优先原则：税收优先于无担保债权。纳税人发生欠税在前的，税收优先于抵押权、质权和留置权的执行。税收优先于罚款、没收非法所得。

二、税款征收的方式

（1）查账征收：适用于财务会计制度较为健全、能认真履行纳税义务的纳税单位。由纳税人到银行划解税款。

（2）查定征收：适用于账册不够健全，但能够控制原材料或进销货的纳税单位。

（3）查验征收：适用于经营品种比较单一，经营地点、时间、商品来源不固定的纳税单位。

（4）定期定额征收：适用于无完整考核依据的小型纳税单位。自报评议，税务定期确定营业额和所得额附征率，多税种合并征收。

（5）委托代征税款：适用于小额、零散税源的征收。

（6）邮寄纳税：适用于有能力按期纳税，但采用其他方式纳税又不方便的纳税人。

（7）代扣代缴：由支付人在向纳税人支付款项时，从所支付的款项中依法直接扣收税款并代为缴纳。

（8）代收代缴：由与纳税人有经济业务往来的单位和个人在向纳税人收取款项时依法收取税款，并向税务机关解缴。

（9）自行申报：也称直接申报，是指纳税人、扣缴义务人按照规定的期限自行直接到主管税务机关（报税大厅）办理纳税申报手续。

三、税款征收制度

税款征收制度是一个很严肃的法律制度，包括违反税款征收制度的法律责任追究、税收优先制度、代扣代缴、代收代缴税款制度等在内，建立起了一整套征收制度。

（一）延期缴纳税款制度

纳税人因有特殊困难，不能按期缴纳税款的，经省、自治区、直辖市税务局批准，可以延期缴纳税款，但最长不得超过3个月。

特殊困难的主要内容：一是因不可抗力；二是当期货币资金在扣除应付职工工资、社会保险费后，不足以缴纳税款的。

（二）税收滞纳金征收制度

纳税人未按照规定期限缴纳税款的，扣缴义务人未按照规定期限解缴税款的，税务机关除责令限期缴纳外，从滞纳税款之日起，按日加收滞纳税款万分之五的滞纳金。

加收滞纳金的起止时间为法律、行政法规规定或者税务机关依照法律、行政法规的规定确定的税款缴纳期限届满次日起至纳税人、扣缴义务人实际缴纳或者解缴税款之日止。

（三）减免税收制度

纳税人可以向主管税务机关申请减免税，也可以直接向有权审批的税务机关申请。由纳税人所在地主管税务机关受理、应当由上级税务机关审批的减免税申请，主管税务机关应当自受理申请之日起10个工作日内直接上报有权审批的上级税务机关。

（四）税收保全措施

税收保全措施，是指税务机关对可能由于纳税人的行为或者某种客观原因，致使以后税款的征收不能保证或难以保证的案件，采取限制纳税人处理或转移商品、货物或其他财产的措施。

税收保全措施的适用对象：只适用于从事生产、经营的纳税人。不包括非从事生产、经营的纳税人，也不包括扣缴义务人和纳税担保人。

税收保全措施的两种主要形式：

一是书面通知纳税人开户银行或其他金融机构冻结纳税人相当于应纳税款的存款。

二是扣押、查封纳税人的价值相当于应纳税款的商品、货物或其他财产（含房地产、现金、有价证券等）。

税务机关采取税收保全措施的期限一般不得超过6个月；重大案件需要延长的，应当报国家税务总局批准。

（五）税收强制执行措施

税收强制执行措施是指当事人不履行法律、行政法规规定的义务，有关国家机关采用法定的强制手段，强迫当事人履行义务的行为。

税收强制执行措施的适用范围：不仅可以适用于从事生产经营的纳税人，而且可以适用于扣缴义务人和纳税担保人。

税收强制执行措施的两种主要形式：

一是书面通知其开户银行或其他金融机构从其存款中扣缴税款。

二是扣押、查封、依法拍卖或者变卖其价值相当于应纳税款商品、货物或其他财产，以拍卖所得抵缴税款。

税务机关采取税收强制执行措施时，必须坚持告诫在先的原则。

（六）欠税清缴制度

从事生产、经营的纳税人、扣缴义务人未按照规定的期限缴纳或者解缴税款的，纳税担保人未按照规定的期限缴纳所担保的税款的，由税务机关发出限期缴纳税款通知书，责令缴纳或者解缴税款的最长期限不得超过 15 日。

税务机关可以对欠缴税款的纳税人行使代位权、撤销权。

建立欠税公告制度。

（七）税款的退还和追征制度

多征，税务机关发现多征纳税人税款后应立即退回；纳税人自纳税之日起 3 年内书面申请退税，并加算银行同期存款利息。

少征，税务机关发现少征纳税人税款，可在 3 年内补征。

计算失误情况，税务机关发现后在 3 年内追征；特殊计算失误情况（累计金额在 10 万元以上的），追征期延长至 5 年；偷、抗、骗税的无追征期限制，按日加收万分之五滞纳金。

第三节 税务检查

税务检查是税收征收管理工作的重要步骤和环节，是税务机关代表国家依法对纳税人的纳税情况进行检查监督的一种形式。税务检查的依据是具有各种法律效力的各种税收法律、法规及各种政策规定。具体包括日常检查、专项检查和专案检查。

一、税务检查的形式和方法

（一）税务检查的形式

1. 重点检查

重点检查指对公民举报、上级机关交办或有关部门转来的有偷税行为或偷税嫌疑的，纳税申报与实际生产经营情况明显不符的纳税人及有普遍逃税行为的行业的检查。

2. 分类计划检查

分类计划检查指根据纳税人历来纳税情况、纳税人的纳税规模及税务检查间隔时间的长短等综合因素，按事先确定的纳税人分类、计划检查时间及检查频率而进行的检查。

3. 集中性检查

集中性检查指税务机关在一定时间、一定范围内，统一安排、统一组织的税务检查，这种检查一般规模较大，如以前年度的全国范围内的税收、财务大检查就属于这类检查。

4. 临时性检查

临时性检查指税务机关根据不同的经济形势、偷逃税趋势、税收任务完成情况等综合因素，在正常的检查计划之外安排的检查。如行业性解剖、典型调查性的检查等。

5. 专项检查

专项检查指税务机关根据税收工作实际，对某一税种或税收征收管理某一环节进行的检查。比如，增值税一般纳税专项检查、漏征漏管户专项检查等。

（二）税务检查的方法

1. 全检法

全检法是对被检查纳税人一定时期内所有会计凭证、账簿、报表及各种存货进行全面、系统的检查的一种方法。

2. 抽查法

抽查法是对被检查纳税人一定时期内的会计凭证、账簿、报表及各种存货，抽出一部分进行检查的一种方法。

3. 顺查法

顺查法与逆查法对称，是对被检查纳税人按照其会计核算的顺序，依次检查会计、账簿、报表，并将其相互核对的一种检查方法。

4. 逆查法

逆查法与顺查法对称，指逆会计核算的顺序，依次检查会计报表、账簿及凭证，并将其相互核对的一种检查方法。

5. 现场检查法

现场检查法与调账检查法对称，指税务机关派人员到被检查纳税人的机构办公地点对其财务资料进行检查的一种方式。

6. 调账检查法

调账检查法与现场检查法对称，指将被查的纳税人的账务资料调到税务机关进行检查的一种方法。

7. 比较分析法

比较分析法是将被检查纳税人检查期有关财务指标实际完成数进行纵向或横向比较，分析其异常变化情况，从中发现纳税问题线索的一种方法。

8. 控制计算法

控制计算法也称逻辑推算法，指根据被检查纳税人财务数据的相互关系，用可靠或科学方法测定的数据，验证其检查期账面记录或申报资料是否正确的一种检查方法。

9. 审阅法

审阅法是指对被查纳税人的会计账簿、凭证等资料，通过直观的审查审阅，发现在纳税方面存在问题的一种检查方法。

10. 核对法

核对法通过对被查纳税人的各种相关联的会计凭证、账簿、报表及实物进行相互核对，验证其在纳税方面存在问题的一种检查方法。

11. 观察法

观察法指通过被检查纳税人的生产经营场所、仓库、工地等现场，实地观察其生产经营及存货等情况，以发现纳税问题或验证账中可疑问题的一种检查方法。

12. 外调法

外调法指对被检查纳税人有怀疑或已掌握一定线索的经济事项，通过向与其有经济联系的单位或个人进行调查，予以查证核实的一种方法。

13. 盘存法

盘存法指通过对被检查纳税人的货币资金、存货及固定资产等实物进行盘点清查，核实其账实是否相符，进而发现纳税问题的一种方法。

14. 交叉稽核法

交叉稽核法是指国家为加强增值税专用发票管理，应用计算机将开出的增值税专用发票抵扣联与存根联进行交叉稽核，以查出虚开及假开发票的行为，以避免国家税款流失。目前这种方法通过“金税工程”体现，对利用增值税专用发票偷逃税款行为起到了极大的遏止作用。

二、税务检查的职责

经县以上税务局（分局）局长批准，可以将纳税人、扣缴义务人以前会计年度的账簿、记账凭证、报表及其他有关资料调回税务机关检查，但是税务机关必须向纳税人、扣缴义务人开付清单，并在3个月内完整退还。

经设区的市、自治州以上税务局局长批准，税务机关可以将纳税人、扣缴义务人当年的账簿、记账凭证、报表及其他有关资料调回检查，但是税务机关必须在30日内退还。

经县以上税务局（分局）局长批准，凭全国统一格式的检查存款账户许可证明，查询从事生产、经营的纳税人、扣缴义务人在银行或者其他金融机构的存款账。

经设区的市、自治州以上税务局（分局）局长批准，可以查询案件涉嫌人员的储蓄存款。

税务机关开展税收检查的权力有查账权、场地检查权、责成提供资料权、询问权、在交通要道和邮政企业的查证权、查核存款账户权。

税务机关调查税务违法案件时，对与案件有关的情况和资料，可以记录、录音、录像、照相和复制。

税务机关无权到纳税人的生活区检查。

税务机关派出的人员进行税务检查时，应当出示税务检查证和税务检查通知书，未出示税务检查证和税务检查通知书的，被检查人员有权拒绝检查。

第四节　纳税服务

纳税服务是政府和社会组织根据税收法律、行政法规的规定，在纳税人依法履行纳税义务和行使权利的过程中，为纳税人提供的规范、全面、便捷、经济的各项服务措施的总称，是税务机关职责的体现。

一、纳税服务理念

公平公正执法就是最好的纳税服务。这是以人民为中心的理念在纳税服务中的体现，以纳税人、缴费人为中心。

一是应需服务理念：以纳税人的合理需求为出发点，为其提供各项涉税服务。

二是无限服务理念：最大限度满足纳税人的合理需求，不断拓展、延伸服务内容和服务范围。

三是效率理念：减少纳税服务操作时限，降低纳税成本，让纳税人获得方便、高效、快捷的服务。

二、纳税服务内容

（一）税法宣传

税法宣传是纳税服务的重要内容，税务机关广泛、及时、准确、有针对性地向纳税人宣传税收法律、法规和政策，普及纳税知识，是增强全社会依法诚信纳税意识、提高纳税人税法遵从度的重要措施。

（二）纳税咨询

为纳税人提供纳税咨询是税务机关的职责，《中华人民共和国税收征收管理法》明确规定，税务机关应当无偿地为纳税人提供纳税咨询服务。

坚持依法、无偿、准确、规范、便捷的原则，扎实做好日常纳税咨询服务。

办税服务厅工作人员和税收管理人员是进行纳税咨询辅导的直接责任人员，负责面对面地解答纳税人提出的问题，并加强与纳税人的联系和沟通，及时进行办税辅导。

在接受纳税咨询时，税务人员努力自觉做到语言文明、举止庄重、讲普通话。

回答问题时，力求做到准确、及时，以减少和避免纳税人由于了解政策不及时、不全面或不熟知程序而出现的问题。

税务机关定期收集和了解不同规模和类型纳税人的需求，积极开展个性化的纳税咨询。

（三）办税服务

办税服务是税务机关为方便纳税人准确、及时办理涉税事项、履行纳税义务的重要措施，办税服务质量和效率是检验纳税人满意度的重要标准。

税务机关一直致力于通过不断完善服务功能，推行多元办税、优化办税流程、精简涉税资料等手段，帮助纳税人更便捷、高效地行使权利和履行义务。

优化办税流程。税务机关对实际操作中复杂的办税流程依法简并，对税收业务流程进行集中梳理，对能够下放的审批权限和前移的审批事项予以下放和前移。

不断优化办税流程，切实解决纳税人办税“多头找、多次跑”和税务机关“重复找纳税人”等突出问题。让“最多跑一次”发挥出最大的功效，推进网络服务和电子税务局、无接触式办税缴费服务。

（四）权益保护

尊重和保护纳税人的权利是税务机关的法定义务。妥善解决税收争议，切实维护纳税人的合法权益，及时满足纳税人的合理需求，为纳税人营造公平、公正、和谐的税收环境。

加强纳税人权益保护的制度建设。切实保障纳税人的知情权、参与权、表达权、监督权。

建立健全对纳税人意见和投诉的快速处理机制，努力做到向纳税人及时反馈。加大纳税人民主听证、监督评议等工作力度，充分体现纳税人的权益。

（五）信用管理

全面开展纳税信用等级评定工作，推进税收信用体系建设。纳税信用等级评定设置A级、B级、C级和D级。税务机关积极建立纳税信用信息数据库，实现纳税信用的动态管理。

第十三章　法律基础

第一节　法理及行政法基础

一、法的基本范畴及法律体系

（一）法的基本范畴

法是由国家制定或认可，以权利义务为主要内容，由国家强制力保证实施的社会行为规范及其相应的规范性文件的总称。

权利与义务是法的基本范畴。

权利：所谓法律权利，是国家通过法律规定对法律关系主体可以自主决定作出某种行为的许可和保障手段。

义务：是国家通过法律规定对法律主体的行为的一种约束手段，是法律规定人应当和不得作出某种行为的界限。

权利通常包含权能和利益的两个方面。权能是指权利能够得以实现的可能性，它并不要求权利的绝对实现，只是表明权利具有实现的现实可能；利益则是权利的另一主要表现形式，是权能现实化的结果。

义务人为满足权利人的利益而为一定行为或不为一定行为的必要性，义务具有法律强制性。

法律规定权利主体必须做出一定行为或不做一定行为的责任，是保证法律权利得以实现的条件，是国家对一定的直接社会责任的确认。

权利与义务是一致的，不可分离，在法律上一方有权利，他方必有相应的义务，或者互为权利义务；任何公民不能只享有权利而不承担义务，也不会只承担义务而享受不到权利。无权利就无所谓义务。无义务，权利也就无意义。

（二）法律体系

法律体系是指一个国家全部现行法律规范分类组合为不同的法律部门而形成的有机

联系的统一整体。法律体系是一个由法律部门分类组合而形成的呈体系化的有机整体。构成法律体系的单位是法律部门，法律部门是由若干相关的法律规范构成的，因此法律规范是法律体系构成的最基本单位。

我国的法律体系以宪法为统帅和根本依据，分为法律、行政法规、地方性法规三个层次，由宪法及宪法相关法、民法商法、行政法、经济法、社会保障法、刑法、诉讼与非诉讼程序法七个法律部门组成。

宪法是整个法律体系的基础，主要表现形式是《中华人民共和国宪法》。

二、法的创制及适用

（一）法的创制

法的创制与广义立法含义相同，指由特定的政权机关依据一定职权和程序、运用一定技术、为体现执政阶级意志所进行的，制定、认可、修改、补充和废止法律规范的活动。有时也单指立法活动中的一项内容，即与法的认可、修改、补充和废止相对应或相区别的制定法律规范的活动。

法的创制是法的形成的最直接的渊源。它与国家政权密切相连，是实现国家职能和国家对社会领导的重要形式之一。有国家或政权就有法的创制。

（二）法的适用

广义的法的适用是指国家机关及其工作人员、社会团体和公民实现法律规范的活动。这种意义上的法律适用一般被称为法的实施。狭义的法的适用是指国家机关及其工作人员依照其职权范围把法律规范应用于具体事项的活动，特指拥有司法权的机关及司法人员依照法定方式把法律规范应用于具体案件的活动。

法的适用主体为司法机关。

法的适用范围，是指法律的时间效力、对人的效力和空间效力。

（1）时间效力，指法律开始生效的时间和终止生效的时间。

（2）空间效力，指法律生效的地域（包括领海、领空），通常全国性法律适用于全国，地方性法规仅在本地区有效。

（3）对人的效力，指法律对什么人生效，如有的法律适用于全国公民，有的法律只适用于一部分公民。

三、依法治国，建设社会主义法治国家

（一）一个目标

全面推进依法治国，总目标是建设中国特色社会主义法治体系，建设社会主义法治国家。

在中国共产党的领导下，坚持中国特色社会主义制度，贯彻中国特色社会主义法治理论，形成完备的法律规范体系、高效的法治实施体系、严密的法治监督体系、有力的法治保障体系，形成完善的党内法规体系，坚持依法治国、依法执政、依法行政共同推进，坚持法治国家、法治政府、法治社会一体建设，实现科学立法、严格执法、公正司法、全民守法，促进国家治理体系和治理能力现代化。

（二）五大原则

（1）坚持中国共产党的领导：党的领导和社会主义法治是一致的，社会主义法治必须坚持党的领导，党的领导必须依靠社会主义法治。

（2）坚持人民主体地位。

（3）坚持法律面前人人平等。

（4）坚持依法治国和以德治国相结合。

（5）坚持从中国实际出发。

（三）六个方面

（1）完善以宪法为核心的中国特色社会主义法律体系，加强宪法实施。

（2）深入推进依法行政，加快建设法治政府。

（3）保证公正司法，提高司法公信力。

（4）增强全民法治观念，推进法治社会建设。

（5）加强法治工作队伍建设。

（6）加强和改进党对全面推进依法治国的领导。

四、税务行政法律关系与税务行政行为

（一）税务行政法律关系

税务行政法律关系是指国家、税务征管机关和纳税人之间，在税收征收和管理过程中，根据税法规范而发生的具体的征收和管理权利义务关系。税收行政法律关系是一种纵向的法律关系，是国家与税务征管机关以及税务征管机关相互间所发生的，在税收管

理过程中的具体的责权关系。

税收行政法律关系的要素包括：

（1）主体，也称为税法主体。是指在税收法律关系中享有权利和承担义务的当事人，主要包括国家、征税机关、纳税人和扣缴义务人。

（2）内容。是指税收法律关系主体所享有的权利和所承担的义务，主要包括纳税人的权利义务和征税机关的权利义务。

（3）客体。是指税收法律关系主体的权利义务所指向的对象，主要包括货币、实物和行为。

（二）税务行政行为

税务行政行为是国家最高行政机关及税务机关按照税法的规定实现国家税收职能的行为。包括采取税务行政措施的行为；制定税收法规的行为；进行税务行政执行的行为；进行税务行政处罚的行为。税务行政行为是主要的税收法律事实。

税务行政行为是行政行为在税收征收管理领域的具体化，因此具有行政行为的一般特征。

生效的税务行政行为未必合法。合法要件：主体合法、权限合法、内容合法、程序合法、形式合法。

各级税务局、税务分局、税务所和按照国务院规定设立的并向社会公告的税务机构，是税务行政执法的合法机关。

五、“三项制度”推行

（一）“三项制度”简介

“三项制度”是指党的十八届四中全会决定、国务院办公厅出台的《关于全面推行行政执法公示制度 执法全过程记录制度 重大执法决定法制审核制度的指导意见》中所说的行政执法公示制度、执法全过程记录制度和重大执法决定法制审核制度。

1. 行政执法公示制度

目的在于充分保障行政相对人的知情权、参与权、表达权以及监督权，使得政府能够主动及时地将执法信息向社会公众进行公开，并接受群众的监督。

根据“谁执法谁公示”的原则，明确自身公示内容的责任，规范信息公示的标准，并及时通过公示平台对行政执法信息进行公开。

2. 执法全过程记录制度

目的在于规范相关部门的执法程序，通过音像或文字的方式对行政部门的执法过程中的每一个环节进行全面记录，保证执法全过程留痕并且可以回溯管理。同时对于查封扣押财产、强制拆除等直接涉及人身自由、重大财产权益、生命健康的现场执法活动和场所，要全面推行全程音像记录。

3. 重大执法决定法制审核制度

主要目的是保障行政部门合法执法，确保每项执法决定都经过合法性审核，保证执法者在权利的范围之内进行执法活动。

（二）税务机关行政执法公示制度的要求

1. 强化事前公示，保证税务执法源头合法

全面、准确、及时、主动公开税务执法主体、人员、职责、权限、依据、程序、救济渠道等基本信息，随机抽查事项、“最多跑一次”“全程网上办”等清单信息，办税指南等办税信息。因法律法规及机构职能发生变化而引起公示信息变化的，应当及时进行动态调整。

2. 规范事中公示，做到税务执法过程公开

税务执法人员执法时要按规定着装、佩戴标识，着装、佩戴标识可能有碍执法的除外；在进行税务检查、调查取证、采取强制措施和强制执行、送达执法文书等执法活动时，必须主动出示税务检查证，向当事人和相关人员表明身份；在税务执法时，要出具执法文书，主动告知当事人执法事由、执法依据、权利义务等内容。办税服务场所要设置岗位信息公示牌，明示工作人员岗位职责、申请材料示范文本、咨询服务、投诉举报等信息。各省（自治区、直辖市、计划单列市）税务机关（以下简称“省税务机关”）要建立非即办执法事项办理进度查询工作机制，以方便当事人实时查询办事进度。主管税务机关要公示定期定额个体工商户核定定额的初步结果等事中执法信息。

3. 加强事后公示，实现税务执法结果公开

税务机关按规定时限、内容和有关要求，向社会主动公开非正常户认定、欠税公告、税收减免、纳税信用等级评定等执法信息，公示税务行政许可决定、行政处罚决定信息。建立健全税务执法决定信息公开发布、撤销和更新机制。已公开的税务执法决定被依法撤销、确认违法或者要求重新作出的，要及时从信息公示平台撤下原执法决定信息。建立行政执法统计年报制度，省以下税务机关应当于每年 1 月 31 日前公开上年度行政执法总体情况有关数据，并报本级人民政府和上一级税务机关。

4. 拓展公示途径，提升税务执法公信力

国家税务总局依托官方网站建立全国统一的税务执法信息公示平台，推动与政府行

政执法信息公示平台的互联互通。税务机关要通过执法信息公示平台、官方网站、政务新媒体、办税服务厅公示栏、服务窗口等渠道，及时向社会公开税务执法信息。

（三）税务机关推行执法全过程记录制度的要求

（1）完善文字记录，规范税务执法文书。

（2）规范音像记录，监督税务执法行为。

（3）严格记录归档，完善税务执法档案。

（4）发挥记录作用，提高税务执法实效。

（四）税务机关推行重大执法决定法制审核制度的要求

税务稽查案件审理、重大税务案件审理属于法制审核，其审核范围、内容、程序等分别适用《税务稽查工作规程》《重大税务案件审理办法》的有关规定。

（1）明确审核主体，保障法制审核力量。

（2）明确审核事项，拓宽法制审核范围。

（3）明确审核内容，确保法制审核质量。要严格审核执法主体是否合法，执法人员是否具备执法资格；执法程序是否合法；案件事实是否清楚，证据是否合法充分；适用法律、法规、规章、规范性文件是否准确，裁量基准运用是否适当；是否超越本机关法定权限；执法文书是否齐备、规范；违法行为是否涉嫌犯罪、需要移送司法机关；等等。法制审核机构完成审核后，提出同意或者存在问题的书面审核意见。税务执法承办机构要对法制审核机构提出存在问题的审核意见进行研究，作出相应处理后再次报送法制审核；对审核意见有异议的，应与法制审核机构进行沟通，未达成一致意见的，由承办机构提请其分管局领导专题协商研究；协商研究仍未达成一致意见的，报请主要负责人决定。

（4）明确审核责任，健全法制审核机制。各级税务机关主要负责人是推动落实本单位重大执法决定法制审核制度的第一责任人，对本单位作出的行政执法决定负责。

第二节　税务行政执法

一、税务行政许可

税务行政许可是指税务机关根据纳税人的申请，经依法审查，准予其从事特定税务活动的行为。税务行政许可具有以下特征：

一是一种依申请的行为。税务机关不因纳税人从事某项活动而主动批准，必须先有申请才有许可，这与税务机关依职权的行政行为如主动对纳税人进行纳税检查有区别。

二是一种经依法审查的行为。

三是一种外部行政法律关系。

四是一种要式行政行为。要遵循一定的程序，并以正式的文书、格式、日期等形式予以批准。

税务行政许可包括：指定企业印制发票；对发票使用和管理的审批；对增值税防伪税控系统最高开票限额的审批；印花税票代售许可。

各级税务机关应当指定一个内设机构或者设置固定窗口，统一负责受理行政许可申请、送达行政许可决定。

税务机关审查税务行政许可申请，应当以书面审查为原则；依法或者根据实际情况需要对申请材料的实质内容进行实地核实的，应当指派两名以上税务机关工作人员进行核查。

二、税务行政处罚

（一）简介

税务行政处罚是税务机关依照税收法律、法规有关规定，依法对纳税人、扣缴义务人、纳税担保人以及其他与税务行政处罚有直接利害关系的当事人（以下简称当事人）违反税收法律、法规、规章的规定进行处罚的具体行政行为。包括各类罚款以及税收法律、法规、规章规定的其他行政处罚，都属于税务行政处罚的范围。

（二）处罚权限

罚款额在2000元以下的，可以由税务所决定。其他税务行政处罚由县以上税务机关决定。

（三）处罚程序

税务行政处罚的程序，分为简易程序和一般程序两种。

（1）税务机关对公民个人处以50元以下、对法人和其他组织处以1000元以下罚款或者警告的，适用简易程序当场处罚。

（2）简易程序之外的其他处罚适用一般程序。在一般程序的告知环节，对于符合法定听证条件的（对公民处以2000元以上罚款、对法人或者其他组织处以10000元以上罚款），应当告知当事人有要求听证的权利。

（四）处罚时效

违反税收法律、行政法规应当给予行政处罚的行为，在5年内未被发现的，不再给予行政处罚。

执法人员当场作出税务行政处罚决定的，应当向当事人出示执法身份证件，填写预定格式、编有号码的税务行政处罚决定。税务行政处罚决定应当载明当事人的违法行为、行政处罚依据、罚款数额、时间、地点以及税务机关名称，并由执法人员签名或者盖章。税务行政处罚决定应当当场交付当事人。

（五）听证

税务机关应当在收到当事人听证申请后15日内举行听证，并在举行听证的7日前将《听证通知》送达当事人，告知当事人举行听证的时间、地点、听证主持人的姓名及有关事项。

当事人或者其代理人应当按照税务机关的通知参加听证，无正当理由不参加的，视为放弃听证权利。听证终止。

税务机关对公民处以2000元以上（含本数）罚款、对法人或者其他组织处以10000元以上（含本数）罚款，适用听证程序，当事人有权要求听证。

税务机关对公民处以2000元以上罚款、对法人或者其他组织处以10000元以上罚款的行政处罚时，在作出行政处罚决定之前，应当告知当事人作出行政处罚决定的事实、理由及依据，并告知当事人享有要求听证的权利。

（六）其他

当事人逾期不履行行政处罚决定的，作出行政处罚决定的税务机关可以采取下列措施：

（1）到期不缴纳罚款的，每日按罚款数额的3%加处罚款。

（2）根据法律规定，将查封、扣押的财物拍卖或者将冻结的存款划拨抵缴罚款。

（3）申请人民法院强制执行。

纳税人、扣缴义务人对税务机关所作出的决定，享有陈述权、申辩权；依法享有申请行政复议、提起行政诉讼、请求国家赔偿等权利。

三、税务行政强制

税务行政强制包括加收滞纳金、税收保全、税收强制执行等。

税务行政强制是税务机关为了有效行使税务执法权，维护税收秩序，保证国家财政收入，对不履行纳税义务的纳税人，将其商品、货物、存款或其他财产依法予以处置，迫使其履行纳税义务的一种法律制度。

税务行政强制执行的主体为税务机关，以纳税人逾期不履行纳税义务为前提；其对象从人的角度讲包括纳税人、扣缴义务人和纳税担保人，从物的角度讲应以不超出相当于纳税人应纳税款的商品、货物、存款或其他财产为限，不得损害第三人利益。

税务行政强制执行中不发生执行和解问题。

（一）实施税务行政强制执行的具体条件

（1）从事生产、经营的纳税人、扣缴义务人未按规定的期限缴纳或者解缴税款，纳税担保人未按规定的期限缴纳其担保的税款。

（2）由税务机关下达催缴税款通知书，逾期仍未缴纳。

（3）经县以上税务局（分局）局长批准。

程序可以分为告诫、作出强制执行决定和强制执行的实施三个阶段。

（二）税收保全措施

税收保全措施包括责令限期缴纳税款、冻结存款、扣押查封财产、税收代位权和撤销权等制度：

（1）书面通知纳税人开户银行或者其他金融机构冻结纳税人的金额相当于应纳税款的存款。

（2）扣押、查封纳税人的价值相当于应纳税款的商品、货物或者其他财产。

扣押后仍不缴纳应纳税款的，经县以上税务局（分局）局长批准，依法拍卖或变卖所扣押的商品、货物，以拍卖或变卖所得抵缴税款。

（三）强制执行措施

从事生产、经营的纳税人、扣缴义务人未按照规定的期限缴纳或者解缴税款，纳税担保人未按照规定的期限缴纳所担保的税款，由税务机关责令限期缴纳，逾期仍未缴纳的，经县以上税务局（分局）局长批准，税务机关可以采取下列强制执行措施：

（1）书面通知其开户银行或者其他金融机构从存款中扣缴税款。

（2）扣押、查封、依法拍卖或者变卖其价值相当于应纳税款的商品、货物或者其他财产，以拍卖或者变卖所得抵缴税款。

从事生产、经营的纳税人、扣缴义务人有本法规定的税收违法行为，拒不接受税务机关处理的，税务机关可以收缴其发票或者停止向其发售发票。

纳税人未按照规定期限缴纳税款的，扣缴义务人未按照规定期限解缴税款的，税务机关除责令限期缴纳外，从滞纳税款之日起，按日加收滞纳税款万分之五的滞纳金。

四、相关税收保障措施

（一）税收优先制度

税务机关征收税款，税收优先于无担保债权，法律另有规定的除外；纳税人欠缴税款发生在纳税人以其财产设定抵押、质押或者纳税人的财产被留置之前的，税收先于抵押权、质押权、留置权执行；纳税人欠缴税款，同时又被行政机关决定处以罚款、没收违法所得的，税收优先于罚款、没收违法所得。

（二）代位权、撤销权

欠缴税款的纳税人因怠于行使到期债权，或者放弃到期债权，或者无偿转让财产，或者以明显不合理的低价转让财产而受让人知道该情形，对国家税收造成损害的，税务机关可以依照合同法的规定行使代位权、撤销权。

第三节　税务行政执法证据

一、证据概述

证据是指可以用于证明案件事实的材料。包括书证、物证、视听资料、电子数据、证人证言、当事人的陈述、鉴定意见、勘验笔录和现场笔录等。

证据应同时具有客观性、合法性、关联性三个基本特征。

客观性是指证据内容客观、来源客观正确、形式客观存在；合法性是指证据主体合法、形式合法、收集程序合法；关联性是指证据与案件事实之间存在一定程度的客观联系、这种联系的表现形式多样、证据与案件事实之间的联系能够被人感知。

二、证据的提取和固定

（一）书证的提取

提取书证的原件，提取复印件、影印件或者抄录件。

（二）物证的提取

提取原物；抽样取证；摄制有关照片、录像。

（三）证据的固定

（1）在书证首页上签注“以下资料共×页，由××单位（个人）提供，与原件核对无误”字样，统一记载提取时间、提取地点、提取人员等要素，由原件持有人签章或签字，并在资料右侧骑缝加盖原件持有人印章。

（2）提取物证或以照片、录像方式提取物证复制件时，应同时制作现场笔录等加以固定。现场笔录中应记载提取物证的机关、人员、提取时间和地点、提取手段（过程）、物证所有人（持有人）及物证的基本情况。

（3）提取或制作视听资料，应注明制作方法、制作时间、制作人和证明对象等；声音资料应附有该声音内容的文字记录。

（4）提取电子数据证据时应当复制双份，并且在税务机关和当事人均在场的情形下将一份封存，在封口处加盖被检查方的公章。

三、证据的审查

审查每个证据的来源。

审查证据与案件事实之间的联系。

审查证据形成的时间、地点、条件等客观以及主观方面的因素。

对证据本身所提供的内容进行分析，注意前后是否一致，自身是否存在逻辑矛盾，内容是否合乎情理，是否明确具体。

审查证据的收集是否合法、科学、得当。

全案证据的审查判断：

（1）从案件实际出发，具体情况具体分析。

（2）综合对比，排除矛盾。

（3）将全案证据联系起来，相互印证，综合分析，得出对案件事实结论。

非法证据排除：在取证过程中，主体违法、程序违法和手段违法等非法获取的证据，不具有法律上的证明效力，不能作为定案的依据。

补强证据：法律规定某些证据不能单独作为认定案件事实的依据，只有在其他证据与其印证时，才能认定案件事实。

第四节　税收的刑法保障

一、涉税犯罪类型

（一）危害税收征管罪

包括纳税人逃避纳税义务的犯罪、骗税犯罪、妨害发票管理的犯罪等。逃避税款缴纳义务的犯罪包括偷税罪、抗税罪、逃避追缴欠税罪等。骗税犯罪主要是指骗取出口退税罪，虚开增值税专用发票、虚开用于骗取出口退税、抵扣税款的其他发票罪。妨害发票管理的犯罪包括伪造、出售伪造的增值税专用发票罪；非法出售增值税专用发票罪；非法购买增值税专用发票、购买伪造的增值税专用发票罪；非法制造、出售非法制造的用于骗取出口退税、抵扣税款的发票罪；非法制造、出售非法制造的发票罪；非法出售用于骗取出口退税、抵扣税款的发票罪；非法出售发票罪等七个罪名。

（二）税收征管渎职犯罪

指税收机关和其他机关的工作人员违反有关法律和行政法规的规定，侵犯国家税收征管制度，致使国家税收和其他国家利益遭受重大损失的犯罪。包括徇私舞弊不征、少征税款罪，徇私舞弊发售发票、抵扣税款、出口退税罪，违法提供出口退税凭证罪等三个罪名。

（三）其他涉税犯罪

主要是指走私犯罪中的走私普通货物、物品罪。其违反的是我国的海关监管法规，妨害的是国家对进出口的普通货物、物品征收关税的活动。根据我国税制，关税属于商品劳务税中的一种，因此该种犯罪实质上也是对国家稽征权的侵犯，同样属于税收犯罪的范畴。

二、危害税收征管罪立案标准

（一）逃税罪的立案标准

对于纳税人，逃避缴纳税款数额较大，占应纳税额10%以上；对于扣缴义务人，只要不缴或少缴已扣、已收税款数额较大即可。

（二）追诉标准

（1）纳税人采取欺骗、隐瞒手段进行虚假纳税申报或不申报，逃避缴纳税款，数额在5万元以上并且占各税种应纳税总额10%以上，经税务机关依法下达追缴通知后，不补缴应纳税款、滞纳金或者不接受行政处罚的。

（2）纳税人5年内因逃避缴纳税款受过刑事处罚或被税务机关给予2次以上行政处罚，又逃避税款，数额在5万元以上并且占税种应纳总额10%以上的。

扣缴义务人采取欺骗、隐瞒手段，不缴或少缴已扣、已收税款，数额在5万元以上的。

（三）抗税罪的立案标准

纳税人、扣缴义务人以暴力、威胁方法拒不缴纳税款的。

涉嫌下列情形的，应立案追诉：

（1）造成税务工作人员轻微伤以上的。

（2）以给税务工作人员及其亲友的生命、健康、财产等造成损害或威胁，抗拒缴纳税款的。

（3）聚众抗拒缴纳税款的。

（4）以其他暴力、威胁方法拒不缴纳税款的。实施抗税行为致人重伤、死亡，构成故意伤害罪、故意杀人罪。

（四）具体的涉税犯罪立案标准

（1）逃避追缴欠税罪立案标准：纳税人在欠税的情况下，故意转移或隐匿财产手段，致使税务机关无法追缴欠税，数额在 1 万元以上。

（2）骗取出口退税罪立案标准：假报出口或其他欺骗手段骗取出口退税的，数额较大。数额在 5 万元以上的，应予追诉。

（3）虚开增值税专用发票用于骗取出口退税、抵扣税款罪的立案标准：数额在 1 万元以上，或者致使税款被骗数额 5000 元以上。

（4）虚开发票罪的立案标准：虚开发票 100 份以上，或者虚开金额累计在 40 万元以上；5 年内因虚开发票行为受过行政处罚 2 次以上，又虚开的；其他情节严重的情形。

三、涉嫌危害税收征管犯罪案件的移送

（一）移送程序

（1）税务执法部门在行政处罚案件执行过程中发现涉嫌犯罪的，执行部门应当及时将执行情况通知审理部门，并提出向公安机关移送的建议。

（2）对执行部门的移送建议，审理部门确认税收违法行为涉嫌犯罪的，填制《涉嫌犯罪案件移送书》，经所属税务局局长批准后，依法移送公安机关，并附送以下资料：①《涉嫌犯罪案件情况的调查报告》；②《税务处理决定书》《税务行政处罚决定书》的复制件；③涉嫌犯罪的主要证据材料复制件；④补缴应纳税款、缴纳滞纳金、已受行政处罚情况明细表及凭据复制件。

（3）在查处违法行为过程中，必须妥善保存所收集的与违法行为相关的证据。

（4）对查获的涉案物品，应当如实填写涉案物品清单，并按照国家有关规定予以处

理。对易腐烂、变质等不宜或者不易保管的涉案物品，应当采取必要措施，留取证据；对需要进行检验、鉴定的涉案物品，应当由法定检验、鉴定机构进行检验、鉴定，并出具检验报告或者鉴定结论。

（5）对应当向公安机关移送的涉嫌犯罪案件，应当立即指定 2 名或者 2 名以上行政执法人员组成专案组专门负责，核实情况后提出移送涉嫌犯罪案件的书面报告，报经本机关正职负责人或者主持工作的负责人审批。

（6）税务机关正职负责人或者主持工作的负责人应当自接到报告之日起 3 日内作出批准移送或者不批准移送的决定。决定批准的，应当在 24 小时内向同级公安机关移送；决定不批准的，应当将不予批准的理由记录在案。

（二）移送规定

（1）公安机关对材料不全的，应当在接受案件的 24 小时内书面告知移送的行政执法机关在 3 日内补正。税务机关应立足自身检查为主。对个别案情复杂或者社会影响大的虚开专票案件，或没有公安机关介入很难查清违法事实的，税务机关可以与公安机关协商，请其提前介入。

（2）对公安机关决定立案的案件，应当自接到立案通知书之日起 3 日内将涉案物品以及与案件有关的其他材料移交公安机关，并办结交接手续；法律、行政法规另有规定的，依照其规定。

（3）接到公安机关不予立案的通知书后，认为依法应当由公安机关决定立案的，可以自接到不予立案通知书之日起 3 日内，提请作出不予立案决定的公安机关复议，也可以建议人民检察院依法进行立案监督。

（4）对公安机关决定不予立案的案件，应当依法作出处理；其中，依照有关法律、法规或者规章的规定应当给予行政处罚的，应当依法实施行政处罚。

（5）公安机关对发现的违法行为，经审查，没有犯罪事实，或者立案侦查后认为犯罪事实显著轻微，不需要追究刑事责任，但依法应当追究行政责任的，应当及时将案件移送同级行政执法机关，有关行政执法机关应当依法作出处理。

（6）对应当向公安机关移送的涉嫌犯罪案件，不得以行政处罚代替移送。

（7）向公安机关移送涉嫌犯罪案件前已经作出的警告，责令停产停业，暂扣或者吊销许可证、暂扣或者吊销执照的行政处罚决定，不停止执行。

（8）移送涉嫌犯罪案件，应当接受人民检察院和监察机关依法实施的监督。

（9）在依法查处违法行为过程中，发现公职人员有贪污贿赂、失职渎职或者利用职权侵犯公民人身权利和民主权利等违法行为，涉嫌构成职务犯罪的，应当依照刑法、刑事诉讼法、监察法等法律规定及时将案件线索移送监察机关或者人民检察院处理。

第五节　税务行政法律救济

一、税务行政复议

税务行政复议是我国行政复议制度的一个重要组成部分。税务行政复议是指当事人（纳税人、扣缴义务人、纳税担保人及其他税务当事人）不服税务机关及其工作人员作出的税务具体行政行为，依法向上一级税务机关（复议机关）提出申请，复议机关经审理对原税务机关具体行政行为依法作出维持、变更、撤销等决定的活动。

行政复议应当遵循合法、公正、公开、及时和便民的原则。

各级税务机关行政首长是行政复议工作第一责任人。

税务行政复议范围：

（1）征税行为，包括确认纳税主体、征税对象、征税范围、减税、免税、退税、抵扣税款、适用税率、计税依据、纳税环节、纳税期限、纳税地点和税款征收方式等具体行政行为，征收税款、加收滞纳金，扣缴义务人、受税务机关委托的单位和个人作出的代扣代缴、代收代缴、代征行为等。

（2）行政许可、行政审批行为。

（3）发票管理行为，包括发售、收缴、代开发票等。

（4）税收保全措施、强制执行措施。

（5）行政处罚行为：①罚款；②没收财物和违法所得；③停止出口退税权。

（6）不依法履行下列职责的行为：①颁发税务登记；②开具、出具完税凭证、外出经营活动税收管理证明；③行政赔偿；④行政奖励；⑤其他不依法履行职责的行为。

（7）资格认定行为。

（8）不依法确认纳税担保行为。

（9）政府信息公开工作中的具体行政行为。

（10）纳税信用等级评定行为。

（11）通知出入境管理机关阻止出境行为。

（12）其他具体行政行为。

申请人按照规定申请行政复议的，必须依照税务机关根据法律、法规确定的税额、期限，先行缴纳或者解缴税款和滞纳金，或者提供相应的担保，才可以在缴清税款和滞纳金以后或者所提供的担保得到作出具体行政行为的税务机关确认之日起60日内提出行政复议申请。

申请人提供担保的方式包括保证、抵押和质押。作出具体行政行为的税务机关应当对保证人的资格、资信进行审查，对不具备法律规定资格或者没有能力保证的，有权拒绝。作出具体行政行为的税务机关应当对抵押人、出质人提供的抵押担保、质押担保进行审查，对不符合法律规定的抵押担保、质押担保，不予确认。

申请人对税务机关作出逾期不缴纳罚款加处罚款的决定不服的，应当先缴纳罚款和加处罚款，再申请行政复议。

行政复议原则上采用书面审查的办法，但是申请人提出要求或者行政复议机构认为有必要时，应当听取申请人、被申请人和第三人的意见，并可以向有关组织和人员调查了解情况。

二、税务行政应诉

税务行政应诉是指公民、法人或者其他组织认为税务机关的行政行为侵犯其合法权益，依法向人民法院提起诉讼，或者人民检察院依法提起税务行政公益诉讼，税务机关依法参加诉讼的活动。

税务机关应当充分行使诉讼权利、履行诉讼义务，尊重公民、法人或者其他组织的诉讼权利，自觉接受司法监督，不得干预、阻碍人民法院受理和审理税务行政诉讼案件。

各级税务机关的主要负责人是本机关行政应诉工作的第一责任人，应当积极出庭应诉。

法制工作机构应当在收到应诉通知书和起诉状副本之日起2日内牵头组建行政应诉工作小组。

税务机关应当自收到应诉通知书和起诉状副本之日起15日内，将据以作出被诉行政行为的全部证据和所依据的规范性文件，连同答辩状、证据清单、法律依据、授权委托书、法定代表人身份证明及其他诉讼材料一并递交人民法院。

答辩状、证据清单、授权委托书及法定代表人身份证明应当加盖税务机关印章，授权委托书还应当加盖法定代表人签名章或者由法定代表人签字。

三、税务行政赔偿

税务行政赔偿，是指税务机关作为履行国家赔偿义务的机关，对本机关及其工作人员的职务违法行为，给纳税人和其他税务当事人的合法权益造成的损害，代表国家予以赔偿的制度。

（一）赔偿条件

（1）国家负责赔偿的损害，必须是税务机关或者其工作人员在行使职权时的违法行为造成的。

（2）损害必须是现实已经产生或者必然产生的，不是想象的；是直接的，不是间接的。也就是说，侵权行为与损害结果之间存在必然的因果关系。

（3）赔偿是法定的。受害人应当在法律、法规规定的范围和期限内依照法定的程序提出赔偿要求；对于不符合法定条件或者不属于赔偿范围的赔偿请求，国家不负责赔偿。

（二）构成要件

税务行政赔偿责任的构成必须同时具备以下五个必要条件：

（1）侵权主体是行使国家税收征管职权的税务机关及其工作人员。

（2）必须是税务机关及其工作人员行使税收征管职权的行为。

（3）必须是行使税收征管职权的行为具有违法性。

（4）必须有公民、法人和其他组织的合法权益受到损害的事实。

（5）必须是违法行为与损害后果有因果关系。

（三）赔偿范围与标准

1. 侵犯人身权的赔偿

（1）非法拘禁纳税人和其他税务当事人，或者以其他方式剥夺纳税人和其他税务当事人人身自由的。

（2）以殴打等暴力行为或者唆使他人以殴打等暴力行为，造成纳税人和其他税务当事人身体伤害或者死亡的。

（3）造成纳税人和其他税务当事人身体伤害或者死亡的其他违法行为。

侵害纳税人和其他税务当事人人身权的赔偿标准：

——侵犯人身自由的，每日赔偿金按照国家上年度职工日平均工资计算。

——造成身体损害的，应当支付医疗费，以及赔偿因误工减少的收入。减少的收入每日赔偿金按照国家上年度职工日平均工资计算，最高额为国家上年度职工平均工资的5倍。

——造成部分或者全部丧失劳动能力的，应当支付医疗费，以及残疾赔偿金，最高额为国家上年度职工平均工资的10倍；全部丧失劳动能力的，最高赔偿额为国家上年度职工平均工资的20倍；造成全部丧失劳动能力的，对其抚养的无劳动能力的人，还应当支付生活费。

——造成死亡的，应当支付赔偿金、丧葬费，总额为国家上年度职工平均工资的20倍。对死者生前抚养的无劳动能力的人，还应当支付生活费。

2. 侵犯财产权的赔偿

（1）违法征收税款及滞纳金的。

（2）违法实施罚款、没收非法所得等行政处罚的。

（3）对纳税人和其他税务当事人财产违法采取强制措施或者税收保全措施的。

（4）违反国家规定向纳税人和其他税务当事人征收财物、摊派费用的。

（5）造成纳税人和其他税务当事人财产损害的其他违法行为。

侵害财产权的赔偿标准和方式：

——违法征收税款、加收滞纳金的，应当返还税款及滞纳金。赔偿金的计算自赔偿请求人收到税务机关开具的缴款凭证之日起，至税务机关及其工作人员征收税款、加收滞纳金行为依法被确认为违法行为之日止。

——违法对应予出口退税而未退税的，由赔偿义务机关办理退税。违法实施罚款、没收非法所得的或者违反国家规定征收财物、摊派费用的，返还财产。违法查封、扣押、冻结财产的，解除对财产的查封、扣押、冻结。造成财产损坏或者灭失的，应当恢复原状或者给付相应的赔偿金。

——应当返还的财产损坏的，能恢复原状的恢复原状，不能恢复原状的，按照损害程度给付赔偿金。应当返还的财产灭失，给付相应的赔偿金。财产已经拍卖的，给付拍卖所得款项。对财产权造成其他损害的，按照直接损失给予赔偿。

受理时限：赔偿请求人请求税务行政赔偿的时效为两年，自税务行政人员行使职权时的行为被依法确认为违法之日起计算。

第六节　税收执法者及其责任

一、公务员基本权利义务及其责任

（一）公务员基本权利义务

公务员的基本权利义务，是公务员普遍和根本的法律义务和权利，是形成公务员与国家之间公职法律关系的基础，是公务员在法律地位上区别于普通公民的主要标志，是国家和社会监督和评价公务员的主要依据。

1. 基本义务方面

在基本义务方面，公务员应当履行以下义务：

（1）模范遵守宪法和法律。

（2）按照规定的权限和程序认真履行职责，努力提高工作效率。

（3）全心全意为人民服务，接受人民监督。

（4）维护国家的安全、荣誉和利益。

（5）忠于职守、勤勉尽责、服从和执行上级依法作出的决定和命令。

（6）保守国家秘密和工作秘密。

（7）遵守纪律，恪守职业道德，模范遵守社会公德。

（8）清正廉洁，公道正派。

（9）法律规定的其他义务。

2. 基本权利方面

在基本权利方面，公务员享有以下权利：

（1）执行公务权，获得履行职责所必需的工作条件。

（2）身份保障权，非因法定事由和非经法定程序不被免职、降职、辞退或者处分，公务员的身份和职务受法律保障。

（3）工资福利权，获得工资报酬和享受福利、保险待遇。

（4）参加培训权，参加政治理论和业务知识的培训，以适应工作的需要。

（5）批评建议权，对机关工作和领导人员提出批评和建议。

（6）申诉控告权，对有关处分和处理决定提出申诉，对有关机关和负责人滥用职权和其他违法行为提出控告。

（7）辞职申请权，可以出于个人原因提出不再继续担任公务员。

（8）法律规定的其他权利。

（二）公务员责任

公务员责任是指当公务员不依法履行或不能履行其法定义务时，必须承担一定的法律后果。公务员的责任一般包括接受身份处分、行政处分、承担行政赔偿责任和刑事责任等4种。

1. 身份处分

身份处分是指公务员不能胜任所担任的公务或拒不接受工作安排时所引起的法律后

果，即公务员身份的丧失。例如公务员在试用期满，因不合格被取消录用资格；因工作不称职、不胜任或旷工、逾期不归等原因予以辞退；因不履行公务，不遵守纪律，屡教不改予以开除公职等。

2. 行政处分

行政处分是指公务员因违反其法定义务的约束而引起的法律后果，即承担行政责任。如公务员有法定的违纪行为，尚未构成犯罪，或者虽然构成犯罪但依法不追究刑事责任的，应当给予行政处分；如违纪行为情节轻微，经过批评教育后改正的，也可免于行政处分。行政处分分为：警告、记过、记大过、降级、撤职和开除6种。

3. 行政赔偿责任

行政赔偿责任是指公务员因故意或重大过错、违法或不当的执行职务行为给行政相对方带来不必要的财产损失时所应承担的赔偿责任。在一般情况下，行政赔偿责任往往由行政机关直接承担，然后再由行政机关依照公务员是否存在故意及过错的程度行使求偿权。

4. 刑事责任

刑事责任是指公务员对其职务犯罪必须依法承担的法律责任。对公务员刑事责任的追究，适用于刑法及刑事诉讼法的有关规定。

二、税收执法责任制和税收执法过错责任追究

（一）税收执法责任制

税收执法责任制是规范和监督税务机关税收行政执法活动的一项重要制度。实行这项重要制度，对建立结构合理、配置科学、程序严密、制约有效的权力运行机制，防止税收行政执法权力的缺失和滥用，推进税务机关依法行政，努力实现有法可依、有法必依、执法必严、违法必究具有重要意义。

推行执法责任制应当坚持公正、公开的原则；坚持权责一致的原则；坚持监督检查与改进工作相结合的原则；坚持积极稳妥、奖惩并举的原则。

工作目标：以统一的岗位职责和工作规程为基础，以信息技术为支撑，对税收执法行为进行全过程的监控、规范与考核，严格责任追究，努力实现有法可依、有法必依、执法必严、违法必究，全面提高依法治税水平。

执法责任制包括岗位职责、工作规程、评议考核、过错追究。执法责任制是依法确定执法主体资格，明确执法责任，规范执法程序，考核执法质量，追究执法过错责任的执法监督制度。

（1）分解税收执法岗位职责是推行税收执法责任制的基础。

（2）细化工作规程是推行税收执法责任制的关键。

（3）考核评议是推行税收执法责任制的重点和难点。

（4）严格过错责任追究是推行税收执法责任制的保障。

（二）税收执法过错责任追究

税收执法过错责任是指税务执法人员在执行职务过程中，因故意或者过失，导致税收执法行为违法应当承担的责任。

税收执法过错责任人员应当给予行政处分或者应当追究刑事责任的，依照其他法律、行政法规及规章的规定执行。

税收执法过错责任追究应当坚持公平公正公开、有错必纠、过罚相当、教育与惩处相结合的原则。

1. 追究形式

执法过错责任的追究形式分为行政处理和经济惩戒。

经济惩戒是指取消评先评优资格、扣发奖金、岗位津贴。

行政处理包括批评教育、责令作出书面检查、通报批评、责令待岗、取消执法资格。

（1）批评教育适用于执法过错行为性质较轻，后果轻微的责任人。该处理形式应当书面记载并附卷。

（2）责令作出书面检查适用于执法过错行为性质一般，后果较轻但是发生频率较高的责任人。

（3）通报批评适用于执法过错行为性质一般，但可能导致较重后果或者一定社会负面影响的责任人。

（4）责令待岗适用于执法过错行为性质较重，可能导致严重后果或者较大社会负面影响的责任人。待岗期限为1～6个月，待岗人员需接受适当形式的培训后方可重新上岗。

（5）取消执法资格适用于执法过错行为性质、后果严重的责任人。取消期限为1年。被取消执法资格人员需接受适当形式的培训后方可重新取得执法资格。

对责任人员的追究决定，由其所在的县级以上税务机关局长办公会议集体作出。批评教育和责令作出书面检查可以由本单位负责人作出。

2. 追究范围和适用

（1）适用批评教育的行为。

——未对逾期办理开业税务登记行为按违法违章进行处理的；

——未按规定制作非正常户认定书的；

——未按规定审批延期申报的；

——未对欠税进行公告的；

——未对欠税进行准确核算的；

——未按规定办理政策性退税的；

——对达到立案标准的案件未按规定立案的；

——未按规定查办举报案件的；

——未按规定的时限审结案件的；

——未按《行政许可法》的有关规定进行公开、公告的；

——其他行为性质、后果较轻的执法过错行为。

（2）适用责令作出书面检查的行为。

——延期申报未按规定核定预缴税款的；

——未按规定发售发票的；

——未按规定代开发票的；

——未按规定对重号发票进行重复认证的；

——未按规定办理注销税务登记的；

——未按规定受理和审批减免税申请的；

——未按规定受理和审批税前扣除申请的；

——未按规定受理和审批纳税人享受税收优惠政策资格的；

——未按规定回复案件协查情况的；

——未按规定调取、退还纳税人账簿、资料的；

——案件审理确认的事实不清楚，证据不确凿，定性不准确的；

——未按规定程序组织行政处罚听证的；

——未按规定执行处理（罚）决定的。

（3）适用通报批评的行为。

——未按规定在防伪税控系统内设置或者修改金税卡时钟的；

——金税工程各系统纳税人信息的录入和变动未及时、准确的；

——未按规定审批延期缴纳税款的；

——未按规定停供发票的；

——未按规定缴销发票的；

——未按规定将销售额超过小规模标准的纳税人按增值税一般纳税人管理的；

——税务行政处罚未按规定履行告知程序的；

——未按规定实施税收保全、强制执行措施的；

——未按规定受理税务行政处罚听证的申请；

——未按规定处理（罚）涉税违法行为的；

——未在规定时限内办理税务行政复议事项的。

——其他性质一般，但可能导致较重后果或者一定社会负面影响的执法过错行为。

（4）适用责令待岗的行为。

——未按规定认定、取消增值税一般纳税人资格的；

——未按规定对金税工程各系统进行数据备份的；

——认证不符或者密文有误发票未及时扣留、传递的；

——防伪税控的企业发行不符合规定的；

——未按规定移送涉嫌涉税犯罪案件的；

——未按规定受理税务行政复议申请的；

——其他性质较重，可能导致严重后果或者较大社会负面影响的执法过错行为。

（5）适用取消执法资格的行为。

——混淆税款入库级次的；

——违规提前征收和延缓征收税款的；

——违规多征、少征税款的；

——税务行政复议的决定不合法的；

——其他性质、后果严重的执法过错行为。

（6）执法过错行为按照下列方法明确责任。

——因承办人的个人原因造成执法过错的，承担全部过错责任；承办人为两人或者两人以上的，根据过错责任大小分别承担主要责任和次要责任。

——承办人的过错行为经过批准的，由承办人和批准人共同承担责任，批准人承担主要责任，承办人承担次要责任。承办人的过错行为经过审核后报经批准的，由批准人、审核人和承办人共同承担责任，审核人承担主要责任，批准人、承办人承担次要责任。

——因承办人弄虚作假导致批准错误的，由承办人承担全部过错责任。

——经复议维持的过错行为，由承办人和复议人员共同承担责任，其中复议人员承担主要责任，承办人承担次要责任；经复议撤销或者变更导致的过错行为，由复议人员承担全部责任。

——执法过错行为由集体研究决定的，由主要领导承担主要责任，其他责任人承担次要责任。

（7）不予追究责任的情形。

——因执行上级机关的答复、决定、命令、文件，导致执法过错的；

——有其他不予追究的情节或者行为的。

（8）不承担责任的情形。

——因所适用的法律、行政法规、规章的规定不明确，导致执法过错的；

——在集体研究中申明保留不同意见的；

——因不可抗力导致执法过错的；

——有其他不承担责任的情节或行为的。

（9）可以从轻或者减轻责任的情形。

——主动承认过错并及时纠正错误、有效阻止危害结果发生、挽回影响的；

——经领导批准同意后实施，导致执法过错的；

——有其他从轻或者减轻的情节或者行为的。

（10）过错行为情节显著轻微，没有造成危害后果的，可以对责任人免予追究。

（11）从重或者加重责任的情形。

——同时具有本办法规定的两种以上过错行为的；

——同一年度内发生多起相同根据本办法应当追究执法过错行为的；

——转移、销毁有关证据，弄虚作假或者以其他方法阻碍、干扰执法过错责任调查、追究的；

——被责令限期改正而无正当理由逾期不改正的；

——导致国家税款流失数额较大的；

——导致较大社会负面影响的；

——导致税务行政诉讼案件终审败诉的；

——导致税务机关承担国家赔偿责任的。

三、税收违法违纪及其法律责任

税收违法违纪的法律责任适用范围：

（1）行政机关公务员；

（2）法律、法规授权的具有公共事务管理职能的组织中从事公务的人员；

（3）行政机关依法委托从事公共事务管理活动的组织中从事公务的人员；

（4）企业、事业单位、社会团体中由行政机关任命的人员。

有税收违法违纪行为的单位，其负有责任的领导人员和直接责任人员，以及有税收违法违纪行为的个人，应当承担纪律责任。

重点在征收及票证管理岗、税收管理岗、税务稽查岗等。

按《税收违法违纪行为处分规定》，税收违法违纪的法律责任可以分为滥用职权的行为，玩忽职守的行为，违反廉洁自律的行为，侵犯纳税人合法权益的行为，损害国家利益的行为。

处分形式有给予警告、记过、记大过、降级、撤职、开除处分。

四、税收职务犯罪及其刑事法律责任

详见本书第十章第三节“违纪违法行为惩处”。

第十四章　财会知识

第一节　会计基础知识

一、会计核算基本原理

会计核算是以货币为计量单位，运用专门的会计方法，对生产经营活动或者预算执行过程及其结果进行连续、系统、全面的记录、计算和分析，定期编制并提供财务会计报告和其他一系列内部管理所需的会计资料，为作出经营决策和宏观经济管理提供依据的一项会计活动。会计核算往往渗透到生产经营和业务活动的全过程，包括对经济业务事项的事前预测、事中控制和事后核算。

（一）会计要素

会计要素是和会计对象密切相关的一个概念。会计要素就是会计核算（反映）和监督的具体内容和组成项目，是会计对象的具体化。

我国《企业会计准则》将会计要素划分为资产、负债、所有者权益、收入、费用和利润六项。利用这六个会计要素，就可以从静态和动态两个方面来描述企业的经济活动。

1. 反映财务状况的会计要素

（1）资产。

概念：过去的交易、事项形成并由企业拥有或控制的，能以货币计量，并能为企业带来未来经济利益的经济资源。

特征：①过去的交易和事项形成的经济资源；②资产必须为企业拥有或控制；③资产必须能为企业带来未来经济利益；④资产必须能够用货币计量。

注意：资产的定义是确定资产的根据，哪些是资产，哪些不是资产都要根据定义来判断。拥有是指企业对其有所有权；控制是指企业已经掌握了某项资产的实际的未来利益和风险，能够运用它为企业生产经营服务，并带来利润（虽然没有所有权），比如，融资租入固定资产。

资产的内容有流动资产、非流动资产。

流动资产：指可以在一年或者超过一年的一个营业周期内变现或者耗用的资产。包括：库存现金、银行存款、短期投资、应收及预付款项、待摊费用、存货。

非流动资产：指可以在超过一年或者一个营业周期（超过一年）变现或者耗用的资产。包括：长期投资、固定资产、无形资产（可辨认无形资产）、其他资产。

（2）负债。

定义：企业所承担的由以往事项导致的现时义务，能以货币计量的，需以资产或劳务偿付的各种债务。

特征：①负债是由以往事项导致的现时义务；②负债是必须偿还的一种责任；③经济利益很可能流出企业。

负债的内容分流动负债和长期负债。

流动负债：指将在一年或者超过一年的一个营业周期内偿还的债务。包括短期借款、应付票据、应付账款、应付工资、应交税费等。

长期负债：指偿还期在一年或者超过一年的一个营业周期以上的债务。包括长期借款、应付债券、长期应付款等。

（3）所有者权益。

定义：是指企业所有者（投资人）对企业净资产的所有权。也叫业主权益、股东权益、净资产。

特征：这种权利包含着所有者以其出资额的比例分享企业利润，并以其出资额承担风险，还意味着所有者有法定的管理企业和委托他人管理企业的权利。

$$净资产 = 总资产 - 总负债$$

包括：所有者投入的资本［实收资本（股本）］；投资本身所引起的各种增值（资本公积金）；从税后利润中提取的各种积累（盈余公积金）；留待以后会计年度分配的利润（未分配利润）。

所有者权益：投资者对企业净资产的要求权。

债权人权益：债权人对企业资产的求偿权。

2. 反映经营成果的会计要素

（1）收入。

定义：收入是指企业在日常活动中形成的、会导致所有者权益增加的、与所有者投入资本无关的经济利益的总流入。收入是企业在销售商品、提供劳务及他人使用本企业资产等日常经营活动中所形成的经济利益的总流入。

特征：①收入是从企业日常活动中产生，而不是从偶发的交易或事项中产生；②收入可以表现为企业资产的增加，负债的减少，所有者权益的增加；③收入只包括本企业经济利益的流入，不包括为第三方或客户代收的款项。

收入通常指营业收入。包括：

——销售收入（主营业务收入）：主营业务收入账户用于核算企业在销售商品、提供劳务及让渡资产使用权等日常活动中所产生的收入。在“主营业务收入”账户下，应按照主营业务的种类设置明细账进行明细核算。本账户期末应无余额。

——提供劳务收入（其他业务收入）：企业在资产负债表中提供劳务交易的结果能够可靠估计的，采用完工百分比确认提供劳务收入。

——让渡资产使用权收入（其他业务收入）：如使用费收入、利息收入。

——投资收益：对外投资获得的净收益。

收入要素与总收入不同，总收入包括主营业务收入、其他业务收入、营业外收入、投资收入。

（2）费用。

定义：是指企业在生产经营过程中所发生的各种耗费。广义上的费用包括成本和狭义上的费用。

特征：耗费的事项已经发生或已经成为事实；费用可使企业资产减少、负债增加、所有者权益减少。

内容：成本、费用（狭义费用），包括营业税金、期间费用等。

（3）利润。

定义：企业在一定期间经营活动的最终成果。

利润＝收入－费用

包括：营业利润、利润总额和净利润。

营业利润＝主营业务收入＋其他业务收入＋投资净收益－主营业务成本－其他业务成本－营业税金及附加－期间费用－资产减值损失

利润总额＝营业利润＋营业外收支净额（营业外收入－营业外支出）

净利润＝总利润－所得税

3. 会计要素确认、计量及其要求

（1）会计要素的确认。

三个问题：应否确认、如何确认、何时确认。

——初始确认条件：符合会计要素定义；

——再次确认条件：同时满足要素定义和要素确认条件。

（2）会计要素的计量。

——会计要素计量的属性：

历史成本：资产按照购置时支付的现金或现金等价物的金额计量。

重置成本（现行成本）：在重置成本计量下，资产按照现在购买相同或者相似资产所需支付的现金或者现金等价物的金额计量，负债按照现在偿付该项债务所需支付的现金或者现金等价物的金额计量。

可变现净值：在可变现净值计量下、资产按照其正常对外销售所能收到现金或者现金等价物的金额扣减该资产至完工时估计将要发生的成本、估计的销售费用以及相关税费后的金额计量。

公允价值：在公允价值计量下，资产和负债按照在公平交易中，熟悉情况的交易双方自愿进行资产交换或者债务清偿的金额计量。

——会计计量属性的选择：企业在对会计要素进行计量时，一般应当采用历史成本，采用重置成本、可变现净值、公允价值计量的，应当保证所确定的会计要素金额能够取得并可靠计量。

（3）会计要素确认与计量的要求。

——配比要求的含义：收入与其相关的成本费用应当相互配比。

——目的：正确确定某会计期间的收入和费用。

——配比方式：因果关系的配比、时间上的配比。

在一个会计期间的收入和相关成本费用应该在同期间得到确认、计量。

对于一切预支款项的成本费用，要递延到有关收入取得时才能计列。如折旧、待摊费用。

对于与本期收入有关的尚未支付的费用，则应在本期内预提，达到配比的目的。如预提费用。

4. 历史成本计量

在历史成本计量下，资产按照购置时支付的现金或者现金等价物的金额，或者按照购置资产时所付出的对价的公允价值计量。负债按照因承担现时义务而实际收到的款项或者资产的金额，或者承担现时义务的合同金额，或者按照日常活动中为偿还负债预期需要支付的现金，或者现金等价物的金额计量。

（1）历史成本计算的三个特点。

——客观性，可验证性，可以防止企业随意更改。

——各项财产如果发生减值，应当按照本制度规定计提相应的减值准备。除法律、行政法规和国家统一的会计制度与有关规定外，企业一律不得自行调整其账面价值。要素计量一般采用历史成本，但不是唯一。实际成本是指取得、制造某项财产物资时。所实际支付的现金或其他等价物。

——划分收益性支出与资本性支出。凡是支出的效益仅与本会计年度相关的，应作为收益性支出；凡是支出的效益与几个会计年度相关的，应作为资本性支出。以一年或一个营业周期为划分标准；划分目的在于正确确定企业当期损益。如果将收益性支出作为资本性支出处理，就会少计费用，多计资产，就会出现本年利润和资产的虚增；反之，将资本性支出作为收益性支出处理，就会多计费用，少计资产，出现本年利润和资产虚减。收益性支出由本会计年度实现的收入抵补，列入本会计期间的费用，列入利润表；资本性支出由以后各会计年度实现的收入抵补列为各年度的费用，先列入本会计年度资产负债表。

（2）历史成本计量的分类。

——权责发生制：是指以应收应付作为确定本期收入和费用的标准，而不管货币资金是否在本期收到或付出。目的是正确确定某会计期间的收入和费用。

按照权责发生制的要求，凡是本期应当赚得的收入和应该发生的费用，不论其款项是否实际收到和付出，均作为本期收入和费用处理；相反，凡是不应该归属于本期的收入和费用，即使款项在本期实际收到和付出，也不作为本期收入和费用。权责发生制强调经营成果的计算，适用于企业。

——收付实现制：亦称现金制，是指以款项是否实际收到或付出作为确定本期收入和费用的标准。

采用收付实现制，凡是本期实际收到款项的收入和付出款项的费用，不论其是否归属本期，都作为本期的收入和费用处理；相反，凡是本期没有实际收到款项的收入和没有付出款项的费用，均不能作为本期的收入和费用处理。

（二）会计等式

1. 会计等式

会计等式是反映会计要素之间相互关系的一种表达式。包括基本会计等式和扩展会计等式。

(1) 基本会计等式。

基本会计等式反映会计期末资产与权益的平衡关系。

资产 = 权益

一个企业的资产和权益，是从两个角度对企业资本进行观察和分析的，它们在数量上存在着相等的关系。因为投资者及债权人将自己所拥有的资本提供给企业使用，企业运用这些资本就要获得一定数量的资产，所有投资者和债权人同样也对这些资产享有相应的权益。这样，资产与权益是相互依存的，有一定数量的资产就必然有相等数额的权益；或者说有一定数量的权益就必然有相等数额的资产。

如果用数学公式来表示二者的关系，就可以得到

资产 = 权益 = 债权人权益 + 所有者权益 = 负债 + 所有者权益

这个公式就是会计恒等式，也是会计基本方程式。

它表示某一时点（一般指某一会计期间的最后一天），企业资产和权益的关系，企业的财务状况。它是一个静态的会计公式。

会计恒等式是会计核算中设置会计科目及账户、复式记账和编制资产负债表的重要理论依据。

(2) 扩展会计等式。

资产 = 负债 + 所有者权益 + 收入 − 费用资产 + 费用 = 负债 + 所有者权益 + 收入

反映某一会计期间内各要素的动态平衡关系式。

2. 经济业务对会计恒等式的影响

(1) 资金投入业务：投资与筹资收到现金；

(2) 资金循环与周转业务；

(3) 资金退出业务。

二、会计科目与账户

会计科目与账户，是会计在从事财务工作时，必须记录的两个项目。设置会计科目，是设置账户、账务处理所遵循的规则和依据，而账户的设置，则能够反映会计要素的增减变动及结余情况，因此两者缺一不可。

（一）会计科目的概念

会计科目，简称科目，是对于会计要素的具体内容进行分类核算的项目，是进行会计核算和提供会计信息的基础。

1. 设置会计科目的意义

设置会计科目就是根据会计对象的具体内容和经济管理的要求，事先规定分类核算的项目或标志的一种专门方法。设置会计科目，需要将会计对象中具体内容相同的归为一类，设立一个会计科目，凡是具备这类信息特征的经济业务，都应该在这个科目下进行核算。设置会计科目时，要为每一个具体的类别规定一个科目名称，并且限定在该科目名称下包括的内容，例如“库存现金”“银行存款”科目。会计科目是设置账户、账务处理所遵循的规则和依据，是正确组织会计核算的一个重要条件。

2. 设置会计科目的原则

设置会计科目时，应遵循以下几项原则：

（1）必须结合会计对象的特点，全面反映会计对象的内容。

结合会计对象的特点是指除了各行各业有共性的会计科目外，还应根据各行各业会计对象的特点，设置相应的会计科目。如：工业企业必须设“生产成本”“制造费用”科目。全面是指内容上不能有遗漏。

（2）既要满足对外报告的要求，又要符合内部经营管理的需要。

设置科目时，要兼顾对外报告和企业内部经营管理要求。例如：为了反映企业实收资本情况，可以设置“实收资本”账户；为了反映企业债务情况，可以设“短期借款”“长期借款”“应付账款”。可以根据管理需要设置总账和明细账。

（3）要将统一性和灵活性结合起来。

统一性就是根据《企业会计制度》的要求，对一些主要会计科目的设置进行统一规定，对于核算标准、口径都要一致。

灵活性是指在能够提供统一核算指标的前提下，各单位根据本单位的具体情况，对统一规定的会计科目作必要的调整，设置或增补会计科目。主要是防止两种倾向：过简或过繁。

（4）要简明、适用，通俗易懂。

（5）既要适应经济发展的需要，又要保持相对稳定。

（二）会计科目的分类（级次）

1. 按反映的经济内容分类

（1）资产类科目：资产类科目按其反映的经济内容再进一步细分，又可分为反映流动资产、长期股权投资、固定资产、无形资产、其他资产的科目。其中反映流动资产的科目主要有“库存现金”“银行存款”“应收账款”“原材料”“库存商品”等。

（2）负债类科目：负债类科目按其反映的经济内容再进一步细分，又可分为反映流动负债和长期负债的科目。其中流动负债类科目主要有“长期借款”“应付账款”“应付利润”“应付利息”等；长期负债类科目主要有“长期贷款”“应付债券”等。

（3）所有者权益科目：所有者权益类科目按其反映的经济内容再进一步细分，主要有“实收资本”“资本公积”“盈余公积”“本年利润”和“利润分配”等科目。

（4）成本类科目：成本类科目主要有“生产成本”“制造费用”等。

（5）损益类科目：损益类科目按其反映的经济内容再进一步细分，又可分为反映收入和费用的科目。损益类科目主要有“主营业务收入”“主营业务成本”“其他业务收入”“其他业务成本”“销售费用”“管理费用”“财务费用”等。

2. 按提供指标的详细程度分类

（1）总分类科目（一级科目、总账科目）：对会计对象的具体内容进行总括分类，提供总括的核算指标，由财政部或主管部门设置。

（2）二级科目：为避免在总分类科目下设太多的明细科目，可在总科目和明细科目之间设二级科目。二级科目提供的指标比总账详细、比明细账具体。

（3）明细分类科目（三级科目、明细科目），对总分类科目所包含的内容做进一步分类，以提供详细具体的核算指标。一般由企业根据自身的实际情况自行设置。

（三）会计账户

账户是根据会计科目设置的，具有一定的结构和格式，用来对会计对象的具体内容进行分类核算和监督的一种工具。

设置账户的作用在于能够反映会计要素的增减变动及结余情况。

1. 账户的基本结构

经济业务引起会计要素的变化，不外乎增减两种类型，所以，任何一个账户都可以分为左右两方，这就是账户的基本结构。实际工作中，账户格式的设计一般包括以下内容：账户名称、日期和摘要、凭证号数、增加和减少金额。

在账户的左右两方中，到底哪一方记增加额，哪一方记减少额，取决于各账户所记录的经济业务内容和所采用的记账方法。

2. 会计科目与账户的关系

二者既有联系，也有区别。联系：账户是根据会计科目设置，会计科目是账户的名称。二者开设的目的一致，都是为了对经济业务进行分类、整理，以提供管理所需要的会计信息。二者的内容相同。

其区别在于二者的具体作用不同。会计科目的具体作用主要表现为将会计对象的具体内容分为若干个相对独立的项目，而账户则是在会计科目的基础上，再赋予一定的结构，能指明记账的方向，以核算各会计要素的增减变动和余额。会计科目和账户制定或设置的方法不同。会计科目由国家统一制定，是会计制度的组成部分。而账户则是由各单位根据会计科目的要求，结合本单位的实际情况开设的。实际工作中，先有会计科目，后有账户。

三、会计记账方法

（一）会计记账方法概述

在按照一定原则设置了会计科目，并开设了账户之后，还必须采用一定的会计记账方法，将会计要素的增减变动登记在账户中。

会计记账方法是指按照一定的规则，使用一定的符号，在账户中登记各项经济业务的技术方法。会计记账方法是会计核算中的重要方面，它能够真实、客观地记录经济业务的内容。

会计记账方法分为单式记账法与复式记账法。

1. 单式记账法

它是一种比较简单，不完整的记账方法。主要特点：对于发生的每一笔经济业务，只在一个账户上登记。通常登记现金或银行存款账户，而对于费用、实物资产一般不设账户，比如，用现金购买原材料，只登记现金的减少，不登记原材料的增加。至于实物资产的结存数，只能从定期实地盘存中得到，即期末资产结存大于期初资产结存的数额为利润；反之，为亏损。

缺点：账户设置得不完善，账户之间互不联系，无法全面反映各项经济业务的来龙去脉，不能正确计算盈亏，所以这种方法目前已经很少使用。

2. 复式记账法

它是在每一项经济业务发生后，同时在相互联系的两个或两个以上的账户中，以相等的金额进行登记的一种记账方法。主要特点：一是由于对每一项经济业务都要在相互联系的两个或两个以上的账户中做记录，根据账户记录的结果，不仅可以了解每一项经济业务的来龙去脉，而且可以全面、系统地了解经济活动的过程和结果。二是由于复式记账要求以相等的金额在两个以上的账户同时记账，因此可以对账户记录的结果进行试算平衡，以检查记录的正确性。

复式记账法的理论依据是资金运动的内在规律性通过会计恒等式来揭示：资产＝权

益=负债+所有者权益。

基本原则：以会计等式为记账基础；对每一项经济业务，必须在两个或两个以上相互联系的账户中进行等额记录；必须按经济业务对会计等式的影响类型进行登记；定期汇总的全部账户记录必须平衡。

试算平衡法：根据借贷记账法的记账规则和资产与权益的恒等关系，通过对所有账户的发生额和余额的汇总计算和比较，来检查账户记录是否正确的一种方法。试算平衡的理论基础就是会计基本恒等式，它又分为两种：

（1）发生额平衡法：资产账户增加额合计+权益账户减少额合计=权益账户增加额合计+资产账户减少额合计。

（2）余额平衡法：资产账户期末余额合计=权益账户期末余额合计。

（二）借贷记账法的记账符号

借贷记账法是以“借”“贷”为记账符号。复式记账法是一些具体的记账方法的总称，如借贷记账法、增减记账法和收付记账法。借贷记账法是世界各国普遍采用的一种记账方法。抽象地看：无论是借还是贷，都表示增加，又表示减少。具体地看：“借”对于会计等式左边的账户，即资产、费用账户表示增加，对会计等式右边的账户，即负债、所有者权益、收入类账户表示减少。“贷”对于会计等式左边的资产、费用类账户表示减少，对会计等式右边的负债、所有者权益、收入类账户表示增加。对会计等式两边的会计要素规定了相反的含义。

借贷记账法的账户结构：在借贷记账法下，任何账户都分为借、贷两方，而且把账户的左方称为借方，账户的右方称为贷方。记账时，账户的借贷两方必须做相反方向的记录，即对于每一个账户来说，如果借方登记增加额，则贷方就登记减少额；如果借方登记减少额，则贷方就登记增加额。究竟用哪一方来登记增加额，哪一方登记减少额呢？这主要由各个账户性质来决定。

借贷记账法下，各类账户的期末余额都记录在增加的一方。即资产的期末余额在借方，负债、所有者权益类账户的期末余额在贷方。根据余额方向，既可以判断账户的性质，又可以设置双重性质的账户。

双重性质的账户是指既可以用来核算资产、费用，又可以核算负债、所有者权益、收入的账户，比如“其他往来”“待处理财产损益”“投资收益”等。双重性质的账户具有两类账户的功能，可以简化核算手续。

（三）会计记账规则

即对发生的每项经济业务，都要以相等的金额，在两个或两个以上相互联系的账户中进行登记。

有借必有贷，借贷必相等。借贷的方向相反，记入两个或两个以上相互联系的账户时，有借方必有贷方，而且借方与贷方的金额必须相等。

具体地说，如果在一个账户中记借方，必须同时在另一个或几个账户中记贷方；或者在一个账户中记贷方，必须同时在另一个或几个账户中记借方。记入借方的总额与记入贷方的总额必须相等。

1. 账户的对应关系

采用借代记账法对每笔经济业务事项进行记录时，所形成的借贷方账户之间的相互依存关系，称为账户的对应关系。相互之间存在对应关系的账户，称为对应账户。

2. 过账和试算平衡

编制会计分录发生在登记账户之前，实际上是按照会计制度处理经济业务。在实际工作中，它是在记账凭证上完成的。企业发生的各项经济业务在编制会计分录以后，应将会计分录的金额分别登记到各有关账户中去，这个记账步骤称为“过账”。

试算平衡是指根据资产与权益的平衡关系，按照记账规则的要求，通过汇总计算和比较来检查各类账户记录的正确性和完整性。每个月结束时，在已经结出各个账户的本月发生额和月末余额后，通过编制试算平衡表来进行。

试算平衡公式如下

全部账户借方期初余额合计数 = 全部账户贷方期初余额合计数

全部账户本期借方发生额合计数 = 全部账户本期贷方发生额合计数

全部账户借方期末余额合计数 = 全部账户贷方期末余额合计数

第二节　企业主要经济业务的核算

一、筹资业务

（一）所有者权益资金筹集业务的核算

企业的所有者权益的来源包括所有者投入的资本、直接计入所有者权益的利得和损失、留存收益等。所有者投入的资本包括实收资本（股本）和资本公积；直接计入所有者权益的利得和损失，是指不应计入当期损益的会导致所有者权益发生增减变动的、与所有者投入资本或者与所有者分配利润无关的利得或者损失；留存收益是企业在经营过程中所实现的利润留存于企业的部分，包括盈余公积和未分配利润。

为了核算和监督所有者权益资金筹集的情况及资金进入企业后的占用情况，应设置“实收资本”“资本公积”等账户。

1. 实收资本

“实收资本”是所有者权益类账户，用以核算所有者向企业投资的投资额。为了总括反映企业投资人投入资本的增减变动情况和投资人实际投入资本金的数额，一般企业和有限责任公司应单独设置“实收资本”账户加以核算，该账户属于所有者权益类账户。该账户按投资主体分设明细账，进行明细分类核算。

企业实收资本增加的途径主要有两类：一是投资人投入企业的资本，二是企业经批准，将现有的资本公积和盈余公积转增注册资本。

2. 资本公积

“资本公积”是投资者或他人投入企业、所有权归属投资者并且金额上超过法定资本部分的资本，是企业所有者权益的重要组成部分。资本公积和实收资本（或股本）有一定的区别，实收资本（或股本）是公司所有者（股东）为谋求价值增值而对公司的一种原始投入，从法律上讲属于公司的法定资本，而资本公积可以来源于投资者的额外收入，也可以来源于投资者之外的其他企业和个人等的投入。可以说，企业的资本公积金的主要来源包括所有者投入资本中的超过法定资本份额的部分和直接计入资本公积金的各种利得和损失等。

3. 固定资产

“固定资产”是企业经营过程中使用的长期资产，包括房屋建筑物、机器设备、运输车辆以及工具、器具等。《企业会计准则第 4 号——固定资产》准则规定，固定资产应当按照成本计量。固定资产取得时的实际成本是指企业购建固定资产达到预定可使用状态前所发生的一切合理的、必要的支出，它反映的是固定资产处于可使用状态时的实际成本。

4. 在建工程

“在建工程”是资产类账户，用以核算企业为进行固定资产基建、安装、技术改造以及大修理等工程而发生的全部支出（包括安装设备的支出）并据以计算确定各该工程成本的账户。

企业购置的固定资产，对于其中需要安装的部分，在交付使用之前，也就是达到预定可使用状态之前，由于没有形成完整的取得成本（原始价值），因而必须通过“在建工程”账户进行核算。

（二）负债资金筹集业务的核算

负债资金是指企业依法筹集的、依约使用并按期偿还的资金。银行借款是负债资金的主体。为了核算和监督借入资金筹集的情况，应设置“短期借款”账户和“长期借款”账户。

1. 短期借款

“短期借款”是指企业为了满足其生产经营活动对资金的临时需要而向银行或其他金融机构等借入的，偿还期限在一年以内（含一年）的各种借款。

由于短期借款利息的支付方式和支付时间不同，会计处理的方法也有一定的区别。如果银行对企业的短期借款按月计收利息，或者虽在借款到期收回本金时一并收回利息，但利息数额不大，企业可以在收到银行的计息通知或在实际支付利息时，直接将发生的利息费用计入当期损益（财务费用）；如果银行对企业的短期借款采取按季或半年等较长期间计收利息，或者是在借款到期收回本金时一并计收利息且利息数额较大，为了正确地计算各期损益额，保持各个期间损益额的均衡性，企业通常按权责发生制核算基础的要求，采取预提的方法按月预提借款利息，计入预提期间损益（财务费用），待季度或半年等结息期终了或到期支付利息时，再冲销预提费用这项负债。

“财务费用”是损益类账户，用以核算企业为筹集生产经营所需资金等而发生的各种筹资费用，包括利息支出（减利息收入）、佣金、汇兑损失（减汇兑收益）以及相关的手续费、企业发生的现金折扣或收到的现金折扣等。

2. 长期借款

“长期借款”是指企业向银行及其他金融机构借入的，偿还期限在一年以上的各种借款。在会计核算中，应当区分长期借款的性质，按照申请获得贷款时实际收到的贷款数额进行确认和计量，并按照规定的利率和使用期限定期计息并确认为长期借款入账。

长期借款的利息费用，应按照权责发生制核算基础的要求，按期计算提取计入所购建资产的成本（即予以资本化）或直接计入当期损益（财务费用）。具体地说，就是在该长期借款所进行的长期工程项目完工之前发生的利息，应将其资本化，计入该工程成本；在工程完工达到可使用状态之后产生的利息支出应停止借款费用资本化而予以费用化，在利息费用发生的当期直接计入当期损益（财务费用）。

二、采购业务

采购业务是指企业材料采购，其核算内容包括几点。

（一）材料价款结算

计量：材料价款＝购买数量×单价。

价款结算业务类型：

一是现款交易一手钱，一手货。

二是欠款交易先收料，后付款。又分为按合同约定时间付款、开出承兑汇票，持票人到期兑现。

三是预付货款先付款，后收料。

（二）采购费用的结算

材料采购成本组成部分，包括运杂费、保险费、整理费、检验费、税金等。

（三）材料采购成本计算

采购成本应按同批购进的每一种材料分别计算，公式为

材料采购总成本＝买价＋应负担的采购费

其中

某材料应负担的采购费＝该材料直接发生的采购费＋应分配的共同采购费

分配同批材料的共同采购费，可分别情况采用同批购进材料的重量（体积、价款）作为分配标准。

入库材料单位采购成本＝采购总成本÷入库数量

材料可以按照实际成本计价，也可以按照计划成本计价，具体采用哪一种方法，由企业根据具体情况自行决定。

在企业的经营规模较小，材料的种类不多而且材料的收、发业务的发生也不是很频繁的情况下，企业可以按照实际成本计价方法组织材料的收、发核算。这种方法的特点是从材料的收、发凭证到材料明细分类账和总分类账全部按实际成本计价。

购入材料的实际采购成本＝实际买价＋采购费用

材料采购和入库业务核算设置的账户：企业为了核算和监督材料的采购和储备的情况，应设置“在途物资”“原材料”“应付账款”“预付账款”“应付票据”“应交税费”等账户。

（四）材料采购和入库业务的账务处理

1. 单料同时到

【例14－1】某甲企业为一般纳税人（下同），某日购入原材料一批，取得的增值税发票上注明原材料的价款为5000元，增值税率17%，增值税额为850元，发票等结算凭证已收到，货款已通过银行转账支付。会计分录为：

借：原材料　　5000

　　应交税费—应交增值税（进项税额）　　850

　　贷：银行存款　　5850

2. 单到料未到。

【例14－2】某甲企业10月10日收到开户银行转来托收凭证、附A公司发来B材料的发料单、提货单等，计价款20000元，增值税进项税额3400元，代垫运费1000元。上述款项已支付。有关会计处理如下：

10月10日支付有关款项时，会计分录为

借：在途物资　　20930

　　应交税费—应交增值税（进项税额）　　3470

　　贷：银行存款　　24400

10月30日收到材料时，会计分录为：

借：原材料　　20930

　　贷：在途物资　　20930

3. 料到单未到

这是指材料已到，并已验收入库，而未收到发票账单，货款支付。

这类采购业务，一般结算凭证、发票单据在材料到达后几天内即可到达。因此，为了简化核算工作，可暂不作会计处理。待办理结算手续后按单料同时到进行会计处理。

对于月末尚未付款的收料凭证，应按计划成本暂估入账。

借：原材料　　×××（计划成本）

　　贷：应付账款—暂估应付账款　　×××（计划成本）

下月1日

借：原材料　　×××（计划成本）

　　贷：应付账款—暂估应付账款　　×××（计划成本）

下月付款时按单料同时到进行会计处理。

三、生产业务

生产业务指企业产品生产过程中发生的经济业务。由于生产过程既是生产要素的耗用过程，又是产品的制造过程（产品成本的形成过程）。因此，生产业务就应包括生产费用的发生和产品成本的形成两个方面的内容。

（一）生产费用

生产费用是指一定时期内生产过程中一切耗费的货币表现（生产耗费）。

具体内容包括：

料：一切原材料、辅助材料、燃料、低值易耗品等。

工：工资、职工福利费等一切人工费用。

费：除料、工以外的其他费用，如折旧、货币性支出等。

（二）产品生产成本—生产费用的对象化

归集到一定产品的生产费用（即对象化）形成产品生产成本，因此，成本也就是生产一定种类和数量产品所花费的生产费用。

生产费用的对象化过程有三种情形。

1. 直接费用对象化

发生时即能直接判明应归属于哪种产品的费用。如直接材料、直接人工费用、其他直接费用。发生时直接对象化为产品生产成本。

2. 间接费用对象化

发生时不能判明其成本归属，需以制造费用的名义先行归集，期末按一定标准分配计入产品生产成本的费用。如车间内发生的与几种产品有关的共同费用和车间管理费用。

3. 跨期费用的对象化

实际支付时间与成本归属期不在同一会计期间的费用。又可分为 2 种情况：

（1）支付在前，成本归属在后（即预付或待摊费用）。

已经支付，但应根据受益原则分期摊销的费用。如一次领用或支付，分期摊销的低值易耗品、租金、财产保险费及其他预付费用等，它们发挥效益的时间较长，不能在支付时一次计入成本。

（2）成本归属在前，支付在后（即应计或预提费用）。

按照受益原则应由本期负担，但未实际支付，只是预先提取的费用。如预提租金、财产保险费、借款利息等。

预提费用实际上就是一项负债，如预提租金了就是应付未付租金。相反，待摊费用，则是一项资产。

企业为了核算和监督商品在生产过程中各项生产费用及期间费用的发生、归集和分配情况，应设置“生产成本”“制造费用”“应付职工薪酬”“累计折旧”“管理费用”“待摊费用”和“预提费用”等账户。

四、销售业务

产品销售过程是商品完工验收入库到产品销售给购货方，并收回货币的过程，它是工业企业生产经营活动的最后环节。

（一）销售收入

出售商品（产品）、劳务所取得的收入，属主营业务收入。

销售收入实现的条件：

（1）产品所有权上的主要风险和报酬已经让渡或转移。

（2）不再保有已销售商品的继续管理权和控制权。

（3）已经收到价款或索取价款的凭证，相关经济利益能够流入企业。

（4）相关的收入和成本能够可靠地计量。

销售收入的计量，公式为

$$产品销售收入=已销数量\times销售单价$$

（5）发生销售折让或退货时，相应抵减销售收入；发生现金折扣时，折扣的现金应作为本期财务费用处理。

（二）销售费用

在销售过程中所发生的各种耗费包括应由产品销售负担的运输费、装卸费、包装费、保险费、展览费、广告费、差旅费及专设销售机构经费。

（三）销售成本和销售税金

销售（货）成本的计算公式为

$$已销产品应负担的成本=销货数量\times单位生产成本$$

产品的生产成本实际上是一种资产（如材料、货币资产）转化为另一种资产（产品），不形成真正意义的费用，只有销售出去，才作为取得收入的代价。

销售税金：按税法规定销售环节应负担的税金，如营业税、产品税、增值税等。期末按规定计算，抵减销售收入。

（四）销售过程核算设置的账户

企业为了核算和监督商品的销售收入和货款结算情况，以及销售费用、营业成本和营业税金发生的情况，应设置“主营业务收入”“应收账款”“预收账款”“销售费用”“主营业务成本”“营业税金及附加”等账户。

五、利润及利润分配

（一）利润的核算

利润是指企业在一定会计期间实现的经营成果。包括收入减去费用后的净额、直接计入当期利润的利得和损失等。

在利润表中，利润分为营业利润、利润总额和净利润三个层次。

1. 营业利润

营业利润是指企业一定期间经营活动取得的利润。可采用下列公式计算

营业利润 = 营业收入 − 营业成本 − 营业税金及附加 − 期间费用 − 资产减值损失 ± 公允价值变动净损益 ± 投资净损益

其中，期间费用是指企业在经营活动过程中发生的销售费用、管理费用和财务费用。

2. 利润总额

利润总额是指企业一定期间的营业利润与营业外收支净额的合计总额，即所得税前利润总额。可采用下列公式计算

利润总额 = 营业利润 + 营业外收入 − 营业外支出

3. 净利润

净利润是指企业一定期间的利润总额减去所得税费用后的净额，公式为

净利润 = 利润总额 − 所得税费用

企业实现的利润（或亏损）总额，通过“本年利润”账户进行核算。企业为了核算和监督利润的形成和分配的情况，应设置“本年利润”“所得税费用”等账户。

所得税是企业的一项费用，而不是收益的分配，我国从 1994 年 1 月 1 日开始将所得税作费用处理。

所得税的计税依据是企业的应纳税所得额。

应纳税所得额 = 收入总额 − 准予扣除项目金额（税法规定的）

应纳税所得额≠税前会计利润总额。

应纳税所得额 = 税前会计利润总额 ± 税收调整项目金额

应纳税额 = 应纳税所得额 × 25%

（二）利润分配的核算

利润分配的对象是指净利润，公式为

可供分配的利润 = 当期实现的净利润 + 年初未分配利润（ − 未弥补亏损） + 其他转入

分配顺序：

（1）提取法定盈余公积金：净利润 × 10%。

（2）向投资者分配利润为：（可供分配的利润 − 盈余公积） × 分配比率。

第三节　会计凭证与账簿

一、会计凭证

会计凭证是指记录经济业务发生或者完成情况的书面证明，是登记账簿的依据。每个企业都必须按一定的程序填制和审核会计凭证，根据审核无误的会计凭证进行账簿登记，如实反映企业的经济业务。《会计法》对会计凭证的种类、取得、审核、更正等内容进行了规定。

（一）会计凭证的分类

1. 按编制程序和用途分类

会计凭证按其编制程序和用途的不同，分为原始凭证和记账凭证。

（1）原始凭证，又称单据，是在经济业务最初发生之时即行填制的原始书面证明，如销货发票、款项收据等。

（2）记账凭证，又称记账凭单，是以审核无误的原始凭证为依据，按照经济业务的事项的内容加以归类，并据以确定会计分录后所填制的会计凭证。它是登入账簿的直接依据，常用的记账凭证有收款凭证、付款凭证、转账凭证等。

2. 按取得的来源分类

原始凭证按其取得的来源不同，可以分为自制原始凭证和外来原始凭证两类。

（1）自制原始凭证，是指在经济业务发生、执行或完成时，由本单位的经办人员自行填制的仅供内部使用的原始凭证，如收料单、领料单、产品入库单等。自制原始凭证按其填制手续不同，又可分为一次凭证、累计凭证、汇总原始凭证和记账编制凭证四种。

（2）外来原始凭证，是指在同外单位发生经济往来关系时，从外单位取得的凭证。外来原始凭证都是一次凭证。如企业购买材料、商品时，从供货单位取得的发货票，就是外来原始凭证。

3. 按会计科目是否单一分类

记账凭证按其包括的会计科目是否单一，分为复式记账凭证和单式记账凭证两类。

（1）复式记账凭证，又称为多科目记账凭证，要求将某项经济业务所涉及的全部会计科目集中填列在一张记账凭证上。复式记账凭证可以集中反映账户的对应关系，因而便于了解经济业务的全貌，了解资金的来龙去脉；便于查账，同时可以减少填制记账凭证的工作量，减少记账凭证的数量；但是不便于汇总计算每一会计科目的发生额，不便于分工记账。上述收款凭证、付款凭证和转账凭证的格式都是复式记账凭证的格式。

（2）单式记账凭证，又称为单科目记账凭证，要求将某项经济业务所涉及的每个会计科目，分别填制记账凭证，每张记账凭证只填列一个会计科目，其对方科目只供参考，不据以记账。也就是把某一项经济业务的会计分录，按其所涉及的会计科目，分散填制两张或两张以上的记账凭证。

单式记账凭证便于汇总计算每一个会计科目的发生额，便于分工记账；但是填制记账凭证的工作量变大，而且出现差错不易查找。

（二）会计凭证的保管

会计凭证应定期装订成册，防止散失。从外单位取得的原始凭证遗失时，应取得原签发单位盖有公章的证明，并注明原始凭证的号码、金额、内容等，由经办单位会计机构负责人、会计主管人员和单位负责人批准后，才能代作原始凭证。若确实无法取得证明的，如车票丢失，则应由当事人写明详细情况，由经办单位会计机构负责人、会计主管人员和单位负责人批准后，代作原始凭证。

会计凭证封面应注明单位名称、凭证种类、凭证张数、起止号数、年度、月份、会计主管人员、装订人员等有关事项，会计主管人员和保管人员应在封面上签章。

会计凭证应加贴封条，防止抽换凭证。原始凭证不得外借，如因特殊原因需要使用原始凭证时，经本单位领导批准可以复制。

原始凭证较多时，可单独装订，但应在凭证封面注明所属记账凭证的日期、编号和种类，同时在所属的记账凭证上应注明“附件另订”及原始凭证的名称和编号，以便查阅。

每年装订成册的会计凭证，在年度终了时可暂由单位会计机构保管一年，期满后应当移交本单位档案机构统一保管；未设立档案机构的，应当在会计机构内部指定专人保管。出纳人员不得兼管会计档案。

严格遵守会计凭证的保管期限要求，期满前不得任意销毁。

原始凭证、记账凭证保管 15 年。涉及外来和对私改造的会计凭证应永久保管。

银行存款余额调节表、银行对账单保管 5 年。

二、会计账簿

会计账簿是以会计凭证为依据，对全部经济业务进行全面、系统、连续、分类的记录和核算的簿籍，是由具有专门格式并以一定形式联结在一起的账页所组成的。

会计账簿简称账簿，是由具有一定格式、相互联系的账页所组成，用来序时、分类地全面记录一个企业、单位经济业务事项的会计簿籍。设置和登记会计账簿，是重要的会计核算基础工作，是连接会计凭证和会计报表的中间环节。

（一）会计账簿的分类

（1）序时账簿：又称日记账。按其记录内容的不同，分为普通日记账和特种日记账两种。特种日记账包括库存现金日记账和银行存款日记账等。

（2）分类账簿：按其提供核算指标的详细程度不同，又分为总分类账和明细分类账（又称明细账）。

（3）备查账簿：又称辅助账簿，而且没有固定格式。

正常记账使用蓝黑墨水，特殊记账使用红墨水。

（二）建账的要求

（1）从事生产、经营的纳税人应当在领取营业执照之日起 15 日内按照规定设置总账、明细账、日记账以及其他辅助性账簿，其中总账、日记账必须采用订本式。

生产经营规模小又确无建账能力的个体工商业户，可以聘请注册会计师或者经主管国家税务机关认可的财会人员代为建账和办理账务；聘请注册会计师或者经主管国家税务机关认可的财会人员有实际困难的，经县（市）以上税务局批准，可以按照国家税务机关的规定，建立收支凭证粘贴簿、进货销货登记簿等。扣缴义务人应当自税收法律、行政法规规定的扣缴义务发生之日起 10 日内，按照所代扣、代收的税种，分别设置代扣代缴、代收代缴税款账簿。

（2）纳税人、扣缴义务人采用电子计算机记账的，对于会计制度健全，能够通过电子计算机正确、完整计算其收入、所得的，其电子计算机储存和输出的会计记录，可视同会计账簿，但应按期打印成书面记录并完整保存；对于会计制度不健全，不能通过电子计算机正确、完整反映其收入、所得的，应当建立总账和与纳税或者代扣代缴、代收代缴税款有关的其他账簿。

（3）从事生产、经营的纳税人应当自领取税务登记证件之日起 15 日内，将其财务、会计制度或者财务、会计处理办法报送主管国家税务机关备案。纳税人、扣缴义务人采用计算机记账的，应当在使用前将其记账软件、程序和使用说明书及有关资料报送主管国家税务机关备案。

（三）对账和结账

1. 对账

对账是指在本期内对账簿记录进行核对。为了保证各种账簿记录的完整和正确，为编制会计报表提供真实可靠的数据资料，必须做好对账工作。

对账包括账证核对、账账核对、账实核对。

2. 结账

结账是指在将本期内所发生的经济业务全部登记入账的基础上，于会计期末按照规定的方法结算账目，包括结计出本期发生额和期末余额。

结账前，必须将本期内发生的各项经济业务全部登记入账。

实行权责发生制的单位，按照权责发生制的要求，进行账项调整的账务处理，并在此基础上，进行其他有关转账业务的账务处理，以计算确定本期的成本、费用、收入和利润。需要说明的是，不能为了赶编报表而提前结账，也不能将本期发生的经济业务延至下期登账，也不能先编会计报表后结账。

结账时，应结出现金日记账、银行存款日记账以及总分类账和明细分类账各账户的本期发生额和期末余额，并将期末余额结转下期。

结账的方法：月结、季结和年结。

会计账簿的更换通常在新会计年度建账时进行。总账、日记账和多数明细账应每年更换一次。备查账簿可以连续使用。

（四）会计账簿的保管

会计账簿是各单位重要的经济资料，必须建立管理制度，妥善保管。账簿管理分为平时管理和旧账归档保管两部分。

1. 账簿平时管理的具体要求

各种账簿要分工明确，指定专人管理，账簿经管人员既要负责记账、对账、结账等工作，又要负责保证账簿安全。会计账簿未经领导和会计负责人或者有关人员批准，非经管人员不能随意翻阅查看会计账簿。会计账簿除需要与外单位核对外，一般不能携带外出，对携带外出的账簿，一般应由经管人员或会计主管人指定专人负责。会计账簿不能随意交与其他人员管理，以保证账簿安全和防止任意涂改账簿等问题发生。

2. 旧账归档保管

年度终了更换并启用新账后，对更换下来的旧账要整理装订，造册归档。归档前旧账的整理工作包括：检查和补齐应办的手续，如改错盖章、注销空行及空页、结转余额等。活页账应撤出未使用的空白账页，再装订成册，并注明各账页号数。旧账装订时应注意：活页账一般按账户分类装订成册，一个账户装订成一册或数册；某些账户账页较少，也可以合并装订成一册。装订时应检查账簿扉页的内容是否填写齐全。装订后应由经办人员及装订人员、会计主管人员在封口处签名或盖章。旧账装订完毕应编制目录和编写移交清单，然后按期移交档案部门保管。各种账簿同会计凭证和会计报表一样，都是重要的经济档案，必须按照制度统一规定的保存年限妥善保管，不得丢失和任意销毁。

根据《会计档案管理办法》的规定，总分类账、明细分类账、辅助账、日记账均应保存 15 年。其中，现金、银行存款日记账要保存 25 年，涉外和对私改造账簿应永久保存。保管期满后，应按照规定的审批程序报经批准后才能销毁。

第四节 财务会计报告

一、资产负债表

资产负债表亦称财务状况表，是表示企业在一定日期（通常为各会计期末）的财务状况（即资产、负债和所有者权益的状况）的主要会计报表。资产负债表利用会计平衡原则，将合乎会计原则的资产、负债、所有者权益等交易科目分为“资产”和“负债和所有者权益”两大区块，在经过分录、转账、分类账、试算、调整等会计程序后，以特定日期的静态企业情况为基准，浓缩成一张报表。其报表功用除企业内部除错、经营方向、防止弊端外，也可让所有阅读者于最短时间内了解企业经营状况。

（一）结构格式

资产负债表一般有表首、正表两部分。其中，表首概括地说明报表名称、编制单位、编制日期、报表编号、货币名称、计量单位等。正表是资产负债表的主体，列示了用以说明企业财务状况的各个项目。

资产负债表正表的格式一般有两种：报告式资产负债表和账户式资产负债表。报告式资产负债表是上下结构，上半部列示资产，下半部列示负债和所有者权益。具体排列形式又有两种：一是按“资产 = 负债 + 所有者权益”的原理排列；二是按“资产 − 负债 = 所有者权益”的原理排列。账户式资产负债表是左右结构，左边列示资产，右边列示负债和所有者权益。不管采取什么格式，资产各项目的合计等于负债和所有者权益各项目的合计这一等式不变。

通过账户式资产负债表，可以反映资产、负债、所有者权益之间的内在关系，即“资产 = 负债 + 所有者权益”。

（二）填制

资产负债表的编制原理是“资产 = 负债 + 所有者权益”会计恒等式。它既是一张平衡报表，反映资产总计（左方）与负债和所有者权益总计（右方）相等；又是一张静态报表，反映企业在某一时点的财务状况，如月末或年末。通过在资产负债表上设立“年初数”和“期末数”栏，也能反映企业财务状况的变动情况。

资产负债表“期末余额”栏根据总账科目的余额填列的项目有：“交易性金融资产”“工程物资”“固定资产清理”“递延所得税资产”“短期借款”“交易性金融负债”“应付票据”“应付职工薪酬”“应交税费”“应付利息”“应付股利”“其他应付款”“应付债券”“专项应付款”“预计负债”“递延所得税负债”“实收资本（或股本）”“资本公积”“库存股”“盈余公积”。

（三）审计

分常规审计和合理性审计。资产负债表的常规审计，主要是审查资产负债表填列的内容是否完整，表内数字计算是否正确平衡，有关项目填列是否准确等。

二、利润表

利润表是反映企业在一定会计期间的经营成果的财务报表。

（一）结构

利润表一般有表首、正表两部分。其中表首说明报表名称编制单位、编制日期、报表编号、货币名称、计量单位等；正表是利润表的主体，反映形成经营成果的各个项目和计算过程，所以，这张表曾被称为损益计算书。

（二）格式

利润表的格式一般有两种：单步式利润表和多步式利润表。单步式利润表是将当期所有的收入列在一起，然后将所有的费用列在一起两者相减得出当期净损益。多步式利润表是通过对当期的收入、费用、支出项目按性质加以归类，按利润形成的主要环节列示一些中间性利润指标，如营业利润、利润总额、净利润，分步计算当期净损益。

（三）编制

利润表是根据“收入 - 费用 = 利润”的基本关系来编制的，其具体内容取决于收入、费用、利润等会计要素及其内容，利润表项目是收入、费用和利润要素内容的具体体现。从反映企业经营资金运动的角度看，它是一种反映企业经营资金动态表现的报表，主要提供有关企业经营成果方面的信息，属于动态会计报表。

利润表编制的原理是“收入 - 费用 = 利润”的会计平衡公式和收入与费用的配比原则。

在生产经营中企业不断发生各种费用支出，同时取得各种收入，收入减去费用，剩余的部分就是企业的盈利。取得的收入和发生的相关费用的对比情况就是企业的经营成果。如果企业经营不当，发生的生产经营费用超过取得的收入，企业就发生了亏损；反之企业就能取得一定的利润。会计部门应定期（一般按月份）核算企业的经营成果，并将核算结果编制成报表，这就形成了利润表。

计算利润时，企业应以收入为起点，计算出当期的利润总额和净利润额。

三、现金流量表与所有者权益变动表

（一）现金流量表

现金流量表是财务报表的三个基本报告之一，反映的是在一固定期间（通常是每月或每季）内，一家机构的现金（包含银行存款）的增减变动情况。

作为一个分析的工具，现金流量表的主要作用是决定公司短期生存能力，特别是缴付账单的能力。

现金流量表提供了一家公司经营是否健康的证据。

一个正常经营的企业，在创造利润的同时，还应创造现金收益。

现金流量表所揭示的现金流量信息可以从现金角度对企业偿债能力和支付能力作出更可靠、更稳健的评价。企业的净利润是以权责发生制为基础计算出来的，而现金流量表中的现金流量是以收付实现制为基础的。通过对现金流量和净利润进行比较和分析，可以对收益的质量作出评价。

上市公司在生产经营、投资或筹资活动过程中，其现金流量的大小，反映出其自身获得现金的能力。一般情况下，经营性现金流量多，说明上市公司的销售畅通，资金周转快，产品或项目不但有市场，而且处于良好的发展时期；反之亦然。

现金流量表应当分经营活动、投资活动和筹资活动列报现金流量。

现金流量应当分别按照现金流入和现金流出总额列报。

现金流量表分为主表和附表（即补充资料）两大部分。主表的各项目金额实际上就是每笔现金流入、流出的归属，而附表的各项目金额则是相应会计账户的当期发生额或期末与期初余额的差额。附表是现金流量表中不可或缺的一部分。

编制原则有：分类反映原则，总额反映与净额反映灵活运用原则，合理划分经营活动、投资活动和筹资活动原则，外币现金流量应当折算为人民币反映原则，重要性原则。

（二）所有者权益变动表

所有者权益变动表是反映公司本期（年度或中期）内截至期末所有者权益变动情况的报表。

所有者权益变动表各项目均需填列“本年金额”和“上年金额”两栏。

所有者权益变动表以矩阵的形式列示：一方面，列示导致所有者权益变动的交易或事项，即所有者权益变动的来源，对一定时期所有者权益的变动情况进行全面反映；另一方面，按照所有者权益各组成部分（即实收资本、资本公积、盈余公积、未分配利润和库存股）列示交易或事项对所有者权益各部分的影响。其中，项目包括：

（1）净利润。

（2）直接计入所有者权益的利得和损失项目及其总额。

（3）会计政策变更和差错更正的累积影响金额。

（4）所有者投入资本和向所有者分配利润等。

（5）提取的盈余公积。

（6）实收资本或股本、资本公积、盈余公积、未分配利润的期初和期末余额及其调节情况。

其中，反映“直接计入所有者权益的得利和损失”的项目即为其他综合收益项目。

第十五章　税收信息化

第一节　计算机终端基础知识

一、计算机系统的基本组成

计算机系统指用于数据库管理的计算机硬软件及网络系统。数据库系统需要大容量的主存以存放和运行操作系统、数据库管理系统程序、应用程序以及数据库、目录、系统缓冲区等，而辅存则需要大容量的直接存取设备。此外，系统应具有较强的网络功能。

计算机系统由硬件系统和软件系统组成。前者是借助电、磁、光、机械等原理构成的各种物理部件的有机组合，是系统赖以工作的实体。后者是各种程序和文件，用于指挥全系统按指定的要求进行工作。

二、硬件系统的组成部分和各部分功能

硬件系统主要由中央处理器、存储器、输入输出的控制系统和各种外部设备组成。

中央处理器是对信息进行高速运算处理的主要部件，其处理速度可达每秒几亿次以上操作。

存储器用于存储程序、数据和文件，常由快速的内存储器和慢速的海量外存储器组成。

各种输入输出外部设备是人机间的信息转换器，由输入—输出控制系统管理外部设备与主存储器（中央处理器）之间的信息交换。

三、软件系统各部分功能

软件分为系统软件、支撑软件和应用软件。

系统软件由操作系统、实用程序、编译程序等组成。

操作系统实施对各种软硬件资源的管理控制。

实用程序是为方便用户所设，如文本编辑等。编译程序的功能是把用户用汇编语言

或某种高级语言所编写的程序，翻译成机器可执行的机器语言程序。

支撑软件有接口软件、工具软件、环境数据库等。支撑软件能支持用机的环境，提供软件研制工具。支撑软件也可认为是系统软件的一部分。

应用软件是用户按其需要自行编写的专用程序，它借助系统软件和支撑软件来运行，是软件系统的最外层。

四、计算机操作系统的相关操作

操作系统是方便用户管理和控制计算机软硬件资源的系统软件（或程序集合）。

从用户角度看，操作系统可以看成对计算机硬件的扩充；从人机交互方式来看，操作系统是用户与机器的接口；从计算机的系统结构看，操作系统是一种层次、模块结构的程序集合，属于有序分层法，是无序模块的有序层次调用。操作系统在设计方面体现了计算机技术和管理技术的结合。

操作系统是软件，而且是系统软件。它在计算机系统中的作用为：对内，操作系统管理计算机系统的各种资源，扩充硬件的功能；对外，操作系统提供良好的人机界面，方便用户使用计算机。它在整个计算机系统中具有承上启下的地位。操作系统是一个大型的软件系统，其功能复杂，体系庞大。

第二节　常用软件应用

一、浏览器的使用

浏览器是用来检索、展示以及传递 Web 信息资源的应用程序。

地址栏：用于输入网站的地址，浏览器通过识别地址栏中的信息，正确连接用户要访问的内容。

菜单栏：由“文件”“编辑”“查看”“收藏夹”“工具”和“帮助”菜单组成。每个菜单中包含了控制 IE 工作的相关命令选项，这些选项包含了浏览器的所有操作与设置功能。

选项卡：从 Internet Explorer 8 版本开始，IE 浏览器可以使用多项选择题卡浏览方式，以选项卡的方式打开网站的页面。

页面窗口：是 IE 浏览器的主窗口，访问的网页内容显示在此。页面中有些文字或对象具有超链接属性，当鼠标指针放上去之后会变成手状，单击鼠标左键，浏览器就会自动跳转到该链接指向的网址；单击鼠标右键，则会弹出快捷菜单，可以从中选择要执行的操作命令。

状态栏：实时显示当前的操作和下载Web页面的进度情况。正在打开网页时，还会显示网站打开的进度。另外，通过状态栏还可以缩放网页。

IE浏览器：IE浏览器是微软推出的Windows系统自带的浏览器，它的内核是由微软独立开发的，简称IE内核，该浏览器只支持Windows平台。国内大部分的浏览器，都是在IE内核基础上提供了一些插件，如360浏览器、搜狗浏览器等。

HTTP通信协议是超文本传输协议的简称，它是属于浏览器和Web服务器之间的通信协议，建立在TCP/IP基础之上，用于传输浏览器到服务器之间的http请求和响应。它不仅需要保证传输网络文档的正确性，同时还确定文档显示的先后顺序。

启动IE浏览器常用的几种操作方法：①双击桌面上的IE图标，打开浏览器。②单击桌面底部任务栏上的IE图标，打开浏览器。③单击“开始”按钮，在弹出的一级菜单中，单击“所有程序”；在弹出的二级菜单中，单击“Internet Explorer”命令，打开浏览器。④单击“开始”按钮，在弹出的菜单中，单击“Internet Explorer”命令，打开浏览器。⑤单击“开始”按钮，在弹出的菜单中，在“搜索程序和文件”文本框中输入“Explorer”，按“Enter”键，打开浏览器。

退出IE浏览器常用的几种方法：①在IE浏览器窗口，单击右上角的“关闭”按钮，退出浏览器。②在IE浏览器窗口，单击“文件”命令，在弹出的菜单中，单击“退出”命令，退出浏览器。③在IE浏览器窗口，按“Alt + F4”组合键，退出浏览器。④在IE浏览器窗口，右击标题栏，在弹出的快捷菜单中，单击“关闭”命令，退出浏览器。

二、综合办公系统的使用

（一）第一次登录前的准备工作

第一次使用税务综合办公信息系统的用户必须按照下面的步骤将“税务综合办公信息系统”添加到本地IE浏览器可信站点。

（1）在登录界面右下角双击“Internet”图标。

（2）在打开的界面中选择“可信站点”，单击“站点”按钮。在弹出的“可信站点”对话框中输入用户所在系统的登录地址IP。确认下部的“对该区域中的所有站点要求服务器验证（https）”没有被勾选。单击“添加”按钮，完成可信站点的添加。

此时，浏览器下方的图标应变为“可信站点”。如果非该字样，应重新设置。

用户第一次使用税务综合办公信息系统需要安装插件。系统会弹出提示框要求用户安装 ActiveX 控件。如果没有将本系统添加到可信站点，将会提示错误。

（3）若已添加可信站点，点击浏览器提示框“安装 ActiveX 控件”。在安全警告对话框里点击确定按钮后，系统会自动下载开始安装。用户可按照系统默认设置进行安装。

（4）输入用户名、密码，点击登录按钮进入系统。

（二）综合办公系统与综合征管系统 V2.0 发生冲突时的解决方法

综合办公系统文档处理器安装后，会与综合征管系统（CTAIS）V2.0 存在冲突。CTAIS2.0 登录后会出现错误提示，无法显示汉字字符。

解决方法：将附件中的 msxml4. dll、msxml4a. dll、msxml4r. dll 三个文件拷贝到计算机操作系统的系统文件夹中。

三、“金税三期”网上报税系统的使用

（一）计算机准备

需安装 Internet Explorer 6.0 或以上版本浏览器。

（二）操作步骤

打开浏览器，输入网址：http：//www.12366.cn，进入“金税三期”网上报税系统。

1. 登录

以单位纳税人为例，登录账号主用户为“纳税识别号”，子用户为“纳税人识别号_ 001—00N”。初始登录密码由税务机关设置并告知。登录后纳税人可以自行修改密码或通过子用户管理中的密码重置，由系统重新生成密码。

在左上侧登录框处，依次输入账号、密码和验证码，单击“登录”按钮进入系统。

在初次登录时，系统会强制弹出《新用户第一次使用指引》。阅读相关说明后，在“系统运行环境设置—点击此处下载安装程序”处，下载“网上办税服务厅一键设置工具”到本地计算机，解压后双击开始安装，先后单击“是”“安装”两个按钮，自动完成设置安装。

2. 操作说明

（1）纳税申报。

分四步进行：初始化—填写申请表—确认申报表—查看回执。

纳税人实行按期（月、季度、半年、年）申报的，申报期内每个税种只能在网上申

报一次，少申报的需要到办税服务厅，由工作人员通过“申报错误更正”办理补充申报。

纳税人申报确认后，在划款前发现申报错误，可以作废相关申报表。申报表作废共分四步进行：查询申报信息—作废申请—确认作废—查看回执。

（2）财务报表申报。

分四步进行：初始化—填写申报表—确认申报表—查看回执。

（3）税（费）缴款。

分三步进行：缴款选择—缴款确认—缴款回执。

四、文件传输系统（FTP）的使用

文件传输协议（File Transfer Protocol，FTP）是用于在网络上进行文件传输的一套标准协议，它工作在 OSI 模型的第七层、TCP 模型的第四层，即应用层，使用 TCP 传输而不是 UDP（User Datagram Protocal）传输，客户在和服务器建立连接前要经过一个“三次握手”的过程，保证客户与服务器之间的连接是可靠的，而且是面向连接的，为数据传输提供可靠保证。

FTP 允许用户以文件操作的方式（如文件的增、删、改、查、传送等）与另一主机相互通信。然而，用户并不真正登录到自己想要存取的计算机上面而成为完全用户，可用 FTP 程序访问远程资源，实现用户往返传输文件、目录管理以及访问电子邮件等，即使双方计算机可能配有不同的操作系统和文件存储方式。

FTP 的目标是提高文件的共享性，提供非直接使用远程计算机，使存储介质对用户透明、可靠、高效地传送数据。它能操作任何类型的文件而不需要进一步处理，就像 MIME 或 Unicode 一样。

FTP 采用 Internet 标准文件传输协议的用户界面，向用户提供了一组用来管理计算机之间文件传输的应用程序。

FTP 是基于客户—服务器（C/S）模型而设计的，在客户端与 FTP 服务器之间建立两个连接。

用途：在本地主机和远程主机之间传送文件。

使用 FTP 几乎可以传送任何类型的多媒体文件，如图像、声音、数据压缩文件等。

FTP 协议允许在使用不同文件系统的主机之间进行数据传送。尽管协议在传送数据中提供了很高的灵活度，它仍然不会尝试保留特定于某个文件系统的文件属性（如文件保护模式或修改时间）。而且，FTP 协议为文件系统的整体结构做了少许假设，且不提供或不允许诸如循环地复制子目录这样的函数。

文件传输服务是一种实时的联机服务。在进行文件传输服务时，要先登录到对方的计算机上，登录后只可以进行与文件查询、文件传输相关的操作。

FTP 的使用：FTP 服务器有匿名的和授权的两种。匿名的 FTP 服务器向公众开放，用户可以用“ftp”或“anonymous”为账号，用电子邮箱地址为密码登录服务器；授权的 FTP 服务器必须用授权的账户名和密码才能登录服务器。通常匿名的用户权限较低，只能下载文件，不能上传文件。

客户机访问 FTP 服务器通常有两种方法：用 FTP 命令访问和用 FTP 客户端软件访问。

常用 FTP 命令的使用：

从“开始”→“程序”→“附件”→“命令提示符”，打开 DOS 命令窗口，就可以输入 FTP 命令了。

（一）登录 FTP 服务器

输入方法：输入命令“ftp host”。

其中 host 是 FTP 服务器的域名或 IP 地址。

登录时先显示一些欢迎信息，然后会要求输入用户名和密码。

注意：在输入密码时，屏幕没有任何显示，但已经输入了，不要认为出错。登录成功后就可以访问 FTP 服务器上的文件了。

如果由于用户名或密码错误导致登录失败，可以用 user 命令重新登录。

（二）查看 FTP 服务器上的文件

dir 命令：显示目录和文件列表。

ls 命令：显示简易的文件列表。

cd 命令：进入指定的目录。

dir 命令可以使用通配符“*”和“?”，比如，显示当前目录中所有扩展名为 jpg 的文件，可使用命令“dir *.jpg”。

cd 命令中必须带目录名。比如“cd main”表示进入当前目录下的 main 子目录，“cd ...”表示退回上一级子目录。

（三）下载文件

上传和下载文件时应该使用正确的传输类型，FTP 的传输类型分为 ASCII 码方式和二进制方式两种，对 txt 格式和 htm 格式等文件应采用 ASCII 码方式传输，对 exe 格式或图片、视频、音频等文件应采用二进制方式传输。在默认情况下，FTP 为 ASCII 码传输方式。

type 命令：查看当前的传输方式。

ascii 命令：设定传输方式为 ASCII 码方式。

binary 命令：设定传输方式为二进制方式。

以上命令都不带参数。

get 命令：下载指定文件。get 命令的格式：get filename [newname]。filename 为下载的 FTP 服务器上的文件名，newname 为保存在本地计算机上时使用的名字，如果不指定 newname，文件将以原名保存。

mget 命令：下载多个文件。mget 命令的格式：mget filename [filename ……]。mget 命令支持通配符“*”和“?”，比如：“mget *.mp3”表示下载 FTP 服务器当前目录下的所有扩展名为 mp3 的文件。

（四）上传文件

put 命令：上传指定文件。

put 命令的格式：put filename [newname]。filename 为上传的本地文件名，newname 为上传至 FTP 服务器上时使用的名字，如果不指定 newname，文件将以原名上传。

上传文件前，应该根据文件的类型设置传输方式，本机的工作目录也应该设置为上传文件所在的目录。

（五）结束并退出 FTP

close 命令：结束与服务器的 FTP 会话。

quit 命令：结束与服务器的 FTP 会话并退出 FTP 环境。

（六）其他 FTP 命令

pwd 命令：查看 FTP 服务器上的当前工作目录。

rename filename newfilename 命令：重命名 FTP 服务器上的文件。

delete filename 命令：删除 FTP 服务器上的文件。

help [cmd] 命令：显示 FTP 命令的帮助信息。cmd 是命令名，如果不带参数，则显示所有 FTP 命令。

五、杀毒软件的使用

计算机病毒是人为制造的能对计算机系统起破坏作用的程序。病毒具有破坏性、潜伏性、周期性、繁殖性、传染性、隐蔽性、可触发性。计算机病毒的种类有网络病毒、文件病毒、引导型病毒，常见的有木马病毒、系统病毒、蠕虫病毒、脚本病毒、后门病毒等（在病毒命名里，木马病毒的名称以“Trojan”开头，蠕虫病毒以“Worm”开头）。

为了有效防范病毒，我们要在计算机中安装杀毒软件，常见的杀毒软件有百度卫士、瑞星杀毒软件、360 安全卫士、金山杀毒软件等。选择一款杀毒软件后，安装好。

（1）定期升级自己的杀毒软件，保持杀毒软件病毒库为最新，让它能有效防御各种新型病毒。

（2）定期使用自己的杀毒软件对计算机进行全盘扫描，查杀病毒。

（3）安装并开启防火墙。

（4）杀毒软件的监控一定要打开，通过杀毒软件对自己的邮件实施实时监控，加强保护。

（5）正确设置杀毒软件的各项功能，让杀毒软件能最大限度地发挥其作用，有效保护我们的电脑不受病毒的侵害。

六、电子邮件的使用

电子邮件是一种用电子手段提供信息交换的通信方式，是互联网应用最广的服务。通过网络的电子邮件系统，用户可以非常低廉的价格（不管发送到哪里，都只需负担网费）、非常快速的方式（几秒钟之内可以发送到世界上任何指定的目的地），与处于世界上任何一个角落的网络用户联系。

电子邮件具有文字、图像、声音等多种形式。同时，用户可以得到大量免费的新闻、专题邮件，并轻松实现信息搜索。电子邮件的存在极大地方便了人与人之间的沟通与交流，促进了社会的发展。

（一）电子邮件地址的构成

电子邮件地址的格式由三部分组成。第一部分“user”代表用户信箱的账号，对于同一个邮件接收服务器来说，这个账号必须是唯一的；第二部分“@”是分隔符；第三部分是用户信箱的邮件接收服务器域名，用以标志其所在的位置。

电子邮件服务由专门的服务器提供，Gmail、网易邮箱、新浪邮箱、QQ 邮箱等邮箱服务也是建立在电子邮件服务器基础上的，但是大型邮件服务商的系统一般是自主开发或是通过对其他技术二次开发实现的。

（二）快速查找邮件

要在一大堆信件中找到想要的内容并不轻松，“查找邮件”选项允许用户在多个文件夹中搜索邮件，以查找文件夹或子文件夹中的任何邮件。单击“编辑”菜单，选择“查找邮件”，以下任何条件都可以为查找邮件的标准：谁发送的邮件、邮件的主题或标题、邮件中的文本等。

（三）拒收垃圾邮件

在“工具”菜单栏中选择“收件箱助理”，点击“添加”，该窗口分为上下两个部分，上面是“处理条件”，下面是“处理方法”。比如经常收到垃圾邮件，如果想从今以后不再收到它，可以在“处理条件”栏目中选择“发件人”，并在其中填入上述地址；接着，在“处理方法”中选择“从服务器上删除”；点击“确定”后，可以看到“在描述框内，则直接从服务器上删除”的描述，这就达到了目的。

（四）使用附件发送邮件

在编辑新邮件的界面上，有一个非常重要的功能按钮，那就是附件。附件就是来夹带声音、图片以及其他文件的。

（五）群发邮件采取密送

从安全角度来说，将电子邮件地址与无关人员分享，是一个不好的做法。在未经允许的情况下，将电子邮件地址与陌生人分享也是不礼貌的。在发送电子邮件给多个人的时候，可以选择收件人（TO）或者抄送（CC）的方式，此种情况下，所有收件人就可以分享所有的电子邮件地址。如果没有明确电子邮件地址是否被所有收件人分享的时候，应该使用密送（BCC）的设置。

第三节　网络与信息安全

一、计算机网络分类

按照计算机网络的地理覆盖范围，可分为局域网、城域网和广域网。按照网络构成的拓扑结构，可分为总线型、星型、环型和树型等。按照网络服务的提供方式，可分为对等网络、服务器网络。按照介质访问协议，可分为以太网、令牌环网、令牌总线网。

二、互联网应用种类

互联网应用种类可以分为基础性服务类、商务应用类、互动娱乐类、互联网媒体和共享经济等五大类。由于本书并不侧重讲解互联网技术和应用，因此本部分从略。

三、税务系统信息安全防护体系

税务系统信息安全已经建立起包括人防、制防、技防和物防四个方面在内的防护体系。每一个税务工作者都应该提升信息安全防护意识，从思想上懂得信息安全防护、保密是一种政治责任，从观念上知道信息安全防护、保密是一种道德规范，从行为方式上养成一种信息安全防护、保密行为习惯，提高信息安全防护素质和能力。此处不再详述。

四、税务系统个人信息安全管理

税务系统个人信息安全管理要遵守“四禁止、三不准、三必须”。

（一）四禁止

（1）禁止用非涉密机处理涉密文件。

（2）禁止移动存储介质未经处理在内、外网之间交叉使用。

（3）禁止在外网上处理和存放内部文件资料。

（4）禁止用插头转换方式切换内外网。

（二）三不准

（1）非工作笔记本电脑不准与内网连接。

（2）交换工作文件不准使用个人 U 盘。

（3）非税务工作人员未经许可不准使用内部网络。

（三）三必须

（1）所有工作用机必须设置开机口令，且口令长度不得少于 8 位。

（2）所有保密设备必须粘贴保密标识。

（3）外网向内网复制数据必须通过刻录光盘单向导入。

第四节 “互联网 + 税务”

一、“互联网 + 税务”行动计划内容

“互联网 + 税务”是把互联网的创新成果与税收工作深度融合，拓展信息化应用领域，推动效率提升和管理变革，是实现税收现代化的必由之路。

充分运用互联网思维，引入云计算技术，发挥大数据优势，推进物联网应用，始终

重视纳税服务，不断激发管理活力，拓展税收服务新领域，打造便捷办税新品牌，建设电子税务新生态，引领税收工作新变革，更广范围、更深程度、更高层次地依托“互联网+”力量，为税收改革发展奠定稳固坚实基础，为税收现代化注入恒久动力，为税收服务国家治理提供强劲支撑。

“互联网+税务”行动计划内容包括5大板块、20项行动。

（一）社会协作

（1）互联网+众包互助。

（2）互联网+创意空间。

（3）互联网+应用广场。

（二）办税服务

（1）互联网+在线受理。

（2）互联网+申报缴税。

（3）互联网+便捷退税。

（4）互联网+自助申领。

（三）发票服务

（1）互联网+移动开票。

（2）互联网+电子发票。

（3）互联网+发票查验。

（4）互联网+发票摇奖。

（四）信息服务

（1）互联网+监督维权。

（2）互联网+信息公开。

（3）互联网+数据共享。

（4）互联网+信息定制。

（五）智能应用

（1）互联网+智能咨询。

（2）互联网+税务学堂。

（3）互联网+移动办公。

（4）互联网+涉税大数据。

（5）互联网+涉税云服务。

二、“互联网+税务”应用场景

“互联网+”背景下的税收治理模式，税收治理模式主要分为治理体系和治理能力建设两大方面：治理体系建设的重点是“互联网+”背景下的税收征管制度建设；治理能力建设的重点主要是对税收征管模式的研究，其核心研究内容是大数据应用和税收风险管理。有关征管应用融合体现在“互联网+”电子税务局平台上。

重点推进“互联网+税务”5大板块、20项行动。

（一）社会协作

1. 互联网+众包互助

以“税务机关主导，纳税人自我管理、志愿互助”的理念，引入“互联网+众包协作”模式，建立交流平台，调动纳税人积极性，鼓励纳税人相互解答涉税问题，将纳税人发展为“大众导税员”。充分发挥第三方公共社交平台作用，利用即时通信工具用户基数大、使用快捷等特点，设立特定用户群，由税务人员进行管理，纳税人相互交流，形成良好的办税咨询互助机制。

2. 互联网+创意空间

通过网站、主流社交工具等途径，建立面向纳税人、税务人、社会公众的创意空间，征集运用互联网改进税收工作的创新项目和创意点子，博采众长，营造开放包容的环境。借势用户创新、大众创新、开放创新的大潮，激发市场主体和社会各界参与“互联网+税务”的热情，降低创新成果转化门槛，形成协作共创的良好生态。

3. 互联网+应用广场

国家税务总局建设纳税人软件应用广场，开辟官方软件发布渠道，供纳税人免费下载使用。建立统一审核和发布制度，兼容并蓄，为各级税务机关和社会力量开发的纳税人软件提供发布途径和展示平台。促进各地区应用软件资源共享，减少重复开发建设，提升互联网税务应用整体水平。

开发便民办税工具箱，统一纳税人办税登录入口，通过网上办税导航工具，为纳税人提供统一、准确、清晰的办税指引。开发和推广报表生成、在线申报、税款计算等办税工具，与税收政策调整同步升级和发布。开发移动离境退税辅助工具，为境外游客办理离境退税提供便捷指引。

（二）办税服务

1. 互联网 + 在线受理

为适应推进“三证合一”“一照一码”登记制度改革的需要，实现纳税人通过互联网对自身基础信息的查询、更新和管理，网上办理临时税务登记和扣缴义务人登记，开放税务登记信息网上查验。为纳税人提供认定、优惠办理等事项的网上申请、资料提交、办理进度查询等服务，实现在线办结，对备案类优惠事项，以多种形式提供简洁便利的网上备案。

在满足安全技术规范和纳税人涉税信息保密的前提下，将涉税查询业务向移动终端应用、第三方平台上延伸。通过及时便捷的涉税查询，让纳税人感受到办税业务有迹可循、有处可查，随时随地掌握办税进度，提高税收工作透明度。

2. 互联网 + 申报缴税

为纳税人提供便捷高效的网上申报纳税平台，实现申报纳税网上办理全覆盖和资料网上采集全覆盖。拓展多种申报方式，实现纳税人多元化申报。在保障安全的前提下，将操作简便、流程简洁的申报功能拓展到移动互联网实现。通过互联网推送方式，在税款征收和稽查执行环节，向未在规定时限内缴纳税款或查补税款的纳税人进行催报催缴。

拓展互联网税款缴纳渠道，支持银行转账、POS 机、网上银行、手机银行、第三方支付等多种税款缴纳方式，保障纳税人支付环境安全。借助银行等金融机构的第三方信息，探索自然人实名认证、在线开户方式，逐步通过互联网实现面向自然人的个人所得税、车船税申报纳税等业务。

3. 互联网 + 便捷退税

适应新业态，以互联网理念改造退税流程，打通外部申请与内部审批流程的衔接，实现退税业务办理电子化、网上一站式办结。优化出口退税和一般退税流程，提供网上申请、单证审核和业务办理进度的跟踪。

4. 互联网 + 自助申领

依托互联网平台，创新发票领购形式，提供发票网上申领服务，实现发票自动验旧，引入现代物流服务配送纸质发票，打造线上与线下相结合的发票服务新体系。

优化纳税人税收证明办理，提供完税证明、中国税收居民身份证明等各类税收证明的网上办理，支持通过互联网平台和自助办税终端开具打印，实现税收证明的在线真伪查验。

（三）发票服务

1. 互联网+移动开票

利用移动互联网高效、便捷的优势，推进随时随地开具发票。以增值税发票系统升级版为基础，深化数字证书与移动技术的融合，实现纳税人利用手机等掌上设备开具增值税发票，开创移动互联网开票新时代，服务大众创业、万众创新。

2. 互联网+电子发票

为适应现代信息社会和税收现代化建设需要，以增值税发票系统升级版为基础，利用数字证书、二维码等技术，制定统一的电子发票数据文件规范，保障电子发票的安全性。吸收社会力量提供电子发票打印、查询等服务，推动电子发票在电子商务及各领域的广泛使用，提高社会信息化应用水平。探索推进发票无纸化试点，降低发票使用和管理成本，逐步实现纸质发票到电子发票的变革。

3. 互联网+发票查验

建立全国统一的发票查验云平台，全面实现全国发票“一站式”云查验服务。提供网页、移动应用、微信、短信等多渠道查验服务，让社会公众和广大纳税人随时、随地、随需查验发票，提升社会公众对发票的认知度和信任度，遏制虚假发票，维护正常的税收秩序和社会经济运行秩序。

4. 互联网+发票摇奖

重构有奖发票，将有奖发票“搬”上互联网，让信息多跑路、群众少跑腿，与社会力量合作，支持传统金融账户和微信钱包、支付宝钱包等新兴互联网金融账户，改变有奖发票手工操作的不便。通过移动终端“扫一扫”等方式，提供发票即时摇奖、即时兑奖，奖金即时转入金融账户的新模式，提升用户的抽奖体验和参与感，调动消费者索要发票的积极性，促进税法遵从。

（四）信息服务

1. 互联网+监督维权

提供纳税信用等级情况互联网查询，定期通过互联网站向社会公布稽查案件公告、黑名单信息、执法程序等，形成有效的监督制约机制。实现纳税人满意度评价线上线下全覆盖，为纳税人提供便捷的评价渠道。充分利用互联网开展调查工作，面向纳税人及社会公众征集对税收工作的需求、意见和建议，以多元化形式提高参与度和有效性。

拓展纳税人投诉维权方式，使纳税人可随时随地举报投诉，对投诉举报事项的处理情况实时跟踪，并对受理结果进行评价，以提高税收工作的透明度。

2. 互联网＋信息公开

推进和完善网上涉税信息公开，为纳税人提供标准统一、途径多样、及时有效的涉税信息公开查询手段，推进政务公开，及时发布税收法规、条约等信息。优化税务门户网站界面体验，通过门户网站以及微博、微信、手机App、短信、QQ、税企邮箱等渠道，为纳税人提供多元化、全方位的税收宣传，力求增强税收宣传的时效性、针对性。建立全国统一的税收法规库，完善信息发布平台和发布机制，实现各渠道税法宣传内容更新及时、口径统一、准确权威。

3. 互联网＋数据共享

加强与有关部门、社会组织、国际组织的合作，扩大可共享数据范围，丰富数据共享内容，让纳税人和税务人充分感受到互联网时代数据资源共享带来的便利。整合税务局纳税人基本信息、申报和发票等数据，满足部门间的信息共享需要，促进政府部门社会信用、宏观经济、税源管理等涉税信息共享。收集各类数据资源，归集整理、比对分析，实现数据的深度增值应用，提高税收治理能力。与金融机构互动，依据纳税人申请，将纳税信用与信贷融资挂钩，实现信用互认，为企业特别是小微企业融资提供信用支持。

推进数据开放，通过互联网渠道逐步向社会开放税务部门非涉密脱敏数据信息和部分业务系统数据查询接口，与各类主体分享税收大数据资源。

4. 互联网＋信息定制

针对不同行业、不同类型的纳税人实施分类差异化推送相关政策法规、办税指南、涉税提醒等信息，提供及时有效的个性化服务。提供涉税信息网上订阅服务，按需向用户提供信息和资讯。基于税收风险管理，向特定纳税人推送预警提示，让纳税人及时了解涉税风险，引导自查自纠。

（五）智能应用

1. 互联网＋智能咨询

通过互联网站、手机App、第三方沟通平台等渠道，实现12366热线与各咨询渠道的互联互通和信息共享。扩大知识库应用范围，将12366知识库系统扩展提升为支撑各咨询渠道的统一后台支持系统，提高涉税咨询服务的准确性和权威性。探索开发智能咨询系统，应用大数据、人工智能等技术，自动回复纳税人的涉税咨询，逐步实现自动咨询服务与人工咨询服务的有机结合，提升纳税咨询服务水平。

2. 互联网＋税务学堂

建设功能完备、渠道多样的网上税务学堂，与实体培训相结合，实现面向纳税人和税务干部的线上、线下培训辅导。提供在线学习、课件下载、数字图书馆、互动问答、课程计划、预约报名、教学评估等各项功能。利用网站、手机、即时通信软件等形式与纳税人互动交流，实现全方位、多层次纳税辅导。

3. 互联网＋移动办公

充分运用移动互联网，在保证信息安全基础上，将税务干部的办公平台由税务专网向移动终端延伸。探索移动办公，以互联网思维驱动税务内部管理、工作流程、工作方式的转变，满足不同人员、不同岗位之间便捷获取信息、及时办理公务的需求，逐步提升行政效能。

利用移动终端，实现主动推送税收收入分析、收入进度，提升组织收入能力；实现税务内部各系统涉税数据、涉税事项和通过互联网收集的涉税情报的整合，跟踪管理重点关注企业，提升征管和税源管理能力；实现税务稽查、督查各类人员实时查询税务内部系统信息，综合利用现场数据和情报数据，完成内部审批程序，现场出具稽查等相关执法文书，提升税收执法监督能力；实现舆情信息的主动推送，提升风险应对能力；实现不受时间、空间限制在线处理公文，推动执行监督、绩效考核、人才培养的痕迹化和数字化管理，进一步提升行政管理能力；实现对信息系统运维监控平台的访问，实时接收日常运维告警，及时处理简单的突发故障，提升信息系统运维能力。

4. 互联网＋涉税大数据

将手工录入等传统渠道采集的数据和通过互联网、物联网等新兴感知技术采集的数据以及第三方共享的信息，有机整合形成税收大数据。运用大数据技术，开发和利用好大数据这一基础性战略资源，支撑纳税服务、税收征管、政策效应分析、税收经济分析等工作，优化纳税服务，提高税收征管水平，拓展税收服务国家治理的新领域。

在互联网上收集、筛选、捕捉涉税数据和公开信息，通过分析挖掘，为纳税人提供更精准的涉税服务，为税源管理、风险管理、涉税稽查、调查取证等工作提供信息支持。通过舆情监控，及时了解纳税人的需求和关注，及时采取应对措施，进一步提高税收工作的针对性和有效性。

5. 互联网＋涉税云服务

在保证系统和信息安全的前提下，充分利用社会云计算资源，采用购买社会服务的方式，与云服务商合作，在面向社会公众的云计算平台上部署用户多、访问量大的互联网应用系统。

通过整合、优化和新建的方式，将传统基础设施体系的改造与云计算平台的建设相结合，搭建标准统一、新老兼顾、稳定可靠的税务系统内部基础设施架构，逐步形成云计算技术支撑下的基础设施管理、建设和维护的新体系，提高基础设施对应用需求的响应周期，降低成本，为“互联网+税务”的各项行动提供高效的基础设施保障。

三、电子税务局的特点和使用方法

电子税务局是税务信息化（电子化）的全新形态。

（一）电子税务局的特点

电子税务局是指利用电子信息技术、特别是互联网技术，构建可以完成传统税务局各项管理与服务职能，并为纳税人电子税务局可提供更加方便、快捷、安全服务的电子化的税务机构。提供面向纳税人的网上服务、面向其他政府部门的网上服务、面向税务部门内部的网上服务。电子税务是电子政务的一部分。

电子税务局的核心特征是对传统税务局的扬弃：一方面，传统税务局的主体业务要向网上转移；另一方面，电子税务局又将不断创造出新的适合于互联网特点的、纳税人多元化需求的个性服务，它将税务工作扁平化，极大地提高了工作效率，适应了经济全球化和网络经济的潮流需要。建设这样一个电子税务局的主要关键点就是构思新技术平台上的新型业务形态，实现以互联网和数据仓库为中心的系统集成。

电子税务局相对于原来的网上办税系统不是数量的叠加，而是量变和质变的统一。与传统税务局和原有网上办税系统相比，它具有以下主要特征：

1. 用户分类管理，服务体验至上

互联网经济的重要特征是从用户的角度出发考虑一切问题。电子税务局应满足针对不同规模、不同行业、不同类型纳税人的特征实施分类管理的内部需求，更应满足不同涉税主体的差异化服务需求。同时，管理服务对象和焦点应从传统的以“户”为中心转向以“人”为中心，从抽象的“纳税户”转向具体的“涉税人”，根据“人”的行为规律实施系统管理，根据“人”的身份、习惯和诉求提供个性化服务。打破从管理者角度去构造功能、流程的思维模式，采用客户关系管理等理念来改造、优化流程。建设过程中广泛吸纳纳税人参与，让电子税务局成为纳税人自己参与打造的平台系统，充分发挥涉税平台建设“共同主体”的作用，提升纳税人满意度和遵从度。

2. 身份认证统一，渠道管理集约

电子税务局应具有一套统一开放的规范和标准体系：统一的身份认证系统，统一的用户权限和安全架构，统一的涉税（费）管理服务内容，网页、客户端、短信、微信等众多渠道统一管理，所有渠道均通过统一身份认证获取权限和识别用户合法性，最终达到纳税人同一用户登录、多种方式接入、渠道自主选择、沟通方便快捷的效果。

3. 业务全面覆盖，流程功能提升

第一，从传统税务局管理与服务职能角度讲，电子税务局不但包含金税三期系统登记、发票、认定、证明及社保等各个业务领域所有内容，还包含纳税人可依申请发起的各个功能事项。第二，从信息管税角度讲，电子税务局管理流程相对传统税务管理流程更优化，网上预约及审批平台可以让纳税人少跑路甚至不跑路。第三，具有信息双向互动特征：一方面税务机关掌握的信息可通过主动推送或定制查询等方式传递给纳税人，另一方面开放部分纳税人自助修改信息的权限。

4. 风险管理导向，权利责任明晰

电子税务局建设与运行必须体现依法治税要求，解决现有纳税人服务系统征纳双方权责不清的问题，进一步还权还责于纳税人。要充分考虑“法、权、责”三要素，依据相关法律法规设计电子文书、表单、流程，以有效的技术及业务手段强化数据法律效力；以风险管理为导向重构岗位职责；通过深化大数据应用，提升对外对内涉税风险防控能力。

5. 业务技术融合，主动动态优化

电子税务局建设，涉及管理理念和思路的创新、管理流程和方法的优化、组织机构和岗位职责的调整、新技术手段在税收领域的应用探索，是一项通过税收管理与信息技术高度融合、深度互动来激发管理效能的工作。

电子税务局的建设应设置专业团队，采用长期、主动、动态优化策略来改变被动受理问题解决问题、纳税人满意度不高的现状。要建成科学的用户行为管理系统，通过广泛渠道主动收集用户体验和诉求，快速分析和响应，持续优化和升级，不断提升用户满意度。

6. 大数据高并发，高效稳定安全

先进税收管理理念认为，税务人员和纳税人“零接触零距离”服务才是最好的纳税服务。要做到这一点，电子税务局必须管理服务更多用户，实现更广管理功能，交互海量涉税信息，提供更人性化服务；成功的电子税务局平台必须是大数据高并发的平台。

（二）电子税务局的使用方法

（1）注册及登录路径。

常用三个登录方式：用户名登录、手机号登录、证件号登录。

（2）直入主界面。

（3）进入办税区。

（4）点击各功能菜单。

四、自然人税收管理系统（ITS）的特点和使用方法

自然人电子税务局税务端（以下简称“税务端”）是国家税务总局运用“数据驱动＋规则驱动”思维，打造的以“一站式、互动式、智能化、便捷性”为目标的电子工作平台，以支撑纳税人端和税务端的全流程业务办理模式。税务端一方面集成了所有个税税改后的业务功能，另一方面提供了税务人员实名登录、税务人员绑定、个性化数据展现、消息订阅、消息提醒等功能。（摘自《自然人电子税务局税务端快速上手指南》）

（一）特点

优化办税流程、简化办税资料、促进信息共享、规范安全高效。

1. 重要意义

基于“互联网＋”和部门间大数据共享的自然人税收管理系统让税务部门拥有了税收大数据这一战略资源，形成的数据产品构成了税收的核心竞争力，对提升站位、增强在政府决策和社会治理中的话语权，具有十分重要的意义。

（1）从税收的政治属性看，自然人税收管理事关国家治理体系和治理能力的现代化。

（2）从税收的法律属性看，完备规范的税法体系和科学严密的征管体系是自然人税收管理的前提和基础。

（3）从税收的社会属性看，建立在多元主体共同治理基础上的社会共治和失信惩戒机制是自然人税收管理的关键。

（4）从税收的经济属性看，自然人税收管理有利于提高直接税收入的比重，进而提高税制整体的公平性。

2. “互联网＋自然人税收管理”的核心工作

一是搭建自然人大数据平台；二是建立自然人电子税务局。

前者旨在实现自然人数据的跨区域、跨部门、跨国境互联互通，通过对数据的整合、清洗和挖掘，盘活碎片化的海量自然人数据信息，勾勒纳税人画像。这一方面可为风险管理提供数据源；另一方面也可深度分析自然人的投资偏好、消费倾向和社会行为轨迹，为税制改革、经济调控和社会管理等提供决策参考。后者旨在充分整合离线和在线、虚拟和实体税务资源，为纳税人提供从“足不出户”到“如影随形”的友好纳税服务体验。在这个技术进步和制度创新突飞猛进的时代，只有热情拥抱“互联网＋”，以

“互联网+”和大数据为技术支撑，才是与时俱进的态度，才有可能真正带来自然人税收管理质的提升。

（二）使用方法

登录自然人税收管理系统。输入密码，登录后系统会提示中极人员所负责的企业的申报状态，然后点击“进入”进行申报。

选择申报的月份，然后再选择申报填写。如果没有申报人员信息的，需要在人员信息采集中录入人员信息。

选择了申报填写之后，在弹出的界面可以看到所要申报的项目及申报的状态。然后选择所要申报的项目，单击进去，选择“增加”即可看到人员基本信息，填写相关信息后即可进行申报。

在所有的信息都录入完成之后，返回申报的主界面，即可以看到所申报人员的信息及录入的信息，也可以对所录入的信息进行检查。如果发现错误，可选中错误信息进行修改，保证所申报的信息是准确无误的。

在申报信息都填写好之后，单击左侧的“申报表报送”，即可看到报表状态是“未申报”。然后选择左上角的“发送申报”，即将报表进行发送。

在发送报表的过程中，会有企业名称和输入密码的提示，按照之前的设置输入即可。然后单击确认按钮。

报表发送之后，想要看报表是否成功发送，可以选择上边的“获取反馈”，查看报表的申报信息。如果有税款，单击左侧的“网上缴款”，就可以进行税款的缴纳了，但网上缴款的前提是已经签订了三方转账协议。

第四编

综合管理专门业务

第十六章　政务管理

第一节　公文处理

这一部分主要了解公文办理。按照考试大纲，在专业知识与技能部分，对初级、中级和高级的要求是一样的。

——收文、发文办理流程，公文归档、管理要求；

——掌握公文处理系统操作；

（如欲详细了解，可参见本书第八章第一节“公文处理”）。

一、公文办理

（一）发文办理流程

复核—编号—校对—印制—用印—登记—封发。

公文签发后，由文秘部门统一编排文号。文号应当连续编排。编号后取消发文的，原文号可重新使用；跨年度取消发文的，原文号不再使用。

封发，密件、急件要在封套上标注秘密等级、紧急程度并进行登记。封口要严，不得用订书钉装订。

涉密公文，应当通过机要交通、邮政机要通信、城市机要文件交换站或收发件机关机要收发人员进行传递；或者通过符合国家保密规定的计算机信息系统进行传输。

（二）收文办理流程

签收—登记—审核—拟办—批办—承办—传阅—催办—答复。

收到绝密级公文后，必须要机要室存放并专人保管。

本机关内设机构收到外单位的来文，应当交由办公室签收。

二、公文归档

公文办理完毕后，依照有关规定，及时将公文定稿、正本和有关材料交本部门文秘人员整理、归档。

个人不得保存应当归档的公文。

联合办理的公文，原件由主办机关整理、归档，其他机关保存复制件或其他形式的公文副本。

税务机关公文归档，应在每年6月30日前将本部门上一年度办理完毕的公文、材料整理后集中向本机关档案管理部门移交。

三、公文管理

县以上税务机关应当建立机要保密室和机要阅文室，并按保密规定配备工作人员和必要的安全保密设施设备。

公文的密级需要变更或解除的，由原定密机关或者其上级机关决定。

复制、汇编机密级、秘密级公文，应当符合有关规定并经本机关负责人批准。

绝密级公文一般不得复制、汇编，确有工作需要的，应当经发文机关或其上级机关批准。

复制、汇编的公文视同原件管理。

复制件应当加盖复制机关戳记；翻印件应当标明翻印的机关名称、日期。

汇编本的密级按照编入公文的最高密级标注。

不具备复制密件条件的单位，应当到保密工作部门审查批准的定点单位复制密件。

携带密件外出，必须经本机关主管领导批准，两人以上同行，指定专人负责，采取绝对可靠的安全措施；禁止携带绝密件参加涉外活动或出境。

销毁涉密公文必须严格按照规定履行审批登记手续，确保不丢失、不漏销。

个人不得私自销毁、留存涉密公文。

公文的撤销和废止，由发文机关、上级机关或者权力机关根据职权范围和有关法律法规决定。公文被撤销的，视为自始无效；公文被废止的，视为自废止之日起失效。

四、电子公文

税务机关制发的电子公文在税务系统内部具有行政效力，可以作为本系统、本机关内部处理公务的依据。

税务系统内部非涉密性公文，发电子公文，其中作为执法依据的，同时发纸质公文；既有纸质公文又有电子公文的，以纸质公文为准。

利用计算机网络系统处理涉密公文，必须按照有关规定，报保密主管部门审批。

电子公文在处理过程中形成的不同电子版本要归入税务档案数据库。属于永久和30

年保密期限的电子公文，应同时将电子公文的最终版本制成纸质公文归档。

省级税务机关主送国家税务总局的报告、意见，报送总局备查备案的税收规范性文件，抄送总局的有关文件，主送或抄送总局内部各部门的文件，除有特别要求以外，一律只报送电子文件。

主送国家税务总局的请示，同时报送电子文件和纸质文件。

涉及国家秘密的文件和不便于电子化传输的文件，只报送纸质文件。

第二节 税收宣传

重点关注：《国家税务总局税收宣传工作管理暂行规定》。

一、税收宣传基础

税收宣传是税务部门通过报刊、图书、广播、电视、网络等新闻媒体和社会公众易于接受的其他方式，使纳税人、税务干部和其他各界人士及时了解党中央、国务院关于税收工作的方针政策、税收法律法规及税收工作情况而开展的各类宣传活动。

税收宣传的原则：

（1）服务大局，把握导向。

（2）贴近实际，务求实效。

（3）归口管理，协调一致。

（4）与时俱进，开拓创新。

二、税收宣传的主要内容

（1）党中央、国务院对税收工作重要指示。大力宣传党中央、国务院关于税收工作的方针、政策、重大决策和部署。

（2）税收法律、法规和政策。广泛宣传各项税收法律、法规和政策，加强对新出台的税收政策的解读和宣传，突出税法和纳税实务等方面知识的宣传。

（3）税收职能作用和基本知识。广泛深入地宣传税收取之于民、用之于民的性质，宣传税收筹集国家财政收入、调控经济和调节分配，推动科学发展，促进社会和谐的重要职能作用，普及税收基本知识。

（4）纳税人的权利和义务。深入宣传法律、法规赋予纳税人的权利和义务，以及纳税人维护权利和履行义务的基本要求。

（5）税收工作及税务队伍建设成效。大力宣传国家税务总局党组关于税收工作的总体要求以及落实情况；深入宣传税务系统在坚持依法治税、完善税收制度、优化纳税服务、规范税收管理、加强队伍建设、推进反腐倡廉等方面取得的成效，增强社会各界和纳税人的理解、重视和支持。

（6）税收工作中的正反典型。广泛宣传依法诚信纳税和依法治税、清正廉洁等方面的先进典型。集中反映全国涉税大案要案的查处、税收专项检查和区域专项整治的成果，曝光涉税违法典型案件。

（7）其他税收内容。包括对国际税收制度、惯例和国外税收管理情况的介绍等。

三、税收宣传纪律

税务人员在工作中不得有下列行为：

（1）向新闻媒体提供有偿新闻、虚假新闻和不实新闻。

（2）通过新闻媒体发表与国家现行税收法律、法规、政策相悖的观点和信息。

（3）向新闻媒体透露尚未公布的税收法律、法规、政策以及规章等内容；擅自对外披露或评论尚未公布的内部重大事项。

（4）未经批准，擅自以税务机关名义外出讲课，或擅自将所在部门的工作成果以个人名义发表；个人以非职务名义撰写业务、理论探讨文章，涉及尚未公布的税收政策调整等重要内容。

（5）向新闻媒体提供、引用与正式对外公布的数据有出入的信息。

（6）利用采编报道谋取不正当利益，接受或向采访报道对象或利害关系人索取财物和其他利益；利用职权拉广告、拉赞助，推销书刊及音像制品。

（7）在税收宣传品中出现违背国家税收法律、法规和政策、损害国家利益、损害税务部门形象，以及国家规定禁止出版、传播的其他内容。

（8）未按照新闻宣传管理报批审核程序，对外提供税务信息。

（9）其他违反宣传管理规定的行为。

四、新闻宣传稿采写

新闻宣传稿的基本落脚点在于宣传，根本目的在于宣传。

如何在新闻基础上体现宣传的基本作用，是写好新闻宣传稿的一个基本前提。

（一）明了税收宣传的主题，宣传活动的整体情况

宣传主题就是新闻宣传稿的价值所在，宣传活动的情况就是新闻宣传稿的骨架。

（1）注重事件本身的报道，突出报道事件的重点；

（2）打破宣传稿件程式化，避免采写千篇一律化；

（3）讲究新闻语言专业性，避免官宣语言政治化。

（二）达到新闻宣传稿件的“四字要求”

1. 真

真，即坚持真实性。新闻真实性的具体要求：

新闻真实性要求构成新闻的基本要素都要确凿无误。也就是说，新闻事实中的时间、地点、人物、事件、因果等都必须真实、准确。

新闻真实性还要求新闻所反映的事实的环境条件、过程、细节和人物的语言甚至动作都必须真实。

新闻作品中引用的各种资料，如数字、史料、背景材料等也必须确切无误。

2. 快

快，即坚持时新性。时新性是时间性与新鲜性的合称。新闻写作不但要讲究时间性，还要给人以新鲜感。新闻姓“新”，时间性是新闻的本质特征之一。

记者采访必须雷厉风行，随时处于待机状态，争取在“第一时间”赶到现场。在写作上则要坚持新鲜性：内容新（角度新、主题新）、形式新（把最重要的信息放在新闻的最前面）、寻找“最近点”。

3. 短

短，即坚持简明性。简明是一切题材的新闻作品的最显著的特征。简练也是最高级的写作技巧，对记者来说，更是语言文字方面的基本功。

简明性包括：一是要求通俗明了，这是新闻写作的主要特征和要求，因此要控制句子长度，避免出现生僻艰深的字句；二是要求简洁精练。

如何写短新闻？

要着重陈述事实，开门见山、直截了当，不说空话。

一事一报，语言鲜活，段落灵活，叙事简洁。

着重现场感，突出宣传价值。

4. 活

活，即坚持灵活性。新闻宣传稿要有灵魂，要写出读者关心的、期待的、符合社会主流价值对税收宣传工作的要求的新闻细节。

新闻宣传面对的是各个层次的读者，高明、精明、专业的读者很多，尤其在公民意识全面觉醒的新时代，要做到不失语、不乱语，不说官话，不说违背新闻良知的话，在立场、姿态和语言方面都要讲究人性化，亲近读者。

（三）讲求新闻采写纪律

最后，新闻宣传稿采写要讲纪律，要坚持审稿把关制度。

五、新闻发布会制度

（一）什么是新闻发布会

新闻发布会是社会组织在发生重大具有积极影响的事情时，向新闻界公布信息，借助新闻提升该组织或者与该组织密切相关东西的形象的会议。

税收新闻发布是运用广播、电视、网站等媒体，向社会各界和广大纳税人发布税收政策、征管制度、税收统计数据、税收工作重大举措以及其他重要新闻的活动。

税收新闻发布工作，保障社会公众的知情权和监督权；坚持实事求是，客观、准确、及时地发布税收新闻；坚持归口管理、统一发布。

新闻发布会通常由新闻发言人主持，即承担发布会活动中的新闻发布、点请记者提问、回答问题等所有环节的工作。

新闻发布会一般有精心的准备、恰当的时机、合适的主题。

新闻发布会是沟通媒体、社会公众和政府部门的桥梁，对协调政府与传媒、政府与公众的关系，维护社会稳定、促进经济发展有着极其重要的作用。

（二）税收新闻发布的组织管理

（1）国家税务总局办公厅负责税收新闻发布的归口管理，组织协调新闻发布工作，局内各单位配合。

（2）国家税务总局实行新闻发言人制度。

国家税务总局新闻发言人由办公厅主任担任，代表国家税务总局对外发布税收新闻。

税收新闻发言人的主要职责包括：协调、指导税收新闻发布筹备、实施工作；审核税收新闻发布建议、新闻发布稿和新闻答问口径；主持税收新闻发布会；代表本级税务机关对外发布税收新闻、声明和有关重要信息。

（3）税收新闻原则上由新闻发言人发布。根据工作需要，国家税务总局领导可以发布重要新闻。经国家税务总局领导批准，受新闻发言人委托，国家税务总局有关司局领导可以发布有关新闻。

（4）各省税务机关设立新闻发言人一般由办公室主任担任，也可以根据需要由局领导担任。

（三）新闻发言人的主要职责

（1）指导、协调税收新闻发布的筹备、实施工作。

（2）审核税收新闻发布建议、新闻发布稿和新闻答问口径。

（3）主持税收新闻发布会。

（4）代表本机关对外发布税收新闻、声明和有关重要信息。

税收突发事件和敏感问题一般由新闻发言人或税收宣传管理部门通过适当的形式对外发布，特殊情况下有关部门受局领导或新闻发言人委托，也可对外发布。

（四）税收新闻发布的主要方式

（1）新闻发布会。

（2）新闻通报会（包括记者招待会等）。

（3）以新闻发言人的名义发布新闻、声明、谈话。

（4）组织新闻记者集体采访或单独采访。

（5）国家税务总局网站。

（6）其他形式或渠道的新闻发布。

（五）税收新闻发布的主要程序

（1）明确发布主题。国家税务总局办公厅根据工作需要拟定税收新闻发布主题，报新闻发言人和总局领导审定。

（2）组织发布材料。新闻发布材料一般包括主旨讲话和背景材料。主旨讲话主要介绍要发布的主题内容，应形成书面材料并在会上散发；背景材料应根据一个时期税收工作的热点和难点问题，做必要的答复准备。上述材料由参加发布的相关司局提供，国家税务总局办公厅负责汇总把关，报总局领导审定。

（3）确定发布形式和人员。以国务院新闻办公室名义召开的新闻发布会，一般由国家税务总局领导或新闻发言人发布；以国家税务总局名义召开的自主发布会，一般由新闻发言人发布，也可邀请总局领导或相关司局负责人发布。除新闻发言人外，其他发布人员由国家税务总局办公厅提出建议后，报总局领导确定。

（4）自主新闻发布会应相对固定场所，对讲台、背景、标识等做规范化的场景布置。

（六）纪律要求

税收新闻发布是政府信息公开和税收宣传工作的重要方式，要充分发挥税收新闻发布和新闻发言人制度的积极作用，服务于社会各界和广大纳税人；要严格执行新闻宣传纪律和国家有关保密规定，不得泄露国家秘密；未经批准，任何部门或个人不得以税务机关名义举办新闻发布活动或对外公开涉税新闻和信息。

（七）规范税收政策解读

（1）明确解读主体。按照“谁起草、谁解读”的原则，做好政策解读工作。税务部门制定的规范性文件，文件牵头起草单位负责做好解读工作。联合发文的，牵头起草单位负责做好解读工作，其他联合发文单位做好配合工作。文件牵头起草单位负责同志是“第一解读人和责任人”，要主动发声，传递权威信息。

（2）规范解读流程。各级税务机关要按照税收政策和解读稿同步起草、同步审批、同步发布的“三同步”要求，将经本单位负责人审定的政策解读方案和解读材料随同文件一并报送；没有解读方案和解读材料的，办公厅（室）作退文处理。

（3）细化解读内容。解读政策时，着重解读文件出台的背景、意义，文件内容的重点、理解的难点、必要的举例说明和落实的措施要求等，使政策内涵透明，避免误解误读。

（4）丰富解读形式。要围绕国家发布的相关税收法律、法规以及国家税务总局发布的税收规章、规范性文件等重大税收政策，通过举行新闻发布会和吹风会、撰写解读文章、组织记者采访、发布新闻稿、开展在线访谈以及电话、传真和电子邮件答复记者问询等形式，进行信息发布和政策解读。对于一些专业性较强的政策，运用数字化、图表、音频、视频等方式，进行形象化、通俗化解读。

六、新媒体运用

（一）新媒体的概念

新媒体是利用数字技术，通过计算机网络、无线通信网、卫星等渠道，以及电脑、手机、数字电视机等终端，向用户提供信息和服务的传播形态。

以数字技术为代表的新媒体，其最大特点是打破了媒介之间的壁垒，消融了媒体介质之间，地域、行政之间，甚至传播者与接收者之间的边界。新媒体还表现出以下几个特征：

1. 传播行为个性化

由于技术的原因，以往所有的媒体几乎都是大众化的。而新媒体却可以做到面向更加细分的受众，可以面向个人，个人可以通过新媒体定制自己需要的新闻。也就是说，每个新媒体受众手中最终接收到的信息内容组合可以是相同的，也可以是完全不同的。

2. 受众选择交互性

从技术层面上讲，在新媒体那里，人人都可以接收信息，人人也都可以充当信息发布者，用户可以一边看电视节目，一边播放音乐，同时还参与对节目的投票，以及对信息进行检索。这就打破了只有新闻机构才能发布新闻的局限，充分满足了信息消费者的细分需求。与传统媒体的“主导受众型”不同，新媒体是“受众主导型”。受众有更多选择，既可以自由阅读，也可以放大信息。

3. 表现形式多样性

新媒体形式多样，各种形式的表现过程比较丰富，可融文字、音频、画面为一体，做到即时地、无限地扩展内容，从而使内容变成“活物”。理论上讲，只要满足计算机条件，一个新媒体即可满足全世界的信息存储需要。除大容量外，新媒体还有“易检索性”的特点，可以随时存储内容，很便捷地查找以前的内容和相关内容。

4. 信息发布即时性

与广播、电视相比，新媒体不受时间限制，随时可以加工发布。新媒体用强大的软件和网页呈现内容，可以轻松地实现24小时在线。

新媒体交互性极强，独特的网络介质使信息传播者与接收者的关系走向平等，受众不再轻易受媒体“摆布”，而是可以通过新媒体的互动，发出更多声音，影响信息传播者。

个体化新闻传播具有全时传播、全域传播、全民传播、全速传播、全媒传播的特性。

（二）新媒体的另一面

新媒体作为思想文化信息的集散地和社会舆论的放大器，其虚拟性、交互性、匿名性、开放性等特性，容易导致社会事件在传播上的矛盾对立。

新媒体在一定程度上削弱了主流价值观的主导作用，反映到社会心理层面，就是人们排斥和怀疑正统思想观念和主流意识形态，表现出反传统、反主流、反权威的价值取向。新媒体以其特有的信息“阻隔”功能和强大的网络语境颠覆性，严峻考验着我国意识形态的控制力。

税务机关的公信力和纳税人的互信度，是税收制度健康运行和税收事业良性发展的重要资本，这种资本需要长期的互动才能累积起来。与传统媒介生态下的舆论监督不同，网络舆论生态因新媒体的存在而使税务机关的“公关管控”存在巨大的风险，突发事件因危及民众切身利益，普遍会带来舆论的负面反馈，进而推动民众与税务机关“不自觉对立”。

（三）新媒体的类型

（1）手机媒体。

（2）网络电视。

（3）博客播客。

（4）微博微信。

（5）电子杂志。

（6）公众号。

（7）移动客户端。

（8）小视频（抖音、微信小视频等）。

（四）新媒体的运用

熟练应用新媒体，应掌握四个原则：

（1）清楚自己的定位。

（2）注重与用户互动，粉丝活跃度比粉丝数量重要。

（3）长期打造一个品牌。

（4）管理好自己的粉丝。

当前，税务机关在运用新媒体中还存着一些短板，如形式创新不够等。新媒体本就是适应时代的一种新形式，利用好这种形式能够起到非常好的效果，如福建省税务局发出品的歌曲《铜盘路 36 号》，之所以能够成为阅读量达“10 万 +”的文章，就在于其形式与内容都有新意，能唤起民众的关注和好感。包括利用短视频、表情包、漫画图、鸡汤文等，都对税收宣传起到重要的作用。

运用好新媒体，要做到心中有正气、脚下接地气、网上有人气。

另外，要重视议题设置。比较成功的案例如“网络名人进军营（我们和英雄在一起）”“我们的长征在路上”等议题都设置得很成功，这些案例能够给我们以很好的启发。

第三节　税收舆情管理

一、什么是涉税舆情

涉税舆情是纳税人情绪、态度、意见的集合。

涉税舆情的“四化”：简单问题复杂化、局部问题全局化、个案问题公众化、一般问题热点化。

涉税舆情直接影响征纳关系，负面的涉税舆情损害税务机关的形象，甚至影响组织收入大局和社会稳定。

二、涉税舆情的监测和研判

省级税务机关应指定专人或委托专业机构对涉税舆情实行24小时监控。

监测范围包括国内知名网站、论坛，重点新闻网站，涉税网站，地市新闻网站和主要商业网站的贴吧、论坛，及时收集涉税舆情信息，强化掌控能力。

重点关注各类税收新闻、网上留言、涉税评论、交互信息以及图像、视频等，对影响力较大的博客、微博、微信、QQ群予以特别关注。

监测的内容主要是：对重要税收经济问题的批评性舆论；税务系统因决策不科学、政策不落实、执法不规范、法纪不严明、为税不清廉、服务不满意以及对税收政策的误读而引发的涉税舆情；税收工作中出现的群体性、突发性事件；等等。

重在苗头监测，及时发现、及早预防、积极应对、正面引导。

认真研判：对舆情各要素，重点掌握时间、地点、人物，研判事件的源头、起因、性质、舆情热度、传播过程、媒体焦点；造成的危害、影响的范围；发展的态势及未来的走势；应对措施建议。

三、税收舆情应对原则

（1）按照属地管理、分级负责、谁主管谁负责的原则，做好涉税舆情的回应工作。

（2）涉及国家税务总局的舆情，国家税务总局是第一回应责任主体。

（3）对于国家税务总局与其他政府部门联合制定政策实施中发生的涉税舆情，由国家税务总局相关司局牵头与相关部委协调处置。

（4）涉及各地税务机关的舆情，涉事税务机关是第一回应责任主体。

（5）对于各地发生的重大涉税舆情，舆情发生地税务机关要依托当地党委、政府和有关部门共同做好应对处置工作。

（6）建立健全涉税舆情监测、推送、分析研判、调查核实、回应反馈、评估等机制，对收集到的涉税舆情加强研判，区别不同情况，进行分类处置。

（7）对建设性意见建议，吸收采纳情况要对外公开。

（8）对群众反映的实际困难、研究解决的情况要及时对外公布。

（9）对群众反映的重大问题，调查处置情况要及时发布。

（10）对公众不了解情况、存在模糊认识的，要主动发布权威信息，解疑释惑，澄清事实。

（11）对错误看法，要及时发布信息进行引导和纠正。

（12）对虚假和不实信息，在及时回应的同时，将涉嫌违法的有关情况和线索移交公安机关、网络监管部门依法依规进行查处。

（13）进一步做好专项回应引导工作，重点围绕“两会”、经济数据发布和经济形势、重大改革举措、重大督查活动、重大突发事件等，做好舆情收集、研判和回应工作。

（14）涉及特别重大和重大突发事件的涉税舆情，要快速反应，最迟要在5个小时内发布权威信息，在24小时内举行新闻发布会，并根据工作进展情况，持续发布权威信息，主要负责人要带头主动发声，表明立场态度，发出权威声音。

（15）针对重大涉税舆情，建立与宣传、网信等部门的快速反应和协调联动机制，及时借助媒体、网站等渠道发布准确权威信息，着力提高回应的及时性、针对性、有效性。充分利用税务特色平台、新兴媒体以及税务网站的互动功能，提升回应信息的到达率。通过购买服务、完善大数据技术支撑等方式，用好专业力量，提高舆情分析处置的信息化水平。

发生重大涉税舆情，要迅速启动应急预案，确保及时发现、准确研判、快速处置。

出现重大涉税舆情，要在第一时间向上级税务机关和当地党委、政府及有关部门报告。

四、正确引导舆情

原则：速报事实、慎报原因、重报态度、续报进展。

建立健全主要领导负总责、分管领导直接负责、办公室牵头组织协调、各部门参与配合的组织领导体系，健全完善税收舆论工作机制，建立配套的信息交换、舆情通报、联席会议等制度，加强舆情应对处置的沟通协调。

对舆情中暴露出来的问题和矛盾，要积极应对，第一时间发布客观、真实的信息，消除负面影响，提高税务机关的公信力。

多部门联合应对，加强对外协调。

落实舆情管理责任。哪里出现负面舆情，就在哪里处置，及时将舆情苗头化解在基层，遏止在萌芽状态。

加强自身建设，从源头上防范和减少负面舆情。进一步完善税收治理体系，提升治理能力，规范执法服务，强化内部管理，加强干部教育，畅通纳税人诉求渠道，聚焦重大决策部署（如税制改革、减税降费、营商环境等），盯紧关键环节，关注敏感问题，及早发现，及早整改，最大限度地防范负面舆情的发生发酵。

第四节 政务信息

一、什么是政务信息

政务信息是政务活动中反映政务工作及其相关事务的情况、情报、数据等各种材料或消息。税务机关政务信息的主要职能如下：

（1）传达重大决策部署：传达中央对税收工作的重大决策部署，重要会议决定事项，重要文件精神，反映国家税务总局的重大工作安排及其贯彻落实情况。

（2）交流税收工作经验：及时反映各级税务机关各方面工作取得的经验、创新工作的思路与方法、举措、工作成效。

（3）反映税收工作问题：反映税收工作中的重要情况，对税收工作中出现的问题、面临的新情况等提出建议性意见或建议，推动解决问题，把握动向，有利于领导了解、决策和指导税收工作的信息。

二、税务信息的分类

税务政务信息可分为动态性信息、经验性信息和问题建议性信息。

三、政务信息管理

税务政务信息的管理可以从采集、筛选、整理、传递、反馈和开发利用等方面进行。

税务信息的采集途径众多，要有针对性、有综合、有分析、有研判预测。

税务信息的筛选贯彻为领导服务、为工作服务、为基层服务的原则，注重真实性、针对性、典型性。

税务信息的整理注重时效性和实用性。

税务信息的传递和反馈实行归口管理，由各级税务机关办公室负责管理，建立信息发布保密审查制度，明确和规范审查程序，加强监督管理，按照“谁公开、谁审查”的原则，执行政府信息公开条例和有关保密规定。

四、政务信息采编，掌握基本技能

（一）信息和消息的区别

（1）刊发载体不同。消息是公开发表用的，信息是内部传播用的。

（2）服务对象不同。消息是服务社会公众，信息是服务内部人员。

（3）服务目的不同。消息是宣传税务形象，信息是沟通促进工作。

（4）反映内容不同。消息内容主要讲成效，信息内容有成绩有问题。

（5）写作要求不同。消息写作讲求可读性，信息写作讲求实用性。

（二）如何写好税务信息

1. 吃透上情，摸清下情

信息是写给领导和领导机关看的，作为信息写作人员就要把领导的需要作为第一信号、第一选择，深刻学习和领会上级部门重要文件和会议精神，熟知上级部门的年度工作安排以及上级部门刊发的各种信息载体和特点等。

2. 尊重客观事实，实事求是

3. 中心突出，有主有次

要求言简意赅，语言文字要规范。

反对面面俱到。不要总担心说得不够全面，以至于把摊子铺得太大，在大问题里套小问题，小问题里还套小问题，十分烦琐。

凡与表现主题无关的话以及不必要的重复和解释应该坚决删除。

4. 直截了当，开门见山

写好税务信息，主要有以下几个窍门：

（1）文件堆里挖信息。

（2）讲话稿中拣信息。

（3）领导口中理信息。

（4）会议之中捕信息。

（5）参与活动得信息。

（6）重大事件抢信息。

（7）深入基层拾信息。

（8）关注新闻抓信息。

（9）情况反馈传信息。

（10）网络之海淘信息。

第五节 会议管理

一、会议的类别与组织

（1）二类会议：指年度全国税务工作会议。原则上每年不超过1次。

（2）三类会议：指由国家税务总局及其内设机构召开的专业性会议，各省级税务局召开的每年一次的年度工作会议。此类会议事前须提交本单位局长办公会或党委会审批。

（3）四类会议：其他业务性会议。此类会议经本单位局长办公会或党委会审批，或经单位分管局领导审批后列入本单位年度会议计划，包括小型研讨会、座谈会、评审会等。

二、局内会议

局内会议可分为以下几种：

（一）局党委会议

局党委会会议日期和会议议题由党委书记或主持工作的党委成员确定；会议议程确定前一般应征询党委成员的意见。

会议议题和日期确定后，应提前1~2天通知党委成员及其有关人员做好准备。

无特殊原因，不得临时动议召开党委会、临时增加会议议题。

党委会的召开应有2/3以上（含）成员到会。

党委会议由党委书记召集并主持，也可由党委书记委托其他党委成员召集并主持。

中央规定的重大决策、重大项目安排、重要干部任免和大额度资金使用等事项，实行主要负责人末位发言制，集体研究，集体决策。

党委会研究讨论的问题和确定的事项要以会议纪要或文件正式公布的为准。

（二）局务会议

局务会议由局领导和局内各单位主要负责人参加，由局长或其委托的其他局领导召集和主持。

国家税务总局局务会议的主要任务是：传达党中央、国务院的重要决定、重要会议精神；通报国内外重大事项；研究部署国家税务总局重要工作；审议国家税务总局拟定的税收法律、法规草案和税收规章等。

（三）局长办公会议

局长办公会议由局领导和局内有关单位负责人参加，由局长或其委托的局领导召集、主持。

国家税务总局局长办公会议的主要任务是，研究贯彻落实党中央、国务院的决定、指示；讨论决定各部门、各地区请示国家税务总局的重要事项；讨论决定税收工作中的重要事项；通报重要情况，研究工作措施；等等。

（四）局领导专题会议

局领导专题会议由局领导及总师根据工作需要召集，有关单位负责人参加。

主要任务是：研究、部署、协调和处理局领导及总师分管的专项工作或专门事项等。

（五）视频会议

专业性会议应尽可能采用视频会议等快捷、节俭的形式召开。

不能够采用电视电话、网络视频召开的会议实行定点管理。各单位会议应当到定点会议场所召开，按照协议价格结算费用。未纳入定点范围，价格低于会议综合定额标准的相关场所可优先作为会议场所。

三、会议管理

（一）会议筹备

各单位召开的会议实行分类管理、分级审批。

会议成功的举办前提是有完整的会议策划。包括会议主题、会议内容、参会对象、会议形式、会议经费、会议名称、会议时间和地点、发言人和发言方式、会议议程和日程安排等。

会议材料是会议目的和内容及会议成果的直接体现，是会议筹备工作中的一项重点工作。

（二）会议控制

各单位召开会议应当坚持厉行节约、反对浪费、规范简朴、务实高效的原则，严格控制会议数量和规模。

二、三、四类会议会期均不得超过 2 天；传达、布置类会议会期不得超过 1 天。

会议报到和离开时间：二、三类会议合计不得超过 2 天，四类会议合计不得超过 1 天。

二类会议参会人员不得超过 300 人，其中，工作人员控制在会议代表人数的 15% 以内；不请省、自治区、直辖市和中央部门主要负责同志、分管负责同志出席。

三类会议参会人员不得超过 150 人，其中，工作人员控制在会议代表人数的 10% 以内。

四类会议参会人员视内容而定，一般不得超过 50 人。

（三）会议精神落实

督促形成会议决议。

准确地进行会议记录，根据需要形成会议纪要。

落实会后跟踪督促制度。

贯彻执行会议要求和决定事项，除非执行会造成重大不良影响或损失的，一般在组织上未改变决定之前，不得停止或擅自改变已决定事项的执行。

四、会议费管理

会议费开支范围包括会议住宿费、伙食费、会议场地租金、交通费、文件印刷费、医药费等。

交通费是指用于会议代表接送站，以及会议统一组织的代表考察、调研等发生的交通支出。

会议费开支实行综合定额控制，各项费用之间可以调剂使用。

二、三、四类会议费原则上在部门预算公用经费中列支。

严禁各单位借会议名义组织会餐或安排宴请；严禁套取会议费设立“小金库”；严禁在会议费中列支公务接待费。

各单位应严格执行会议用房标准，不得安排高档套房；会议用餐严格控制菜品种类、数量和分量，安排自助餐，严禁提供高档菜肴，不安排宴请，不上烟酒；会议会场一律不摆花草，不制作背景板，不提供水果。

不得使用会议费购置电脑、复印机、打印机、传真机等固定资产以及开支与本次会议无关的其他费用；不得组织会议代表旅游和与会议无关的参观；严禁组织高消费娱乐、健身活动；严禁以任何名义发放纪念品；不得额外配发洗漱用品。

第六节　政府信息公开

政府信息是指行政机关在履行职责过程中制作或者获取的、以一定形式记录和保存的信息。政府信息应及时、准确地公开发布。

广义上的政府信息公开主要包括两个方面的内容：一是政务公开，二是信息公开。狭义上的政府信息公开指政务公开。政务公开主要是指行政机关公开其行政事务，强调的是行政机关要公开其执法依据、执法程序和执法结果，属于办事制度层面的公开。

一、基本要求

行政机关政府信息公开的基本要求是“公开为原则，不公开为例外”，坚持以公开为常态，遵循公平、公正、合法、便民的原则。

公民、法人和其他组织有权对行政机关的政府信息公开工作进行监督，并提出批评和建议。

二、主管部门

国务院办公厅是全国政府信息公开工作的主管部门，负责推进、指导、协调、监督全国的政府信息公开工作。

县级以上地方人民政府办公厅（室）是本行政区域的政府信息公开工作主管部门，负责推进、指导、协调、监督本行政区域的政府信息公开工作。

实行垂直领导的部门的办公厅（室）主管本系统的政府信息公开工作。

三、具体职能

政府信息公开工作机构的具体职能是：

（1）办理本行政机关的政府信息公开事宜。

（2）维护和更新本行政机关公开的政府信息。

（3）组织编制本行政机关的政府信息公开指南、政府信息公开目录和政府信息公开工作年度报告。

（4）组织开展对拟公开政府信息的审查。

（5）本行政机关规定的与政府信息公开有关的其他职能。

四、特殊条款

（1）依法确定为国家秘密的政府信息，法律、行政法规禁止公开的政府信息，以及公开后可能危及国家安全、公共安全、经济安全、社会稳定的政府信息，不予公开。

（2）涉及商业秘密、个人隐私等公开会对第三方合法权益造成损害的政府信息，行政机关不得公开。但是，第三方同意公开或者行政机关认为不公开会对公共利益造成重大影响的，予以公开。

（3）行政机关的内部事务信息，包括人事管理、后勤管理、内部工作流程等方面的信息，可以不予公开。

（4）行政机关在履行行政管理职能过程中形成的讨论记录、过程稿、磋商信函、请示报告等过程性信息以及行政执法案卷信息，可以不予公开。法律、法规、规章规定上述信息应当公开的，从其规定。

五、审查机制

行政机关应当建立健全政府信息公开审查机制，明确审查的程序和责任。

行政机关应当依照《中华人民共和国保守国家秘密法》以及其他法律、法规和国家有关规定，对拟公开的政府信息进行审查。

行政机关不能确定政府信息是否可以公开的，应当依照法律、法规和国家有关规定报有关主管部门或者保密行政管理部门确定。

行政机关应当建立健全政府信息管理动态调整机制，对本行政机关不予公开的政府信息进行定期评估审查，对因情势变化可以公开的政府信息应当公开。

六、公开方式

行政机关公开政府信息，采取主动公开和依申请公开的方式。

对涉及公众利益调整、需要公众广泛知晓或者需要公众参与决策的政府信息，行政机关应当主动公开。

行政机关主动公开本行政机关的下列政府信息：

（1）行政法规、规章和规范性文件。

（2）机关职能、机构设置、办公地址、办公时间、联系方式、负责人姓名。

（3）国民经济和社会发展规划、专项规划、区域规划及相关政策。

（4）国民经济和社会发展统计信息。

（5）办理行政许可和其他对外管理服务事项的依据、条件、程序以及办理结果。

（6）实施行政处罚、行政强制的依据、条件、程序以及本行政机关认为具有一定社会影响的行政处罚决定。

（7）财政预算、决算信息。

（8）行政事业性收费项目及其依据、标准。

（9）政府集中采购项目的目录、标准及实施情况。

（10）重大建设项目的批准和实施情况。

（11）扶贫、教育、医疗、社会保障、促进就业等方面的政策、措施及其实施情况。

（12）突发公共事件的应急预案、预警信息及应对情况。

（13）环境保护、公共卫生、安全生产、食品药品、产品质量的监督检查情况。

（14）公务员招考的职位、名额、报考条件等事项以及录用结果。

（15）法律、法规、规章和国家有关规定应当主动公开的其他政府信息。

设区的市级、县级人民政府及其部门还应当根据本地方的具体情况，主动公开涉及市政建设、公共服务、公益事业、土地征收、房屋征收、治安管理、社会救助等方面的政府信息；乡（镇）人民政府还应当根据本地方的具体情况，主动公开贯彻落实农业农村政策、农田水利工程建设运营、农村土地承包经营权流转、宅基地使用情况审核、土地征收、房屋征收、筹资筹劳、社会救助等方面的政府信息。

七、发布机制

（1）行政机关应当建立健全政府信息发布机制，将主动公开的政府信息通过政府公报、政府网站或者其他互联网政务媒体、新闻发布会以及报刊、广播、电视等途径予以公开。

（2）各级人民政府应当加强依托政府门户网站公开政府信息的工作，利用统一的政府信息公开平台集中发布主动公开的政府信息。政府信息公开平台应当具备信息检索、查阅、下载等功能。

（3）各级人民政府应当在国家档案馆、公共图书馆、政务服务场所设置政府信息查阅场所，并配备相应的设施、设备，为公民、法人和其他组织获取政府信息提供便利。

（4）行政机关可以根据需要设立公共查阅室、资料索取点、信息公告栏、电子信息屏等场所、设施，公开政府信息。行政机关应当及时向国家档案馆、公共图书馆提供主动公开的政府信息。

八、公开时限

属于主动公开范围的政府信息，应当自该政府信息形成或者变更之日起 20 个工作日内及时公开。法律、法规对政府信息公开的期限另有规定的，从其规定。

九、依申请公开

除行政机关主动公开的政府信息外，公民、法人或者其他组织可以向地方各级人民政府、对外以自己名义履行行政管理职能的县级以上人民政府部门（含《中华人民共和国政府信息公开条例》第十条第二款规定的派出机构、内设机构）申请获取相关政府信息。

行政机关应当建立完善政府信息公开申请渠道，为申请人依法申请获取政府信息提供便利。

公民、法人或者其他组织申请获取政府信息的，应当向行政机关的政府信息公开工作机构提出，并采用包括信件、数据电文在内的书面形式；采用书面形式确有困难的，申请人可以口头提出，由受理该申请的政府信息公开工作机构代为填写政府信息公开申请。

（一）政府信息公开申请应当包括的内容

（1）申请人的姓名或者名称、身份证明、联系方式。

（2）申请公开的政府信息的名称、文号或者便于行政机关查询的其他特征性描述。

（3）申请公开的政府信息的形式要求，包括获取信息的方式、途径。

政府信息公开申请内容不明确的，行政机关应当给予指导和释明，并自收到申请之日起 7 个工作日内一次性告知申请人作出补正，说明需要补正的事项和合理的补正期限。答复期限自行政机关收到补正的申请之日起计算。申请人无正当理由逾期不补正的，视为放弃申请，行政机关不再处理该政府信息公开申请。

（二）依申请公开的时限要求

（1）申请人当面提交政府信息公开申请的，以提交之日为收到申请之日。

（2）申请人以邮寄方式提交政府信息公开申请的，以行政机关签收之日为收到申请之日；以平常信函等无须签收的邮寄方式提交政府信息公开申请的，政府信息公开工作机构应当于收到申请的当日与申请人确认，确认之日为收到申请之日。

（3）申请人通过互联网渠道或者政府信息公开工作机构的传真提交政府信息公开申请的，以双方确认之日为收到申请之日。

（4）依申请公开的政府信息公开会损害第三方合法权益的，行政机关应当书面征求第三方的意见。第三方应当自收到征求意见书之日起 15 个工作日内提出意见。第三方逾期未提出意见的，由行政机关依照《中华人民共和国政府信息公开条例》的规定决定是否公开。第三方不同意公开且有合理理由的，行政机关不予公开。行政机关认为不公开可能对公共利益造成重大影响的，可以决定予以公开，并将决定公开的政府信息内容和理由书面告知第三方。

（5）行政机关收到政府信息公开申请，能够当场答复的，应当当场予以答复。

（6）行政机关不能当场答复的，应当自收到申请之日起 20 个工作日内予以答复；

需要延长答复期限的，应当经政府信息公开工作机构负责人同意并告知申请人，延长的期限最长不得超过20个工作日。

（7）行政机关征求第三方和其他机关意见所需时间不计算在前款规定的期限内。

（8）申请公开的政府信息由两个以上行政机关共同制作的，牵头制作的行政机关收到政府信息公开申请后可以征求相关行政机关的意见，被征求意见机关应当自收到征求意见书之日起15个工作日内提出意见，逾期未提出意见的视为同意公开。

（9）申请人申请公开政府信息的数量、频次明显超过合理范围，行政机关可以要求申请人说明理由。行政机关认为申请理由不合理的，告知申请人不予处理；行政机关认为申请理由合理，但是无法在《中华人民共和国政府信息公开条例》第三十三条规定的期限内答复申请人的，可以确定延迟答复的合理期限并告知申请人。

（三）行政机关答复政府信息公开申请的方式

（1）所申请公开信息已经主动公开的，告知申请人获取该政府信息的方式、途径。

（2）所申请公开信息可以公开的，向申请人提供该政府信息，或者告知申请人获取该政府信息的方式、途径和时间。

（3）行政机关依据《中华人民共和国政府信息公开条例》的规定决定不予公开的，告知申请人不予公开并说明理由。

（4）经检索没有所申请公开信息的，告知申请人该政府信息不存在。

（5）所申请公开信息不属于本行政机关负责公开的，告知申请人并说明理由；能够确定负责公开该政府信息的行政机关的，告知申请人该行政机关的名称、联系方式。

（6）行政机关已就申请人提出的政府信息公开申请作出答复、申请人重复申请公开相同政府信息的，告知申请人不予重复处理。

（7）所申请公开信息属于工商、不动产登记资料等信息，有关法律、行政法规对信息的获取有特别规定的，告知申请人依照有关法律、行政法规的规定办理。

（8）申请公开的信息中含有不应当公开或者不属于政府信息的内容，但是能够作区分处理的，行政机关应当向申请人提供可以公开的政府信息内容，并对不予公开的内容说明理由。

（9）行政机关向申请人提供的信息，应当是已制作或者获取的政府信息。除依照《中华人民共和国政府信息公开条例》第三十七条的规定能够作区分处理的外，需要行政机关对现有政府信息进行加工、分析的，行政机关可以不予提供。

（10）申请人以政府信息公开申请的形式进行信访、投诉、举报等活动，行政机关应当告知申请人不作为政府信息公开申请处理并可以告知通过相应渠道提出。

（11）申请人提出的申请内容为要求行政机关提供政府公报、报刊、书籍等公开出版物的，行政机关可以告知获取的途径。

（12）行政机关依申请公开政府信息，应当根据申请人的要求及行政机关保存政府信息的实际情况，确定提供政府信息的具体形式；按照申请人要求的形式提供政府信息，可能危及政府信息载体安全或者公开成本过高的，可以通过电子数据以及其他适当形式提供，或者安排申请人查阅、抄录相关政府信息。

（13）公民、法人或者其他组织有证据证明行政机关提供的与其自身相关的政府信息记录不准确的，可以要求行政机关更正。有权更正的行政机关审核属实的，应当予以更正并告知申请人；不属于本行政机关职能范围的，行政机关可以转送有权更正的行政机关处理并告知申请人，或者告知申请人向有权更正的行政机关提出。

十、行政执法公示制度

坚持依法规范、坚持执法为民、坚持务实高效、坚持改革创新、坚持统筹协调。

行政执法公示是保障行政相对人和社会公众知情权、参与权、表达权、监督权的重要措施。行政执法机关要按照“谁执法、谁公示”的原则，明确公示内容的采集、传递、审核、发布职责，规范信息公示内容的标准、格式。

行政执法公示制度是国务院在各类行政执法行为中全面推行的“三项制度”之一。

要强化事前公开、规范事中公示、加强事后公开。

“五公开”：决策、执行、管理、服务、结果全过程公开，统称“五公开”。

国家税务总局加大税务行政权力公开力度，具体包括：

（1）推进权力责任清单公开。

（2）推进税务行政许可公开。

（3）推进税务决策信息公开。

第七节　保密工作

一、秘密等级

秘密等级通常可分为绝密、机密、秘密 3 个等级。

国家秘密的保密期限：绝密级不超过 30 年，机密级不超过 20 年，秘密级不超过 10

年（另有规定的除外）。

二、定密管理

（1）省以上税务机关及其授权的机关、单位可以确定绝密级、机密级和秘密级国家秘密。

（2）设区的市、自治州一级税务机关及其授权的机关、单位可以确定机密级和秘密级国家秘密。

（3）省级税务局不得对市、县税务局进行定密授权。

三、保密工作职责

（1）税务机关主要领导是本机关保密工作第一责任人。

（2）分管保密工作的领导对保密管理工作负直接领导责任。

（3）各级税务机关建立保密委员会，领导本机关保密工作。下设办公室。保密委员会实行例会制度，定期研究保密工作，并有专门的会议记录。

四、国家秘密载体管理

（1）国家秘密载体是指以文字、数据、符号、图形、图像、声音等方式配载的国家秘密信息各类物品。

（2）收发秘密载体应当履行清点、登记、编号、签收等手续。各种形式的秘密载体，必须履行机要登记后方可使用。

（3）传递秘密载体应当通过机要交通或机要通信部门。

（4）制作秘密载体应当标明密级和保密期限，注明发放范围、制作数量、编排顺序号，应在税务机关保密室或国家保密行政管理部门审查批准的定点单位进行，制作场所必须符合保密要求。

（5）收到秘密载体后，应当按照制发单位的要求，确定知悉人员范围。任何部门和个人不得擅自扩大国家秘密的知悉范围。

（6）秘密载体原则上不允许复制。确因工作需要复制，应履行审批手续，经主要领导批准。复制后，机要室应对复制份数、复制件密级标识等进行核对，并逐份登记，加盖复制单位戳记，标明复制部门、编号和时间。秘密载体复制件要视同原件管理。

（7）秘密载体应当存放在密码文件柜中，由专人管理。禁止携带秘密载体参加涉外活动或出境。

（8）工作人员调离单位，或因退休、辞职等原因离开岗位，应对个人所保存的秘密载体进行登记，并定期清查、核对。秘密载体的归档按照国家有关档案管理规定进行。

（9）秘密载体销毁要履行清点、登记、监销、批准手续，经主管领导审核批准后，送交专门的秘密载体销毁机构销毁。

（10）涉密信息设备应在醒目位置标明密级、编号、责任人。

（11）涉密会议不得使用无线话筒、移动电话、对讲机等无线设备或装置，不得使用不具备保密条件的电视电话会议系统。

五、涉密人员管理

（1）涉密人员实行分级管理。核心涉密人员是产生、经管或经常接触、知悉绝密级国家秘密事项的人员。

（2）重要涉密人员是产生、经管或经常接触、知悉机密级国家秘密事项的人员。

（3）一般涉密人员是产生、经管或经常接触、知悉秘密级国家秘密事项的人员。

（4）涉密人员调离涉密岗位，实行脱密期管理。

（5）重点掌握涉密人员脱密期限：一般涉密人员脱密期限为 1 年；重点涉密人员脱密期限为 2 年；核心涉密人员脱密期限为 3 年。

六、税务机关工作秘密范围

（1）机关内部工作需要且不宜公开的各类会议纪要、专报、通报、领导讲话、文件材料、电话簿记、外事活动安排、研究课题等。

（2）机构、人事管理有关事项和文件资料。

（3）纪检监察工作的重要部署、违纪案件案情和审理材料、案件的统计数据等。

（4）信访举报材料、立案查处情况及相关统计数据。

（5）年度财务预决算及相关数据。

（6）审计、巡视监督情况及工作报告。

（7）税收收入计划、减免税、欠税数据。

（8）税收数据处理分析报告。

（9）各类检查、稽查案件的相关情况。

（10）反避税相互磋商、案件调查有关情况。

（11）涉及纳税人、扣缴义务人经济情况、商业秘密和个人权益、个人隐私的信息、相关数据。

（12）政府采购规定的相关采购内容及信息。

（13）政府采购预算特别是单一来源采购项目预算。

（14）国家秘密范围外的各类安全防护方案和措施。

（15）其他应列入工作秘密的事项。

尚未公布的税收重大政策属于绝密级。

七、管理要求

（1）各级税务机关要把日常管理情况作为保密监督检查的重点，完善自查与地方保密行政管理部门及上级税务机关检查相结合、综合检查与专项检查相结合的检查机制。

（2）对国家秘密的管理，原则上以上级税务机关管理为主，同时接受地方保密行政管理部门的指导。

（3）对税务工作秘密的管理，以上级税务机关管理为主，地方保密行政管理部门管理为辅。

（4）实施分级分类管理。按照下管一级、各负其责的要求，抓好本机关、本系统的保密管理。

（5）强化保密关键环节和重点事项管理。按照“保核心、保要害、保关键”的原则，着力加强重点部位、重点环节和秘密载体的管理。

（6）加强保密要害部位管理。按照最小化的原则明确保密要害部位，完善配套管理措施，重点加强技术防范，确保万无一失。

（7）凡属于工作秘密范围的事项，应在公文处理系统中标明不予公开或在相关文件、资料右上角位置作出明确标识。工作秘密可标注的标识为：“内部”“内部文件”“内部使用”“内部资料，不得外传”等。不得使用国家秘密标识，即“★”。

八、税务涉密管理禁止性规定

（1）将涉密计算机、涉密存储设备接入互联网及其他公共信息网络。

（2）在未采取防护措施的情况下，在涉密信息系统与互联网及其他公共信息网络之间进行信息交换。

（3）使用非涉密计算机、非涉密存储设备存储、处理国家秘密信息。

（4）擅自卸载、修改涉密信息系统的安全技术程序、管理程序。

（5）将未经安全技术处理的退出使用的涉密计算机、涉密存储设备赠送、出售、丢弃或者改作其他用途。

（6）使用低密级信息设备存储、处理高密级信息。

（7）在涉密计算机与非涉密计算机之间交叉使用存储介质。

（8）在涉密计算机与非涉密计算机之间共用打印机、扫描仪等信息设备。

（9）在涉密场所连接互联网的计算机上配备或安装麦克风或摄像头等音视频输入设备。

（10）使用具有无线互联功能或配备无线键盘、无线鼠标等无线装置的信息设备处理国家秘密。

（11）将涉密信息设备通过普通邮政或其他无保密措施的渠道邮寄、托运。

九、涉密事件管理

（1）涉密事件是指违反保密法律法规，使国家秘密被不应当知悉者知悉，或超出了限定的接触范围，而不能证明未被不应知悉者知悉的事件。

（2）对属于国家秘密的密品、密件，自发现下落不明之日起，绝密级 10 日内，机密、秘密级 60 日内查无下落的，按泄密事件处理。

（3）税务工作人员发现国家秘密已经泄露或者可能泄露时，应当立即采取补救措施，并及时报告上级税务机关或同级保密行政管理部门，填写泄露国家秘密事件报告表。

（4）税务机关发生泄密事件，应当在发现后 24 小时内书面上报上级税务机关和同级保密行政管理部门。泄密事件后 3 个月内结案，并书面向上级税务机关和同级保密行政管理部门报告泄密事件查处结果，填写查处结案报告表。

（5）税务机关工作人员违反规定，发生泄密事件的，依据严重程度分别对直接负责的主管人员和其他直接责任人员给予党纪政纪处分；行为情节严重，构成犯罪的，由司法机关依法追究刑事责任。

第八节　信访工作

信访，是指公民、法人或其他组织采用书信、电子邮件、传真、电话、走访等形式，向各级人民政府、县级以上人民政府工作部门反映情况，提出建议、意见或投诉请求，依法由有关行政机关处理的活动。

一、责任人

（1）各级税务机关的主要领导是信访第一责任人，对本辖区的信访工作负总责。

（2）分管信访工作的领导负责组织协调，做好各项具体工作的落实。

（3）其他领导成员按照分工对落实分管方面的信访工作负直接责任。

二、工作职责

各级税务机关的办公室是组织管理信访工作的职能部门。

其主要职责是：综合管理和协调群众给本机关和机关领导来信、到本机关来访的处理，负责来信来访的初步办理和接待；转送、交办、督查信访事项；统计、分析来信来访情况，供领导科学决策参考；承办其他信访工作。

信访工作实行属地管理。

三、信访事项处理程序

（1）充分尊重和保护人民群众的信访权利，不断畅通信访渠道，完善信访诉求表达方式，引导群众更多地以书信、传真、电子邮件等书面形式表态诉求，确保民情、民意、民智顺畅上达；引导群众理性、合法地表态利益诉求，解决利益矛盾，依法规范信访行为，维护信访秩序。

（2）设立统一规范的群众来访接待场所，为群众反映问题提供方便，落实具体措施。

——严格执行机关出入管理制度，接待来访人员必须在指定的地点或场所进行，以保证正常办公秩序。

——省级税务机关应在接待场所安装录音、录像监控设备，对接谈过程录音、录像。

——注意保管录音、录像资料，按照规定及时存档。

——根据实际情况，装备必要的安全防护设备。

（3）建立领导接待群众来访工作台账，详细记录接访情况。信访工作机构要提前向接访领导提供信访人基本情况、信访诉求、主办部门的拟处理意见及法律政策依据等。信访事项主办部门负责人做好陪同接访工作。主办部门应在领导接访过程中做好文字记录，注重相关证据的收集、保存。

（4）应及时、准确、全面、有效地向上级税务机关和地方党委、政府报送信访信息。对可能引发大规模集体上访和群体性事件的苗头性、倾向性问题，必须按规定及时报告并提前做好工作，不得迟报、漏报和瞒报。

发生重大群体上访事件和突发事件、网络串联上访、缠访闹访等，有关税务机关应立即向上级税务机关和地方党委、政府报告有关情况，并及时协调当地有关部门，落实稳控措施，劝返上访人员，化解矛盾隐患。

（5）信访工作机构收到信访事项，应进行登记，并区分情况，在15日内加以处理。

（6）信访事项实行“谁首办、谁负责”的首办责任制。信访事项受理后，办理机关和主办部门为首办责任主体，应明确责任、限时办理，确保办理质量，将来信来访解决在首次办理环节。

办理机关和主办部门应认真分析研究，通过初信初访反映的信息，对具有倾向性和普遍性的问题，及时向领导报告并提出解决建议，防止问题扩大化，防止引发重复访、越级访。

对同一信访事项的重复信访，由首次办理的机关和部门负责处理。

（7）信访事项应当自受理之日起60日内办结；情况复杂的，经机关领导批准，可以适当延长办理期限，但延长期限不得超过30日，并告知信访人延期理由。法律、行政法规另有规定的，从其规定。

（8）信访人对税务机关作出的信访事项处理意见不服，在规定期限内请求原办理机关的上一级税务机关复查的，原办理机关的信访工作机构应将信访事项以及做出的处理意见的证据材料，报送复查机关的信访工作机构。复查机关信访工作机构对复查请求和相关材料登记后，转送有权处理的工作部门复查。

复查部门调查核实后，起草书面复查意见，经政策法规部门审核，分管领导审批，由信访工作机构报机关主要领导签字，加盖信访专用章后，在收到复查请求之日起30日内答复信访人。

重大信访事项的复查意见，应经本机关联席会议议定。

信访事项的复查意见在答复信访人的同时，抄送原办理机关。

（9）信访人对复查意见不服，在规定期限内向复查机关的上一级税务机关请求复核的，复查机关的信访工作机构应将信访事项以及做出处理、复查意见的证据材料报送复核机关的信访工作机构。复核机关的信访工作机构对复核请求和相关材料登记后，转送有权处理的工作部门复核。

在收到复核请求之日起30日内答复信访人，同时抄送原办理机关和原复查机关。

复核机关是信访事项终结工作的责任主体，对终结结果终身负责。

信访人对复核意见不服，仍然以同一事实和理由提出投诉请求的，各级税务机关不再受理。

省税务机关进行处理、复查、复核的，应当在答复信访人的同时，将处理、复查、复核情况报国家税务总局备案。

（10）对新闻媒体和网络关注的涉税信访情况，应及时向上级税务机关和地方党委、政府报告有关情况，积极和有关管理部门、媒体沟通协调；坚持信息公开透明的原则，密切关注、妥善应对、正确引导社会舆论，由信访事项主办部门牵头起草情况说明，经本机关联席会议讨论同意，由办公室组织向社会发布，确保正面权威信息的主导权。

任何单位和个人未经批准不得擅自向媒体发布消息。

（11）信访督查坚持“谁交办、谁督办”和“分级管理、分工协作”的原则。

督办可以采取督查调研、跟踪检查、实地督查、召开联席会议等形式进行。

（12）5 人以下集体访，一般由信访工作机构与有关工作部门共同接洽处理。

5 人以上集体访，及时向本机关领导报告，按照信访工作应急处理制度，统一指挥，妥善处置。

根据来访具体的情形，由来访人员所在地的税务机关主要领导带队，及时到上级税务机关进行劝返。

第九节　督查督办

督查督办是确保政令畅通，上级和本级机关作出的重大决策、工作部署以及各项工作顺利实施的重要措施，是落实党和政府重大决策部署的重要保障。

一、管理部门

各级税务机关的办公厅（室）是督查督办的管理部门，主管本机关的督查督办，负责指导下级机关督查督办工作的开展。

督查督办实行分级负责制、岗位责任制、查办时限制。

二、主要内容

（1）党中央、国务院、上级党委、政府和上级税务机关作出的重大决策和工作部署以及上级文件、会议决定中需要报告、贯彻落实情况的事项；上级领导重要批示的贯彻落实情况。

（2）本级税务机关年度工作会议、党委会议、局务会议、局长办公会议、重要专题会议作出的重要工作部署、决定和议定事项的贯彻落实情况；本级领导重要指示和交办事项的落实情况；年度重要工作目标和阶段重要工作的贯彻落实情况；局领导调研时基层税务机关反映问题的办理情况。

(3) 各级人大代表议案、建议和政协委员提案的办理情况；重要信访案件和群众反映的热点难点问题的办理情况；新闻媒体以及税务系统内部反映税收有关问题的办理情况；有关部门来电来函征求意见、会签文件的办理情况；下级税务机关请求答复的办理情况等。

三、工作流程

督查督办的程序：凡列入督查督办的事项，应按督查立项、分办、承办、督办、反馈、审核、归档的程序进行。

重要事项，重点督办；紧急事项，跟踪督办；一般事项，定期督办。

四、工作方法

(一) 实地督查

先要拟定督查方案，确定督查事项、依据、标准、方式、对象和时间安排。

组建督查组，确定督查组组长、联络员。

开展培训，讲解督查业务政策、督查重点、方式方法、注意事项等。

下发督查通知。一般应提前 3 个工作日向被督查单位下发督查通知，告知督查事项，工作安排，督查组成员及有关要求。

发布督查公告。按照督查工作要求，被督查单位应在办公楼、内网外网、办税服务厅等显著位置发布督查组公告，将督查事项、督查对象和督查时间、联系方式等公之于众。

实地督查督办，一般要由 2 位以上督查组成员参加，同时，做好记录，填写督查工作底稿。

(1) 听取被督查单位关于督查事项的工作汇报。

(2) 召开税务干部和纳税人座谈会，围绕督查事项听取意见建议。

(3) 查阅相关文件、会议纪要、税收执法卷宗和文书等资料。

(4) 查询税收信息系统有关数据、文档。

(5) 选择部分市县税务机关，深入了解基层工作落实情况。

(6) 走访纳税人，征求意见建议。

(7) 对纳税人反映的相关问题进行调查核实。

督查工作中发现被督查单位存在问题的，必要时可以约谈相关人员，进一步了解情况。

督查组与被督查单位交换意见，对总体情况作出评价，指出存在问题，提出对策建议，推动有关问题的解决。

督查组组织起草，形成内容翔实、观点鲜明、建议明确的督查分析报告，督查督办部门根据督查组报告汇总形成总报告。

针对督查发现的问题，督查督办部门向被督查单位分别制发整改通知，明确需要整改的问题、时限与要求。对普遍出现的共性问题，通知各级税务机关进行自查整改。

被督查单位按照整改通知要求，制定整改方案，建立整改台账，坚持对账销号，将整改到位，并将整改报告以正式公文报督查督办部门。

督查督办部门审核汇总被督查单位的整改方案、整改报告，跟踪整改情况，督促整改到位，将整改结果及时汇总报局领导。

（二）案卷督查

对于部分事项，可以采取文件、电话等方式开展案头督查。

立项通知，经领导批准后下发督查通知，布置督查任务。

跟踪督办，督促被督查单位落实整改到位。

情况反馈，被督查单位按要求整改到位，将整改报告以正式公文报督查督办部门。

总结报告，对整改落实情况进行审核分析，报局领导审视。

（三）暗访督查

暗访督查是指通过不打招呼、不公开身份的形式，到实地调查了解情况。可以通过拍照、录音、录像等方式留存记录，填写督查工作底稿；必要时暗访人员可以公开身份，进一步核实有关问题。

（四）交叉督查

上级税务机关可以适时组织下级税务机关开展交叉督查。承担督查任务的税务机关按照督查方案，组建督查组对被督查单位实施督查，提交督查报告。

（五）二次督查

为确保督查发现的问题整改落实到位，可对部分单位组织开展“二次督查”。

主要内容：整改通知中指出问题的整改落实情况；整改落实长效机制的建设情况；尚未整改落实的问题及原因；需要了解的其他情况。

可以邀请第三方机构，对有关政策措施的落实情况开展评估，或通过互联网对落实效果进行评价，可以邀请新闻媒体报道督查工作开展情况，对落实情况好的单位进行宣传，对落实不力的典型情况予以曝光。

五、时限要求

上级交办事项，有关部门征求意见或会签的文件，以局领导审定或局正式发文的时间为准。

局党委会、局务会、局长办公会、重要专题会议议定事项和局领导交办事项，以向局领导正式签报的时间为准。

下级税务机关请求需要书面答复的，以向来文单位答复的时间为准。

不需要书面答复的，以在督办通知单上注明的电话沟通、说明情况的时间为准。

其他事项，以向申请方作出答复的时间为准。

对上级领导同志批示及上级单位文件涉及事项的办理有时限要求的，承办单位一般应在时限要求内提前 2 个工作日完成。特急件应在 3 个工作日内完成；急件应在 5 个工作日内完成。

同级有关部门主办，向本单位征求意见或会签的公文，有明确时限的，承办单位应在时限要求内提前 2 个工作日完成；没有时限要求的，承办单位应在 5 个工作日内完成；特急件应在 3 个工作日内完成。

本级局领导批示及交办事项，有明确时限的，承办单位应在时限要求内提前 2 个工作日完成；没有时限要求的，承办单位应在 5 个工作日内提出初步意见；需要调研后办理的事项，承办单位一般应在 1 个月内完成。

对各级人大代表议案和政协委员提案需要答复的事项，按来文时限要求给予答复。

下级税务机关报送的需要回复的请示件，承办单位应在 10 个工作日内予以批复。

信访部门在接到重要信访件后，2 日内提出初步处理意见，送办公室督查部门立项分办。

国家税务总局领导的批示一般应在 15 个工作日内完成。

国家税务总局领导批示“速办”等要求较急的工作，应在 5 个工作日内完成。

第十节 应急管理

一、应对工作原则

以人为本，减少危害；属地为主，分级负责；依法规范，统一指挥；注重预防，科学处置。

（1）以人为本，减少危害：首要任务是保障人员的生命健康安全，维护国家利益和税务系统财产安全，最大限度减少危害。

（2）属地为主，分组负责：以事发地税务机关和当地政府管理为主，按行政管理层级和突发事件的范围、性质和危害程度分组防控、处置和恢复重建。

（3）依法规范，统一指挥：依《中华人民共和国突发事件应对法》等相关法律法规，坚持统一领导和指挥。

（4）注重预防，科学处置：坚持预防与应急相结合、常态与非常态相结合；健全预警、响应和处置快速反应机制。

二、突发事件应对和处置

（1）突发事件按危害程度分为Ⅰ级、Ⅱ级、Ⅲ级、Ⅳ级，预警等级分别用红色、橙色、黄色和蓝色标示。

（2）突发事件发生后，紧密依靠当地政府和有关部门采取措施控制事态发展，保护现场涉密资料、重要物资安全，收集并保存相关证据，组织开展应急救援工作，及时向上级税务机关报告。

——Ⅰ、Ⅱ级突发事件发生后，立即报告上一级税务机关，最迟不超过1小时。

——Ⅲ、Ⅳ级突发事件因事件本身比较敏感、发生在敏感地区、敏感时间，或可能发展为2级以上，不受分级标准限制，直接向上级机关报告信息。

（3）当地省级政府规定的Ⅲ级以上突发事件，或出现税务人员非正常死亡的事件，应及时逐级报告国家税务总局。

（4）突发事件处置结束后10个工作日报送总结报告。

三、涉税突发事件的先期处置

涉税突发事件发生后，事发地税务机关应紧密依靠当地政府及有关部门采取措施控制事态发展。

涉税业务应急处理原则：能够办理的受理即办；无法办理的，做好登记，待业务处理恢复正常后及时补办。

因突发事件导致纳税人在规定时间内无法办理税务登记业务的，由事发地办税服务厅出具情况说明，不予处罚。

因突发事件导致纳税人在规定期限内无法办理申报业务和税款缴纳业务的，由事发地办税服务厅出具情况说明，不予加收滞纳金和罚款。

四、涉税突发事件的应急响应

（一）办税服务厅常见突发事件

（1）停电。

（2）计算机硬件设备或网络出现故障。

（3）软件系统升级或软件系统故障。

（4）重大、紧急税收业务或征管流程调整，信息系统网络调整。

（5）办税服务厅发生寻衅滋事、聚众闹事事件。

（6）办税服务厅所在地发生疫情、火灾、水灾、地震等不可抗力情形。

（7）其他造成办税服务厅无法正常办理涉税业务的情形。

（二）建立健全税务系统应急管理体系

（1）完善应急预案体系建设。预案编制工作是应急管理的基础。

（2）加强应急管理组织建设。要成立应急工作领导机构，应急管理办事机构，办事机构要配备必要的工作人员。

（3）健全应急协调工作机制。

（4）实行行政领导负责制、责任追究制。

第十一节 印信管理

一、税务部门的印信

印信，即印章、介绍信等代表机关职权的凭证和标志。

税务部门的印章主要有法定名称章、具有法律效力的个人名章、冠以税务部门法定名称的专用印章、税务部门特殊用章等。

法定名称章主要有：单位的党委印章、行政印章（含钢印）、单位内设机构印章和直属单位印章等。

具有法律效力的个人名章主要有：单位法定代表人的名章、财务部门负责人的名章等。

冠以单位法定名称的专用印章主要有：单位的经济合同专用章、财务专用章、行政复议专用章、涉税审批专用章、干部调配专用章、工资审批专用章等。

税务部门特殊用章主要有：税务发票、税收票证等特殊业务票据上使用的特殊印章等。

介绍信是用来介绍联系、接洽事宜的一种应用文体，是税务机关派人到其他单位联系工作、洽谈业务、参加活动或会议、了解情况时使用的函件。介绍信具有介绍、证明双重作用。

二、印信的管理与使用

（一）印章的制发

各级税务机关必须使用上级机关制发的正式印章。负责制发印章的税务机关应按照有关规定进行印章刻制审批、备案。

税务机关的内部议事机构和临时机构不制发印章，因履行职责需要使用印章时，以行政机关印章代替。

印章的启用，应由印章管理部门起草文件，以本单位或单位办公室的名义印发启用通知后生效。

如果单位撤销、单位名称变动、印章损失停止使用，应采取公告形式声明作废，并及时送交印章制发机关封存或销毁，制发机关负责登记造册，任何单位和个人不得私自留存、使用废旧印章。

需要更换印章，以及印章遗失、被抢被盗的，应向制发机关报告，并采取公告形式声明作废后，按规定重新申请制发。

（二）印信的保管

印章和介绍信由办公室明确专人保管；冠以单位字头的专用印章，由单位行政首长授权的部门明确专人保管；单位的内设机构、直属单位的印章，由各内设机构、直属单位明确专人保管。

印信保管实行保管人和办公室主任负责制。

重要印信要存放在保险柜内，采取相应的安全措施，确保印信安全保管。未经印信管理部门负责人批准，不得将印信擅自交给其他人员保管。

坚持“用时取印、用毕入柜、入柜落锁”，杜绝印信脱管失控。

介绍信存根要保管 5 年。

（三）印信的使用范围

（1）以税务机关名义签发的文件、文书，包括各类通知、通报、报告、决定、计划、纪要、函件、报表等。

（2）代表单位的介绍信。

（3）本单位的各类合同、项目协议、授权书、承诺书等。

（4）税务机关对外提供的各类涉税证明材料。

（四）印信的使用审批

印信使用必须履行审批手续，坚持“依职审签，依签用印，谁签单谁负责”的原则，由单位领导严格按照职责权限审批。

以单位名义印发文件、文书、签订合同、开具介绍信、证明信等，根据情况分别使用单位党委印章、行政印章、专用印章和单位办公室印章，不得使用其他内设机构印章。

使用单位党委印章，须经单位党委书记或其他主持党委工作的领导批准。

使用单位行政印章，须经单位行政首长或其他领导在职权范围内批准。

使用单位办公室印章，须经单位办公室主任或其授权的副主任批准。

由单位领导签发、以办公室名义制发的公文用印，由签发公文的单位领导批准。

使用冠以单位字头的专用印章，须经单位行政首长或行政首长授权的其他领导批准。

使用单位内设机构或直属单位印章，须经该内设机构或直属单位主要负责人或其授权的其他负责人批准。

使用单位主要领导的个人名章，须经该领导本人批准。

外单位或下级机关因工作需要，临时使用本单位印章的，应先由业务主管部门对有关事项的合法性、真实性、准确性予以审核鉴证，然后报单位主要领导或分管领导批准后用印。

三、涉税事项证明的开具

（1）涉税事项证明是税务机关开具证明纳税人在一定时间内涉税信息的证明文件。

（2）税务机关根据纳税人或政府部门申请，经审核无误后，在法律允许的范围内，根据相关格式开具涉税证明。

凡要求开具的涉税证明涉及纳税人商业秘密及个人隐私的，必须经纳税人书面同意。

（3）纳税证明经办税大厅窗口受理审核后，可加盖本级税务机关公章。

纳税人因某种事项，需要所在地税务部门出具涉税情况证明，经纳税人提出申请，办税大厅窗口受理，经税务机关确认后出具加盖本级税务机关公章的涉税证明。

四、印信管理风险

（1）严禁将印信带离办公场所。因特殊情况需异地用印，须经单位领导批准，印信管理人员应与有关人员两人以上在用印现场监印。

（2）严禁在空白的纸张、介绍信、表格、信函、证件、荣誉证书等上面使用印章，严禁在没有任何文字、图表等内容的空白区域使用印章。

（3）在单位组织机构代码证书复印件等用以授权的证明材料上用印时，应在压印处注明具体用途。

（4）严格遵守保密规定，不得泄露用印文件、函电或其他文书中的内容和涉密事项。

第十二节　档案管理

一、档案的形式和特征

税务档案，是各级税务机关在工作中直接形成的，有保存价值的，各种文字、图表、音像等不同形式的历史记录。包括税收征管、纳税服务、税收执法和行政管理等方面和环节工作中的文书档案、音像档案和实物档案。

档案具有历史再现性、知识性、信息性、政治性、文化性和教育性等属性。

历史再现性是其本质属性。

二、档案管理的原则

税务系统档案管理坚持垂直管理和属地管理相结合的双重管理原则。

各级税务机关办公室主管本级机关档案管理工作，业务接受上级税务机关和地方同级档案行政管理机关的监督和指导。

三、档案管理内容

（一）文件材料的归档

凡有保存价值的各类文书材料，由文书部门或业务部门进行整理、立卷，按规定定期向本单位档案管理部门移交。

任何部门和个人不得据为己有或者拒绝归档。

机关领导人和承办人员办理完毕的文件材料应及时交有关部门整理、立卷。

（二）需要归档的文件材料范围

（1）反映本机关主要职能活动和基本历史面貌的，对本机关工作、国家建设和历史研究具有利用价值的文件材料。

（2）机关活动中形成的，在维护国家、集体和公民权益等方面具有凭证价值的文书材料。

（3）本机关需要贯彻执行的上级机关、同级机关的文件材料，下级机关报送的重要文件材料。

（4）其他对本机关工作具有查考价值的文件材料。

（三）归档文件的组织

归档文件以件为单位进行组件、分类、排列、编号、编目。

（四）保管期限

税务档案的保管期限分为永久和定期两种，定期分 30 年和 10 年两类。

（五）永久保管的档案

（1）税务机关制定的法规政策性文件材料。

（2）本机关召开重要会议、举办重大活动等形成的主要文件材料。如党委会、局长办公会、局务会议、局领导专题会议的纪要、记录。

（3）本机关职能活动中形成的重要业务文件材料。

（4）本机关关于重要问题的请示与上级机关的批复、批示，重要的报告、总结、综合计划报表等。

（5）本机关机构演变，人事任免等文件材料。

（6）上级机关制发的属于本机关主管业务的重要文件材料

（7）同级机关、下级机关关于重要业务问题的来函、请示与本机关的复函、批复等文件材料。

（六）定期保管的档案

（1）本机关职能活动中形成的一般性业务文件材料。

（2）本机关召开会议、举办活动等形成的一般性文件材料。

（3）本机关人事管理工作形成的一般性文件材料。

（4）本机关一般性事务管理文件材料。

（5）本机关关于一般性问题的请示与上级机关的批复、批示。

（6）上级机关制发的属于本机关主管业务的一般性文件材料。

（7）上级机关和同级机关制发的非本机关主管业务但要贯彻执行的文体材料。

（8）同级机关、下级机关一般性业务问题的来函、请求与本机关的复函、批复等文件材料。

（9）下级机关报送的年度或年度以上计划、总结、统计、重要专题报告等文件材料。

销毁确无保存价值的档案时，应当写出销毁档案报告，说明理由，经审核、报批后，与机关保卫部门联系，指定两人以上监销，并在销毁清册上签字，在原案卷目录上注销。

四、法律责任

《中华人民共和国档案法》（2020 年 6 月 20 日第十三届全国人民代表大会常务委员会第十九次会议修订，自 2021 年 1 月 1 日起施行）规定，有下列情形的将负法律责任：

（1）丢失属于国家所有的档案的。

（2）擅自提供、抄录、复制、公布属于国家所有的档案的。

（3）买卖或者非法转让属于国家所有的档案的。

（4）篡改、损毁、伪造档案或者擅自销毁档案的。

（5）将档案出卖、赠送给外国人或者外国组织的。

（6）不按规定归档或者不按期移交档案，被责令改正而拒不改正的。

（7）不按规定向社会开放、提供利用档案的。

（8）明知存在档案安全隐患而不采取补救措施，造成档案损毁、灭失，或者存在档案安全隐患被责令限期整改而逾期未整改的。

（9）发生档案安全事故后，不采取抢救措施或者隐瞒不报、拒绝调查的。

（10）档案工作人员玩忽职守，造成档案损毁、灭失的。

第十七章　干部管理

第一节　人事管理

一、公务员管理

（一）公务员职位分类

职位分类是国家公务员制度一项重要的基础性的工作，通过职能分解、设置职位、编制职位说明书，明确每个职位的任务、职责、权利和职位所需的资格条件，达到以事择人、人尽其才、才尽其用、精简机构、提高工作效率的目的，同时也为国家公务员考试录用、考核、晋升、培训、工资待遇等提供依据。

（二）职务与职级并行制度

根据公务职位类别和职责，设置公务员领导职务和职级序列。

领导职务分 10 级，由高至低分别从国家级正职到乡科职副职。

公务员职级在厅局级以下设置。

综合管理类公务员职级序列分 12 级：一级巡视员、二级巡视员、一级调研员、二级调研员、三级调研员、四级调研员、一级主任科员、二级主任科员、三级主任科员、四级主任科员、一级科员、二级科员。

职级序列分综合管理类、专业技术类、行政执法类。

专业技术类公务员，是指专门从事专业技术工作，为机关履行职责，提供技术支持和保障的公务员。

行政执法类公务员，是指依照法律法规对行政相对人直接履行行政许可、行政处罚、行政强制、行政征收、行政收费、行政检查等执法职责的公务员。

根据工作需要和领导职务与职级的对应关系，公务员担任的领导职务和职级可以互相转任、兼任；符合规定资格条件的，可以晋升领导职务或者职级。

职级职数按照各类别公务员行政编制数量的一定比例核定。

参阅《全国税务系统公务职务与职级并行制度实施方案》（税总党委发〔2019〕103号）。

（三）公务员录用

1. 录用对象与方法

录用担任一级主任科员以下及其他相当职级层次的公务员，采取公开考试、严格考察、平等竞争、择优录取的办法。

2. 录用程序

录用公务员，应当在规定的编制限额内，并有相应的职位空缺。

发布招考公告，录用考试采取笔试和面试等方式进行。招录机关根据考试成绩确定考察人选，进行报考资格复审、考察和体检。

对拟录用人员的名单，要公示，公示期不少于5个工作日。

公示期满，向公务员主管部门备案或审批。

3. 不得录用公务员的规定

（1）因犯罪受过刑事处罚的。

（2）被开除中国共产党党籍的。

（3）被开除公职的。

（4）被依法列为失信联合惩戒对象的。

4. 公务员考核

（1）考核内容：全面考核公务员的德、能、勤、绩、廉，重点考核政治素质和工作实绩。考核指标根据不同职位类别、不同层级机关分别设置。

（2）公务员的考核分为平时考核、专项考核和定期考核等方式。定期考核以平时考核、专项考核为基础。

（3）非领导成员公务员的定期考核采取年度考核的方式。先由个人按照职位职责和有关要求进行总结，主管领导在听取群众意见后，提出考核等次建议，由本机关负责人或者授权的考核委员会确定考核等次。领导成员的考核由主管机关按照有关规定办理。

（4）定期考核的结果分为优秀、称职、基本称职和不称职四个等次。定期考核的结果应当以书面形式通知公务员本人。

（5）定期考核的结果作为调整公务员职位、职务、职级、级别、工资以及公务员奖励、培训、辞退的依据。

5. 公务员职务、职级任免与升降

（1）公务员领导职务实行选任制、委任制和聘任制。公务员职级实行委任制和聘任制。领导成员职务按照国家规定实行任期制。

选任制公务员在选举结果生效时即任当选职务；任期届满不再连任或者任期内辞职、被罢免、被撤职的，其所任职务即终止。

委任制公务员试用期满考核合格，职务、职级发生变化，以及其他情形需要任免职务、职级的，应当按照管理权限和规定的程序任免。

公务员任职应当在规定的编制限额和职数内进行，并有相应的职位空缺。

公务员因工作需要在机关外兼职，应当经有关机关批准，并不得领取兼职报酬。

（2）公务员晋升领导职务，应当具备拟任职务所要求的政治素质、工作能力、文化程度和任职经历等方面的条件和资格。公务员领导职务应当逐级晋升。特别优秀的或者工作特殊需要的，可以按照规定破格或者越级晋升。

（3）晋升领导职务，按照下列程序办理：①动议；②民主推荐；③确定考察对象，组织考察；④按照管理权限讨论决定；⑤履行任职手续。

（4）公务员的职务、职级实行能上能下。对不适宜或者不胜任现任职务、职级的，应当进行调整。公务员在年度考核中被确定为不称职的，按照规定程序降低一个职务或者职级层次任职。

6. 奖励

（1）公务员奖励坚持定期奖励与及时奖励相结合，精神奖励与物质奖励相结合、以精神奖励为主的原则。

（2）奖励分为：嘉奖、记三等功、记二等功、记一等功、授予称号。对受奖励的公务员或者公务员集体予以表彰，并对受奖励的个人给予一次性奖金或者其他待遇。

7. 监督与惩戒

（1）对公务员的思想政治、履行职责、作风表现、遵纪守法等情况进行监督。发现问题的，应当区分不同情况，予以谈话提醒、批评教育、责令检查、诫勉、组织调整、处分。对公务员涉嫌职务违法和职务犯罪的，应当依法移送监察机关处理。

（2）公务员执行公务时，认为上级的决定或者命令有错误的，可以向上级提出改正或者撤销该决定或者命令的意见；上级不改变该决定或者命令，或者要求立即执行的，公务员应当执行该决定或者命令，执行的后果由上级负责，公务员不承担责任；但是，公务员执行明显违法的决定或者命令的，应当依法承担相应的责任。

（3）公务员因违纪违法应当承担纪律责任的，依照《中华人民共和国公务员法》给予处分或者由监察机关依法给予政务处分；违纪违法行为情节轻微，经批评教育后改正的，可以免予处分。对同一违纪违法行为，监察机关已经作出政务处分决定的，公务员所在机关不再给予处分。

（4）处分分为：警告、记过、记大过、降级、撤职、开除。

公务员在受处分期间不得晋升职务、职级和级别，其中受记过、记大过、降级、撤职处分的，不得晋升工资档次。

受处分的期间为：警告，6 个月；记过，12 个月；记大过，18 个月；降级、撤职，24 个月。受撤职处分的，按照规定降低级别。

公务员受开除以外的处分，在受处分期间有悔改表现，并且没有再发生违纪违法行为的，处分期满后自动解除。解除处分后，晋升工资档次、级别和职务、职级不再受原处分的影响。但是，解除降级、撤职处分的，不视为恢复原级别、原职务、原职级。

8. 交流与回避

（1）交流制度。

交流的方式包括调任、转任。

（2）任职回避。

公务员之间有夫妻关系、直系血亲关系、三代以内旁系血亲关系以及近姻亲关系的，不得在同一机关双方直接隶属同一领导人员的职位或者有直接上下级领导关系的职位工作，也不得在其中一方担任领导职务的机关从事组织、人事、纪检、监察、审计和财务工作。

公务员不得在其配偶、子女及其配偶经营的企业、营利性组织的行业监管或者主管部门担任领导成员。

因地域或者工作性质特殊，需要变通执行任职回避的，由省级以上公务员主管部门规定。

公务员担任乡级机关、县级机关、设区的市级机关及其有关部门主要领导职务的，应当按照有关规定实行地域回避。

公务员执行公务时，有下列情形之一的，应当回避：

——涉及本人利害关系的；

——涉及与本人有亲属关系人员的利害关系的；

——其他可能影响公正执行公务的。

公务员有应当回避情形的，本人应当申请回避；利害关系人有权申请公务员回避。其他人员可以向机关提供公务员需要回避的情况。机关根据公务员本人或者利害关系人的申请，经审查后作出是否回避的决定，也可以不经申请直接作出回避决定。

9. 工资、福利、保险

（1）公务员工资包括基本工资、津贴、补贴和奖金。公务员按照国家规定享受地区附加津贴、艰苦边远地区津贴、岗位津贴等津贴。公务员按照国家规定享受住房、医疗等补贴、补助。公务员在定期考核中被确定为优秀、称职的，按照国家规定享受年终奖金。公务员工资应当按时足额发放。

（2）任何机关不得违反国家规定自行更改公务员工资、福利、保险政策，擅自提高或者降低公务员的工资、福利、保险待遇。任何机关不得扣减或者拖欠公务员的工资。

（3）公务员按照国家规定享受福利待遇。国家根据经济社会发展水平提高公务员的福利待遇。公务员执行国家规定的工时制度，按照国家规定享受休假。公务员在法定工作日之外加班的，应当给予相应的补休，不能补休的按照国家规定给予补助。

10. 辞职、辞退与退休

（1）辞职。

——公务员辞去公职，应当向任免机关提出书面申请。任免机关应当自接到申请之日起 30 日内予以审批，其中对领导成员辞去公职的申请，应当自接到申请之日起 90 日内予以审批。

——公务员有下列情形之一的，不得辞去公职：①未满国家规定的最低服务年限的；②在涉及国家秘密等特殊职位任职或者离开上述职位不满国家规定的脱密期限的；③重要公务尚未处理完毕，且须由本人继续处理的；④正在接受审计、纪律审查、监察调查，或者涉嫌犯罪，司法程序尚未终结的；⑤法律、行政法规规定的其他不得辞去公职的情形。

——担任领导职务的公务员，因工作变动依照法律规定需要辞去现任职务的，应当履行辞职手续。

担任领导职务的公务员，因个人或者其他原因，可以自愿提出辞去领导职务。

领导成员因工作严重失误、失职造成重大损失或者恶劣社会影响的，或者对重大事故负有领导责任的，应当引咎辞去领导职务。

领导成员因其他原因不再适合担任现任领导职务的，或者应当引咎辞职本人不提出辞职的，应当责令其辞去领导职务。

（2）辞退。

——辞退的规定：①在年度考核中，连续两年被确定为不称职的；②不胜任现职工作，又不接受其他安排的；③因所在机关调整、撤销、合并或者缩减编制员额需要调整工作，本人拒绝合理安排的；④不履行公务员义务，不遵守法律和公务员纪律，经教育仍无转变，不适合继续在机关工作，又不宜给予开除处分的；⑤旷工或者因公外出、请假期满无正当理由逾期不归连续超过15天，或者一年内累计超过30天的。

——不得辞退的规定：①因公致残，被确认丧失或者部分丧失工作能力的；②患病或者负伤，在规定的医疗期内的；③女性公务员在孕期、产假、哺乳期内的；④法律、行政法规规定的其他不得辞退的情形。

（3）退休。

——公务员达到国家规定的退休年龄或者完全丧失工作能力的，应当退休。

——提前退休：公务员符合下列条件之一的，本人自愿提出申请，经任免机关批准，可以提前退休：①工作年限满30年的；②距国家规定的退休年龄不足5年，且工作年限满20年的；③符合国家规定的可以提前退休的其他情形的。

二、领导干部选拔任用

选拔任用党政领导干部，必须把政治标准放在首位。

（一）提拔的基本资格

1. 工作经历

提任县处级领导职务的，应当具有5年以上工龄和2年以上基层工作经历。

提任县处级以上领导职务的，一般应当具有在下一级两个以上职位任职的经历。

提任县处级以上领导职务，由副职提任正职的，应当在副职岗位工作2年以上；由下级正职提任上级副职的，应当在下级正职岗位工作2年以上。

2. 文化程度

一般应当具有大学专科以上文化程度，其中厅局级以上领导干部一般应当具有大学本科以上文化程度。

3. 培训经历

应当经过党校（行政学院）、干部学院或者组织（人事）部门认可的其他培训机构的培训，培训时间应当达到干部教育培训的有关规定要求。确因特殊情况在提任前未达到培训要求的，应当在提任后一年内完成培训。

4. 身体素质

具有正常履行职责的身体条件。

5. 其他要求

符合有关法律规定的资格要求。提任党的领导职务的，还应当符合《中国共产党章程》等规定的党龄要求。

（二）破格提拔

党政领导干部应当逐级提拔。特别优秀或者工作特殊需要的干部，可以突破任职资格规定或者越级提拔担任领导职务。

破格提拔的特别优秀干部，应当政治过硬、德才素质突出、群众公认度高，且符合下列条件之一：在关键时刻或者承担急难险重任务中经受住考验、表现突出、作出重大贡献；在条件艰苦、环境复杂、基础差的地区或者单位工作实绩突出；在其他岗位上尽职尽责，工作实绩特别显著。

（三）选拔任用程序

1. 分析研判和动议

（1）组织人事部门：日常了解，坚持知事识人，把功夫下在平时，全方位、多角度、近距离了解干部，对领导班子和领导干部进行综合分析研判，为党委（党组）选人用人提供依据和参考。

（2）党委或组织人事部门：结合综合分析研判情况，提出启动干部选拔任用工作意见。

（3）组织人事部门：进行动议分析，就选拔任用的职位、条件、范围、方式、程序和人选意向等提出初步建议。

（4）组织人事部门：形成工作方案。

如确有必要，也可以把公开选拔、竞争上岗作为产生人选的一种方式。

公开选拔、竞争上岗一般适用于副职领导职位。

2. 民主推荐

选拔任用党政领导干部，应当经过民主推荐。民主推荐包括谈话调研推荐和会议推荐，推荐结果作为选拔任用的重要参考，在一年内有效。

领导班子换届，民主推荐按照职位设置全额定向推荐；个别提拔任职或者进一步使用，可以按照拟任职位进行定向推荐，也可以根据拟任职位的具体情况进行非定向推荐；进一步使用的，可以采取听取意见的方式进行，其中正职也可以参照个别提拔任职进行民主推荐。

民主推荐应当经过下列程序：

（1）进行谈话调研推荐，提前向谈话对象提供谈话提纲、换届政策说明、干部名册等相关材料，提出有关要求，提高谈话质量。

（2）综合考虑谈话调研推荐情况以及人选条件、岗位要求、班子结构等，经与本级党委沟通协商后，由上级党委或者组织部门研究提出会议推荐参考人选，参考人选应当差额提出。

（3）召开推荐会议，由本级党委主持，考察组说明换届有关政策，介绍参考人选产生情况，提出有关要求，组织填写推荐表。

（4）对民主推荐情况进行综合分析。

（5）向上级党委或者组织部门汇报民主推荐情况。

3. 考察

确定考察对象，根据工作需要和干部德才条件，将民主推荐与日常了解、综合分析研判以及岗位匹配度等情况综合考虑，深入分析、比较择优，防止把推荐票等同于选举票、简单以推荐票取人。

对考察对象人选进行酝酿，本级党委常委会研究提出考察对象建议名单，经与上级党委组织部门沟通后，确定考察对象。

对拟新进党政领导班子的考察对象，应当在一定范围内公示。

有下列情形之一的，不得列为考察对象：

（1）违反政治纪律和政治规矩的。

（2）群众公认度不高的。

（3）上一年年度考核结果为基本称职以下等次的。

（4）有跑官、拉票等非组织行为的。

（5）除特殊岗位需要外，配偶已移居国（境）外，或者没有配偶但子女均已移居国（境）外的。

（6）受到诫勉、组织处理或者党纪政务处分等影响期未满或者期满影响使用的。

（7）其他原因不宜提拔或者进一步使用的。

考察对象一般应当多于拟任职务人数，个别提拔任职或者进一步使用时意见比较集中的，也可以等额确定考察对象。

全面考察、突出政治标准、深入考察道德品行，加强对工作时间之外表现的考察、强化专业素养考察、注重考察工作实绩、加强作风考察、强化廉政情况考察。

4. 讨论决定

进行酝酿—征求上级分管领导成员的意见—集体讨论，作出任免决定。

5. 任职

党政领导职务实行选任制、委任制，部分专业性较强的领导职务可以实行聘任制。

实行党政领导干部任职前公示制度。

实行任职试用期制度。

实行任职谈话制度。

6. 交流与回避

（1）交流的对象。

——因工作需要交流的；

——需要通过交流锻炼提高领导能力的；

——在一个地方或者部门工作时间较长的；

——按照规定需要交流的；

——因其他原因需要交流的。

交流的重点是县级以上地方党委和政府的领导成员，纪委监委、法院、检察院、党委和政府部分工作部门的主要领导成员。

地方党委和政府领导成员原则上应当任满一届，在同一职位上任职满 10 年的，必须交流；在同一职位连续任职达到两个任期的，不再推荐、提名或者任命担任同一职务。同一地方（部门）的党政正职一般不同时易地交流。

党政机关内设机构处级以上领导干部在同一职位上任职时间较长的，应当进行交流。

经历单一或者缺少基层工作经历的年轻干部，应当有计划地派到基层、艰苦边远地区和复杂环境工作，坚决防止“镀金”思想和短期行为。

（2）任职回避的对象。

党政领导干部任职回避的亲属关系为：夫妻关系、直系血亲关系、三代以内旁系血亲以及近姻亲关系。有上列亲属关系的，不得在同一机关担任双方直接隶属同一领导人员的职务或者有直接上下级领导关系的职务，也不得在其中一方担任领导职务的机关从事组织（人事）、纪检监察、审计、财务工作。

（3）选拔任用工作回避。

党委（党组）及其组织（人事）部门讨论干部任免，涉及与会人员本人及其亲属的，本人必须回避。

干部考察组成员在干部考察工作中涉及其亲属的，本人必须回避。

7. 免职、辞职与降职

辞职包括因公辞职、自愿辞职、引咎辞职和责令辞职。

引咎辞职、责令辞职和因问责被免职的党政领导干部，一年内不安排领导职务，两年内不得担任高于原任职务层次的领导职务。同时受到党纪政务处分的，按照影响期长的规定执行。

因不适宜担任现职调离岗位、免职的，一年内不得提拔。降职使用的干部重新提拔，按照有关规定执行。

（四）纪律与监督

1. 选拔任用领导干部纪律

（1）不准超职数配备、超机构规格提拔领导干部、超审批权限设置机构配备干部，或者违反规定擅自设置职务名称、提高干部职务职级待遇。

（2）不准采取不正当手段为本人或者他人谋取职务、提高职级待遇。

（3）不准违反规定程序动议、推荐、考察、讨论决定任免干部，或者由主要领导成员个人决定任免干部。

（4）不准私自泄露研判、动议、民主推荐、民主测评、考察、酝酿、讨论决定干部等有关情况。

（5）不准在干部考察工作中隐瞒或者歪曲事实真相。

（6）不准在民主推荐、民主测评、组织考察和选举中搞拉票、助选等非组织活动。

（7）不准利用职务便利私自干预下级或者原任职地区、系统和单位干部选拔任用工作。

（8）不准在机构变动，主要领导成员即将达到任职年龄界限、退休年龄界限或者已经明确即将离任时，突击提拔、调整干部。

（9）不准在干部选拔任用工作中任人唯亲、排斥异己、封官许愿，拉帮结派、搞团团伙伙，营私舞弊。

（10）不准篡改、伪造干部人事档案，或者在干部身份、年龄、工龄、党龄、学历、经历等方面弄虚作假。

2. 领导干部选拔任用责任追究制度

加强干部选拔任用工作全程监督，严格执行干部选拔任用全程纪实和任前事项报告、“一报告两评议”、专项检查、离任检查、立项督查、“带病提拔”问题倒查等制度。严肃查处违反组织（人事）纪律的行为。

凡用人失察失误造成严重后果的，本地区本部门用人上的不正之风严重、干部群众反映强烈以及对违反组织（人事）纪律的行为查处不力的，应当根据具体情况，严肃追究党委（党组）及其主要领导成员、有关领导成员、组织（人事）部门、纪检监察机关、干部考察组有关领导成员以及其他直接责任人的责任。

三、领导班子和干部管理

（一）领导班子分工

税务系统领导班子实行集体领导和个人分工负责相结合的制度。

按分权制衡的原则分工。主要负责人不直接分管人事、财务和基建工作。

领导班子成员的分工，原则上不超过5年调整一次。个人不服从调整的，予以诫勉谈话。

（二）“三重一大”事项决定

“三重一大”是指中央规定的重大决策、重大项目安排、重要干部任免和大额度资金使用。

“三重一大”事项实行集体研究、集体决策。

党委会须有2/3以上成员到位。难以形成统一意见时，暂缓作出决议，经沟通酝酿仍达不成一致意见时，实行无记名表决，赞成票数达到应参会党委成员过半数以上方可形成决定或决议。纪检监察部门负责人到场监督，表决过程和结果如实记录存档。

党委会、局长办公会作出的重大决策，5个工作日内，以适当方式在一定范围内公开。

（三）民主生活会制度

民主生活会是党内政治生活的重要内容，是党的组织生活基本制度，是发扬党内民主、加强党内监督，依靠领导班子自身力量解决矛盾和问题的重要方式。

民主生活会每年召开1次，一般安排在第四季度。

1. 会前四大程序

一是领导班子成员学习党章党规和党的理论、文件。

二是由党委（党组）或委托组织部门、机关党委征求党员、干部和群众的意见建议，并如实向领导班子及其成员反馈。班子成员应当就反映本人的有关问题，向组织作出说明。

三是班子成员之间互相谈心谈话，交流思想，交换意见，并与分管单位主要负责人谈心，也应当接受党员、干部约谈。

四是撰写班子成员对照检查材料和个人发言提纲，查摆问题，进行党性分析，提出整改措施。

2. 会上四大程序

一是通报上一次民主生活会整改措施落实情况和本次民主生活会征求意见情况。

二是主要负责人代表领导班子作对照检查。

三是班子成员逐一进行对照检查，作自我批评，其他成员对其提出批评意见。

四是主要负责人总结会议情况，提出整改工作要求。

3. 领导督导

上级党组织应当通过派出督导组、派人列席等方式，对下级单位召开的民主生活会进行督促检查和指导，具体工作由组织部门会同纪律检查机关负责。

党的机关工作委员会参与对同级直属机关召开的民主生活会的督促检查和指导。

4. 责任追究

执行民主生活制度情况，纳入领导班子及其成员履行全面从严治党责任考核内容，作为考核评价领导班子的重要依据。

（四）领导干部个人有关事项报告

1. 报告内容

一是《领导干部报告个人有关事项规定》。

二是《领导干部个人有关事项报告查核结果处理办法》。

进一步突出了“关键少数”。党政机关县处级副职以上的干部，都要报告个人有关事项。

将未列入参照公务员法管理的人民团体、事业单位的报告对象范围调整为领导班子成员及内设管理机构领导人员，将国有企业的报告对象范围调整为中央企业的领导班子成员及中层管理人员、省管和市管国有企业的领导班子成员。

报告事项内容更加突出与领导干部权力行为关联紧密的家事、家产情况。

增加了抽查核实的规定。为今后严肃处理不如实报告的行为画出了底线，亮出了红线。

2. 责任追究

（1）明确认定漏报或者瞒报需要掌握的基本原则。

（2）区分了漏报、瞒报的具体情形和处理规定。对漏报、瞒报行为的处理，考虑到瞒报属于主观故意，是对组织不忠诚老实的体现，所以在组织处理方面体现了加重的原则。对隐瞒不报情节较重或者查核发现涉嫌其他违纪问题的，依照《中国共产党纪律处分条例》等追究纪律责任。

（3）明确了领导干部因不如实报告个人有关事项受到组织处理和纪律处分的影响期。

——受到诫勉处理的，半年内不得提拔或者进一步使用；

——受到取消考察对象（后备干部人选）资格处理的，一年内不得提拔或者进一步使用；

——受到调离岗位、改任非领导职务、免职处理的，一年内不得提拔；

——受到降职处理的，两年内不得提拔；

——受到纪律处分的，依照《中国共产党纪律处分条例》等规定执行。

（五）领导干部述职述廉

领导干部每年结合年度考核在规定范围内述职述廉。领导班子成员在本单位全体干部以及下一级领导班子主要负责人的范围内进行述职述廉。

述职述廉的内容：学习贯彻党的路线方针政策情况；执行民主集中制情况；执行干部选拔任用干部规定情况；履行岗位职责和落实党风廉政建设责任情况；遵守廉洁从政规定情况；存在的突出问题和改正措施；其他需要说明的情况。

述职述廉会议由本级党委组织，提前 10 日向上一级党委报告。上一级人事、纪检监察部门参加述职述廉会议，组织开展民主测评和廉政测评。

对廉政测评中“差”得票率达到 30% 以上的，由上一级税务机关的纪检组组长对其进行谈话提醒或诫勉谈话；廉政测评中“差”得票率连续 2 个年度均达到 30% 以上的，上级党委给予组织处理。

（六）因私出国（境）管理制度

（1）在职厅局级干部因私出国（境）原则上每年不超过一次，停留时间一般不超过 15 日。

（2）在职处级干部和退（离）休厅局级、处级干部因私出国（境）次数不作限制，一次停留时间一般不超过 3 个月。

（3）国家税务总局机关各司局、各省级税务局主要负责人只批准因私出国（境）探亲、看病。

（4）同一领导班子成员不得在同一时间段内安排因私出国（境）。

(5) 在职处级、厅局级、离退休厅局级、退休3年内的处级干部的因私出国(境)证件由所在单位人事部门集中保管。

(6) 凡发现有领导干部外逃或涉嫌外逃的，在24小时内逐级上报至国家税务总局人事司。

(7) 对于出现干部滞留不归，借机外逃等问题的，除对当事人依纪依规处理外，追究所在单位主要负责人和相关责任人的责任。

四、干部人事档案管理

(一) 干部人事档案的主要内容

(1) 履历类:《干部履历表》干部简历等材料。

(2) 自传、思想类：自传、参加党的重大教育活动情况和重要党性分析、重要思想汇报材料。

(3) 考核鉴定类：平时考核、年度考核、专项考核、任(聘)期考核，工作鉴定，重大政治事件、突发事件和重大任务中的表现，援派挂职锻炼考核鉴定，党组织书记抓基层党建评价意见材料。

(4) 学历学位、专业技术职务(职务)、学术评鉴和教育培训类：中学以来取得的学历学位、职业(任职)资格、评聘专业技术职务(职称)，当选院士、入选重大人才工程、发明创造、科研成果获奖、著作译著和有重大影响的论文目录，政治理论、业务知识、文化素质培训和技能训练情况等材料。

(5) 政审、审计和审核类：政治历史情况审查，领导干部经济责任审计和自然资源资产离任审计结果及整改情况，履行干部选拔任用工作职责离任检查及说明、证明，干部基本信息审核认定、干部人事档案任前审核登记表，廉洁从业结论性评价等材料。

(6) 党团类：入党志愿书、入党申请书、转正申请书，培养教育考察，党员登记表，停止党籍、恢复党籍、退党、脱党，保留组织关系、恢复组织生活，入团志愿书、入团申请书，加入或退出民主党派等材料。

(7) 表彰奖励类：表彰和嘉奖、记功、授予荣誉称号，先进事迹以及撤销奖励等材料。

(8) 违规违纪违法处理处分类：党纪政务处分，组织处理，法院刑事判决书、裁定书，公安机关有关行政处理决定，有关行业监管部门对干部有失诚信、违反法律和行政法规等行为形成的记录，人民法院认定的被执行人失信信息等材料。

(9) 工资、任免、出国和会议代表类：工资待遇审批、参加社会保险，录用、聘用、招用、入伍、考察、任免、调配、军队转业（复员）安置、退（离）休、辞职、辞退、公务员（参照公务员法管理人员）登记、遴选、选调、调任、职级晋升，职务、职级套改，事业单位管理岗位职员等级晋升，出国（境）审批，当选党的代表大会、人民代表大会、政协会议、群团组织代表会议、民主党派代表会议等会议代表（委员）及相关职务等材料。

（10）其他：毕业生就业报到证、派遣证，工作调动介绍信，国（境）外永久居留资格、长期居留许可等证件有关内容的复印件和体检表等材料。

（二）干部人事档案分正本和副本

正本有关材料和信息变更时，副本相应变更。

（三）查阅干部人事档案的程序和要求

（1）查阅单位如实填写干部人事档案查阅审批材料，按程序报单位负责人审批签字并加盖公章。

（2）两人以上查阅档案，一般均为党员。

（3）在规定时限内查阅。

（4）一般不予外借。

（四）干部人事档案工作纪律

（1）严禁篡改、伪造干部人事档案。

（2）严禁提供虚假材料、不如实填报干部人事档案信息。

（3）严禁转递、接收、归档涉嫌造假或者来历不明的干部人事档案材料。

（4）严禁利用职务、工作便利，直接实施档案造假，授意、指使、纵容、默许他人档案造假，为档案造假提供方便，或者在知情后不及时向组织报告。

（5）严禁插手、干扰有关部门调查、处理档案造假问题。

（6）严禁擅自抽取、撤换、添加干部人事档案材料。

（7）严禁圈划、损坏、扣留、出卖、交换、转让、赠送干部人事档案。

（8）严禁擅自提供、摘录、复制、拍摄、保存、丢弃、销毁干部人事档案。

（9）严禁违规转递、接收和查借干部人事档案。

（10）严禁擅自将干部人事档案带出国（境）外。

（11）严禁泄露或擅自对外公开干部人事档案内容。

五、老干部管理

（一）离休、退休、退职

离休：对1949年前参加中国共产党所领导的革命战争，脱产享受供给制待遇的和从事地下革命工作的老干部，达到离职休养年龄的，实行离职休养（简称“离休”）。

退休：国家为到达一定年龄因年老或因工、因病完全丧失劳动能力并退出工作岗位的人员所制定的一种社会保障制度。

退职：国家对经医院证明，并经劳动鉴定委员会确认完全丧失劳动、工作能力，而又不具备退休条件的人员所制定的一项社会保障制度。

（二）老干部政治待遇和生活待遇

一个不变：基本政治待遇不变。

三个原则：一是从优原则；二是平衡原则；三是分享原则。

（三）生活待遇

包括工资、福利补贴、生活补贴、护理费、高龄补贴、电话费、住房用车照顾、医药费、健康休养等。

第二节　教育培训管理

一、干部教育培训

（一）培训类别

（1）集中轮训。

（2）专题培训。

（3）初任培训。

（4）任职培训。以集中脱产形式进行，必须在任职前或任职试用期内进行。晋升副处级以上领导职务的集中脱产培训时间一般不少于30日；晋升正副科级领导职务的集中脱产培训时间一般不少于15日。

（5）岗位培训。

（6）专门业务培训。

（7）其他培训。

（二）培训纪律

税务干部个人参加社会化培训，费用一律由本人承担，不得由财政经费和单位经费报销，不得接受任何机构和他人的资助或者变相资助。

干部脱产培训情况记入干部年度考核表，参加 2 个月以上的脱产培训情况记入干部任免审批表。

严禁以培训名义召开会议或组织其他活动。

7 日以内的培训不得组织调研、考察、参观。

学员之间、教员与学员之间不得用公款相互宴请。班级、小组不得以集体活动为名聚餐吃请。学员不得外出参加任何形式的可能影响公正执行公务的宴请和娱乐活动。

学习期间累计请假时间超过总学时的 1/7 的，按退学处理。

严禁借培训之名搞公款旅游。

（三）培训费

培训费是指开展培训直接发生的各项费用支出，包括师资费、住宿费、伙食费、培训场地费、培训资料费、交通费以及其他费用。具体内容参见本书第四编“综合管理专门业务”第二十章“财务与机关事务管理”。

二、人才管理

（一）中央人才工作精神

以能力建设为核心，加强人才培养工作。人才资源能力建设是人才培养的核心。

建立以能级为导向、科学的社会化的人才评价机制。

建立以公开、平等、竞争、择优为导向，有利于优秀人才脱颖而出、充分施展才能的选人用人机制。

建立和完善人才市场体系，促进人才合理流动。

完善分配激励机制。

建立规范有效的人才奖励制度。

把高层次人才队伍建设摆上重要位置。

推进人才资源整体开发，实现人才工作协调发展。

坚持党管人才原则，动员和组织全社会力量，加大投入，完善法制，优化环境。

（二）税务系统人才培养要求

人才库是集聚、整合、储备、共享和优化人才资源的有效载体。

建立涵盖各专业人才的总局、省局、市局三级立体人才库。在税务系统人才队伍建设中发挥基础性、依托性、支撑性作用。

（三）素质提升“115 工程”

国家税务总局自 2016 年起在全国税务系统实施素质提升“115 工程”：通过 5 年的努力，打造一支拥有 1000 名领军人才、1 万名业务骨干、5 万名岗位能手的高素质人才队伍。

第三节　考核考评管理

一、绩效考核

绩效考核，是企业绩效管理中的一个环节，是指考核主体对照工作目标和绩效标准，采用科学的考核方式，评定员工的工作任务完成情况、员工的工作职责履行程度和员工的发展情况，并且将评定结果反馈给员工的过程。

绩效考核本质上是一种过程管理，而不仅仅是对结果的考核。

绩效考核的应用重点在薪酬和绩效的结合上，与利益不挂钩的考核是没有意义的。

二、数字人事

关于“数字人事”，可参见本书第九章第二节“考核考评管理”。

第十八章　监督管理

第一节　纪检工作

一、纪检机关的职能定位

纪检机关是党内监督的专门机关、执行党的纪律的职能部门，是党内监督的专责机关，履行监督执纪问责职责。

二、税务系统省以下纪检机构的主要职责

（1）协助推进责任。

（2）监督检查责任。

（3）纪律审查责任。

（4）问责追究责任。

三、信访举报的处理

处理纪检监察信访举报坚持以党章法律法规为准绳；以事实为依据；处理重要信访问题，坚持民主集中制或行政首长负责制；维护信访举报当事人的合法权益；坚持“属地管理、分级负责”“谁主管、谁负责”的原则；坚持解决实际问题同思想教育相结合的基本原则。

（一）信访举报受理范围

检举控告：针对税务机关、税务人员违反党纪政纪问题的检举、控告。

申诉：依法应由税务纪检部门受理的税务人员对党纪政纪处分有不同意见的申诉。

批评建议：对税务系统党风廉政建设和纪检监督工作的批评和建议。

（二）信访举报不予受理的范围

对已经或依法应当通过诉讼、仲裁、行政复议解决的投诉请求不予受理，信访件转有关单位。

对人大以及县级以上各级人大常务委员会、人民法院、检察院职权范围内的信访事项不予受理，信访件转有关单位。

应由税务机关其他部门受理的违反税收政策法规、纳税服务制度、税收工作规程、人事管理规定、行政管理规定等不属于税务纪检部门职权范围内的信访事项。

收到信访举报后，应告知举报人是否受理。能够当场告知的，当场告知；不能当场告知的，应当自收到信访事项之日起 15 日内书面告知信访人，但信访人的姓名、住址不清的除外。

（三）信访举报受理流程

来信的受理：收信—阅信—登记。

来访的受理：接谈—登记—特殊来访的处理。

（四）线索处理方式

加强对问题线索的集中管理、分类处置、定期清理。

信访举报部门归口受理同级党委管理的党组织、党员、干部以及监察对象涉嫌违纪或职务违法、职务犯罪问题的信访举报，统一接收有关纪检监察机关、派驻或者派出机构以及其他单位移交的相关信访举报，移送本机关有关部门，深入分析信访形势，及时反映损害群众利益的问题。

按照谈话函询、初步核实、暂存待查、予以了结四种方式进行处置。

四、“一案双查”

（一）纪检监察案件“一案双查”

对形式主义、官僚主义、群众身边的腐败和作风问题，既追究主体责任、监督责任，又追究领导责任；

对执纪审查结束后发现立案依据不充分或者失实，案件处置出现重大失误，纪检干部严重违纪的开展“一案双查”，既追究直接责任，又追究领导责任。

（二）税收违法案件“一案双查”

在查处纳税人、扣缴义务人和其他涉税当事人税收违法案件中，对税务机关或者税务人员的执法行为规范性和履职行为廉洁性进行检查，对违纪违法行为依照有关规定进行调查和追究责任。

由稽查部门、纪检部门按照职责分工实施。稽查部门负责查处涉税当事人税收违法行为，纪检部门负责查处税务机关和税务人员违纪违法行为。

（三）“一察双查”的原则

（1）统一领导、分工负责、协同配合。

（2）实事求是、有错必纠。

（3）教育、预防、惩治相结合。

（四）“一察双查”的受理范围

（1）稽查部门在检查中发现税务机关或税务人员涉嫌失职渎职、索贿受贿或者侵犯公民、法人和其他组织合法权益等行为的。

（2）税务机关其他部门在履行职责过程，发现税务机关或税务人员有涉嫌违法违纪行为的事实或线索的。

（3）重大税收违法案件存在税务机关或税务人员涉嫌违法违纪行为的。

（4）检举涉税当事人税收违法行为，同时检举税务机关或税务人员违纪违法行为，线索具体的。

（5）纪检部门认为需要实行“一案双查”的其他税收违法案件。

重大税收违法案件包括：虚开增值税专用发票及其他增值税抵扣凭证，偷税、逃税、骗税、抗税达到规定数额标准的案件；上级税务机关督办的重大案件；造成重大社会影响的案件。

（五）“一案双查”的办理

检举涉税当事人税收违法行为同时检举税务机关或税务人员违纪违法问题的，先由稽查部门实施税务检查，检查结束后，将检查结果通报纪检部门。

检举涉税当事人税收违法行为，同时检举税务机关人员违纪违法行为，线索具体的，稽查部门和纪检部门组成联合调查组，同时进行检查、调查。

稽查部门在税收违法案件检查中，可以提请纪检部门提前介入。

上级纪检监察部门可以根据具体工作情况要求纪检监察部门开展“一案双查”，也可以直接或联合同级稽查部门对下级税务机关查处的税收违法案件开展“一案双查”。

第二节 巡视巡察工作

一、巡视工作的性质特点

巡视的本质是政治监督，是对党组织和党员领导干部履行政治责任情况的监督检查，是全面从严治党的战略性制度安排，是党内监督与群众监督相结合的重要方式，是国之利器、党之利器。

国家税务总局党委和省以下税务局党委分别实行巡视、巡察制度。承担巡视巡察工作的主体责任。

（1）抓住关键环节，增强巡视监督的针对性。

（2）坚持定期巡视与不定期巡视相结合。

（3）坚持普遍巡视与重点巡视相结合。

（4）坚持一般巡视与专项巡视相结合。

（5）坚持领导干部述职述廉与群众民主测评结合。

（6）以巡视为平台，充分发挥巡视部门组织协调作用。

二、巡视工作的主要内容

巡视是政治巡视，本质是政治监督，根本政治任务是“两个维护”，要正确把握政治与业务的关系。

（1）围绕党的政治建设，重点检查践行“两个维护”情况。

（2）围绕党的思想建设，重点检查学习贯彻习近平新时代中国特色社会主义思想情况。

（3）围绕党的组织建设，重点检查选人用人和基层党组织建设情况。

（4）围绕党的作风建设，重点检查整治“四风”，特别是整治形式主义、官僚主义情况，落实中央“八项规定”精神情况。

（5）围绕党的纪律建设，重点检查执行党规党纪和监督执纪问责情况。

（6）围绕夺取反腐败压倒性胜利，重点检查领导干部廉洁自律和整治群众身边腐败问题情况。

三、巡视工作的方针方法

（1）发现问题，形成震慑，推动改革，促进发展。

（2）坚持发现问题是生命线，推动解决问题是落脚点。

（3）巡视组长一次一授权。谁参加巡视不固定，巡视什么地区和单位不固定。

（4）坚持常规巡视与专项巡视相结合。

（5）随时开展“回头看”。

四、巡视工作的工作要求

（一）工作程序

（1）巡视准备。

（2）巡视了解。

（3）巡视汇报。

（4）巡视反馈。

（5）巡视移交。

（6）巡视整改。

（7）成果运用。

（8）立卷归档。

（二）“双闭环”管理

国家税务总局出台《巡视工作“双闭环”管理办法》，打造“一个立体格局，六大支撑体系”，建立税务巡视巡察上下联动监督机制。

1. 双闭环

第一闭环是巡视工作闭环，即“发现问题—推动整改—完善制度—规范管理”，着眼巡视工作全流程管理，坚持问题导向，压实整改责任，倒逼完善制度，促进工作规范。

第二闭环是深化整改闭环，即“巡视整改—专项整治—督导检查—推动问责”，旨在推进整改深度，强化信息共享，形成整改合力，深化成果应用，发挥震慑作用，促进巡视监督持续推进。

2. 一个格局

“政治巡视定方向、纵联横通聚合力、有形有效全覆盖、闭环管理促提升”的新时代税务巡视巡察立体格局。

3. 六大体系

统一领导、分级负责的责任体系。国家税务总局党委统一领导，省、市两级分级负责的“一级巡视、两级巡察”税务巡视巡察体制，纵向到底、横向到边。

（1）系统完备、务实可行的制度体系。

（2）流程清晰、规范具体的操作体系。

（3）结构合理、素质优良的队伍体系。

（4）实用高效、畅通便捷的信息体系。

（5）内涵丰富、特色鲜明的文化体系。

第三节　督查内审工作

一、督查内审职能定位

督查内审部门是税务机关内部控制的管理部门，是内部风险和工作落实的监督检查部门，是责任落实评价和问题追究的实施部门。

（一）主要职责

事前，通过组织开展内控机制建设，促进内控内生化，对税收管理提出意见建设，起到制约权力、预防风险的作用。

事中，通过督查中央决策部署、国家税务总局工作部署的贯彻落实情况，督促税收政策落实到位。

事后，通过开展执法督察、内部审计，对执法机关和执法人员进行监督、考核和评价，并督促被监督单位及时整改、落实责任。同时，对接并配合协调外部监督，化解问题风险，促进内部管理。

（二）工作职权

（1）要求提供资料权。

（2）现场检查权。

（3）调查询问权。

（4）违规行为制止权。

（5）违规处理建议权。

（6）违规线索移交权。

（三）组织开展

组织开展分为准备阶段、实施阶段、报告阶段、整改阶段。

二、内部审计

（一）内部审计是内部控制体系的重要组成部分

税务系统内部审计，是内部审计机构和审计人员，在上级内部审计机构和本单位负责人的领导下，根据法律法规规定，采用一定的程序和方法，对本单位和下属单位的内部控制、预算管理、财务收支、固定资产管理、基本建设管理、政府采购管理、专项资金管理等活动以及领导干部经济责任进行检查和评价的一种独立的经济监督行为。

（二）内部审计主要内容

（1）财务内部控制审计：重点审计各项制度的制定与执行情况。

（2）预算管理审计：重点审计预算编制与执行情况。

（3）财务收支审计：重点关注财务收支的真实性、完整性和合规性。

（4）国有资产管理审计：重点关注资产管理制度的健全有效性、资产安全完整性。

（5）基本建设管理审计：重点审计基本建设管理制度落实情况。

（6）政府采购审计：重点审计是否按政府采购目录进行等。

（7）专项经费审计：重点审计专项经费的分配、拨付和使用情况。

（8）领导干部经济责任审计：重点审计领导干部对所在单位的税收管理行为和财务管理行为的真实性、合法性、效益性及有关经济活动依法应当履行的职责、义务。

三、税务系统领导干部经济责任审计

（一）审计对象

（1）各级税务局党委书记、局长；各级税务局主持工作 1 年以上的副职领导干部。

（2）各级税务局所属独立核算的事业单位正职领导干部及主持工作 1 年以上的副职领导干部。

（3）兼任下级单位正职领导职务的上级领导干部。

（4）上级领导干部兼任下级单位的正职领导职务但不实际履行经济责任时，实际负责本单位常务工作的副职领导干部。

（5）其他需要审计的领导干部。

（二）有关规定

在领导干部每个任期内至少对其进行 1 次经济责任审计，审计可以在任中进行，也可以在离任时进行。

在同一岗位任职满 3 年的领导干部应当对其进行任中经济责任审计。

在调任、转任、交流、免职、辞职、退休前，应当对领导干部进行离任经济责任审计。

拟提拔晋升且符合条件的领导干部，应当在考察环节对其进行经济责任审计。

（三）审计内容

1. 税收管理方面

（1）贯彻落实党和国家重大方针政策、上级税务机关决策部署，推进本单位（系统）税收工作科学发展情况；

（2）执行有关税收法律、法规、规章、规范性文件情况；

（3）建立和执行税收管理内部控制制度情况；

（4）税收收入任务完成情况；

（5）税收规范性文件的合法性；

（6）税收具体行政行为的合法性；

（7）其他需要审计的内容。

2. 财务管理方面

（1）贯彻落实党和国家重大方针政策、上级税务机关决策部署情况；

（2）遵守有关财务管理法律、法规、规章、规范性文件情况；

（3）建立和执行财务管理内部控制制度情况；

（4）重大经济事项决策情况；

（5）本单位（系统）预算编制、执行和其他财政收支、财务收支的真实、合法和效益情况；

（6）基本建设等重要项目的投资、管理、使用和处置情况；

（7）贯彻落实中央八项规定精神和厉行节约反对浪费规定的情况；

（8）其他需要审计的内容。

3. 其他方面

（1）被审计领导干部履行有关党风廉政建设第一责任人职责情况，以及本人遵守有关廉政规定的情况；

（2）机构设置、编制使用以及有关规定的执行情况；

（3）对下属单位税收管理和财务管理活动的管理、监督情况；

（4）对以往审计中发现问题的整改情况；

（5）群众来信来访反映的有关问题；

（6）其他需要审计的内容。

4. 经济责任

按照直接责任、主管责任和领导责任作出界定。

四、税收执法考评与过错责任追究

（一）税收执法考评

税收执法考评指税务机关对所属单位及税收执法人员的税收执法行为的考核与税收执法质量的评价。

考核的结果是税收执法过错责任追究、税收执法质量评价的依据。

（二）税收执法考核内容（10个内容）

（1）是否存在不作为情形。

（2）税收执法主体资格是否符合规定。

（3）税收执法人员是否取得执法资格。

（4）税收执法是否符合执法权限。

（5）税收执法适用依据是否正确。

（6）税收执法程序是否合法。

（7）税收执法文书使用是否规范。

（8）税收执法认定的事实是否清楚、证据是否充分。

（9）税收执法决定是否合法、完整、适当。

（10）制定规范性文件是否合法合规及其他情况。

（三）考核实施方式

按月实施，通过内部控制监督平台定期扫描税收业务，获取税收执法数据和过错信息。

过错信息推送至税务机关、税收执法人员。

税务机关、税收执法人员对推送的过错信息核实、申辩、确认，并反馈。

考核结果告知相关税务机关、税收执法人员。

（四）税收执法过错责任追究

1. 追究形式

批评教育、责令作出书面检查、通报批评、取消评选先进的资格、责令待岗、调离执法岗位、取消执法资格。这些形式既可以单独适用，也可以合并适用。

2. 应当从重追究的情形

（1）税收执法人员因主观故意或者不作为导致税收执法过错发生的；

（2）导致国家税款流失并且数额较大的；

(3) 被责令限期改正而逾期不改正，又无正当理由的；

(4) 税收执法过错发生后瞒报或不采取有效措施，致使损害后果扩大的；

(5) 隐瞒事实真相、出具伪证、毁灭证据，或者以其他方式阻碍、干扰税收执法过错调查的；

(6) 因税收执法过错形成负面涉税舆情、造成恶劣社会影响的；

(7) 因税收执法过错导致税务机关承担国家赔偿责任的；

(8) 其他应当从重追究的情形。

3. 依法履职免责内容

在事实表述、法条引用、文书制作等方面存在执法瑕疵，不影响执法结果的正确性及效力的，不予追究税收执法过错责任，但应当进行税收执法质量评价，并予以纠正。

4. 具体不予追究的情形

(1) 法律、法规、规章、税收规范性文件不明确或有争议的；

(2) 执行上级税务机关的书面答复、决策、命令；

(3) 不可抗力或者意外事件；

(4) 业务流程或者税收业务相关软件存在疏漏或者发生改变的；

(5) 税收行政相对人提供虚假材料、隐瞒涉税信息等其他不依法诚信履行纳税义务的；

(6) 有证据表明税收执法人员不存在故意或者过失的其他情形。

第四节　内控机制建设

一、内控机制建设的必要性

税务系统内部控制是指以风险防控为导向，通过查找、梳理、评估税务工作中的各类风险，制定、完善并有效实施一系列制度、流程、方法和标准，对税务工作风险进行事前防范、事中控制、事后监督和纠正的动态管理过程和机制。税务系统内部控制是典型的政府内部控制。

内控机制建设是推进党风廉政建设的重要抓手，是促进依法治税的重要保障，是加强干部队伍管理的重要手段。

二、内控监督的信息化

（一）内部控制监督平台

包括内部控制子系统、税收执法风险监控分析子系统、行政管理风险监控子系统、税收执法责任制考核评价子系统、督察审计流程管理子系统、工作辅助支持子系统。

（二）内部控制子系统

展示6类风险防控情况：风险态势、防控措施情况、应用软件防控内生化情况、非信息化内部控制情况、内部控制需求情况和内部控制建设情况。

内部控制子系统的定位：内部控制主责部门的工作平台、内部控制管理部门的监督平台。分别拥有不同的权限，不同的功能模块。

主责部门有5个功能模块：制度管理、风险指引、防控执行、内控展示、内控评估。

管理部门有6个功能模块：制度管理、检查督导、任务推送、内控宣传、内控考评、内控展示。

税务工作风险分高、中、低三个等级。

三、内控机制建设的总体要求和内部控制遵循的原则

（一）总体要求

坚持“一个导向”：以风险防控为导向。

突出“两个基点”：一是权力制衡，二是防错纠偏。

防范“三类风险”：税收执法风险、行政管理风险、廉政风险（下面还可以细分）。

打造“四道防线”：一是完善制度防线，二是优化流程防线，三是推进信息防线，四是强化监督防线。

突出“五个特点”：一是以内部风险为对象，二是以全面覆盖为要求，三是以主责防控为主体，四是以信息化手段为保障，五是实行内控管理与其他监督方式相配合。

实现“六个目标”：一是实现“两覆盖”。实现机构层级的全地域覆盖，实现业务种类的全领域覆盖。二是做到“两优化”。优化流程制度，优化业务软件功能。三是做好“两提升”。提升内控的监管效能，提升内控的整体效能。

完整的表述：以权力制衡为核心，以防范税收执法风险、行政管理风险、廉政风险为重点，以完善制度为基础，以流程控制为主线，以信息化手段为依托，以监督检查为保障，以“两覆盖、两优化、两提升”为要求，建立与税收治理体系和治理能力现代化相适应的，权责一致、制衡有效、运行顺畅、执行有力、管理科学的内部控制体系。

（二）内部控制遵循的原则

（1）全面覆盖：全领域、全过程、全人员。

（2）突出重点：重点领域、关键环节、重要岗位风险防控。

（3）权力制衡：分事行权、分岗设权、分级授权。

（4）融合联动：与政策制定、税收执法、行政管理、党风廉政建设紧密结合、深度融合、高度契合，形成整体联动效应。

（5）持续改进：强化动态管理。

四、内部控制的内容

政策制定风险、税收执法风险、行政管理风险以及由此产生的廉政风险。

（一）政策制定风险

政策制定风险，是指税务机关在制定税收政策的过程中，因目标或导向失误、制定依据不充分、与上位法相抵触、制定程序违规等，造成国家利益或行政管理相对人利益损失的可能性。

（二）税收执法风险

税收执法风险，是指税务机关及其工作人员在税收执法过程中，因故意或过失，损害国家利益或行政管理相对人合法权益的可能性。包括以下内容：

（1）税款征收风险，主要指在税款的征收、缴库、退库、调库、追征和办理税收优惠等工作中存在的风险。

（2）税务管理风险，主要指在税务登记、发票管理、认定管理、纳税申报、税额确认、行政许可、凭证管理、证明办理、对纳税人备案事项的后续管理等工作中存在的风险。

（3）纳税服务风险，主要指在宣传咨询、信用评价、权益维护、中介机构管理等工作中存在的风险。

（4）税务稽查风险，主要指在选案、检查、审理、执行等稽查工作中存在的风险。

（5）出口退（免）税风险，主要指在出口退（免）税申报受理、审核、核准、办理等工作中存在的风险。

（6）税收法制风险，主要指在行政处罚、行政复议、行政诉讼、行政强制、行政赔偿等工作中存在的风险。

（7）其他税收执法风险。

（三）行政管理风险

行政管理风险，是指税务机关及其工作人员在内部管理过程中，因故意或过失，损害国家利益、管理秩序或相关当事人合法权益的可能性。包括以下内容：

（1）人事管理风险，主要指在机构编制、人员录用和调配、干部选拔任用、干部监督、考核奖惩、工资福利、干部档案管理、教育培训等工作中存在的风险。

（2）财务管理风险，主要指在预算管理、会计和决算管理、国库集中收付管理、国有资产管理、基本建设管理等工作中存在的风险。

（3）政府采购风险，主要指在采购预算管理、立项管理、采购需求管理、采购计划管理、采购实施、合同管理、验收和资金支付、档案管理等工作中存在的风险。

（4）政务管理风险，主要指在公文处理、会议管理、印章管理、保密管理、档案管理、舆情应对、信访管理、信息公开、应急管理、绩效管理等工作中存在的风险。

（5）信息系统管理风险，主要指在信息系统建设、业务流程控制、数据应用管理和信息安全等工作中存在的风险。

（6）内部监督风险，主要指在巡视巡察、纪检监察、督察审计、督查督办等工作中存在的风险。

（7）其他行政管理风险。

（四）廉政风险

廉政风险，是指税务机关及其工作人员在政策制定、税收执法和行政管理工作中利用职权谋取不正当利益等腐败行为的可能性。

五、制约控制方法

（1）职责分工控制。优化内设机构设置，合理划分、科学配置内设机构职能，明确不同岗位之间的权限和职责，构建权责一致、边界清晰、协调配合、运转高效的职能体系，强化责任落实。

（2）不相容岗位（职责）分离控制。对一人履职可能发生错误或舞弊风险，并可能自我掩盖的岗位（职责），采取相应岗位（职责）分离措施，明确细化责任，形成横向、纵向相互制约监督的工作机制。

（3）授权审批控制。建立与税务工作相适应的内部授权管理体系，明确权限范围、审批程序和相关责任，确保各单位及关键岗位人员在授权范围内行使职权、办理业务。

（4）流程控制。将内部控制嵌入工作流程，对各环节实行模块化管理，对流程进行持续的监督、评价和优化，使风险点在流程中得到控制和解决，形成顺向相互支撑、有效制衡，逆向真实反馈、有效监督的完整体系。

（5）过程预警控制。根据工作规程和业务运转的内在逻辑，在重要节点预设监控指标进行检索、比对，对应办事项及时提醒，对错办事项及时干预、强制阻断。

（6）集体决策控制。建立重大事项集体决策和重要事项会签制度，明确集体决策和会签事项范围，规范集体决策和会签程序，加强对重大事项和重要事项风险的事前控制。

（7）公开运行控制。根据国家有关规定和本单位的实际情况，建立健全信息公开、公示制度，明确公开、公示的内容、范围、方式和程序，为外部监督和内部监督提供有力保障。

（8）痕迹记录控制。利用有效手段保留完整的工作记录、台账、表单、票据和文书等，通过运行痕迹记录对工作事项处理进行过程控制，确保工作过程可查询、可追溯、可比较。

（9）其他制约控制方法。

六、监督控制方法

（1）日常监督控制。上级税务机关业务主管部门应对下级税务机关及税务人员遵守和执行职责范围内的相关制度、流程情况实行日常监督管理。

（2）专门监督控制。各级税务机关专门监督部门应依据职责分工和管辖权限对税务机关及税务人员遵守和执行的相关制度、流程情况实行专门监督检查。

第十九章　党务管理

第一节　党员管理

一、发展党员工作

（一）入党积极分子的确定和培养教育

书面申请入党满 1 年以上的“入党申请人”，择优确定为入党积极分子。

党小组或全体党员群众民主测评推荐，支委会（或支部大会）研究同意。

发展党员工作的基本原则：

（1）个人自愿：个人要有加入党组织的强烈愿望和自觉践行党的宗旨的实际行动。

（2）个别吸收：坚持成熟一个发展一个。讨论时逐个讨论、逐个表决。

（3）发扬民主：坚持公平、公开、公正。

（4）集体讨论：坚持先民主、再集中，按照会前酝酿、集体讨论、形成决议、翔实记录的要求，把好各个关口。

党支部要把发展党员工作的重点放在对入党积极分子的教育、培养和考察上。对入党积极分子进行党章和党的基本知识教育，使他们端正入党动机。分配给入党积极分子一定的任务，使他们得到锻炼提高；注意从实践中培养考察。指定专人定期与其谈心谈话，进行培养帮助，对其思想觉悟、政治品质、入党动机、现实表现和工作等情况进行全面考察。

党支部每半年考察 1 次。

（二）党支部的主要工作

教育引导团员青年积极向党组织靠拢。

在民主测评推荐的基础上确定入党积极分子。

党支部对要求入党的积极分子进行 1 年以上的培养教育考察。

在民主测评推荐的基础上，按一定比例从入党积极分子中票推确定党员发展对象；

及时安排发展对象参加组织部组织的“双学”培训班。

准备发展材料：申请报告；入党申请人谈话记录；群团组织推优材料；确定为入党积极分子相关材料；积极分子登记表；思想汇报及考察表；积极分子积分制管理登记卡；确定为发展对象相关材料；党员、群众座谈记录；民主测评报告表；政审材料；综合报告。

将发展材料报上级机关工委预审，同时在本单位范围内公示；公示期一般为7～10天。

确定两名正式党员为入党介绍人，指导填写入党申请书。

召开支部大会进行讨论，采取无记名投票表决方式，作出决议。

机关工委批准后，支部组织预备党员进行入党宣誓。

预备党员预备期满后，向党支部提出书面转正申请，经支部大会讨论，采取无记名投票表决方式作出决议，报机关工委批准，成为正式党员。

（三）预备党员的接收

召开支部党员大会讨论接收预备党员，是党章规定的必须履行的入党手续。

支部大会要保证出席的人数，如果到会有表决权的党员少于应到会有表决权的正式党员半数，支部大会不能举行；虽超过半数，但缺席人数较多的，也应改期召开。

发展对象和介绍人必须始终参加支部大会。表决在有表决权的正式党员中进行，赞成人数超过应到会有表决权的正式党员的半数，则有效。

预备党员的接收程序：

（1）机关工委审批后，党支部书记与本人谈话，召开党支部大会通报。

（2）将新党员编入一个党小组参加党组织活动，明确预备期内的培养人。

（3）从支部大会通过之月起交纳党费。

（4）填写预备党员考察表和预备党员季度思想汇报表。

（5）预备期满提醒本人提出转正申请；支部及时讨论转正。

（四）预备党员转正

（1）预备党员向支部大会汇报、表态。

（2）党支部负责人介绍预备党员的表现，提出意见，指出努力的方面。

（3）介绍人介绍教育预备党员的情况，并表态。

（4）全体党员充分发表意见，无记名投票表决。

（5）支委会将支部党员大会决议填入《入党志愿书》，支部书记签名盖章，报机关工委审批。

（6）机关工委审批后，支部书记与本人谈话；召开支部大会通报。

（7）将入党申请书等材料归入本人档案；其他发展材料由支部保存2年左右。

二、党员日常管理

（一）党员的学习教育

党员教育管理工作的原则：

（1）坚持党要管党、全面从严治党。

（2）坚持以党的政治建设为统领，突出党性教育和政治理论教育，引导党员遵守党章党规党纪，不忘初心、牢记使命。

（3）坚持围绕中心、服务大局，注重党员教育管理质量和实效。

（4）坚持从实际出发，加强分类指导，尊重党员主体地位，充分发挥党支部直接教育、管理和监督党员作用。

（二）党员教育的基本任务

（1）加强政治理论教育。

（2）突出政治教育和政治训练。

（3）强化党章党规党纪教育。

（4）加强党的宗旨教育。

（5）进行革命传统教育。

（6）开展形势政策教育。

（7）注重知识技能教育。

（三）党员日常教育主要方式

（1）“三会一课”制度。

（2）党支部每月开展1次主题党日，组织党员集中学习、过组织生活、进行民主议事、开展志愿服务等。

（3）每年应组织党员集中轮训。党员每年集中学习培训时间一般不少于32学时。

（4）适时开展专题学习教育。

（四）党费的收缴和管理

按月领取工资的党员，以工资总额中相对固定、经常性的工资收入（税后）为计算基数，交纳党费。比例为：每月工资收入（税后）在3000元（含3000元）以下的，交纳月工资收入的0.5%；3000元以上至5000元（含5000元）的，交纳1%；5000元以上至10000元（含10000元）的，交纳1.5%；10000元以上的，交纳2%。

年薪制的党员，每月以当月实际领取的薪酬收入为计算基数，不按月取得收入的个体经营者的党员，每月以个人上季度月平均纯收入为计算基数。

离退休党员，每月以实际领取的离退休费总额或养老金总额为计算基数。5000元（含5000元）以下的按0.5%比例；5000元以上的按1%的比例交纳党费。

农民党员每月交纳党费0.2～1元。

学生党员，每月交纳党费0.2元。

交纳党费确有困难的党员，经党支部研究，报上一级党委批准后，可以少交或免交党费。

党员一般应向其正式组织关系所在的党支部交纳党费。

党员自愿多交党费不限，自愿一次多交1000元以上的党费，全部上缴中央。

党员遇到特殊情况，经党支部同意，可以每季度交纳一次党费，也可以委托亲属或其他党员代交或补交。补交党费的时间一般不超过6个月。

对无正当理由，连续6个月不交纳党费的党员，按自动脱党处理。

党组织不得垫交、扣缴党员党费，不得要求党员交纳规定以外的各种名目的“特殊党费”。

党费的具体管理工作由各级党委组织部门承担党员教育管理职能的内设机构承办。

党费应当以党委或党委组织部门的名义单独设立银行账户，必须存入中国工商银行等6家银行，不得存入其他银行或非银行金融机构。

不得利用党费账户从事经济活动。

党费收缴、使用和管理是党务公开的一项重要内容。

党支部每年向党员公布一次党费收缴情况。

（五）不合格党员的认定和处置

按党章第九条和相关的规定，一名党员，如果不能履行党员义务，存在理想信念缺失、政治立场动摇、宗旨观念淡薄、工作消极懈怠、组织纪律散漫或是道德行为不端等不符合党员条件的思想和行为表现，经党员民主评议、党组织调查核实和支委会、支部大会讨论决定，可以被认定为不合格。

对认定为不合格的党员，组织处置方式分为限期改正、劝退、除名。

三、党组织关系管理

（一）党籍管理

经党支部党员大会通过，预备党员自通过之日起，即取得党籍。

与党组织失去联系6个月以上，通过各种方式查找仍然没有取得联系的党员，予以停止党籍。停止党籍2年后确实无法取得联系的，按自行脱党予以除名。

对停止党籍的党员，符合条件的，可以按照规定程序恢复党籍。

劝退、劝而不退除名、自行脱党除名、退学除名、开除党籍的，原则上不能恢复党籍，符合条件的可以重新入党。

（二）党员组织关系接转

每个党员不论职务高低，都必须编入党的一个支部、小组或其他特定组织，参加党的组织生活，接受党内外群众监督。

党员工作单位、经常居住地发生变动的，或者外出学习、工作、生活6个月以上并且地点相对固定的，应当转移组织关系。

没有转移党员正式组织关系的，在新的工作单位党组织内不能享有表决权、选举权和被选举权。

税务系统内，外出超过6个月的党员应按规定转接组织关系，异地执行稽查检查、巡视巡察、督查督导等专项工作任务，党员人数超过3人、时间超过1个月的，要设立临时党支部。

第二节　党组织管理

一、党组织设置

（一）党的中央组织

党的中央组织是全党的首脑机关。

党的中央组织包括党的全国代表大会及其产生的中央委员会、中央纪律检查委员会、中央政治局、中央政治局常务委员会、中央书记处、中央军事委员会等。

党的全国代表大会每5年举行一次，由中央委员会召集。中央委员会认为有必要，或者有1/3以上的省一级组织提出要求，全国代表大会可以提前举行；如无非常情况，不得延期举行。

全国代表大会代表的名额和选举办法，由中央委员会决定。

党的全国代表大会的职权是：听取和审查中央委员会的报告；审查中央纪律检查委员会的报告；讨论并决定党的重大问题；修改党的章程；选举中央委员会；选举中央纪律检查委员会。

党的全国代表会议的职权是：讨论和决定重大问题；调整和增选中央委员会、中央纪律检查委员会的部分成员。调整和增选中央委员及候补中央委员的数额，不得超过党的全国代表大会选出的中央委员及候补中央委员各自总数的1/5。

党的中央委员会每届任期5年。全国代表大会如提前或延期举行，它的任期相应地改变。中央委员会委员和候补委员必须有5年以上的党龄。中央委员会委员和候补委员的名额，由全国代表大会决定。中央委员会委员出缺，由中央委员会候补委员按照得票多少依次递补。

中央委员会全体会议由中央政治局召集，每年至少举行一次。中央政治局向中央委员会全体会议报告工作，接受监督。

在全国代表大会闭会期间，中央委员会执行全国代表大会的决议，领导党的全部工作，对外代表中国共产党。

党的中央政治局、中央政治局常务委员会和中央委员会总书记，由中央委员会全体会议选举。中央委员会总书记必须从中央政治局常务委员会委员中产生。

中央政治局和它的常务委员会在中央委员会全体会议闭会期间，行使中央委员会的职权。

中央书记处是中央政治局和它的常务委员会的办事机构；成员由中央政治局常务委员会提名，中央委员会全体会议通过。

中央委员会总书记负责召集中央政治局会议和中央政治局常务委员会会议，并主持中央书记处的工作。

党的中央军事委员会组成人员由中央委员会决定，中央军事委员会实行主席负责制。

每届中央委员会产生的中央领导机构和中央领导人，在下届全国代表大会开会期间，继续主持党的经常工作，直到下届中央委员会产生新的中央领导机构和中央领导人为止。

（二）党的地方组织

党的地方组织是指党的省、自治区、直辖市，设区的市、自治州、县（旗）、自治县、不设区的市、市辖区的代表大会和它们所产生的委员会。还包括经党代表大会选举产生的纪律检查委员会。

（三）党的基层组织

党的企业、农村、机关、学校、科研院所、街道社区、社会团体、社会中介组织，人民解放军连队和其他基层单位建立的组织为党的基层组织。

1. 党的基层组织基本设置原则

根据党员人数设置。一般情况下，党员人数超过100名的基层单位，经上级党组织批准，可成立党的基层委员会；党员人数超过50名、不足100名的基层单位，经上级党组织批准，可成立党的总支部委员会；正式党员人数超过3名、不足50名的基层单位，经上级党组织批准，可成立党支部；正式党员人数不足3名的基层单位，可与邻近单位的党员联合组成党支部。其中，党员人数超过7名的党支部，应设支部委员会；党员人数不足7名的，只设书记1名，必要时增设副书记1名。

根据工作需要设置。有些基层单位党员人数虽然不足50名或100名，但因特殊情况和工作需要，经上级党组织批准，也可以成立党的基层委员会或总支部委员会。

凡是有正式党员3人以上的，都应当成立党的基层组织。

基层委员会由党员大会或代表大会选举产生，总支部委员会和支部委员会由党员大会选举产生。

每届任期3年至5年。选举产生的书记、副书记，报上级党组织批准。

机关党员100人以上的，设立基层委员会。机关党员50人以上、100人以下的，设立党的总支部委员会。党员人数不足，因工作需要，经上级党组织批准，可以设立党的基层委员会或党的总支部委员会。

设立机关党的基层委员会的部门，一般应当设立机关党的纪律检查委员会。

隶属关系：属地管理和行业管理。

2. 党的基层组织主要职责

（1）宣传和执行党的路线、方针、政策，宣传和执行党中央、上级组织和本组织的决议，发挥党组织的战斗堡垒作用和党员的先锋模范作用，支持和协助行政负责人完成本单位所担负的任务。

（2）组织党员认真学习马克思列宁主义、毛泽东思想、邓小平理论和党的路线、方针、政策以及决议，学习科学、文化和业务知识。

（3）对党员进行严格管理，督促党员履行义务，保障党员的权利不受侵犯。

（4）对党员进行监督，严格执行党的纪律，加强党风廉政建设，坚决同腐败现象作斗争。

（5）做好机关工作人员的思想政治工作，推进机关社会主义精神文明建设；了解、反映群众的意见，维护群众的正当权益，帮助群众解决实际困难。

（6）对入党积极分子进行教育、培养和考察，做好发展党员工作。

（7）协助党组（党委）管理机关党组织和群众组织的干部；配合干部人事部门对机关行政干部进行考核和民主评议；对机关行政干部的任免、调动和奖惩提出意见和建议。

（8）领导机关工会、共青团、妇委会等群众组织，支持这些组织依照各自的章程独立负责地开展工作。

（9）按照党组织的隶属关系，领导直属单位党的工作。

二、党内监督

党内监督的任务是确保党章党规党纪在全党有效执行，维护党的团结统一，重点解决党的领导弱化、党的建设缺失、全面从严治党不力，党的观念淡漠、组织涣散、纪律松弛，管党治党宽松软问题，保证党的组织充分履行职能、发挥核心作用，保证全体党员发挥先锋模范作用，保证党的领导干部忠诚、干净、担当。

（一）党内监督的主要内容

（1）遵守党章党规，坚定理想信念，践行党的宗旨，模范遵守宪法法律情况。

（2）维护党中央集中统一领导，牢固树立政治意识、大局意识、核心意识、看齐意识，贯彻落实党的理论和路线方针政策，确保全党令行禁止情况。

（3）坚持民主集中制，严肃党内政治生活，贯彻党员个人服从党的组织，少数服从多数，下级组织服从上级组织，全党各个组织和全体党员服从党的全国代表大会和中央委员会原则情况。

（4）落实全面从严治党责任，严明党的纪律特别是政治纪律和政治规矩，推进党风廉政建设和反腐败工作情况。

（5）落实中央八项规定精神，加强作风建设，密切联系群众，巩固党的执政基础情况。

（6）坚持党的干部标准，树立正确选人用人导向，执行干部选拔任用工作规定情况。

（7）廉洁自律、秉公用权情况。

（8）完成党中央和上级党组织部署的任务情况。

（二）党内监督的主要方式

党内监督必须贯彻民主集中制，依规依纪进行，强化自上而下的组织监督，改进自下而上的民主监督，发挥同级相互监督作用。坚持惩前毖后、治病救人，抓早抓小、防微杜渐。

1. 党的中央组织的监督

党的中央委员会、中央政治局、中央政治局常务委员会全面领导党内监督工作。中央委员会全体会议每年听取中央政治局工作报告，监督中央政治局工作，部署加强党内监督的重大任务。

2. 党委（党组）的监督

党委（党组）在党内监督中负主体责任，书记是第一责任人，党委常委会委员（党组成员）和党委委员在职责范围内履行监督职责。

党的工作部门应当严格执行各项监督制度，加强职责范围内党内监督工作，既加强对本部门本单位的内部监督，又强化对本系统的日常监督。

党内监督必须加强对党组织主要负责人和关键岗位领导干部的监督，重点监督其政治立场、加强党的建设、从严治党，执行党的决议，公道正派选人用人，责任担当、廉洁自律，落实意识形态工作责任制情况。

上级党组织特别是其主要负责人，对下级党组织主要负责人应当平时多过问、多提醒，发现问题及时纠正。领导班子成员发现班子主要负责人存在问题，应当及时向其提出，必要时可以直接向上级党组织报告。

党组织主要负责人个人有关事项应当在党内一定范围公开，主动接受监督。

党委（党组）应当加强对领导干部的日常管理监督，掌握其思想、工作、作风、生活状况。党的领导干部应当经常开展批评和自我批评，敢于正视、深刻剖析、主动改正自己的缺点错误；对同志的缺点错误应当敢于指出，帮助改进。

巡视是党内监督的重要方式。

严格党的组织生活制度，民主生活会应当经常化，遇到重要或者普遍性问题应当及时召开。民主生活会重在解决突出问题，领导干部应当在会上把群众反映、巡视反馈、组织约谈函询的问题说清楚、谈透彻，开展批评和自我批评，提出整改措施，接受组织监督。上级党组织应当加强对下级领导班子民主生活会的指导和监督，提高民主生活会质量。

坚持党内谈话制度，认真开展提醒谈话、诫勉谈话。发现领导干部有思想、作风、纪律等方面苗头性、倾向性问题的，有关党组织负责人应当及时对其提醒谈话；发现轻微违纪问题的，上级党组织负责人应当对其诫勉谈话，并由本人作出说明或者检讨，经所在党组织主要负责人签字后报上级纪委和组织部门。

严格执行干部考察考核制度，全面考察德、能、勤、绩、廉表现，既重政绩又重政德，重点考察贯彻执行党中央和上级党组织决策部署的表现，履行管党治党责任，在重大原则问题上的立场，对待人民群众的态度，完成急难险重任务的情况。

党的领导干部应当每年在党委常委会（或党组）扩大会议上述责述廉，接受评议。述责述廉重点是执行政治纪律和政治规矩、履行管党治党责任、推进党风廉政建设和反腐败工作以及执行廉洁纪律情况。述责述廉报告应当载入廉洁档案，并在一定范围内公开。

建立健全党的领导干部插手干预重大事项记录制度，发现利用职务便利违规干预干部选拔任用、工程建设、执纪执法、司法活动等问题，应当及时向上级党组织报告。

3. 党的纪律检查委员会的监督

党的各级纪律检查委员会是党内监督的专责机关，履行监督执纪问责职责，加强对所辖范围内党组织和领导干部遵守党章党规党纪、贯彻执行党的路线方针政策情况的监督检查。

纪律检查机关必须把维护党的政治纪律和政治规矩放在首位，坚决纠正和查处上有政策、下有对策，有令不行、有禁不止，口是心非、阳奉阴违，搞团团伙伙、拉帮结派，欺骗组织、对抗组织等行为。

纪委派驻纪检组对派出机关负责，加强对被监督单位领导班子及其成员、其他领导干部的监督。

（三）履行的主要职责

1. 党的基层组织履行的监督职责

（1）严格党的组织生活，开展批评和自我批评，监督党员切实履行义务，保障党员权利不受侵犯。

（2）了解党员、群众对党的工作和党的领导干部的批评和意见，定期向上级党组织反映情况，提出意见和建议。

（3）维护和执行党的纪律，发现党员、干部违反纪律问题及时教育或者处理，问题严重的应当向上级党组织报告。

2. 党员履行的监督义务

（1）加强对党的领导干部的民主监督，及时向党组织反映群众意见和诉求。

（2）在党的会议上有根据地批评党的任何组织和任何党员，揭露和纠正工作中存在的缺点和问题。

（3）参加党组织开展的评议领导干部活动，勇于触及矛盾问题、指出缺点错误，对错误言行敢于较真、敢于斗争。

（4）向党负责地揭发、检举党的任何组织和任何党员违纪违法的事实，坚决反对一切派别活动和小集团活动，同腐败现象做坚决斗争。

（四）监督责任与义务

组织应当保障党员知情权和监督权，鼓励和支持党员在党内监督中发挥积极作用。提倡署真实姓名反映违纪事实，党组织应当为检举控告者严格保密，并以适当方式向其反馈办理情况。对干扰妨碍监督、打击报复监督者的，依纪严肃处理。

党组织应当保障监督对象的申辩权、申诉权等相关权利。经调查，监督对象没有不当行为的，应当予以澄清和正名。对以监督为名侮辱、诽谤、诬陷他人的，依纪严肃处理；涉嫌犯罪的移送司法机关处理。监督对象对处理决定不服的，可以依照党章规定提出申诉。有关党组织应当认真复议复查，并作出结论。

三、党的组织生活

组织生活制度主要包括支部党员大会、党小组会以及党员领导干部参加的党内民主生活会。组织生活是党组织对党员进行教育、联系、管理的一个重要渠道，它是依托党小组、党支部通过各种形式开展的活动。

（一）“三会一课”

“三会一课”制度是党的组织生活的基本制度，是党员教育管理的主要方式。

“三会”是指定期召开支部党员大会、党支部委员会会议、党小组会；“一课”是指按时上好党课。

1. 支部党员大会

每季度召开一次，由书记或副书记主持，主要内容是：①传达、学习党的路线、方针、政策和上级党组织的决议、指示、制定本单位贯彻落实的计划、措施；②定期听取、讨论支部委员会的工作报告，对支部委员会的工作进行审查和监督；③讨论和接收新党员和预备党员转正，讨论决定对党员的表彰和处分；④选举支部委员会和出席上级党代表大会；⑤讨论决定其他需要由支部党员大会讨论决定的重要问题。

2. 党支部委员会会议

党支部委员会会议一般每月召开一次。全体支委会成员参加。重要事项提交党员大会决定前，一般应当经党支部委员会会议讨论。

3. 党小组会

每月至少召开一次。根据需要随时可以召开。会议由小组全体党员参加，由党小组长主持。党小组长应由本小组的党员选举产生。

4. 党课

党课是对党员进行教育的最经常、最基本的一种形式。每年不少于四次，一般每两个月上一次党课，由各支部负责实施。每次党课以集中学习为宜。一般应吸收入党积极分子一起听课。

（二）组织生活会

党支部（党小组）组织生活会是党支部或党小组以交流思想、总结经验教训、开展批评与自我批评为中心内容的组织生活制度。支部（党小组）组织生活会一般每季度或半年召开一次。

1. 组织生活会的基本内容

（1）学习党的基本理论、基本路线、基本方略，不断地进行思想修养和思想改造的情况。

（2）贯彻执行党的路线、方针、政策和上级党组织的决议情况。

（3）完成党组织交给的任务，履行党员义务的情况。

（4）在关键时刻经受考验的情况。包括严峻的政治斗争面前和当人民的生命财产遭受损失以及面临严重困难，需要党员个人作出牺牲时的表现情况。

（5）在平时工作、学习、生活中处理国家、集体、个人三者利益，服从党和人民利益、服从整体利益的情况。

（6）遵守党的纪律、遵纪守法的情况。

（7）深入实际、联系群众、做群众思想工作的情况。

（8）艰苦奋斗、廉洁奉公、全心全意为人民服务的情况。

（9）开展积极的思想斗争、自觉地同错误思想和行为做斗争的情况。

2. 组织生活会的程序

（1）互相谈心，征求意见；

（2）个别帮助；

（3）发布告示；

（4）组织学习；

（5）一开展批评与自我批评；

（6）总结，制定改进措施。

（三）民主评议党员

党支部每年开展1次民主评议党员，组织党员进行党性分析，可结合组织生活会一并进行。

1. 工作流程

学习教育、个人自评、党员互评、民主测评、提出评定意见。

2. 评议内容

（1）是否具有坚定的共产主义信念，能否坚持四项基本原则，坚持改革开放，把实现现阶段的共同理想同脚踏实地地做好本职工作结合起来，全心全意为人民服务。

（2）是否坚决贯彻执行党在社会主义初级阶段的基本路线和各项方针政策，在政治上同党中央保持一致。

（3）是否站在改革前列，维护改革大局，正确处理国家、集体、个人利益之间的关系。做到个人利益服从党和人民利益，局部利益服从整体利益。

（4）是否切实地执行党的决议，遵守党的章程，履行党员义务，珍惜党员权利。

（5）是否密切联系群众、关心群众疾苦，艰苦奋斗、廉洁奉公，反对腐化奢侈，反对以权谋私；是否模范遵守单位所制定的一切规章制度，是否起到党员先锋模范作用。

（四）谈心谈话

党支部委员之间、党支部委员和党员之间、党员与党员之间，每年谈心谈话一般不少于1次。

税务机关党支部书记要做到“五必谈”：干部入职必谈、入党必谈、职务晋升和岗位调整必谈、离职退休必谈、受到批评处分必谈。

第三节 群团工作

一、工会工作

税务机关应当依法成立工会组织。有会员25人以上的，应建立机关工会委员会。

工会组织按民主集中制原则建立。工会委员会由会员大会或会员代表大会民主选举产生。接受同级税务机关党组织和上级工会双重领导，以同级税务机关党组织领导为主。

每届任期3～5年，按期换届。应当依法申请取得工会法人资格，工会主席或主持工作的副主席为法定代表人。

税务机关工会每年至少召开1次会员大会或会员代表大会。经机关工会委员会或者1/3以上会员提议，可以临时召开会议。

二、青年工作

税务机关各部门、单位凡有28周岁以下共青团员3人以上的，应当设立团的基层组织。

团员在100人以上的单位可以建立基层委员会，下面可分设总支或支部。

团的基层组织委员会委员和书记、副书记由团员大会选举产生，报同级党组织和机关团委批准。

凡40周岁以下的青年人数在3人以上的部门、单位且不具备成立团的基层组织条件的，可以成立青年工作委员会。

税务机关团组织的工作职责是组织青年、引导青年、服务青年、维护青年合法权益、谋划青年工作。

三、妇女工作

妇女委员会是妇联在机关和事业单位的基层组织，是党和政府联系妇女群众的桥梁和纽带。

税务机关建立妇女委员会或妇女工作委员会，委员由妇女大会或妇女代表大会选举产生，任期3～5年。妇女工作委员会委员由妇女代表协商推举产生。

妇女委员会的主要职责与任务：

（1）宣传和贯彻党的路线、方针、政策；

（2）开展巾帼建功、五好文明家庭创建等活动；

（3）推动并参与有关妇女发展政策的制定和落实，反映妇女意见、建议和要求，代表妇女发挥民主参与、民主管理和民主监督作用；

（4）维护女职工合法权益；

（5）宣传和表彰妇女先进典型，促进妇女人才成长。

第二十章　财务与机关事务管理

第一节　财务管理

一、《中华人民共和国会计法》的基本内容

（一）总则

单位负责人对本单位的会计工作和会计资料的真实性、完整性负责。

任何单位或者个人不得以任何方式授意、指使、强令会计机构、会计人员伪造、变造会计凭证、会计账簿和其他会计资料，提供虚假财务会计报告。

（二）会计核算

会计年度自公历1月1日起至12月31日止。

会计核算以人民币为记账本位币。

会计凭证包括原始凭证和记账凭证。

会计机构、会计人员必须按照国家统一的会计制度的规定对原始凭证进行审核，对不真实、不合法的原始凭证有权不予接受，并向单位负责人报告；对记载不准确、不完整的原始凭证予以退回，并要求按照国家统一的会计制度的规定更正、补充。

（三）会计监督

会计监督是指单位内部的会计机构和会计人员、依法享有经济监督检查职权的政府有关部门、依法批准成立的社会审计中介组织，对国家机关、社会团体、企业事业单位经济活动的合法性、合理性和会计资料的真实性、完善性以及本单位内部预算执行情况所进行的监督。

狭义的会计监督是会计的基本职能之一，是单位内部会计监督的一部分，是会计人员根据国家的财经政策、会计法规，利用会计所提供的信息，对会计主体经济活动进行全面的监督和控制，使其达到预期目标的功能。

广义的会计监督是本文所述及的。其内容既包括内部监督，又包括外部监督。会计

监督分为：事前监督、事中监督、事后监督。

会计监督的具体内容：

（1）对会计凭证、会计账簿和会计报表等会计资料进行监督，以保证会计资料的真实、准确、完整、合法。

（2）对各种财产和资金进行监督，以保证财产、资金的安全完整与合理使用。

（3）对财务收支进行监督，以保证财务收支符合财务制度的规定。

（4）对经济合同、经济计划及其他重要经营管理活动进行监督，以保证经济管理活动的科学、合理。

（5）对成本费用进行监督，以保证用尽可能少的投入，获得尽可能多的产出。

（6）对利润的实现与分配进行监督，以保证按时上缴税金和进行利润分配，等等。

（四）法律责任

伪造、变造会计凭证、会计账簿，编制虚假财务会计报告，构成犯罪的，依法追究刑事责任；尚不构成犯罪的，通报、罚款；属于国家工作人员的，还应当由其所在单位或者有关单位依法给予撤职直至开除的行政处分；其中的会计人员，5 年内不得从事会计工作。

隐匿或者故意销毁依法应当保存的会计凭证、会计账簿、财务会计报告，构成犯罪的，依法追究刑事责任。

授意、指使、强令会计机构、会计人员及其他人员伪造、变造会计凭证、会计账簿，编制虚假财务会计报告或者隐匿、故意销毁依法应当保存的会计凭证、会计账簿、财务会计报告，构成犯罪的，依法追究刑事责任。

二、会计基础工作规范

（1）会计工作岗位，可以一人一岗、一人多岗或者一岗多人。但出纳人员不得兼管稽核、会计档案保管和收入、费用、债权债务账目的登记工作。

（2）单位领导人的直系亲属不得担任本单位的会计机构负责人、会计主管人员。会计机构负责人、会计主管人员的直系亲属不得在本单位会计机构中担任出纳工作。需要回避的直系亲属为：夫妻关系、直系血亲关系、三代以内旁系血亲以及近姻亲关系。

（3）记账凭证的内容必须具备：填制凭证的日期；凭证编号；经济业务摘要；会计科目；金额；所附原始凭证张数；填制凭证人员、稽核人员、记账人员、会计机构负责人、会计主管人员签名或者盖章。收款和付款记账凭证还应当由出纳人员签名或者盖章。

（4）单位应当定期对会计账簿记录的有关数字与库存实物、货币资金、有价证券、往来单位或者个人等进行相互核对，保证账证相符、账账相符、账实相符。对账工作每年至少进行一次。

（5）单位应当建立会计人员岗位责任制度、账务处理程序制度、内部牵制制度、稽核制度、原始记录管理制度、定额管理制度、计量验收制度、财产清查制度、成本核算制度、财务会计分析制度。

三、行政、事业单位财务规则

（1）预算在执行中原则上不予调整。因特殊情况确需调整预算的，行政单位应当按照规定程序报送审批。

（2）行政单位的各项收入应当全部纳入单位预算，统一核算，统一管理。

（3）行政单位依法取得的应当上缴财政的罚没收入、行政事业性收费、政府性基金、国有资产处置和出租出借收入等，不属于行政单位的收入。

（4）行政单位应当将各项支出全部纳入单位预算。

（5）行政单位应当严格执行国库集中支付制度和政府采购制度等规定。

（6）行政单位开设银行存款账户，应当报同级财政部门审批，并由财务部门统一管理。

（7）行政单位不得以任何形式用占有、使用的国有资产对外投资或者举办经济实体。对于未与行政单位脱钩的经济实体，行政单位应当按照有关规定进行监管。

（8）除法律、行政法规另有规定外，行政单位不得举借债务，不得对外提供担保。

（9）未经同级财政部门批准，行政单位不得将占有、使用的国有资产对外出租、出借。

四、行政、事业单位会计制度

行政单位的资产包括流动资产、固定资产、在建工程、无形资产等。

流动资产是指可以在 1 年以内（含 1 年）变现或者耗用的资产，包括库存现金、银行存款、零余额账户用款额度、财政应返还额度、应收及预付款项、存货等。零余额账户用款额度是指实行国库集中支付的行政单位根据财政部门批复的用款计划收到和支用的零余额账户用款额度。

固定资产是指使用期限超过 1 年（不含 1 年），单位价值在规定标准以上，并且在使用过程中基本保持原有物质形态的资产。

行政单位会计要素包括资产、负债、净资产、收入和支出。

行政单位的收入包括财政拨款收入和其他收入。行政单位的收入一般应当在收到款项时予以确认。

财务报表是反映行政单位财务状况和预算执行结果等的书面文件，由会计报表及其附注构成。

会计报表包括资产负债表、收入支出表、财政拨款收入支出表等。

税务系统各级税务机关经费会计核算适用行政单位会计制度。税务系统的会计核算的主体分为主管会计单位、二级会计单位、基层会计单位。二级会计单位包括省、自治区、直辖市和计划单列市税务局。

五、财务会计基本知识

税务系统会计组织系统的构成：科学的机构设置、合理的人员分工、明确的岗位责任、完善的会计工作制度。

（一）税务系统会计核算的特点

（1）税务系统会计核算对象主要是预算资金的取得、使用和结果；收支核算必须服从预算管理的要求。

（2）税务系统的会计核算基础是收付实现制，特殊经济业务和事项按规定采用权责发生制核算。

（3）税务系统不进行成本核算。

（4）税务系统资金运动是单向的。以拨款方式从财政部门取得经费来源，不需要偿还；办理公务过程中发生的资金支出，不求资金回报。

（二）税务系统会计核算的要求

（1）税务系统各级单位的各项资金和资产，均纳入本级单位进行会计核算，严禁私设“小金库”，账外设账。

（2）应当划分会计期间，分期结算账目和编制会计报表。会计期间分年度、季度和月份。

（3）采用借贷记账法。

（三）税务系统会计档案管理

当年形成的会计档案，在会计年度终了，可由单位会计管理部门临时保管 1 年，再移交单位档案管理部门。临时保管会计档案最长不超过 3 年。

六、银行账户管理

（1）税务系统各行政单位只能开设一个基本存款账户。用于办理本单位其他收入及往来款的日常转账结算和现金收付等业务。

（2）预算单位零余额账户，是指财政部在商业银行为每个预算单位开设的，用于记录、核算和反映实行财政授权支付的资金活动，以及与国库单一账户进行清算的账户。

一个单位开设一个零余额账户。基建资金在单位零余额账户中分账核算。

（3）预算单位开立、变更、撤销银行账户，实行财政审批、备案制度，税务系统内部按“下管一级”的财务管理体制逐级上报、审核和备案。

七、公务卡的使用和管理

（1）税务系统公务卡，是各级税务机关工作人员持有的，主要用于日常公务支出和财务报销业务的信用卡（贷记卡）。公务卡既具备普通信用卡授信消费等属性，又具有财政财务管理的独特属性。公务卡应使用中国银联标准信用卡。

（2）公务卡遗失、损毁后的补办事项由个人自行向发卡行申请办理。

（3）发卡人按月向持卡人提供公务卡对账单，按照与持卡人约定的方式，及时向持卡人提供公务卡账户资金情况和还款提示等重要信息。

（4）持卡人使用公务卡结算的公务支出，必须取得发票等财务报销凭证，并在发卡行规定的免息还款期内，按照所在单位财务制度规定报销。

因个人报销不及时造成的罚息、滞纳金等相关费用，由持卡人承担。

八、财政票据管理

税务系统财务部门使用的中央财政票据包括：中央非税收入统一票据、中央行政事业单位资金往来结算票据、公益捐赠票据。

中央单位财政票据监督检查实施“双随机、一公开”，采取定向和不定向相结合的方式抽取监督随机检查对象，每年开展一次，抽查比例为10%。

九、差旅费

差旅费是指工作人员临时到常驻地以外地区公务出差所发生的城市间交通费、住宿费、伙食补助费和市内交通费。

出差人员应按规定等级乘坐交通工具。

出差人员自行用餐，凡由接待单位统一安排用餐的，应当向接待单位交纳伙食费。

住宿费在标准限额内凭发票据实报销。

差旅费报销时应提供出差审批单、机票、车票、住宿费发票等凭证。住宿费、机票支出等按规定用公务卡结算。

实际发生住宿而无住宿发票的，不得报销住宿费以及城市间交通费、伙食补助费和市内交通费。

十、公务接待费

公务接待费用全部纳入预算管理，单独列示。

禁止在公务接待费中列支应当由接待对象承担的差旅、会议、培训等费用。

禁止以举办会议、培训为名列支、转移、隐匿接待费开支。

禁止向下级单位及其他单位、企业、个人转嫁公务接待费用。

禁止在非税收入中坐支接待费用。

禁止借公务接待名义列支其他支出。

公务接待费报销凭证应当包括财管票据、派出单位公函、接待清单。公务活动结束后，接待单位应如实填写接待清单，并由相关负责人审签。

接待清单包括接待对象的单位、姓名、职务和公务活动项目、时间、场所、费用等内容。

“三公”经费，是指因公出国（境）经费、公务用车购置及运行经费、公务接待费。

十一、公务接待管理

（1）公务外出确需接待的，派出单位应向接待单位发出公函，告知内容、行程和人员，无公函的公务活动和来访人员一律不予接待。

（2）六个不得：不得在机场、车站、码头和辖区边界组织迎送活动；不得跨地区迎送；不得张贴悬挂标语横幅；不得安排群众迎送；不得铺设迎宾地毯；地区、部门主要负责人不得参加迎送。

（3）严格控制陪同人数，不得层层多人陪同。安排外出考察调研的，应当深入基层、深入群众，不得走过场、搞形式主义。

（4）出差人员住宿费应当回本单位凭据报销。接待对象应按规定标准自行用餐，确因工作需要，接待单位可以安排工作餐一次，严格控制陪餐人数。接待对象在 10 人以内的，陪餐人数不得超过 3 人；接待对象超过 10 人的，陪餐人数不得超过接待对象人数的 1/3；不得提供香烟、高档酒水，不得到私人会所、高消费餐饮场所用餐。

（5）会议实行定点管理。会议应当在四星级以下（含四星）定点饭店召开，按协议价格结算费用。不得到党中央、国务院明令禁止的风景名胜区召开会议。

十二、会议费

（1）会议费支出全部纳入部门预算管理。在预算报表中单独列示。严格控制会议费预算规模，强化预算执行刚性，会议费预算应细化到具体会议项目，执行中不得突破，坚决杜绝无预算支出和超预算支出会议费。

（2）开支范围：会议住宿费、伙食费、会议场地租金、交通费、文件印刷费、医药费等。

（3）会议费开支实行综合定额控制，各项费用之间可以调剂使用。

（4）会议费报销时应提供会议审批文件、会议通知及实际参会人员签到表、定点会议场所等会议服务单位提供的费用原始明细单据、电子结算单等凭证。

（5）禁止以现金方式结算。

（6）严禁借会议名义组织会餐或安排宴请；严禁套取会议费设立“小金库”；严禁在会议中列支公务接待费。

（7）严格执行会议用房标准，不得安排高档套房；会议用餐严格控制菜品种类、数量和分量，一般安排自助餐；严格提供高档菜肴，不安排宴请，不上烟酒。

（8）会议会场一律不摆花草，不制作背景板，不提供水果。

（9）不得使用会议费购置电脑、复印机、打印机、传真机等固定资产以及开支与本次会议无关的其他费用。

（10）不得组织会议代表旅游和进行与会议无关的参观；严禁组织高档消费娱乐、健身活动；严禁以任何名义发放纪念品，不得额外配发洗漱用品。

十三、培训费

（1）培训费开支，是指开展培训直接发生的各项费用支出，包括师资费、住宿费、伙食费、培训场地费、交通费以及其他费用。师资费是指聘请师资授课发生的费用，包括授课老师讲课费、住宿费、伙食费、城市间交通费等。

（2）除师资费外，培训费实行分类综合定额标准，分项核定、总额控制，各项费用之间可以调剂使用。师资费在综合定额标准外单独核算。

（3）讲课费（税后）执行标准：副高级技术职称专业人员每学时最高不超过 500 元；正高级技术职称专业人员每学时最高不超过 1000 元；院士、全国知名专家每学时一般不超过 1500 元；每半天最多按 4 学时计算。其他人员讲课费参照上述标准执行。同时为多班次一并授课的，不重复计算讲课费。

（4）授课老师的城市间交通费按照差旅费有关规定和标准执行，住宿费、伙食费按照上述标准执行，原则上由培训举办单位承担。培训工作确有需要从异地（含境外）邀请授课老师，路途时间较长的，经单位主要负责同志书面批准，讲课费可以适当增加。

（5）对未履行审批备案程序的培训，以及超范围、超标准开支的费用不予报销。培训费由培训举办单位承担，不得向参训人员收取任何费用。

（6）六个严禁：严禁借培训名义安排公款旅游；严禁借培训名义组织会餐或安排宴请；严禁组织高消费娱乐健身活动；严禁使用培训费购置电脑、复印机、打印机、传真机等固定资产以及开支与培训无关的其他费用；严禁在培训费中列支公务接待费、会议费；严禁套取培训费设立“小金库”。

（7）7 天以内的培训不得组织调研、考察和参观。

第二节　会计制度

一、行政单位会计信息的质量要求

（1）可靠性：行政单位应当以实际发生的经济业务或者事项为依据进行会计核算，如实反映各项会计要素的情况和结果，保证会计信息真实可靠。

（2）相关性：行政单位提供的会计信息应当与行政单位受托责任履行情况的反映、会计信息使用者的管理、监督和决策需要相关，有助于会计信息使用者对行政单位过去、现在或未来的情况作出评价或预测。

（3）全面性：行政单位应当将发生的各项经济业务或者事项全部纳入会计核算，确保会计信息能够全面反映行政单位的财务状况和预算执行情况等。

（4）及时性：行政单位对于已经发生的经济业务或事项，应当及时进行会计核算，不得提前或延后。

（5）可比性：同一行政单位不同时期发生的相同或相似的经济业务或事项，应当采用一致的会计政策，不得随意变更。确需变更的，应当将变更的内容、理由和对单位财务状况、预算执行情况的影响在附注中予以说明。不同行政单位发生的相同或者相似的经济业务或事项，应当采用统一的会计政策，确保不同行政单位会计信息口径一致，相互可比。

（6）可理解性：行政单位提供的会计信息应当清晰明了，便于会计信息使用者理解和使用。

二、行政单位会计要素

行政单位会计要素有5个：资产、负债、净资产、收入、支出。

（1）资产，是指行政单位占有或使用的、能以货币计量的经济资源。行政单位的资产包括流动资产、固定资产、在建工程、无形资产等。

（2）负债，是指行政单位所承担的能以货币计量、需要以资产等偿还的债务。按照流动性，分为流动负债、非流动负债。流动负债是指预计在1年内偿还的负债。行政单位的流动负债包括应缴财政款、应缴税费、应付职工薪酬、应付及暂存款项、应付政府补贴款等。非流动负债是指流动负债以外的负债，包括长期应付款，即行政单位发生的偿还期限超过1年的应付款项。

（3）净资产，是指行政单位资产扣除负债后的余额。主要是财政拨款结转和财政拨款结余、其他资金结转结余以及非货币性资产对应的资产基金等。

（4）收入，是指行政单位依法取得的非偿还性资金。

（5）支出，是指行政单位为保障机构正常运转和完成工作任务所发生的资金耗费和损失，包括经费支出和拨出经费。

三、行政单位财务报表

（1）财务报表是反映行政单位财务状况和预算执行结果等的书面文件，由会计报表及其附注构成。

（2）会计报表包括资产负债表、收入支出表、财政拨款收入支出表等 。税务系统行政单位会计报表略有不同，包括：资产负债表、收支余总表、收入明细表、支出明细表、经费支出与来源对应表等。

（3）资产负债表是反映行政单位在某一特定日期财务状况的报表。资产负债表应按资产、负债和净资产分类、分项列示。

（4）收入支出表是反映行政单位在某一会计期间全部预算收支执行结果的报表。收入支出表应按收入、支出的构成和结转结余情况分类、分项列示。

（5）财政拨款收入支出表是反映行政单位在某一会计期间财政拨款收入、支出、结转结余情况的报表。

（6）附注是对在会计报表中列示项目的文字描述或明细资料，以及对未能在会计报表中列示项目的说明等。

四、基本建设会计制度

（一）基本建设项目

基本建设项目是指新建、改建、扩建、购建的综合业务用房、培训中心及旧楼装修项目，与其他部门合建的项目，还包括当年虽未安排基本建设投资，但有维护费拨款、基本建设结余资金和在建工程的停、缓建工程项目。

（二）基建单位常用资金占用类科目

资金占用是指资金的分布、使用和存在的形态。建设单位的资金占用按照其分布状况和存在形态的不同，主要分为：货币资金、储备资金、结算资金、在建资金、建成资金、转出资金、待核销资金、固定资产。

资金占用类科目主要有：建筑安装工程投资、设备投资、待摊投资、其他投资、交付使用资产、固定资产、累计折旧、固定资产清理、器材采购、库存设备、库存材料、银行存款、现金、零余额账户用款额度、财政应返还额度、预付备料款、预付工程款、应收有偿调出器材及工程款、其他应收款和待处理财产损失等。

（三）资金来源类科目

资金来源类科目主要有：基建拨款、交回财政资金、应付器材款、应付工程款、应付有偿调入器材及工程款、其他应付款、应缴税金和其他应交款项等。

（四）基建会计报表

基建会计报表即建设单位会计报表，是以货币为统一计量单位，以日常会计核算资料为依据，定期综合反映建设单位在特定日期的财务状况和一定时期内的建设成果的报告性文件。

基建会计报表主要有资金平衡表、基建投资表、待摊投资明细表。

第三节　预算管理

一、《中华人民共和国预算法》的相关内容

预算由预算收入和预算支出组成。政府的全部收入和支出都应当纳入预算。

预算包括一般公共预算、政府性基金预算、国有资本经营预算、社会保险基金预算。一般公共预算、政府性基金预算、国有资本经营预算、社会保险基金预算应当保持

完整、独立。政府性基金预算、国有资本经营预算、社会保险基金预算应当与一般公共预算相衔接。

国家实行一级政府一级预算，设立中央，省、自治区、直辖市，设区的市、自治州，县、自治县、不设区的市、市辖区，乡、民族乡、镇五级预算。全国预算由中央预算和地方预算组成。地方预算由各省、自治区、直辖市总预算组成。地方各级总预算由本级预算和汇总的下一级总预算组成；下一级只有本级预算的，下一级总预算即指下一级的本级预算。没有下一级预算的，总预算即指本级预算。

经人民代表大会批准的预算，非经法定程序，不得调整。各级政府、各部门、各单位的支出必须以经批准的预算为依据，未列入预算的不得支出。

各级政府及有关部门、单位有下列行为之一的，责令改正，对负有直接责任的主管人员和其他直接责任人员依法给予降级、撤职、开除的处分：

（1）未将所有政府收入和支出列入预算或者虚列收入和支出的。

（2）违反法律、行政法规的规定，多征、提前征收或者减征、免征、缓征应征预算收入的。

（3）截留、占用、挪用或者拖欠应当上缴国库的预算收入的。

（4）违反《中华人民共和国预算法》规定，改变预算支出用途的。

（5）擅自改变上级政府专项转移支付资金用途的。

（6）违反《中华人民共和国预算法》规定拨付预算支出资金，办理预算收入收纳、划分、留解、退付，或者违反《中华人民共和国预算法》规定冻结、动用国库库款或者以其他方式支配已入国库库款的。

各级政府、各部门、各单位违反《中华人民共和国预算法》规定举借债务或者为他人债务提供担保，或者挪用重点支出资金，或者在预算之外及超预算标准建设楼堂馆所的，责令改正，对负有直接责任的主管人员和其他直接责任人员给予撤职、开除的处分。

二、预算管理体制

（1）预算单位是部门预算管理和部门预决算编制工作的执行主体。税务系统预算单位是指具有法人资格、与中央财政部门有缴拨款关系，且独立核算的行政、事业单位。

（2）税务系统的预算单位全部属于中央预算单位。

（3）税务系统预算单位管理工作包括预算单位的设立、变更、撤销。基层预算单位财务部门负责收集设立、变更 、撤销预算单位所需要的相关资料，行文向上级主管部门申请；人事部门负责提供设立、变更、撤销预算单位批复文件等资料；办公室负责提供预算单位统一社会信用代码证等资料。

三、部门预算编制

（一）预算编制阶段

预算编制包括“一上”“一下”“二上”“二下”四个阶段。

“一上”阶段，是从财政部自上而下层层下发清查结果至基层预算单位，从基层预算单位自下而上层层编制、审核并上报“一上”预算至财政部。

“一下”阶段，从财政部自上而下层层分解并下达“一下”控制数至基层预算单位，指的是年度部门预算控制数下达。

“二上”阶段，从基层预算单位自下而上层层编制、审核并上报“二上”预算至财政部。

“二下”阶段，从财政部自上而下层层批复预算至基层预算单位，指的是年度预算批复。

（二）部门预算编制管理

预算编制遵循统筹兼顾、勤俭节约、量力而行、讲求绩效和收支平衡的原则。

预算编制工作应自下而上逐级编制，上级单位不得代编。

严控一般性支出，优先安排重点支出。

预算编制工作需提交本级党委会审议。

基本支出预算实行定员定额管理原则。

税务系统的部门预算公开属于政府信息公开范畴，是部门预算执行的监督环节。

四、预算绩效管理

预算绩效管理是一种以支出结果为导向的预算管理模式，是通过管理如期实现预算资金的产出和结果的过程。主要包括绩效目标管理、绩效运行跟踪监控管理、绩效评价实施管理、绩效评价结果反馈和应用管理。

第四节　财务收支和决算管理

一、行政单位收入与支出

收入包括财政拨款收入和其他收入。

国有资产处置和出租出借收入不属于行政单位的收入，应上缴国库或财政专户。

支出包括基本支出和项目支出。基本支出包括人员支出、公用支出。税务系统的项目支出主要有金税运行、车辆购置税、税收调查、金税三期、办案、反避税、两证、代扣代缴代征税款手续费、纳税服务宣传等。

二、管理要求

（一）收入管理要求

收入管理要求，明确行政单位的各项收入应当全部纳入单位预算，统一核算，统一管理，同时也应当将各项支出全部纳入单位预算。

对财政拨款收入管理，必须严格执行财政预算管理制度；加强财政拨款收入的监控；必须区分不同科目和不同性质的经费分别核算管理；必须将全部收入全面真实准确地核算。

其他收入的管理，要做到：来源必须合法，管理必须合规，纳税必须依法。

（二）支出管理要求

支出管理要求，明确行政单位的各项支出应当全部纳入单位预算，由单位财务部门统一归口管理，严格执行国家规定的开支范围和标准。

三、决算管理

（1）税务部门决算是指行政事业单位在年度终了，根据部门决算编审要求，在日常会计核算的基础上编制的、综合反映本单位预算执行结果和财务状况的总结性文件。

（2）在编制部门决算前，应全面清理、核实各项收支账目、往来款项、货币资金和财产物资，保证账簿记录完整无误和相关数据核对正确。并按照部门决算编制口径填制报表，报表数据要做到真实准确、内容完整、账表相符、表表相符。主表数据从会计账簿直接提取，不得人为调整。

（3）决算的审核分自行审核、集中审核两种方式。

（4）决算报送前应经过单位负责人、分管领导、财务部门负责人审签，以正式文件报送，报送资料包括电子数据和纸质资料。

（5）决算向社会公开。

第五节 国库集中支付管理

一、预算单位零余额账户管理

（1）零余额账户的开设和撤销，单位不得自行办理，须经财政部。

（2）只有独立核算的基层预算单位，才能开设一个零余额账户。

（3）预算单位的财政授权支付业务通过本单位零余额账户办理。只能用于本单位开支，不得用于资金转拨。两个零余额账户之间，无论是系统内外、上下级之间还是平级单位之间，一律不得相互划转资金。原则上不得向本单位实有资金账户划拨资金，财政国库管理制度规定的工会经费、住房公积金及提租补贴三类经费除外。

（4）预算单位零余额账户只用于办理应由财政资金支付的业务，单位的经营收入、其他收入和往来收入等非财政性资金，不得进入零余额账户。

（5）预算单位因正常原因从其零余额账户支付的资金，发生收回时必须退回零余额账户。

二、用款计划管理

（1）预算单位根据批准的年度预算，使用财政部统一规定的格式编制用款计划。

（2）单笔支付超500万元的，分月编制直接支付用款计划，其余分月编制授权支付用款计划。

（3）预算指标分为财政直接支付和财政授权支付两种支付方式 。

（4）用款计划按预算管理类型分为基本支出用款计划、项目支出用款计划。分别划分为财政直接支付和财政授权支付。

三、财政直接支付

财政直接支付是指预算单位在财政部批准的财政直接支付用款额度内提出支付申请，逐级审核汇总报财政部批准后，由财政部向代理银行签发支付指令，代理银行根据财政部的支付指令，通过财政部零余额账户，将资金直接支付到收款人。

四、财政授权支付

（1）财政授权支付是指预算单位按照财政部的授权自行向代理银行签发支付指令，代理银行根据预算单位的支付指令，在财政部批准的用款额度内，通过预算单位零余额账户将资金支付到收款人或用款单位。

（2）资金范围：中央财政拨款支出中，除纳入财政直接支付方式与范围的，直接支付额度外的全部支出。

（3）财政授权支付额度于每月月底前，由财政部分别向中国人民银行和代理银行签发下月的支付额度。

（4）支付额度可通过转账或现金方式结算，预算单位使用支票或汇总凭证办理财政授权支付结算业务。

五、年终预算结余资金的使用管理

（1）年终预算结余资金是指纳入国库集中支付的预算单位在预算年度内，按照上级单位批复的部门预算，当年尚未支用，并按有关财政财务制度规定，应留归预算单位继续使用的预算资金。

（2）采用“边批边用”模式，包括额度注销、额度恢复、结余核对、结余批复四个步骤。

六、国库集中支付管理与监督

（一）管理与监督的原则

（各级财务部门）依据批复的部门预算，审核所属预算单位的用款计划；依据批复的用款计划、合同条款的规定、项目进度和实际用款进度审核所属预算单位的财政直接支付申请。

（二）监督检查的内容

（1）是否按规定程序、批复的预算、用款计划、合同条款、项目进度申请使用资金；

（2）支付凭证是否真实、合法，上报的资料、信息是否及时、准确；

（3）是否利用报账单位转移、隐匿财政性资金；

（4）是否提供虚假申请资料或信息骗取财政性资金；

（5）是否有其他违反财经纪律造成财政性资金严重流失的行为。

七、拒绝受理所属单位的支付申请情形

（1）无预算、超预算申请使用资金的。

（2）自行扩大预算支出范围申请使用资金的。

（3）申请手续及提供的文件不完备，有关审核单位没有签署意见或没有加盖印章的。

（4）未按规定程序申请或越级申请使用资金的。

（5）预算执行中发现严重违规、违纪问题的。

（6）工程建设出现重大问题的。

（7）其他情形。

第六节　国有资产管理

一、国有资产的概念

国有资产是指行政机关占有或使用的，依法确认为国家所有的，能以货币计量的经济资源。

税务机关的国有资产包括：使用国家财政性资金形成的资产、国家调拨给行政单位的资产、按照国家规定运用国有资产组织收入形成的资产、接受捐赠的资产和其他经法律法规确认为国家所有的资产。

其特征为：资产是一种经济资源；能够用货币来计量；国家统一所有；政府分级监督；为行政单位或事业单位所占有或使用。

二、国有资产管理机构与职责

税务系统行政单位国有资产实行国家所有，财政部监督，税务系统分级管理，单位占有、使用的管理体制。

单位的国有资产管理职责是：

（1）建立和健全国有资产管理制度。

（2）合理配置和有效使用国有资产。

（3）保障国有资产的安全和完整。

三、国有资产管理的内容

包括资产配置、资产使用、资产处置、资产清查、监督检查、资产管理信息化建设、资产管理工作报告。

各级财务管理部门是税务系统国有资产管理的主管机构。

税务系统行政单位不得以任何形式用占用、使用的国有资产对外投资或者举办经济实体；除另有规定外，税务系统行政单位不得以任何形式将占有、使用的国有资产抵押举借债务，不能对外提供担保。

税务系统行政单位通用办公设备配置标准：包括实物量标准、价格上限标准及使用年限标准三部分。实物量标准实行分量和总量双向控制，一是按工作人员级别和内设机构人员数设置分量标准；二是按单位编制内实有人数设置总量标准。

国有资产处置方式包括出售、无偿调拨（划转）、对外捐赠、出让、置换、报废报损以及货币性资产损失核销等。

四、国有资产分类与计价方法

（一）国有资产分类

国有资产分为固定资产、流动资产、在建工程和无形资产。

固定资产是指使用期限超过 1 年，单位价值在 1000 元以上（其中，专用设备单位价值在 1500 元以上），并且在使用过程中基本保持原有物质形态的资产、单位价值虽未达到规定标准，但是耐用时间在 1 年以上的大批同类物资，作为固定资产管理。

固定资产实行分类管理：房屋及构筑物；通用设备；专用设备；文物和陈列品；图书、档案；家具、用具和装具等。

无形资产是指不具有实物形态而能为使用者提供某种权利的非货币性资产，包括著作权、土地使用权、专利权、非专利技术、软件等。应以取得时的实际成本计较。单位价值小于 1000 元的，不作为无形资产管理。

（二）国有资产计价方法

取得固定资产时，应当按照其成本入账。

已经入账的固定资产，不得任意变动账面价值。

税务系统行政单位的固定资产不计提折旧，财政部另有规定的除外。

税务系统行政单位不得出租、出借办公用房、公务用车。

第七节　基本建设管理

一、基建管理

基本项目是指投资总管在 10 万元以上，用于新建、购建、改扩建、维修改造的综合业务办公用房、税务干部学校用房、数据中心用房及其附属用房项目。

投资总额在10万~100万元的房屋及设施设备的维修或修缮，凡不使用中央财政基建专项资金的，可不作为基建项目管理。

投资总局是指基建项目从筹建到竣工所需的全部建设资金。

二、立项审批

税务系统基建项目立项实行分级审批管理。

属于国务院、国家发展改革委审批立项的基建项目，由国家税务总局审核后报国务院、国家发展改革委审批。

其他基建项目由国家税务总局根据项目类别和投资总额，明确立项和开工审批权限，分别由国家税务总局和省税务局审批。

（一）综合业务办公用房建设的立项条件

（1）没有综合业务办公用房的，可申请新建、购建。

（2）现有综合业务办公用房由于城市搬迁、城市改造、行政区划调整等原因，按照有关部门的规定确需拆除或搬迁的，可申请新建、购建。

（3）现有综合业务办公用房由于污染等外部环境特殊原因，无法正常开展工作的，可申请新建、购建。

（4）现有综合业务办公用房投入使用15年以上，且面积不足规定标准的2/3，功能不全，严重制约工作正常开展的，可申请新建、购建或改扩建。

（5）因年久失修或遭受自然灾害，经有关部门鉴定为危房的，可根据鉴定意见申请新建、购建或维修改造。

（6）使用10年以上，水电暖、消防等主要设施损坏严重，经有关部门鉴定影响工作正常开展的，可申请维修改造。

（二）审批权限

（1）省税务局综合业务办公用房新建、购建和改扩建项目，由国家税务总局核报国家发展改革委审批。

（2）市税务局综合业务办公用房及县税务局投资总额超过3000万元的综合业务办公用房新建、购建、改扩建项目，由省税务局核报国家税务总局审批。

（3）国家税务总局综合业务办公用房维修改造项目，省、市税务局投资总额超过500万元的综合业务办公用房维修改造项目，由国家税务总局审批。

（4）其余的基建项目由省税务局审批。副省级城市所辖的区、县税务局及行政级别为县处级的开发区税务局基建项目的建设标准和审批权限，比照市税务局执行。

（三）过程管理

立项审批管理、项目库管理、开工管理、施工管理、竣工决算管理、档案管理和移交管理。

第八节 政府采购

一、概念

政府采购，是指各级国家机关、事业单位和团体组织，使用财政性资金采购依法制定的集中采购目录以内的或者采购限额标准以上的货物、工程和服务的行为。

政府采购实行集中采购和分散采购相结合，组织形式有政府集中采购、部门集中采购、分散采购。

纳入集中采购目录的政府采购项目，必须委托集中采购机构代理采购。

集中采购目录由省以上人民政府或其授权机构根据实际情况制定并公布。

分散采购，是指采购人将采购限额标准以上的、未列入集中采购目录的项目自行采购或委托采购代理机构代理采购的行为。

政府采购限额标准由省以上人民政府或其授权机构根据实际情况制定并公布。属于中央预算的政府采购项目，采购限额标准由国务院确定并公布，属于地方预算的政府采购项目，由省级人民政府或其授权的机构确定并公布。

以中央预算单位2017—2018年集中采购目录及标准为例，政府采购限额标准为单项或批量金额达到100万元以上的货物和服务项目、120万元以上的工程项目。

二、政府采购方式

政府采购方式分为招标采购和非招标采购方式 。

招标采购方式包括公开招标、邀请招标；非招标采购方式包括竞争性磋商、竞争性谈判、单一来源采购、询价等。公开招标应作为政府采购的主要采购方式。

（一）非招标采购

可以采用非招标方式采购的情形：

（1）依法制定的集中采购目录以内，且未达到公开招标数额标准的货物、服务；

（2）依法制定的集中采购目录以外、采购限额标准以上且未达到公开招标数额标准的货物、服务；

（3）达到公开招标数额标准、经批准采用非公开招标方式的货物、服务；

（4）按《中华人民共和国招标投标法》及其实施条例必须进行招标的工程建设项目以外的政府采购工程。

（二）公开招标

公开招标，是指采购人依法以招标公告的方式，邀请不特定的供应商参加投标的采购方式。

采购人采购公开招标数额标准以上的货物或服务的，必须依法采用公开招标方式，不得将应当以公开招标方式采购的货物或服务化整为零，或以其他任何方式规避公开招标采购。

采购货物或服务项目，单项采购金额达到200万元以上的，必须采用公开招标方式。

（三）邀请招标

邀请招标：是指采购人依法从符合相应资格条件的供应商中随机邀请三家以上供应商，并以投标邀请书的方式，邀请其参加投标的采购方式。

可以采取邀请招标的情形有：具有特殊性，只能从有限范围的供应商处采购的；采用公开招标方式的费用占政府采购项目总价值的比例过大的。

（四）竞争性磋商

竞争性磋商：是指组建竞争性磋商小组与符合条件的供应商就采购货物、工程和服务事宜进行磋商，供应商按照磋商文件的要求提交响应文件和报价，采购人从磋商小组评审后提出的候选供应商名单中确定成交供应商的采购方式。

可以采取竞争性磋商的情形：

（1）政府购买服务项目；

（2）技术复杂或者性质特殊，不能确定详细规格或者具体要求的；

（3）因艺术品采购、专利、专有技术或者服务的时间、数量事先不能确定等原因不能事先计算出价格总额的；

（4）市场竞争不充分的科研项目，以及需要扶持的科技成果转化项目；

（5）按照《招标投标法》及其实施条例必须进行招标的工程建设项目以外的工程建设项目。

（五）竞争性谈判

竞争性谈判是指谈判小组与符合条件的供应商就采购货物、工程和服务事宜进行谈判，供应商按照谈判文件的要求提交响应文件和最后报价，采购人从谈判小组提出的候选人中确定成交供应商的采购方式。

可以采用竞争性谈判方式采购的情形：

（1）招标后没有供应商投标或者没有合格标的，或者重新招标未能成立的；

（2）技术复杂或者性质特殊，不能确定详细规格或者具体要求的；

（3）非采购人所能预见的原因或者非采购人拖延造成采用招标所需时间不能满足用户紧急需要的；

（4）因艺术品采购、专利、专有技术或者服务的时间、数量事先不能确定等原因不能事先计算出价格总额的。

（六）单一来源采购

单一来源采购：是指采购人从某一特定供应商处采购货物、工程和服务的采购方式。

可以采用单一来源方式采购的情形：

（1）因货物或服务使用不可替代的专利、专有技术，或服务项目具有特殊要求，只能从唯一供应商处采购的；

（2）发生了不可预见的紧急情况不能从其他供应商处采购的；

（3）必须保证原有采购项目一致性或者服务配套的要求，需要继续从原供应商处添购，且添购资金总额不超过原合同采购金额 10% 的。

（七）询价

询价：是指采购人向符合条件的有关供应商发出询价书，要求供应商一次报出不得更改的报价，在报价基础上进行比较并确定最优供应商的一种采购方式 。

条件：采购的货物规格、标准统一，现货货源充足且价格变化幅度小的政府采购项目，可以采用询价方式采购。

三、政府采购程序

（1）公开招标：编制招标文件，发布采购招标公告，评标。

（2）邀请招标：通知投标商参加投标，出售标书，发布资格预审公告，评标。

（3）竞争性谈判：不少于三家供应商参加谈判。

第九节　机关事务管理

一、机关事务管理的概念和特征

机关事务管理是为保证机关职能活动有效开展，对为之提供服务的人、财、物实施有效管理的活动。

机关事务管理分管理、保障、服务三大体系，管理是基础，保障是目的，服务是手段。

机关事务管理具有服务性、综合性、技术性三大特征。

二、物业管理

物业管理是业主通过选聘物业服务企业，由业主和物业服务企业按照物业服务合同约定，对房屋及其配套设施、设备和相关场所进行维修、养护、管理，维护物业管理区域内的环境卫生和秩序的活动。

物业管理的基本内容包括空间管理、环境卫生管理和秩序管理。

三、安全管理与消防安全管理

（一）安全管理

安全管理是对干部群众进行宣传教育，提高警惕，增强法治观念，依靠群众做好防盗、防火工作，加强内部治安管理，维护机关内部秩序，严格安全防范措施，保障要害部位的安全，协助公安机关侦破重大案件，查处治安案件。

要明确岗位责任，建立规章制度，配备必要设施，开展常态检查。

（二）消防安全管理

消防安全管理是安全管理的一个重要内容。

法人单位的法定代表人或者非法人单位的主要负责人是单位的消防安全责任人，对本单位的消防安全工作全面负责。

消防工作贯彻预防为主、防消结合的方针。

要注重四个基本能力：提高检查消除火灾隐患能力、提高组织扑救初起火灾能力、提高组织人员疏散逃生能力、提高消防宣传教育培训能力。

每年开展一次针对干部职工的消防安全教育，提高干部职工的自防自救能力。

落实消防安全主体责任，按照相关标准配备消防设施、器材，设置消防安全标志，定期检验维修，对建筑消防设施每年至少进行一次全面检测，以确保完好有效。

办公楼、办税服务场所必须保障疏散通道、安全出口的畅通无阻，设置消防安全疏散标志，不准在消防通道里堆放物品和杂物。对重要部门或要害部位，应设置醒目的禁烟标志。

四、车辆管理

公务用车包括机要通信车、应急保障车、执法执勤用车、特种专业技术用车以及其他按规定配备的公务用车。

公务用车实行编制管理。

机关内部管理岗位以及机关所属事业单位一律不得配备执法执勤用车。

党政机关配备公务用车应当严格执行相关标准的规定。

加强公务用车集中管理。

严格公务用车使用登记和公示制度。

公务用车保险、维修、加油实行政府集中采购。

五、食堂管理

食堂管理要严格遵循食品安全管理制度。

掌握食品安全事故处置方法和程序。

六、资产管理（税务系统）：办公用房的控制标准

国家税务总局正司局级：24 平方米。

副司局级：18 平方米。

处级：12 平方米。

科级以下：9 平方米。

省级局正司局级：30 平方米。

副司局级：24 平方米。

正处级：18 平方米。

副处级：12 平方米。

科级以下：9 平方米。

市级局正处级：24 平方米。

副处级：18 平方米。

科级以下：9 平方米。

县级局及以下正科级：18 平方米。

副科级：12 平方米。

科员以下：9 平方米。

七、公务接待与会务保障管理

参见本书第十六章第五节“会议管理”。

八、节约型机关建设

（一）税务系统“五个绿色”行动

税务系统“五个绿色”行动包括绿色建筑行动、绿色办公行动、绿色食堂行动、绿色信息行动和绿色文化行动。

（二）节约型机关的主要任务

（1）搭建节能减排组织体系，强化组织保障。

（2）完善节能减排制度体系，加强政策支撑。

（3）建立能源资源消费统计体系，夯实数据基础。

（4）建立节能减排人才管理体系，培育管理人才。

（5）强化内部上下联动。

（6）扩大外部横向合作。

（7）参与示范单位创建。

（8）推进绿色食堂创建。

（9）狠抓垃圾分类管理。

（10）深化数据中心改造。

九、机关事务管理社会化改革

（一）机关事务管理社会化

机关事务管理社会化是指机关事务工作要适应社会主义市场经济的特点和要求，充分发挥市场在资源配置中的决定性任用，打破相对封闭的传统管理模式，面向社会有偿购买服务，不断提升机关事务管理能力，进一步满足机关高效有序运转的要求。

（二）《中华人民共和国劳动合同法》要点

用人单位应依法建立和完善劳动规章制度，保障劳动者享有劳动权利，履行劳动义务。

用人单位自用工之日起即与劳动者建立劳动关系。建立劳动关系，应当订立书面劳动合同。用人单位与劳动者在用工前订立劳动合同的，劳动关系自用工之日起建立。

用人单位与劳动者协商一致，可以订立无固定期限劳动合同。劳动者在该用人单位连续工作满 10 年的，应当订立无固定期限劳动合同。

用人单位自用工之日起满 1 年不与劳动者订立书面劳动合同的，视为已订立无固定期限劳动合同。

劳动合同期限 3 个月以上不满 1 年的，试用期不得超过 1 个月；满 1 年不满 3 年的，试用期不得超过 2 个月；3 年以上固定期限和无固定期限劳动合同，试用期不得超过 6 个月。

劳动者提前 30 日以书面通知用人单位，可以解除劳动合同；在试用期内提前 3 日通知用人单位，可以解除劳动合同。

劳务派遣单位应当与被派遣劳动者订立 2 年以上的固定期限劳动合同，按月支付劳动报酬。

被派遣劳动者享有与用工单位的劳动者同工同酬的权利。劳务派遣一般在临时性、辅助性或者替代性的工作岗位上实施。

第五编

考点训练与分析500题

题型一　单项选择题

1. 复制机密级载体的批准人是（　　）。

A. 本部门领导　　B. 分管领导

C. 密级确定机关　　D. 上级机关

【参考答案】B

【答案解析】复制秘密级载体应当经本部门领导批准，复制机密级载体应当经分管领导批准，复制绝密级载体应当经密级确定机关或其上级机关批准。

2. 网络舆情形成有一个线性过程，下列说法正确的是(　　)。

A. 公共事务发生—个人情绪态度及意见的形成—刺激性信息传播—网络互动—网络舆情的形成与表达

B. 公共事务发生—刺激性信息传播—网络互动—个人情绪态度及意见的形成—网络舆情的形成与表达

C. 公共事务发生—刺激性信息传播—个人情绪态度及意见的形成—网络舆情的形成与表达—网络互动

D. 公共事务发生—刺激性信息传播—个人情绪态度及意见的形成—网络互动—网络舆情的形成与表达

【参考答案】D

3. 党组织主要负责人个人有关事项应当在一定范围内公开并主动接受监督。“一定范围”是指（　　）。

A. 系统内　　B. 单位内　　C. 班子内　　D. 党内

【参考答案】D

4. 甲市税务局下辖的两个县级税务局对同一信访事项受理权限出现争议。对该争议的处理方式正确的是（　　）。

A. 由首次接访的县级税务局受理　　B. 由信访人指定受理税务机关

C. 由甲市税务局指定受理机关　　D. 由甲市税务局直接受理

【参考答案】C

5. 各级税务机关纪检组应当协助本级党委推进全面从严治党，履行相关责任。下列选项，不属于纪检部门责任的是（　　）。

A. 纪律审查责任

B. 问责追究责任

C. 委托监督责任

D. 监督检查责任

【参考答案】C

【答案解析】参见《税务系统落实全面从严治党主体责任和监督责任实施办法（试行)》第十章第三十四条“纪检组协助党委推进全面从严治党，承担监督检查、纪律审查、问责追究责任”。

6. 小王负责某市税务局新闻宣传和门户网站信息维护工作，下列做法正确的是(　　)。

A. 在税务工作专网上查阅和使用内部文件

B. 为加强对外宣传，将内部文件提供给媒体报道

C. 为方便工作交流，将内部文件在微信工作群进行传递

D. 将国家税务总局未标注密级内部文件在门户网站上公开发布

【参考答案】A

7. 下列关于绩效管理的说法，不正确的是（　　）。

A. 绩效管理的根本目的在于科学考核组织和个人的工作业绩

B. 绩效管理的日常管理一般包括节点控制、分析讲评、监督检查、沟通反馈、资料管理等内容

C. 绩效指标的考评标准细则包括考评标准解释、数据来源、评分依据、资料报送等内容

D. 个人年度绩效成绩应作为个人年度考核和评先评优的重要参考

【参考答案】A

8. 2019 年 3 月，某市税务局就减税降费政策落实过程中出现的重大问题向省税务局进行请示，为审议该事项，省局需召开的会议是（　　）。

A. 局党委会议

B. 局务会议

C. 局长办公会议

D. 局领导专题会议

【参考答案】C

9. 市税务局产生税务工作国家秘密事项时，应当（　　）。

A. 立即向有定密权的上级机关报告

B. 立即采取保密措施

C. 立即依据定密权限确定密级，并予以保密

D. 先行采取保密措施，并立即报请有定密权的上级机关确定

【参考答案】D

10. 某县税务局10名职工因工资待遇问题到市税务局进行走访，市局办公室在接访时，要求来访职工推选走访代表，代表人数应（　　）。

A. 不得超过2人　　B. 不得超过3人

C. 不得超过5人　　D. 只能选1名代表

【参考答案】C

11. 张刚是某县税务局副局长，按照有关要求，需要进行个人事项报告工作，下面所列事项不需要申报的是（　　）。

A. 张刚名下房产附带的车位，房产证上没有注明，也没有单独的产权证明

B. 张刚为某出版社将要出版的《税制改革论文集》审稿所得报酬

C. 张刚妻子投资了一家非上市公司

D. 张刚上大学的儿子购买的股票

【参考答案】A

12. 市局办公室在督查过程中发现，某下属局“一案双查”过程中，稽查部门案件移交时出现了问题，下列各项有问题的是（　　）。

A. 稽查人员发现税务机关或者税务人员涉嫌存在违法违纪行为的事实或线索的，应在24小时内报告本稽查局局长或者主持工作的负责人

B. 稽查局局长或者主持工作的负责人应在3个工作日内提出同意转交或者不批准转交监察部门的意见，并将意见报告分管稽查工作的税务局领导

C. 分管稽查工作的税务局领导应当在3个工作日内作出批准转交或者不批准转交的决定。决定批准的，应当在24小时内将有关证据和材料转交监察部门

D. 分管纪检监察部门的纪检组长，在收到稽查部门转交的证据和材料后，应在3个工作日内提出同意转交或者不同意立案查处

【参考答案】D

13. 行政管理工作中，对于不必亲力亲为的事项，管理者可以依法依规授权给下属或下级税务机关办理。以下关于授权行为的表述，错误的是（　　）。

A. 授权时，授权者必须向被授权者明确所接事项的任务目标以及权责范围

B. 为了对所授权力进行控制，授权者应当在授权后不断地检查授权工作落实情况

C. 授权时，一切以被授权者的才能和知识水平为依据，如果“因人设事”“以功授权”，往往会误事

D. 管理者只能够对直接下属授权，不能越级授权，越级授权必然造成部门之间的矛盾

【参考答案】B

14. 办公室副主任小吴在学习信息写作时，总结出如下几点，不正确的是（　　）。

A. 信息是一种“内部新闻”，与新闻相比，只是受众不同，公开发表时就是新闻，刊登在内部简报上就是信息

B. 政务信息是上级机关传递指导下级机关反映工作动态的重要载体

C. 税务信息反映重大决策部署、税务工作创新，不反映税收工作中存在的问题

D. 信息写作完之后，必须经本级领导审阅后方可报送，是严肃的官方消息

【参考答案】C

15. 院子里长出了一棵树，我看它是棵枣树。学园林多年、经验丰富的朋友过来看了，说是李子树。跟果树打了大半辈子交道的爷爷看了之后肯定地说，是棵樱桃树。深秋时节，树上却结出了几十颗核桃。这个故事告诉我们的哲理是（　　）。

A. 经验主义害死人

B. 一百个读者有一百个哈姆雷特

C. 现象和本质，往往只隔一层雾

D. 用自己的果实，证明自己的身份

【参考答案】D

16. 实行“领导包案”的各级税务机关所管辖的信访情况和事项，包括（　　）。

A. 群体访、越级访；疑难复杂、涉及面广、时间跨度大、容易升级激化的；以及其他需要领导包案解决的信访情况和事项

B. 群体访、重复访；重大疑难复杂、涉及面广、容易升级激化的；以及其他需要领导包案解决的信访情况和事项

C. 重大群体访、重复访、越级访；疑难复杂、涉及面广、时间跨度大、容易升级激

化的；以及其他需要领导包案解决的信访情况和事项

D. 重大群体访、重复访、越级访；重大疑难复杂、涉及面广、容易升级激化的；以及其他需要领导包案解决的信访情况和事项

【参考答案】 C

17. 某区税务局第二党支部书记裘某与多名女性发生不正当关系，进行权色交易，根据《中国共产党纪律处分条例》，裘某的行为违反了党的（　　）。

A. 组织纪律　　B. 廉洁纪律　　C. 生活纪律　　D. 工作纪律

【参考答案】 B

【答案解析】 题目中的支部书记如果只是与女性发生不正当关系，属于生活纪律，但进行了权色交易，就属于违反了廉洁纪律。

18. 某市税务局副局长龚某，竞聘正科实职失利后，看到另一同事郭某任前公示的消息后，心中感到不平和嫉妒，随即编造一条郭某花钱买票买官的举报材料，匿名寄给了上级领导和纪检部门，并安排其亲属在网上发帖，在社会上造成了很大的影响。根据《中国共产党纪律处分条例》，龚某的行为（　　）。

A. 违反了党的政治纪律　　B. 违反了党的工作纪律

C. 不道德，但不违反党的纪律　　D. 违反了党的生活纪律

【参考答案】 A

19. 实现中华民族伟大复兴最可靠的保证是（　　）。

A. 坚持改革开放不动摇　　B. 坚持四项基本原则不动摇

C. 坚持以经济建设为中心不动摇　　D. 坚持党的基本路线不动摇

【参考答案】 D

【答案解析】 中国共产党在社会主义初级阶段的基本路线是：领导和团结全国各族人民，以经济建设为中心，坚持四项基本原则，坚持改革开放，自力更生，艰苦创业，为把我国建设成为富强民主文明和谐美丽的社会主义现代化强国而奋斗。实现中华民族伟大复兴最可靠的保证是坚持党的基本路线不动摇。

20. 下列对社会主义初级阶段有关内容的逻辑顺序描述，正确的是（　　）。

A. 主要矛盾→总任务→基本国情→基本路线

B. 基本国情→主要矛盾→总任务→基本路线

C. 基本路线→基本国情→主要矛盾→总任务

D. 总任务→基本国情→基本路线→主要矛盾

【参考答案】B

【答案解析】我国的基本国情是我国正处于并将长期处于社会主义初级阶段，这一基本国情是建设中国特色社会主义的总依据。因为我国正处于社会主义初级阶段，目前社会的主要矛盾是人民日益增长的美好生活需要和不平衡不充分的发展之间的矛盾；立足基本国情，面对主要矛盾，现阶段我国社会主义建设的总任务是实现社会主义现代化和中华民族的伟大复兴。

21. 下列选项中，不属于风险防控措施的是（　　）。

A. 风险预警　　B. 风险阻断　　C. 风险筛查　　D. 风险评估

【参考答案】D

【答案解析】风险防控的主要内容包括风险预警、风险阻断、风险筛查，不包括风险评估。

22. 一般情况下，公文成文时间的确定应以（　　）。

A. 印文时间为准　　B. 发出时间为准

C. 领导人签发时间为准　　D. 完稿时间为准

【参考答案】C

【答案解析】公文的成文时间，是公文生效时间的根据之一。对其确定一般依这样的标准进行：会议通过的公文，以会议通过的日期为准；领导人签发的公文，以签发日期为准；联合行文，以最后签发机关领导人的签发日期为准；法规体公文以批准日期为准，电报及一般信函以实际发出日期为准。

23. 主送机关是指公文的主要（　　）。

A. 发文机关　　B. 公文起草机关

C. 受理机关　　D. 下级机关

【参考答案】C

【答案解析】主送机关是公文的主要受理机关。

24. 联合上报的公文，应加盖公章的是（　　）。

A. 主送机关　　B. 主办机关

C. 协办机关　　D. 主办机关和协办机关

【参考答案】B

【答案解析】联合上报公文时，只由主办单位加盖公章即可。

25. 联合下发的公文，应加盖公章的是（　　）。

A. 主办机关　　B. 协办机关

C. 所有发文机关　　D. 最后的签署机关

【参考答案】C

【答案解析】联合下发的公文，所有发文机关都要加盖公章。

26. 党组织讨论决定问题，必须执行的原则是（　　）。

A. 民主集中制原则　　B. 党员大会决定制度

C. 少数服从多数原则　　D. 支委会表决制度

【参考答案】C

【答案解析】根据《中国共产党章程》第十七条，党组织讨论决定问题，必须执行少数服从多数的原则。

27. 依据《中国共产党支部工作条例》，根据党组织隶属关系和干部管理权限，上级党组织对任期届满的党支部，一般应提醒做好换届准备的时间是（　　）。

A. 提前 3 个月　　B. 提前 4 个月

C. 提前 5 个月　　D. 提前 6 个月

【参考答案】D

【答案解析】根据《中国共产党支部工作条例》第二十一条，建立健全党支部按期换届提醒督促机制。根据党组织隶属关系和干部管理权限，上级党组织对任期届满的党支部，一般提前 6 个月以发函或者电话通知等形式，提醒做好换届准备。

28. 构建税务系统全面从严治党新格局要实现“六个打通”，建立协调共管的党建工作格局。“六个打通”除打通党建与廉政建设工作、人事与机关党委工作、党建与监督管理工作、党建与教育培训工作、党建与绩效管理工作外，还包括（　　）。

A. 机关与系统党建工作　　B. 机关与基层党建工作

C. 党建与巡视巡察工作　　D. 党建与督察内审工作

【参考答案】A

【答案解析】“六个打通”是指打通机关与系统党建工作、党建与廉政建设工作、人事与机关党委工作、党建与监督管理工作、党建与教育培训工作、党建与绩效管理工作。

29. 调任是公务员交流方式之一。下列关于调任的说法，正确的是（　　）。

A. 是在机关内部交流的一种方式

B. 是机关外部与机关内部交流的一种方式

C. 是适用于选拔担任领导职务的交流方式

D. 只是机关外部从事公务的人员调入机关内部的交流方式

【参考答案】D

【答案解析】根据《中华人民共和国公务员法》，调任是机关外部从事公务的人员调入机关内部的交流方式。

30. 下列关于行政许可实施的说法，错误的是（　　）。

A. 违反法定程序，作出行政许可决定的，一律予以撤销

B. 国务院实施行政许可的程序，适用有关法律、行政法规的规定

C. 公民、法人或者其他组织从事特定活动，依法需要取得行政许可的，应当向行政机关提出申请

D. 行政机关受理或者不予受理行政许可申请，应当出具加盖本行政机关专用印章和注明日期的书面凭证

【参考答案】A

【答案解析】依法可以或者应当撤销的行政许可如果可能对公共利益造成重大损害，不予撤销。

31. 按照党的民主集中制要求，遇到重大问题党委要进行集体讨论，讨论的原则是(　　)。

A. 集体领导、民主商议、集中酝酿、讨论决定

B. 集体领导、民主集中、个别酝酿、讨论决定

C. 集体领导、民主集中、个别酝酿、会议决定

D. 集体领导、民主商议、集中酝酿、会议决定

【参考答案】C

32. 税务系统被督察审计单位或者个人应当在收到执法督察或内部审计报告的一定期限内提出书面反馈意见。上述“一定期限”指的是(　　)。

A. 3 个工作日　　　　B. 15 个工作日

C. 30 个工作日　　　　D. 60 个工作日

【参考答案】B

33. 根据《中华人民共和国个人所得税法》的有关规定，下列各项奖金免征个人所得税的是(　　)。

A. 江某取得的某县体育局颁发的优秀运动员奖金

B. 李某取得的某地级市环保部门颁发的环境保护奖金

C. 王某取得的某省教育厅颁发的优秀教师奖金

D. 张某取得的某省级人民政府颁发的科技发明奖金

【参考答案】D

34. 某公司财务人员刘某在缴纳 5 万元税款后，采取伪造报关单等手段，骗取国家出口退税 10 万元，按照《中华人民共和国刑法》的规定，刘某构成（　　）。

A. 逃避追缴欠税罪　　B. 骗取出口退税罪

C. 逃税罪　　D. 骗取出口退税和逃税罪

【参考答案】D

【答案解析】本题考查骗取出口退税罪与逃税罪的认定。对纳税人实施假报出口或者其他欺骗手段骗取出口退税的应当分情况定罪处罚。纳税人缴纳税款后，采取上述欺骗方法，骗取所缴税款的，按逃税罪定罪处罚；骗取税款超过所缴纳税款部分，对超过部分以骗取出口退税罪论处。

35. 对税务机关与其他行政机关共同作出的具体行政行为不服的，复议机关是(　　)。

A. 上一级税务机关　　B. 共同上一级行政机关

C. 国家税务总局　　D. 人民法院

【参考答案】B

【答案解析】本题考查共同行政行为的复议管辖问题。根据《税务行政复议规则》第十九条，对税务机关与其他行政机关共同作出的具体行政行为不服的，向其共同上一级行政机关申请行政复议。

36. 知廉明耻，是做人最基本的道德规范。“盖不廉则无所不取，不耻则无所不为”，这句古语蕴含的哲理是(　　)。

A. 联系是普遍的和无条件的

B. 有什么样的世界观就有什么样的方法论

C. 先知后行重在知

D. 有什么样的社会存在就有什么样的社会意识

【参考答案】B

【答案解析】“盖不廉则无所不取，不耻则无所不为”是指大凡不廉洁的人没有什么东西不拿，不知羞耻的人没有什么事不做，这体现了世界观决定方法论，选项B适合题意；联系是普遍的，但是有条件的，选项A是错误的；实践是认识的基础，选项C是错误的；选项D材料没有体现。

37. 税务系统绩效管理与传统目标考核最重要的区别在于绩效管理更加注重（　　），以便及时发现问题、及时整改纠偏、推动工作持续改进。

A. 目标控制　　B. 绩效控制　　C. 过程控制　　D. 效益控制

【参考答案】C

【答案解析】税务系统绩效管理与传统目标考核最重要的区别，在于绩效管理更加注重过程控制，以便及时发现问题、及时整改纠偏、推动工作持续改进。

38. 行政复议决定书发生法律效力的标志是（　　）。

A. 一经送达　　B. 一经作出

C. 被确认为合法时　　D. 加盖复议机关印章时

【参考答案】A

【答案解析】本题考查行政复议决定书的生效时间。根据《中华人民共和国行政复议法》第三十一条，行政复议决定书一经送达，即发生法律效力。

39. 党的十八届四中全会提出，全面推进依法治国，要实现（　　）。

A. 民主立法、公正执法、公正司法、全民守法

B. 科学立法、透明执法、公正司法、全民守法

C. 科学立法、严格执法、公正司法、全民守法

D. 民主立法、严格执法、透明司法、全民守法

【参考答案】C

【答案解析】党的十八届四中全会通过的《中共中央关于全面推进依法治国若干重大问题的决定》提出，全面推进依法治国，要实现科学立法、严格执法、公正司法、全民守法，促进国家治理体系和治理能力现代化。

40. 有证据或者线索证明税务机关或者税务人员涉嫌重大违纪违法行为的，纪检监察部门应当（　　）。

A. 先由稽查部门实施税务检查　　B. 征得党委（党组）同意后进行调查

C. 提前介入，开展调查　　D. 上级税务机关核实后介入调查

【参考答案】C

【答案解析】根据国家税务总局“一案双查”有关规定，有证据或者线索证明税务机关或者税务人员涉嫌重大违纪违法行为的，纪检监察部门应当提前介入查处。

41. 党的十九届四中全会审议通过的《中共中央关于坚持和完善中国特色社会主义制度 推进国家治理体系和治理能力现代化若干重大问题的决定》，从党和国家事业发展的全局和长远出发深刻回答的重大政治问题是（　　）。

A. 社会主义的本质是什么　　B. 坚持和巩固什么、完善和发展什么

C. 实现什么样的发展，怎样发展　　D. 我国的根本制度是什么

【参考答案】B

【答案解析】党的十九届四中全会表决通过的《中共中央关于坚持和完善中国特色社会主义制度 推进国家治理体系和治理能力现代化若干重大问题的决定》，明确回答了“坚持和巩固什么、完善和发展什么”这个重大政治问题。这是坚持和完善中国特色社会主义制度、推进国家治理体系和治理能力现代化做出的行动纲领和政治宣示。

42. 关于习近平总书记用经典语句反映出的哲学原理，下列选项与其他三项不一致的是（　　）。

A. 泾溪石险人兢慎，终岁不闻倾覆人。却是平流无石处，时时闻说有沉沦

B. 天下之理，有张必有翕，有强必有弱，有兴必有废，有与必有取

C. 耳闻不如目见，目见不如足践

D. 兵无常势，水无常形

【参考答案】C

【答案解析】本题考查马克思主义哲学。选项A，反映了矛盾具有同一性，矛盾双方在一定的条件下相互转化，体现了对立统一规律的辩证法内容。选项B，体现了矛盾双方相互依存，对立统一，体现了对立统一规律，属于辩证法内容。选项C，通过耳闻—目见—足践的对比，强调了实际经验的重要性，反映了认识和实践的辩证关系，属于认识论问题。选项D，强调随着改革形势变化，干部的思想观念、工作思路等也应跟着变，体现了矛盾的特殊性，具体问题具体分析的辩证法内容。

43. 税务机关对纳税人实施的下列行为中，属于行政强制的是（　　）。

A. 注销税务登记　　B. 征收税款

C. 罚款　　D. 加收滞纳金

【参考答案】D

【答案解析】根据《中华人民共和国行政强制法》第十二条，行政强制执行的方式有：加处罚款或者滞纳金；划拨存款、汇款；拍卖或者依法处理、查封扣押的场所、设施或者财物；消除妨碍、恢复原状；代履行；其他强制执行方式。

44. 某小规模纳税人偷税，偷税数额达到 10 万元且占应纳税额 10% 以上，经税务机关下达追缴通知后仍然拒绝缴纳，被依法追究刑事责任，其涉嫌的罪名是（　　）。

A. 偷税罪　　B. 逃税罪

C. 逃避追缴欠税罪　　D. 抗税罪

【参考答案】B

【答案解析】根据《中华人民共和国刑法修正案（七）》第三条，纳税人采取欺骗手段进行虚假纳税申报或者不申报，逃避缴纳税款数额较大并且占应纳税额 10% 以上的构成逃税罪。这是对逃税罪的规定。同时该条还规定，对于纳税人有逃避缴纳税款的行为，经税务机关依法下达追缴通知后，补缴应纳税款，缴纳滞纳金，已受行政处罚的，不予追究刑事责任。

45. 影响 IS 曲线斜率大小的最重要因素是（　　）。

A. 投资对利率的敏感度　　B. 边际消费倾向

C. 税率　　D. 其他

【参考答案】A

【答案解析】影响 IS 曲线斜率大小的因素包括：投资对利率的敏感度、边际消费倾向、税率。其中最重要的是投资对利率的敏感度，原因是边际消费倾向比较稳定，税率也不会轻易改变。

46. 税收的横向公平是指（　　）。

A. 有相同收入的缴纳相同的税收　　B. 有相同纳税能力的人缴纳相同的税收

C. 纳税能力不同的人缴纳不同的税收　　D. 所有具有纳税能力的人都纳税

【参考答案】B

【答案解析】平等课征主要表现为横向公平，有相同纳税能力的人缴纳相同的税收。

47. 国内生产总值税收负担率是（　　）。

A. 税收总额与国民收入之比

B. 税收总额与国内生产总值之比

C. 企业缴纳的各项税收与企业净值之比

D. 居民缴纳的各项税收与企业增加值之比

【参考答案】B

【答案解析】本题考查税收负担，该知识点属于基础型知识点。其他三个选项都不符合题意。

48. 根据麦格雷戈的理论，有的人需要更多的自治责任和发挥个人创造性的机会，这种人欢迎以（　　）为指导的管理工作。

A. X 理论　　B. Y 理论　　C. 超 Y 理论　　D. Z 理论

【参考答案】B

【答案解析】麦格雷戈提出 X 理论和 Y 理论。X 理论的主要观点是：一般人都有好逸恶劳、怕负责任的特性，因此对于大多数的人来说要采取强迫的、严格的管理和控制，才能激发他们努力去工作。Y 理论则认为：人并不是天生不喜欢工作，人会追求责任，敢于创新，因此要给工人以更大的自由，让他们发挥积极性，以实现自我控制。

49. 自然灾害给人类带来磨难，同时又促使人类更加自觉地去认识和把握自然规律，增强抵御自然灾害能力进而推动人类文明进步。正如恩格斯所说，“没有哪一次巨大的历史灾难，不是以历史的进步为补偿的。”从灾难到进步，其中体现的深刻哲理是(　　)。

①“灾难”和“进步”作为矛盾双方包含着向对立面转化的趋势

②“灾难”向“进步”转化是无条件地体现了矛盾双方的互相贯通

③“灾难”在一定条件下可以向“进步”转化体现了矛盾的同一性

④“灾难”促进“进步”在一定程度上体现了某些外因的决定作用

A. ①②　　B. ②③　　C. ①③　　D. ②④

【参考答案】C

【答案解析】从灾难到进步，其中体现的深刻哲理是：“灾难”和“进步”作为矛盾双方，包含着向对立面转化的趋势、“灾难”在一定条件下可以向“进步”转化，体现了矛盾的同一性。

50. 每年固定日期前将本部门上一年度办理完毕的公文、材料整理后集中向本机关档案管理部门移交。这一固定日期是（　　）。

A. 4 月 30 日　　B. 5 月 30 日　　C. 6 月 30 日　　D. 7 月 30 日

【参考答案】C

【答案解析】每年6月30日前将本部门上一年度办理完毕的公文、材料整理后集中向本机关档案管理部门移交。

51. 利用FTP（文件传输协议）的最大优点是可以实现（　　）。

A. 同一操作系统之间的文件传输

B. 异种机上同一操作系统间的文件传输

C. 异种机和异种操作系统之间的文件传输

D. 同一机型上不同操作系统之间的文件传输

【参考答案】C

52. 领导干部操办本人及直系亲属婚丧喜庆等事项事后，（　　）内书面报本单位人事、纪检监察部门。

A. 10日　　B. 15日　　C. 20日　　D. 30日

【参考答案】B

【答案解析】根据《税务系统领导班子和领导干部监督管理办法实施细则》的相关规定，领导干部操办本人及直系亲属婚丧喜庆等事项事前向领导班子主要负责人和纪检组长报告，领导班子主要负责人如操办上述事项应向纪检组长通报，并报上级纪检监察部门备案。事后15日内书面报本单位人事、纪检监察部门，内容包括操办事项、方式、邀请人员、数量等。

53. 下列事项，不属于税务行政许可的是（　　）。

A. 企业印制发票审批

B. 对发票使用和管理的审批

C. 增值税专用发票（增值税税控系统）最高开票限额审批

D. 对延期缴纳税款的核准

【参考答案】B

【答案解析】《国家税务总局关于公布已取消税务行政许可事项的公告》（国家税务总局公告2019年第11号）发布后，现有6项税务行政许可事项：①企业印制发票审批；②对纳税人延期缴纳税款的核准；③对纳税人延期申报的核准；④对纳税人变更纳税定额的核准；⑤增值税专用发票（增值税税控系统）最高开票限额审批；⑥对采取实际利润额预缴以外的其他企业所得税预缴方式的核定。

54. 干扰巡视巡察工作或者不落实巡视巡察整改要求，情节较轻的，给予警告或者严重警告处分；情节较重的，给予（　　）处分；情节严重的，给予开除党籍处分。

A. 撤销党内职务　　B. 留党察看

C. 撤销党内职务或者留党察看　　D. 开除党籍

【参考答案】 C

【答案解析】 根据《中国共产党纪律处分条例》第五十五条，干扰巡视巡察工作或者不落实巡视巡察整改要求，情节较轻的，给予警告或者严重警告处分；情节较重的给予撤销党内职务或者留党察看处分；情节严重的，给予开除党籍处分。

55. 我国的国家宪法日为（　　）。

A. 1 月 1 日　　B. 9 月 30 日　　C. 5 月 5 日　　D. 12 月 4 日

【参考答案】 D

【答案解析】 党的十八届四中全会通过的《中共中央关于全面推进依法治国若干重大问题的决定》提出，将每年 12 月 4 日定为国家宪法日。

56. 春秋时期，管仲提出“取于民有度，用之有止，国虽小必安；取于民无度，用之不止，国虽大必危”，反映的是一种（　　）的治税思想。

A. 轻税　　B. 收入适度　　C. 公平税负　　D. 重税

【参考答案】 B

【答案解析】 税收收入在满足国家财政需要的同时，必须兼顾负担可能。

57. 在传统京剧表演中，同一类型角色的表演有大体一致的程式，就像唱歌、奏乐要遵循一定的乐谱一样。京剧演员在表演中要遵循一定的程式，又要努力创造富有特色的角色。这一艺术要求蕴含的哲学道理是（　　）。

A. 矛盾普遍性是特殊性的前提　　B. 矛盾普遍性是特殊性的表现

C. 矛盾普遍性寓于特殊性之中　　D. 矛盾特殊性寓于普遍性之中

【参考答案】 C

【答案解析】 在传统京剧表演中，同一类型角色的表演有大体一致的程式，就像唱歌、奏乐要遵循一定的乐谱一样。京剧演员在表演中要遵循一定的程式，又要努力创造富有特色的角色。这一艺术要求蕴含的哲学道理是矛盾普遍性寓于特殊性之中。

58. 税收的自动稳定器作用主要表现在（　　）课税制度上。

A. 商品　　B. 所得　　C. 财产　　D. 行为

【参考答案】 B

【答案解析】累进税率的所得税发挥内在的自动稳定作用。

59. 决定税负转嫁和归宿的关键因素是(　　)。

A. 征税范围　　B. 税种性质　　C. 市场结构　　D. 商品供求弹性

【参考答案】D

【答案解析】商品的供给和需求弹性是决定税收转嫁和归宿状况的关键因素。因为对商品或生产要素的课税能否转嫁，转嫁多少，在很大程度上是由供求弹性决定的。

60. 下列情形，不属于党政领导干部应当免职情形的是（　　）。

A. 达到任职年龄界限或者退休年龄界限的

B. 受到责任追究应当免职的

C. 辞职或者调出的

D. 组织选派，离职学习期限超过一年的

【参考答案】D

【答案解析】非组织选派，离职学习期限超过一年的，必须免职。

61. 下列关于内控机制的说法，不正确的是（　　）。

A. 内控机制建设的基础是明晰的权责体系

B. 内控机制的主要内容是完善制度管理

C. 内控机制的本质要求是促生内在的制约力

D. 内控机制的表现形势是科学有效的管理机制

【参考答案】B

【答案解析】内控机制是由各级税务部门的领导班子、职能部门及其工作人员共同参与，通过明确权责分配、规范权力运行程序、强化风险管理、健全规章制度，使权力运行完成分权制衡、流程制约、风险管理、信息化运行，从而在税收管理、税收执法和行政管理各项权力运行中，形成内生的制约力的管理机制。

62. 按照现行个人所得税法的规定，下列表述正确的是（　　）。

A. 纳税人在两处或两处以上取得工资、薪金所得，可从两处或两处收入来源地选择并固定在一地税务机关申报纳税

B. 个人经政府有关部门批准，取得执照从事办学、医疗等活动，应按“劳务报酬所得”项目征收个人所得税

C. 个人对企事业单位承包、承租经营，一律按“承包、承租经营所得”项目征收

个人所得税

D. 个人投资兴办两个或两个以上企业的，其费用扣除标准由税务机关核定在其中一处扣除

【参考答案】A

【答案解析】选项 B，个人经政府有关部门批准，取得执照从事办学、医疗等活动，应按“经营所得”项目征收个人所得税。选项 C，个人对企事业单位承包、承租经营，要分不同情况：对经营成果不拥有所有权的，按“工资、薪金所得”项目征税；对经营成果拥有所有权的，按“企事业单位的承包经营、承租经营所得”项目征收个人所得税。选项 D，个人投资兴办两个或两个以上企业的，其费用扣除标准由投资者选择在其中一个企业的生产经营所得中扣除，不是由税务机关核定。

63. 从事生产、经营的纳税人，在取得税务登记证件之日起（　　）日内，要将财务、会计制度和会计核算软件报送税务机关备案。

A. 10　　B. 15　　C. 30　　D. 45

【参考答案】B

【答案解析】从事生产、经营的纳税人应当自领取税务登记证件之日起 15 日内，将财务、会计制度或者财务、会计处理办法和会计核算软件报送税务机关备案。

64. 依据《中国共产党支部工作条例（试行）》，党支部每年至少召开组织生活会的次数是（　　）。

A. 1　　B. 2　　C. 3　　D. 4

【参考答案】A

【答案解析】根据《中国共产党支部工作条例（试行）》第十七条，党支部每年至少召开 1 次组织生活会，一般安排在第四季度，也可以根据工作需要随时召开。

65. 下列关于处分规则、处分情形的说法，正确的是（　　）。

①免予处分是处分的一个种类

②纪律整饬过程中不收敛不收手的，党纪从重或加重处分

③违纪行为人不因提出复核、申诉而被加重处分

④在受处分期间受到新的处分的，其处分期为原处分期限与新处分期限之和

A. ①②　　B. ②③　　C. ②④　　D. ③④

【参考答案】B

【答案解析】免予处分不是处分的一个种类。在受处分期间受到新的处分的，其处

分期为原处分期尚未执行的期限与新处分期限之和。

66. 习近平总书记多次强调："党的自我革命任重而道远，决不能有停一停、歇一歇的想法。"加强党的建设的永恒课题和全体党员、干部的终身课题是（　　）。

A. 加强党性修养　　B. 勇于自我斗争

C. 推进自我革命　　D. 不忘初心、牢记使命

【参考答案】D

【答案解析】《中共中央关于坚持和完善中国特色社会主义制度 推进国家治理体系和治理能力现代化若干重大问题的决定》指出，把"不忘初心、牢记使命"作为加强党的建设的永恒课题和全体党员、干部的终身课题，形成长效机制，坚持不懈锤炼党员、干部忠诚干净担当的政治品格。

67. 绩效面谈的质量和效果主要取决于（　　）。

A. 考评双方的心理状态

B. 是否成立了员工绩效评审委员会

C. 考评双方对绩效管理制度的理解

D. 考评双方的准备情况以及提供数据的详细和准确程度

【参考答案】D

68. 根据《中华人民共和国公务员法》，下列表述正确的是（　　）。

A. 某市税务局落实职级并行时，工作人员认为局长李某担任了领导职务，就不得再兼任四级调研员

B. 李某在某国企工作期间，曾被开除过党籍，因此不能录用为公务员

C. 王某因工作需要担任当地法律研究会副秘书长，经省局机关批准，可以领取兼职报酬

D. 新考入的大学生赵某，认为办公室主任部署接待省政府督查工作时悬挂会标并摆放果盘不符合八项规定，拒不执行

【参考答案】B

【答案解析】《中华人民共和国公务员法》第二十一条规定：根据工作需要和领导职务与职级的对应关系，公务员担任的领导职务和职级可以互相转任、兼任，故选项A错误。第二十六条规定：因犯罪受过刑事处罚的、被开除中国共产党党籍的、被开除公职的、被依法列为失信联合惩戒对象的、有法律规定不得录用为公务员的其他情形的，不得录用为公务员，故选项B正确。第四十四条规定：公务员因工作需要在机关外兼职，

应当经有关机关批准，并不得领取兼职报酬，故选项 C 错误。第六十条规定：公务员执行公务时，认为上级的决定或者命令有错误的，可以向上级提出改正或者撤销该决定或者命令的意见；上级不改变该决定或者命令，或者要求立即执行的，公务员应当执行该决定或者命令，执行的后果由上级负责，公务员不承担责任；但是，公务员执行明显违法的决定或者命令的，应当依法承担相应的责任。故选项 D 错误。

69. 中共中央办公厅、国务院办公厅印发《关于进一步税收征管改革的意见》，提出着力建设具有高集成功能、高安全性能、高应用效能的智慧税务，不包括（　　）。

A. 以服务纳税人缴费人为中心　　B. 以税收大数据为驱动力

C. 以发票电子化改革为突破口　　D. 以以票管税向以数管税转变为核心

【参考答案】 D

70. 根据《行政机关公务员处分条例》的规定，下列不属于公务员处分种类的是(　　)。

A. 记大过　　B. 降级　　C. 降职　　D. 撤职

【参考答案】 C

【答案解析】 根据《行政机关公务员处分条例》的规定，行政机关公务员处分的种类包括警告、记过、记大过、降级、撤职、开除。

71. 形成督察审计结论的基础是（　　）。

A. 采集和分析数据　　B. 现场督察获取信息

C. 审查分析资料　　D. 收集督察审计证据

【参考答案】 D

72.《党政领导干部选拔任用工作条例》规定，对拟提拔的考察对象，组织（人事）部门应当查阅（　　），必要时，可以核实。

A. 个人社会关系情况　　B. 个人家庭情况

C. 个人档案　　D. 个人有关事项报告情况

【参考答案】 D

73. 在年度考核、干部考察中，民主测评不称职票超过（　　），经组织考核认定为不称职的，一般应当免去现职。

A. 1/3　　B. 2/3　　C. 1/2　　D. 1/4

【参考答案】 A

74. 干部本人无正当理由拒不服从组织调动或者交流决定的，依照法律及有关规定（　　）。

A. 通报批评　　B. 诫勉谈话　　C. 停职待岗　　D. 就地免职

【参考答案】D

75. 思想建设是党的基础性建设。党的思想建设首要任务是（　　）。

A. 加强理论武装　　B. 坚定理想信念

C. 牢记党的宗旨　　D. 增强党性修养

【参考答案】B

【答案解析】把坚定理想信念作为党的思想建设的首要任务。

76. 党的作风是党的形象，作风建设的核心是（　　）。

A. 加强党风廉政建设　　B. 保持党同人民群众的血肉联系

C. 保持党的纯洁性　　D. 增强纪律规矩意识

【参考答案】B

【答案解析】作风建设的核心是保持党同人民群众的血肉联系。

77. 在党章中，将“纪律”单独作为一章规定的是（　　）。

A. 党的一大通过的党章　　B. 党的二大通过的党章

C. 党的三大通过的党章　　D. 党的四大通过的党章

【参考答案】B

【答案解析】党的二大通过的党章。

78. 只能由中央党内法规作出规定的是（　　）。

A. 涉及党中央集中统一领导的事项

B. 党员义务权利方面的制度

C. 党的纪律处分和组织处理方面的制度

D. 党的领导和党的建设各方面的制度

【参考答案】A

【答案解析】中央党内法规制定党员义务权利方面的基本制度、党的纪律处分和组织处理方面的基本制度、党的领导和党的建设各方面的制度。凡是涉及党中央集中统一领导的事项，只能由中央党内法规作出规定。

79. 为加强党的建设，习近平总书记首提“全面从严治党”的时间是（　　）。

A. 党的群众路线教育实践活动期间

B. “两学一做”学习教育期间

C. “三严三实”专题教育期间

D. “不忘初心、牢记使命”主题教育期间

【参考答案】A

【答案解析】2014 年 10 月 8 日，习近平总书记在党的群众路线教育实践活动总结大会讲话中首提“全面推进从严治党”。

80. 党员教育管理的首要政治任务是（　　）。

A. 增强“四个意识”，坚定“四个自信”

B. 用习近平新时代中国特色社会主义思想武装全党

C. 坚定理想信念

D. 不忘初心、牢记使命

【参考答案】B

【答案解析】根据《中国共产党党员教育管理工作条例》第五条，把用习近平新时代中国特色社会主义思想武装全党作为党员教育管理的首要政治任务。

81. 党和国家的生命线、人民的幸福线，党内政治生活正常开展的根本保证是(　　)。

A. 党的政治路线　　B. 党的思想路线

C. 党的群众路线　　D. 党在社会主义初级阶段的基本路线

【参考答案】D

【答案解析】根据《关于新形势下党内政治生活的若干准则》，党在社会主义初级阶段的基本路线是党和国家的生命线、人民的幸福线，也是党内政治生活正常开展的根本保证。

82. 关于干部人事档案管理工作，下列表述正确的是（　　）。

A. 各单位必须建立副处级或者相当职务以上干部的干部人事档案副本留存备查

B. 查阅单位要如实填写干部人事档案查阅审批材料，并按照程序报单位主要负责同志审批签字才可查阅

C. 干部人事档案利用方式主要包括查（借）阅、复制和摘录等。查阅档案一般 2 人以上，党员可以 1 人借阅

D. 严禁擅自提供、摘录、复制、拍摄、保存、丢弃、销毁干部人事档案

【参考答案】D

【答案解析】《干部人事档案工作条例》第三十九条规定了严禁擅自提供、摘录、复制、拍摄、保存、丢弃、销毁干部人事档案等 11 条开展干部人事档案工作必须遵守的纪律，因此选项 D 正确。《干部人事档案工作条例》第二十二条规定，干部所在单位或者协管单位干部人事档案工作机构根据工作需要，可以建立副处级或者相当职务以上干部的干部人事档案副本，并且负责管理，因此选项 A 错误。《干部人事档案工作条例》第三十二条规定，查阅干部人事档案时，查阅单位如实填写干部人事档案查阅审批材料，按照程序报单位负责同志审批签字并加盖公章；查阅档案应当 2 人以上，一般均为党员。因此选项 B、C 错误。

83. 下列关于民主生活会的说法，正确的是（　　）。

A. 民主生活会到会人数必须达到应到会人数的 1/2 以上

B. 相互批评应当开诚布公指出问题，防止以工作建议代替批评意见

C. 民主生活会列席人员根据有关规定和会议内容确定，列席人员一般不可以发言

D. 民主生活会结束后 15 日内，应当将会议情况报告报上级党组织，并报送上级纪委和党委组织部门

【参考答案】B

【答案解析】《县以上党和国家机关党员领导干部民主生活会若干规定》第七条规定，民主生活会每年召开 1 次，一般安排在第四季度。因特殊情况需要提前或者延期召开的，应当报上级党组织同意。民主生活会到会人数必须达到应到会人数的 2/3 以上。第十二条规定，民主生活会列席人员，根据有关规定和会议内容确定。列席人员可以发言，对领导班子及其成员提出批评或者建议。第十五条规定，民主生活会结束后 15 日内，应当将会议情况报告和会议记录报上级党组织，并报送上级纪委和党委组织部门。故选项 A、C、D 错误。

84. 根据《领导干部个人有关事项报告查核结果处理办法》，下列表述正确的是（　　）。

A. 领导干部在个人有关事项报告中，存在两种以上漏报情形的，从重处理

B. 漏报房产面积 40 平方米以上的，应当给予调离岗位、改任非领导职务处理

C. 领导干部因违反个人事项规定受到诫勉处理的，1 年内不得提拔或者进一步使用

D. 领导干部因违反个人事项规定受到降职处理的，3 年内不得提拔

【参考答案】A

【答案解析】《领导干部个人有关事项报告查核结果处理办法》第五条规定，经认

定，查核结果凡属漏报行为，情节较轻的，应当给予批评教育、责令作出检查、限期改正等处理；情节较重的，应当给予诫勉、取消考察对象（后备干部人选）资格、调离岗位、改任非领导职务等处理。情节较重是指少报告房产面积50平方米以上，或者少报告投资金额30万元以上，或者其他漏报情形较重的。存在两种以上漏报情形的，从重处理。《领导干部个人有关事项报告查核结果处理办法》第六条规定，领导干部因违反报告个人有关事项规定受到组织处理或者纪律处分的，其影响期按照有关规定执行。同时受到组织处理和纪律处分的，按照影响期长的规定执行。①受到诫勉处理的，半年内不得提拔或者进一步使用；②受到取消考察对象（后备干部人选）资格处理的，一年内不得提拔或者进一步使用；③受到调离岗位、改任非领导职务、免职处理的，一年内不得提拔；④受到降职处理的，两年内不得提拔；⑤受到纪律处分的，依照《中国共产党纪律处分条例》等规定执行。

85. 党员组织关系介绍信的有效期最长是（　　）。

A. 不超过1个月　　B. 不超过3个月　　C. 不超过半年　　D. 不超过1年

【参考答案】B

【答案解析】根据《中国共产党发展党员工作细则》，转移党员组织关系，要统一使用“中国共产党党员组织关系介绍信”。本市内转移组织关系，有效期限一般为5天左右，省内一般为15天左右，省外最多不超过3个月。

86. 根据《领导干部报告个人有关事项规定》，下列选项中不属于必报范围的是（　　）。

A. 本人的婚姻情况　　B. 本人因私出国情况

C. 本人持有往来港澳通行证的情况　　D. 本人的银行存款

【参考答案】D

【答案解析】银行存款不属于《领导干部报告个人有关事项规定》中要求的必报范围内容。

87. 权力正确运行的根本保证是（　　）。

A. 问责　　B. 执纪　　C. 公开　　D. 监督

【参考答案】D

88. 习近平总书记指出，实践没有止境，理论创新也没有止境。我们必须在理论上跟上时代，不断认识规律，不断推进理论创新、实践创新、制度创新、（　　）以及其他各方面创新。

A. 文化创新　　B. 思维创新　　C. 机制创新　　D. 道路创新

【参考答案】A

89. 在新时代党的建设中发挥统领作用的是（　　）。

A. 组织建设　　B. 政治建设　　C. 思想建设　　D. 纪律建设

【参考答案】B

【答案解析】新时代党的建设中以党的政治建设为统领。

90. 依照会计核算主体，某市税务局属于（　　）。

A. 主管会计单位　　B. 二级会计单位

C. 基层会计单位　　D. 三级会计单位

【参考答案】B

【答案解析】省、市二级税务局都属于二级会计单位。

91. 某市税务局接待了兄弟单位前来考察学习的 12 人团队，负责接待的办公室主任最多可以安排陪餐人数为（　　）。

A. 3 人　　B. 4 人　　C. 5 人　　D. 6 人

【参考答案】B

【答案解析】接待对象超过 10 人的，陪餐人数不得超过接待对象的 1/3。

92. 某市税务局副局长李某因岗位调整办理工作移交，应在规定时间内归还单位配发的笔记本电脑。该规定时间是指（　　）。

A. 1 个月　　B. 3 个月　　C. 6 个月　　D. 1 年

【参考答案】A

93. 单位食堂发生食物中毒事件，应立即向（　　）报告。

A. 人民政府　　B. 技术监督局　　C. 消费者协会　　D. 当地卫生行政部门

【参考答案】D

【答案解析】食堂管理以属地管理为主。

94. 某县税务局开展资产清理，发现以前年度购买一批家具未上账，按照国有资产管理办法，下列做法正确的是（　　）。

A. 该批资产已作为费用列支，不需要重新入账

B. 检查该批资产是否到达报废年限，如果到达直接报废，不用入账

C. 如无法取得发票确认资产价值，可以以盘盈报告中金额暂估入账

D. 如无法取得发票确认资产价值，暂不入账，待确认价值后再入账

【参考答案】 C

【答案解析】 根据《国家税务局系统行政单位国有资产管理暂行办法》第三十一条，国税系统行政单位接受捐赠或盘盈的固定资产，应由固定资产实物管理部门办理交接，并根据固定资产交接单、发票或固定资产盘盈报告等凭证，办理有关入库、财务报销和使用部门领用等手续。

95. 现代计算机之所以能够自动、连续地进行数据处理，主要是因为（　　）。

A. 采用了开关电路　　B. 采用了半导体器件

C. 采用了二进制　　D. 具有存储程序的功能

【参考答案】 D

【答案解析】 "存储程序"可以理解为将编制好的程序先读到计算机内存中存储起来，然后计算机便能自动地、连续地执行程序，不需要人为的干预。"存储程序与程序控制"是电子计算机的工作原理。

96. 下列对象，不适用税收保全措施的是（　　）。

A. 企业　　B. 个体工商户　　C. 扣缴义务人　　D. 分公司

【参考答案】 C

【答案解析】《中华人民共和国税收征收管理法》关于税收保全的条款为第三十八条和第五十五条，均是针对从事生产经营的纳税人。

97. 纳税信用体系建设的核心是（　　）。

A. 对纳税人遵从度的评估　　B. 对征纳关系的评估

C. 对企业文化的评估　　D. 信用等级结果的运用

【参考答案】 D

【答案解析】 根据国家税务总局《纳税信用管理办法（试行）》，纳税信用体系建设的目的是，促进纳税人诚信自律，提高税法遵从度，进而推进整个社会信用体系建设，要实现这一目的，关键在于纳税信用结果的运用，对守信者激励，对失信者惩罚，实现人人诚实守信，所以信用等级结果的运用才是纳税信用体系建设的核心。

98. 老李是某县税务局党员，犯罪情节轻微，人民检察院依法作出不起诉决定的，或者人民法院依法作出有罪判决并免予刑事处罚的，党组织应当给予的处分是（　　）。

A. 严重警告处分

B. 撤销党内职务处分

C. 留党察看处分

D. 撤销党内职务、留党察看或者开除党籍处分

【参考答案】 D

99. 临近年终，各种检查考核要求有“迹”可循、有“证”可查。但如果过分强调留痕、依赖留痕，不仅降低工作效率，而且容易让干部身心疲惫。在“四风”中，“过度留痕”属于（　　）。

A. 官僚主义　　B. 享乐主义　　C. 奢靡之风　　D. 形式主义

【参考答案】 D

【答案解析】“四风”指形式主义、官僚主义、享乐主义和奢靡之风。“过度留痕”属于典型的形式主义。

100. 税总函〔2020〕15 号文件适用于（　　）。

A. 局部的、一般事务性发文、批复、答复

B. 代表国家税务总局的日常性事务发文

C. 中共国家税务总局党委一般事务性发文

D. 代表国家税务总局的平级行文、向上报送文件、向下征求意见

【参考答案】 A

【答案解析】 代表国家税务总局的日常性事务发文，发文字号用“税总办发”；中共国家税务总局委员会一般事务性发文，发文字号用“税总党委函”；代表国家税务总局的平级行文、向上报送文件、向下征求意见，发文字号用“税总办函”；局部的、一般事务性发文、批复、答复的事项发文字号用“税总函”。

101. 根据《全国税务系统进一步优化税收营商环境行动方案》的要求，主要涉税服务事项实现网上办理的比例到 2021 年底要达到（　　）。

A. 50%　　B. 70%　　C. 90%　　D. 100%

【参考答案】 D

【答案解析】 根据《全国税务系统进一步优化税收营商环境行动方案》的要求，主要涉税服务事项实现网上办理的比例到 2020 年底要达到 90%，2021 年底要达到 100%。

102. 下列各项指标中，不属于世界银行营商环境评价“纳税指标”构成的

是（　　）。

A. 纳税次数　　B. 纳税时间

C. 报税后流程指数　　D. 总税收和缴费率

【参考答案】 C

【答案解析】 世界银行营商环境评价“纳税指标”包括：纳税次数、纳税时间、总税收和缴费率、报税后流程指数。

103. 一种税区别于另一种税的主要标志是（　　）。

A. 纳税人　　B. 征税对象　　C. 税率　　D. 纳税环节

【参考答案】 B

【答案解析】 一种税区别于另一种税的主要标志是征税对象。

104. “十三五”期间，我国税收立法进程加快，截至 2021 年 1 月，我国现行 18 个税种中已有（　　）个税种完成立法。

A. 10 个　　B. 9 个　　C. 11 个　　D. 12 个

【参考答案】 C

【答案解析】 我国目前已经立法的税种包括：企业所得税、个人所得税、契税、车船税、车辆购置税、烟叶税、耕地占用税、环境保护税、资源税、城市维护建设税、船舶吨位税。

105. 实施加计扣除、留抵退税等税收优惠政策主要体现的税收职能是（　　）。

A. 收入职能　　B. 调节职能　　C. 预测职能　　D. 监督职能

【参考答案】 B

【答案解析】 税收的基本职能有：收入职能、调节职能和监督职能。税收优惠体现的是调节职能。

106. 在各种税率形式中，具有横向公平性，而且计算简便、便于征收和缴纳的税率形式是（　　）。

A. 比例税率　　B. 定额税率　　C. 累进税率　　D. 零税率

【参考答案】 A

【答案解析】 比例税率具有横向公平性，而且计算简便、便于征收和缴纳。

107. 税收收入总量受多种因素影响，其中起决定性和基础性影响的因素是（　　）。

A. 经济因素　　B. 政策因素　　C. 征管因素　　D. 税收遵从度

【参考答案】A

【答案解析】经济决定税收，税收反作用于经济。

108. 下列税种，不属于中央与地方共享税的是（　　）。

A. 增值税　B. 土地增值税　C. 企业所得税　D. 个人所得税

【参考答案】B

【答案解析】土地增值税属于地方税。

109. “平等、确定、便利、省费”的“税收四原则”的提出者是（　　）。

A. 亚当·斯密　B. 马克思　C. 凯恩斯　D. 瓦格纳

【参考答案】A

【答案解析】亚当·斯密在《国民财富的性质和原因的研究》中对赋税的基本原则进行了阐释，即斯密著名的赋税四原则——公平、确定、便利、节省。

110. 恩格斯指出：“纳税原则本质上是纯共产主义的原则。”以下对这句话的理解正确的是(　　)。

A. 税收将在共产主义消失　B. 税收是共产主义社会的重要经济现象

C. 税收是对私有制的侵犯　D. 税收是对公有制的侵犯

【参考答案】C

【答案解析】税收不是依照等价交换原则或所有权原则进行的分配，而是国家凭借政治权力实现的特殊分配。

111. 根据《中华人民共和国税收征收管理法》的规定，纳税人超过应纳税额多缴纳的税款，税务机关发现后应当采取的措施是（　　）。

A. 不予退还　B. 立即退还

C. 三个月内退还　D. 抵顶下期税款

【参考答案】B

【答案解析】根据《中华人民共和国税收征收管理法》第五十一条，纳税人超过应纳税额缴纳的税款，税务机关发现后应当立即退还；纳税人自结算税款之日起 3 年内发现的，可以向税务机关要求退还多缴的税款并加算银行同期存款利息，税务机关及时查实后应当立即退还；涉及从国库中退库的，依照法律、行政法规有关国库管理的规定退还。

112. 纳税人因有特殊困难，不能按期缴纳税款的，经批准可以延期缴纳税款，但是最长不得超过3个月。可以批准延期缴纳税款的税务机关是（   ）。

A. 国家税务总局　　B. 省税务局

C. 市税务局　　D. 县税务局

【参考答案】B

【答案解析】根据《中华人民共和国税收征收管理法》第三十一条，纳税人、扣缴义务人按照法律、行政法规规定或者税务机关依照法律、行政法规的规定确定的期限，缴纳或者解缴税款。纳税人因有特殊困难，不能按期缴纳税款的，经省、自治区、直辖市国家税务局、地方税务局（现统一为税务局）批准，可以延期缴纳税款，但最长不得超过3个月。

113. 税务人员在检查过程中如果要将纳税人以前会计年度的账簿、记账凭证、报表和其他有关资料调回税务机关检查，必须经县级以上税务局（分局）局长批准，并在（   ）内完整归还。

A. 1个月　　B. 2个月　　C. 3个月　　D. 6个月

【参考答案】C

【答案解析】根据《中华人民共和国税收征收管理法实施细则》第八十六条，税务机关行使《中华人民共和国税收征收管理法》第五十四条第（一）项职权时，可以在纳税人、扣缴义务人的业务场所进行；必要时，经县以上税务局（分局）局长批准，可以将纳税人、扣缴义务人以前会计年度的账簿、记账凭证、报表和其他有关资料调回税务机关检查，但是税务机关必须向纳税人、扣缴义务人开付清单，并在3个月内完整退还；有特殊情况的，经设区的市、自治州以上税务局局长批准，税务机关可以将纳税人、扣缴义务人当年的账簿、记账凭证、报表和其他有关资料调回检查，但是税务机关必须在30日内退还。

114. 当事人对税务机关的行政处罚决定逾期不申请复议也不向人民法院起诉，又不履行的，作出处罚决定的税务机关（   ）。

A. 可依法采取税收保全措施

B. 可依法采取强制执行措施，也可申请人民法院强制执行

C. 只能申请人民法院强制执行

D. 应移送公安机关处理

【参考答案】B

【答案解析】根据《中华人民共和国税收征收管理法》第八十八条第三款，当事人

对税务机关的处罚决定逾期不申请行政复议也不向人民法院起诉、又不履行的，作出处罚决定的税务机关可以采取本法第四十条规定的强制执行措施，或者申请人民法院强制执行。

115. 某市高新区税务局检查人员要查询涉案人员王某的储蓄存款，有权批准的领导岗位是（　　）。

A. 高新区税务局局长　　B. 高新区税务局稽查局局长

C. 市税务局稽查局局长　　D. 市税务局局长

【参考答案】 D

【答案解析】 根据《中华人民共和国税收征收管理法》第五十四条，税务机关在调查税收违法案件时，经设区的市、自治州以上税务局（分局）局长批准，可以查询案件涉嫌人员的储蓄存款。税务机关查询所获得的资料，不得用于税收以外的用途。

116. 下列事项，税务机关既可以直接强制执行，也可以申请法院强制执行的是（　　）。

A. 从事生产经营的纳税人欠缴的税款

B. 从事生产经营的纳税人欠缴的滞纳金

C. 从事生产经营的纳税人欠缴的罚款

D. 非从事生产经营的纳税人欠缴的税款、滞纳金和罚款

【参考答案】 C

【答案解析】 根据《中华人民共和国税收征收管理法》第八十八条，当事人（指纳税人、扣缴义务人、纳税担保人）对税务机关的处罚决定、强制执行措施或者税收保全措施不服的，可以依法申请行政复议，也可以依法向人民法院起诉。当事人对税务机关的处罚决定逾期不申请行政复议也不向人民法院起诉、又不履行的，作出处罚决定的税务机关可以采取本法第四十条规定的强制执行措施，或者申请人民法院强制执行。

117. 违反税收法律、行政法规应当给予行政处罚的行为，在（　　）内未被发现的，不再给予行政处罚。

A. 2 年内　　B. 3 年内　　C. 5 年内　　D. 10 年内

【参考答案】 C

【答案解析】 根据《中华人民共和国税收征收管理法》第八十六条，违反税收法律、行政法规应当给予行政处罚的行为，在 5 年内未被发现的，不再给予行政处罚。

118. 当欠缴税款的纳税人放弃到期债权，对国家税收造成损害致使税务机关无法追缴税款，税务机关可以请求人民法院行使（　　）。

A. 抵押权　　B. 留置权　　C. 代位权　　D. 撤销权

【参考答案】D

【答案解析】根据《中华人民共和国税收征收管理法》和《中华人民共和国合同法》，因债务人放弃其到期债权，对债权人造成损害的，债权人可以请求人民法院撤销债务人的行为。

119. 纳税人使用计算机记账的，应在使用前将（　　）报送主管税务机关备案。

A. 会计核算软件　　B. 会计管理软件

C. 会计决策软件　　D. 会计分析软件

【参考答案】A

【答案解析】根据《中华人民共和国税收征收管理法实施细则》第二十四条，纳税人使用计算机记账的，应在使用前将会计电算化系统的会计核算软件、使用说明书及有关资料报送主管税务机关备案。

120. 某县税务局依法对已办理税务登记的从事餐饮的个体业主黄某实施强制执行措施，可以书面通知开户银行扣缴税款的存款是（　　）。

A. 黄某的储蓄存款　　B. 黄某老婆的存款

C. 黄某挂靠的公司开设账户中的存款　　D. 黄某儿子的存款

【参考答案】A

【答案解析】根据《中华人民共和国税收征收管理法实施细则》第七十二条，税收征管法所称存款，包括独资企业投资人、合伙企业合伙人、个体工商户的储蓄存款以及股东资金账户中的资金等。

121. 对价值超过应纳税额且不可分割的商品、货物或者其他财产，依法采取税收强制执行的，以拍卖或者变卖所得抵缴税款、滞纳金、罚款以及拍卖、变卖等费用后，尚有剩余的，应在（　　）内退还被执行人。

A. 5 日　　B. 2 日　　C. 3 日　　D. 1 日

【参考答案】C

【答案解析】根据《中华人民共和国税收征收管理法实施细则》第六十九条，税务机关将扣押、查封的商品、货物或者其他财产变价抵缴税款时，应当交由依法成立的拍卖机构拍卖；无法委托拍卖或者不适于拍卖的，可以交由当地商业企业代为销售，也可以责令纳税人限期处理；无法委托商业企业销售，纳税人也无法处理的，可以由税务机关变价处理，具体办法由国家税务总局规定。国家禁止自由买卖的商品，应当交由有关单位按照国家规定的价格收购。拍卖或者变卖所得抵缴税款、滞纳金、罚款以及扣押、查封、保管、拍卖、变卖等费用后，剩余部分应当在3日内退还被执行人。

122. 下列属于《中华人民共和国税收征收管理法》中规定的税收保全措施的是(　　)。

A. 书面通知纳税人开户银行或者其他金融机构从其存款中扣缴税款

B. 变卖纳税人的价值相当于应纳税款的商品、货物或者其他财产，以该项所得抵缴税款

C. 书面通知纳税人开户银行或者其他金融机构冻结纳税人的金额相当于应纳税款的存款

D. 拍卖纳税人的价值相当于应纳税款的商品、货物或者其他财产，以该项所得抵缴税款

【参考答案】C

【答案解析】根据《中华人民共和国税收征收管理法》第三十八条，税务机关可以采取下列税收保全措施：①书面通知纳税人开户银行或者其他金融机构冻结纳税人的金额相当于应纳税款的存款；②扣押、查封纳税人的价值相当于应纳税款的商品、货物或者其他财产。选项A、B、D均属于强制执行措施。

123. 欠缴税款数额较大的纳税人在处分其不动产或者大额资产之前，应当向税务机关报告。这里所指的“数额较大”是指（　　）。

A. 欠缴税款3万元以上　　B. 欠缴税款5万元以上

C. 欠缴税款10万元以上　　D. 欠缴税款15万元以上

【参考答案】B

【答案解析】根据《中华人民共和国税收征收管理法实施细则》第七十七条，税收征管法第四十九条所称欠缴税款数额较大，是指欠缴税款5万元以上。

124. 甲企业因计算错误少缴2020年5月份税款20万元，税务机关可以对其追征税款和滞纳金的期限为（　　）。

A. 1年以内　　B. 3年以内　　C. 5年以内　　D. 10年以内

【参考答案】C

【答案解析】根据《中华人民共和国税收征收管理法》第五十二条，因纳税人、扣

缴义务人计算错误等失误，未缴或者少缴税款的，税务机关在3年内可以追征税款、滞纳金；有特殊情况的，追征期可以延长到5年。

根据《中华人民共和国税收征收管理法实施细则》第八十二条，《中华人民共和国税收征收管理法》第五十二条所称特殊情况，是指纳税人或者扣缴义务人因计算错误等失误，未缴或者少缴、未扣或者少扣、未收或者少收税款，累计数额在10万元以上的。

125. 下列被执行人的财产不能纳入税收保全措施范围的是（　　）。

A. 唯一的一辆机动车　　B. 新购入的价值4000元的厨具

C. 一套别墅　　D. 金银首饰

【参考答案】B

【答案解析】《中华人民共和国税收征收管理法实施细则》第五十九条对保全措施的财产进行详细说明，即包括纳税人的房地产、现金、有价证券等不动产和动产。机动车辆、金银饰品、古玩字画、豪华住宅或者一处以外的住房不属于《中华人民共和国税收征收管理法》第三十八条、第四十条、第四十二条所称个人及其所扶养家属维持生活必需的住房和用品。税务机关对单价5000元以下的其他生活用品，不采取税收保全措施和强制执行措施。

126. 根据《中华人民共和国税收征收管理法》的规定，发票的管理办法由（　　）制定。

A. 国务院　　B. 国家税务总局

C. 财政部　　D. 省、自治区、直辖市税务局

【参考答案】A

【答案解析】根据《中华人民共和国税收征收管理法》第二十一条，发票的管理办法由国务院规定。

127. 下列检查中，超越《中华人民共和国税收征收管理法》所赋予税务机关权限的是（　　）。

A. 到车站检查纳税人托运应纳税货物的有关单据

B. 到机场检查纳税人托运应纳税商品的有关单据

C. 到邮政企业检查纳税人邮寄应纳税货物的有关凭证

D. 上路检查纳税人所运输的应纳税商品

【参考答案】D

【答案解析】《中华人民共和国税收征收管理法》第五十四条规定了税务人员检查权。其中第（五）项为：到车站、码头、机场、邮政企业及其分支机构检查纳税人托运、邮寄应纳税商品、货物或者其他财产的有关单据、凭证和有关资料。上路检查没有法律赋权。

128. 2020 年 6 月，运通公司因财务人员调动进行账目清理时发现本单位有两笔收入用错税率，多缴了税款。一笔税款在 2013 年 1 月缴纳，另一笔税款在 2017 年 7 月缴纳。运通公司向主管税务机关提出要求退还多缴税款的申请。根据税收征管法规定，下列说法正确的是（　　）。

A. 2013 年 1 月和 2017 年 7 月多缴的税款均可以退还

B. 2013 年 1 月多缴的税款可以退还，2017 年 7 月多缴的税款不可以退还

C. 2013 年 1 月多缴的税款不可以退还，2017 年 7 月多缴的税款可以退还

D. 2013 年 1 月和 2017 年 7 月多缴的税款均不可以退还

【参考答案】C

【答案解析】根据《中华人民共和国税收征收管理法》第五十一条，纳税人自结算缴纳税款之日起 3 年内发现的，可以向税务机关要求退还多缴的税款并加算银行同期存款利息。

129. 根据《中华人民共和国税收征收管理法》的规定，对于纳税人、扣缴义务人编造虚假计税依据的，由税务机关（　　）。

A. 责令限期改正，并处 2000 元以上 1 万元以下的罚款

B. 责令限期改正，逾期不改正的，处 2000 元以上 1 万元以下的罚款

C. 责令限期改正，并处 5 万元以下的罚款

D. 责令限期改正，逾期不改正的，处 5 万元以下的罚款

【参考答案】C

【答案解析】根据《中华人民共和国税收征收管理法》第六十四条，纳税人、扣缴义务人编造虚假计税依据的，由税务机关责令限期改正，并处 5 万元以下的罚款。

130. 根据《中华人民共和国税收征收管理法实施细则》的规定，税务机关不能对（　　）实施检查。

A. 纳税人的生产车间　　B. 纳税人的私人住宅

C. 纳税人的经营场所　　D. 纳税人的货物存放地

【参考答案】B

【答案解析】根据《中华人民共和国税收征收管理法实施细则》第五十四条，税务机关有权进行的税务检查包括：到纳税人的生产、经营场所和货物存放地检查纳税人应纳税的商品、货物或者其他财产，检查扣缴义务人与代扣代缴、代收代缴税款有关的经营情况；到车站、码头、机场、邮政企业及其分支机构检查纳税人托运、邮寄应纳税商品、货物或者其他财产的有关单据、凭证和有关资料；等等。选项 B 正确。

131. 纳税人的开户行或者其他金融机构拒绝执行税务机关作出的扣缴税款决定，税务机关应对其处（　　）的罚款。

A. 1 万元以下　　B. 1 万元以上 5 万元以下

C. 5 万元以上 10 万元以下　　D. 10 万元以下 50 万元以下

【参考答案】D

【答案解析】根据《中华人民共和国税收征收管理法》第七十三条，纳税人、扣缴义务人的开户银行或者其他金融机构拒绝执行税务机关作出的冻结存款或者扣缴税款决定，造成税款流失的，由税务机关处 10 万元以上 50 万元以下的罚款。

132.《中华人民共和国税收征收管理法》规定，纳税人逃避、拒绝、阻挠税务机关检查，税务机关有权采取的措施是（　　）。

A. 责令改正并可处以罚款　　B. 查封账簿

C. 冻结纳税人在银行的存款　　D. 移送司法机关

【参考答案】A

【答案解析】根据《中华人民共和国税收征收管理法》第七十条，纳税人、扣缴义务人逃避、拒绝或者以其他方式阻挠税务机关检查的，由税务机关责令改正，可处以 1 万元以下的罚款；情节严重的，处 1 万元以上 5 万元以下的罚款。

133. 纳税人对税务机关的处罚决定，逾期不申请行政复议、不提起诉讼，又不履行的，作出决定的税务机关可以（　　），或者申请人民法院强制执行。

A. 依法强制执行　　B. 向人民法院起诉

C. 移送给检察院　　D. 向仲裁机构提请仲裁

【参考答案】A

【答案解析】根据《中华人民共和国税收征收管理法》第八十八条，当事人对税务机关的处罚决定逾期不申请行政复议也不向人民法院起诉、又不履行的，作出处罚决定的税务机关可以采取本法第四十条规定的强制执行措施，或者申请人民法院强制执行。

134. 下列关于账簿、凭证管理规定的说法，错误的是（　　）。

A. 扣缴义务人应当自扣缴义务发生之日起 15 日内，按照所代扣、代收的税种，分别设置代扣代缴、代收代缴税款账簿

B. 除另有规定者外，账簿、记账凭证、报表、完税凭证、发票、出口凭证以及其他有关涉税资料应当保存 10 年

C. 从事生产、经营的纳税人应当自领取营业执照或者发生纳税义务之日起 15 日内设置账簿

D. 不能按照规定安装、使用税控装置的，由税务机关责令限期改正，可以处以 2000 元以下的罚款；情节严重的，处 2000 元以上 1 万元以下的罚款

【参考答案】A

【答案解析】根据《中华人民共和国税收征收管理法实施细则》第二十五条，扣缴义务人应当自税收法律、行政法规规定的扣缴义务发生之日起 10 日内，按照所代扣、代收的税种，分别设置代扣代缴、代收代缴税款账簿。

135. 纳税人可以采用数据电文方式申报纳税，不包括（　　）。

A. 电话语音　　B. 电子数据交换　　C. 网络传输　　D. 特快专递

【参考答案】D

【答案解析】根据《中华人民共和国税收征收管理法实施细则》第三十条，纳税人、扣缴义务人可以采取邮寄、数据电文方式办理纳税申报或者报送代扣代缴、代收代缴税款报告表。数据电文方式，是指税务机关确定的电话语音、电子数据交换和网络传输等电子方式。

136. 下列对税收强制执行措施的表述，错误的是（　　）。

A. 强制执行措施适用于从事生产、经营的纳税人和扣缴义务人，不包括纳税担保人

B. 应当先行告诫，责令限期缴纳，逾期仍未缴纳的，再采取税收强制执行措施

C. 对纳税人未缴纳的滞纳金必须同时强制执行

D. 拍卖或者变卖所得抵缴税款、滞纳金、罚款以及扣押、查封、保管、拍卖、变卖等费用后，剩余部分应当在 3 日内退还被执行人

【参考答案】A

【答案解析】根据《中华人民共和国税收征收管理法》第四十条，从事生产、经营的纳税人、扣缴义务人未按照规定的期限缴纳或者解缴税款，纳税担保人未按照规定的期限缴纳所担保的税款，由税务机关责令限期缴纳，逾期仍未缴纳的，经县以上税务局

（分局）局长批准，税务机关可以采取强制执行措施。因此税收强制执行措施不仅适用于从事生产、经营的纳税人，也适用于扣缴义务人和纳税担保人。

137. 因纳税人计算失误，未缴或者少缴税款的，税务机关的处理正确的是（　　）。

A. 税务机关在3年内可以追征税款

B. 税务机关不得追加滞纳金

C. 未缴或者少缴税款为8万元的，追征期可以延长到5年

D. 追征的年限不受限制

【参考答案】A

【答案解析】根据《中华人民共和国税收征收管理法》第五十二条，因纳税人、扣缴义务人计算错误等失误，未缴或者少缴税款的，税务机关在3年内可以追征税款、滞纳金；有特殊情况的，追征期可以延长到5年。再根据《中华人民共和国税收征收管理法实施细则》第八十二条，《中华人民共和国税收征收管理法》第五十二条所称特殊情况，是指纳税人或者扣缴义务人因计算错误等失误，未缴或者少缴、未扣或者少扣、未收或者少收税款，累计数额在10万元以上的。

138. 下列证件，未纳入“五证合一、一照一码”的是（　　）。

A. 税务登记证　　B. 组织机构代码证

C. 基本存款账户开户登记证　　D. 统计登记证

【参考答案】C

【答案解析】本题考查“五证合一”登记制度改革。“五证”指工商营业执照、税务登记证、组织机构代码证、统计登记证、社保登记证。

139. 根据税收征收管理法律制度的规定，下列发票的开具和使用行为错误的是(　　)。

A. 在特殊情况下由付款方向收款方开具了发票

B. 开具发票应当按照规定的时限，逐栏、逐联如实开具，并加盖发票专用章

C. 不拆本使用发票

D. 不转借、转让、介绍他人转让发票、发票监制章和发票防伪专用品

【参考答案】B

【答案解析】开具发票应当按照规定的时限、顺序、栏目，全部联次一次性如实开具，并加盖发票专用章，选项B逐联开具的说法错误。

140. 甲公司是执行按月纳税的增值税纳税人，按规定应于每月 15 日前申报并缴纳上月税款，2020 年 9 月直至 15 日甲公司均未办理纳税申报，税务机关向其下达责令限期改正通知书，要求甲公司于 9 月 20 日前办理纳税申报，至限期满甲公司仍未申报，则税务机关应当(　　)。

A. 责令甲公司提供纳税担保　　B. 核定甲公司应纳税额

C. 对甲公司进行税收保全　　D. 对甲公司执行税收强制执行

【参考答案】 B

【答案解析】 发生纳税义务，未按照规定的期限办理纳税申报，经税务机关责令限期申报，逾期仍不申报的，由税务机关核定其应纳税额。

141. 税务机关责令某饭店提供纳税担保，该饭店明确表示拒绝，则税务机关可以采取的税款征收措施是(　　)。

A. 核定其应纳税额　　B. 采取税收保全措施

C. 采取税收强制执行措施　　D. 税务人员到饭店直接征收税款

【参考答案】 B

【答案解析】 税务机关责令具有税法规定情形的纳税人提供纳税担保而纳税人拒绝提供纳税担保或无力提供纳税担保的，经县以上税务局（分局）局长批准，税务机关可以采取税收保全措施。

142. 下列关于税收强制执行措施的表述，正确的是(　　)。

A. 税收强制执行措施不适用于扣缴义务人

B. 作为家庭唯一代步工具的轿车，不在税收强制执行的范围之内

C. 税务机关采取强制执行措施时，可对纳税人未缴纳的滞纳金同时强制执行

D. 书面通知纳税人开户银行冻结纳税人的金额相当于应纳税款的存款是税收强制执行的具体措施

【参考答案】 C

【答案解析】 选项 A：税收强制执行措施适用于纳税人、扣缴义务人、纳税担保人。选项 B：个人及其所扶养家属维持生活必需的住房没有车这一规定。选项 D：书面通知纳税人开户银行划扣纳税人的金额相当于应纳税款的存款是税收保全的具体措施。

143. 甲公司应于 5 月 30 日前完成上年度企业所得税汇算清缴，但其一直未缴纳税款，税务机关向其发出责令限期缴纳通知书，要求其于 6 月 20 日前补缴上年度所得税税款及滞纳金共计 68 万元，至限期满，甲公司仍未缴纳，则税务机关可以采取的税款征

收措施是(　　)。

A. 核定甲公司应纳税额　　B. 采取税收保全措施

C. 采取税收强制执行措施　　D. 对甲公司处以罚款

【参考答案】C

【答案解析】纳税担保人未按照规定的期限缴纳所担保的税款，由税务机关责令限期缴纳，逾期仍未缴纳的，经县以上税务局（分局）局长批准，税务机关可以采取强制执行措施。

144. 2020年8月税务机关通过调查，发现某饭店的纳税申报表上有弄虚作假的情形，则税务机关可以采取的税款征收措施是(　　)。

A. 核定其应纳税额　　B. 责令其缴纳税款

C. 责令提供纳税担保　　D. 采取税收保全措施

【参考答案】B

【答案解析】税务机关有根据认为从事生产、经营的纳税人有逃避纳税义务行为，可在规定的纳税期之前责令其限期缴纳应纳税款。因此选项B正确。

145. 根据税收征收管理法律制度的规定，扣缴义务人应当在一定期限内设置代扣代缴、代收代缴税款账簿。该一定期限是(　　)。

A. 自扣缴义务发生之日起10日内　　B. 自扣缴义务发生之日起15日内

C. 自扣缴义务发生之日起20日内　　D. 自扣缴义务发生之日起30日内

【参考答案】A

【答案解析】根据规定，扣缴义务人应当在自扣缴义务发生之日起10日内设置代扣代缴、代收代缴税款账簿。

146. 纳税人超过应纳税额多缴纳的税款，自结算税款之日起（　　）年内发现的，可以向税务机关要求退还多缴的税款，并加算银行同期存款利息。

A. 7　　B. 10　　C. 5　　D. 3

【参考答案】D

【答案解析】纳税人超过应纳税额多缴纳的税款，自结算税款之日起3年内发现的，可以向税务机关要求退还多缴的税款，并加算银行同期存款利息。

147. 下列关于税务机关实施税收保全措施的表述，错误的是(　　)。

A. 税收保全措施仅限于从事生产、经营的纳税人

B. 实施税收保全措施，须经省级税务机关批准

C. 冻结纳税人的存款时，其数额要以相当于纳税人应纳税款的数额为限

D. 个人及其抚养家属维持生活必需的住房和用品，不在税收保全措施的范围之内

【参考答案】B

【答案解析】选项 B：税务机关有根据认为从事生产、经营的纳税人有逃避纳税义务行为的，可以在规定的纳税期之前，责令限期缴纳应纳税款；在限期内发现纳税人有明显的转移、隐匿其应纳税的商品、货物以及其他财产或者应纳税的收入的迹象的，税务机关可以责成纳税人提供纳税担保。如果纳税人不能提供纳税担保，经县以上税务局（分局）局长批准，税务机关可以采取税收保全措施。

148. 下列关于税务机关采取强制执行措施的说法，正确的是(　　)。

A. 如果纳税人未按规定期限缴纳税款，税务机关应当采取强制执行措施

B. 税务机关采取强制执行措施时，主要针对纳税人未缴税款，不包括其未缴滞纳金

C. 税务机关采取强制执行措施时，可书面通知纳税人开户银行从其存款中扣缴税款

D. 税务机关可对单价 3500 元的电动自行车，采取强制执行措施

【参考答案】C

【答案解析】选项 A：如果纳税人未按照规定的期限缴纳税款，由税务机关责令限期缴纳，逾期仍未缴纳的，经县以上税务局（分局）局长批准，税务机关可以采取强制执行措施；选项 B：滞纳金也在强制执行范围内；选项 D：税务机关对单价 5000 元以下的其他生活用品，不采取强制执行措施。

149. 在税款征收中，纳税人有合并、分立情形的应当向税务机关报告，并依法缴清税款。纳税人分立时未缴清税款的，(　　)。

A. 分立前的纳税人自行履行未履行的纳税义务

B. 分立前纳税人的投资人自行履行未履行的纳税义务

C. 分立后的纳税人对未履行的纳税义务承担连带责任

D. 纳税义务就此终结

【参考答案】C

【答案解析】纳税人合并时未缴清税款的，应当由合并后的纳税人继续履行未履行的纳税义务；纳税人分立时未缴清税款的，分立后的纳税人对未履行的纳税义务应当承担连带责任。

150. 下列关于税款追征与退还的说法，正确的是（　　）。

A. 纳税人多缴的税款，税务机关发现后应当立即退还

B. 纳税人多缴的税款，纳税人自结算税款之日起5年内发现的，可以向税务机关要求退还

C. 纳税人多缴的税款时，纳税人自结算税款之日起3年内发现的，退税时应加算银行同期贷款利息

D. 由于税务机关适用法规错误导致纳税人少缴税款，税务机关可以在3年内补征税款和加收滞纳金

【参考答案】A

【答案解析】纳税人多缴的税款，税务机关发现后应当立即归还，纳税人自结算税款之日起3年内发现的，可以向税务机关要求退还多缴的税款并加算银行同期存款利息，所以选项B错误；纳税人多缴的税款时，自结算税款之日起3年内发现的，退税时应加算银行同期存款利息，所以选项C错误；因税务机关的责任，致使纳税人、扣缴义务人未缴或少缴税款的，税务机关在3年内可以要求纳税人、扣缴义务人补缴税款，但是不得加收滞纳金，所以选项D错误。

151. 在划分中央与地方政府事权的基础上，按照税种划分中央与地方财政收入的一种财政管理体制是(　　)。

A. 分税制　　B. 中央集权制

C. 双轨制　　D. 平行管理制度

【参考答案】A

【答案解析】分税制是在划分中央与地方政府事权的基础上，按照税种划分中央与地方财政收入的一种财政管理体制。

152. 某企业董事长授意财务会计篡改企业账簿信息，逃避缴纳税款数额较大并且占应纳税额10%以上的，处（　　）年以下有期徒刑或者拘役，并处罚金。

A. 1　　B. 2　　C. 3　　D. 5

【参考答案】C

【答案解析】纳税人采取欺骗、隐瞒手段进行虚假纳税申报或者不申报，逃避缴纳税款数额较大并且占应纳税额10%以上的，处3年以下有期徒刑或者拘役，并处罚金；数额巨大并且占应纳税额30%以上的，处3年以上7年以下有期徒刑，并处罚金。

153. 下列各项关于纳税申报管理的表述，正确的是(　　)。

A. 扣缴义务人不得采取邮寄申报的方式

B. 纳税人在纳税期内没有应纳税款的，不必办理纳税申报

C. 实行定期定额缴纳税款的纳税人可以实行简易申报、简并征期等申报纳税方式

D. 经核准延期办理规定的申报、报送事项的，在纳税期内，不用缴纳税款

【参考答案】C

【答案解析】扣缴义务人可以采取邮寄申报，选项 A 是错误的。纳税人在纳税期内没有应纳税款的，也应当按照规定办理纳税申报。纳税人享受减税、免税待遇的，在减税、免税期间应当按照规定办理纳税申报，选项 B 是错误的。经核准延期办理规定的申报、报送事项的，应当在纳税期内按照上期实际缴纳的税额或者税务机关核定的税额预缴税款，并在核准的延期内办理税款结算，选项 D 是错误的。

154. 下列关于纳税申报的说法，不正确的是(　　)。

A. 实行定期定额方式缴纳税款的纳税人，可以实行简易申报、简并征期等申报纳税方式

B. 纳税人在规定的期限办理纳税申报确有困难需要延期的，可以在规定的期限内向税务机关提出书面延期申请，延期纳税

C. 纳税人办理了延期纳税申报的，应当在纳税期限内先预缴税款

D. 纳税人享受定期减免税的，在减免税期间应当按照规定办理纳税申报

【参考答案】B

【答案解析】选项 B，应该是延期申报，而不是延期纳税。

155. 下列关于税款征收方式的陈述，不正确的是(　　)。

A. 查定征收一般适用于财务会计制度健全的纳税单位

B. 定期定额征收一般适用于小型个体工商户

C. 委托代征税款一般适用于零星、分散和异地缴纳的税款征收

D. 查验征收是指税务机关对纳税人的应税商品、产品，通过查验数量，按市场一般销售单价计算其销售收入，并据以计算应纳税款的一种征收方式

【参考答案】A

【答案解析】查定征收一般适用于账务不全，但能控制其材料、产量或进销货物的纳税单位或个人。

156. 某企业改变纳税人名称，应自工商行政管理部门办理变更登记之日起(　　)日内，向原税务登记机关申报办理变更税务登记。

A. 10　　B. 15　　C. 20　　D. 30

【参考答案】D

【答案解析】税务登记内容发生变化，按规定纳税人须在工商行政管理机关办理注册登记的，应自工商行政管理部门办理变更登记之日起30日内，向原税务登记机关申报办理变更税务登记。

157. 下列各项，不需要办理变更税务登记范围的是(　　)。

A. 改变纳税人名称、法定代表人的　　B. 改变产权关系的

C. 改变注册资金的　　D. 企业被行政机关吊销营业执照的

【参考答案】D

【答案解析】变更税务登记的适用范围：①改变纳税人名称、法定代表人的；②改变住所、经营地点的（不含改变主管税务机关的）；③改变经济性质或企业类型的；④改变经营范围、经营方式的；⑤改变产权关系的；⑥改变注册资金的。选项D属于注销登记的范畴。

158. 下列关于税务机关进行纳税评估和行使税务检查权的表述，不符合税法规定的是(　　)。

A. 纳税评估的对象是综合审核对比分析中发现有问题或疑点的纳税人

B. 纳税评估中，对重点税源户，要保证每年至少重点评估分析一次

C. 税务检查中，可以到车站检查纳税人托运货物或者其他财产的有关单据、凭证和资料

D. 税务检查中，经县以上税务局局长批准，凭全国统一格式的检查存款账户许可证，查询从事生产、经营纳税人的银行存款账户

【参考答案】A

【答案解析】纳税评估的对象为税务机关负责管理的所有纳税人及其应纳所有税种，发现有问题或疑点的纳税人要作为重点评估分析对象，所以A不正确。

159. 除法律、行政法规另有规定外，账簿、会计凭证、报表、完税凭证及其他有关资料应当保存（　　）年。

A. 10　　B. 15　　C. 1　　D. 5

【参考答案】A

【答案解析】除法律、行政法规另有规定外，账簿、会计凭证、报表、完税凭证及其他有关资料应当保存10年。

160. 加快建立绿色生产和消费的法律制度和政策导向，建立健全的经济体系，这个体系的关键词是（　　）。

A. 绿色低碳循环发展　　B. 绿色节约循环发展

C. 绿色低碳开放发展　　D. 开放节约低碳发展

【参考答案】A

题型二　多项选择题

1. 党的十九届四中全会在深刻总结我国国家治理经验、准确把握我国制度优势基础上，针对新时代新要求，提出健全总揽全局、协调各方的党的领导制度体系。以下选项，符合坚持和完善党的领导制度体系要求的有（　　）。

A. 建立“不忘初心、牢记使命”的制度

B. 完善坚定维护党中央权威和集中统一领导的各项制度

C. 健全社会公平正义法治保障制度

D. 健全为人民执政、靠人民执政各项制度

E. 健全提高党的执政能力和领导水平制度

【参考答案】ABDE

【答案解析】《中共中央关于坚持和完善中国特色社会主义制度 推进国家治理体系和治理能力现代化若干重大问题的决定》指出，坚持和完善党的领导制度体系，提高党科学执政、民主执政、依法执政水平的内容包括：建立“不忘初心、牢记使命”的制度；完善坚定维护党中央权威和集中统一领导的各项制度；健全党的全面领导制度；健全为人民执政、靠人民执政各项制度；健全提高党的执政能力和领导水平制度；完善全面从严治党制度。选项C错误，其属于坚持和完善中国特色社会主义法治体系，提高党依法治国、依法执政能力的内容。

2. 各级税务机关党委书记是落实全面从严治党主体责任的第一责任人，其应重点履行的责任包括（　　）。

A. 监督执纪责任

B. 统筹推进责任

C. 选人用人责任

D. 管理监督责任

E. 示范引领责任

【参考答案】BCDE

【答案解析】党委书记是落实全面从严治党主体责任的第一责任人，重点履行统筹推进、选人用人、管理监督和示范引领责任。

3. 机关、单位在定密过程中，对不明确和有争议的事项，确定其密级的行政管理部门有（　　）。

A. 机关、单位定密责任人

B. 上级主管部门和同级保密行政管理部门

C. 国家保密行政管理部门

D. 省、自治区、直辖市保密行政管理部门

【参考答案】 CD

【答案解析】 根据《中华人民共和国保守国家秘密法实施条例》第二十条，机关、单位对原定密机关、单位未予处理或者对作出的决定仍有异议的，按照下列规定办理：①确定为绝密级的事项和中央国家机关确定的机密级、秘密级的事项，报国家保密行政管理部门确定。②其他机关、单位确定的机密级、秘密级的事项，报省、自治区、直辖市保密行政管理部门确定；对省、自治区、直辖市保密行政管理部门作出的决定有异议的，可以报国家保密行政管理部门确定。

4. 根据《中华人民共和国环境保护税法》的规定，属于环境保护税征税范围的污染物有（　　）。

A. 应税大气污染物　　B. 危险废物

C. 交通噪声　　D. 工业噪声

E. 建筑噪声

【参考答案】 ABD

5. 某公司外购一批羽绒被用于以下事项，应视同销售计算缴纳增值税的有（　　）。

A. 发给职工作福利　　B. 在职工宿舍使用

C. 用于股东分红　　D. 捐赠给灾区

E. 用于生产产品

【参考答案】 CDE

6. 关于“互联网＋税务”行动中作为“社会协作”板块内容之一的“互联网＋众包互助”，下列各项符合其要求的是（　　）。

A. 以税务机关主导，纳税人自我管理、志愿互助的理念

B. 引入互联网众包协作模式，建立交流平台，将纳税人发展为“大众导税员”

C. 充分发挥第三方公共社交平台作用，利用即时通信工具用户基数大、使用快捷等特点，设立特定用户群

D. 税务人员管理，纳税人相互交流，形成良好的办税咨询互助机制

【参考答案】ABCD

7. 根据《中华人民共和国个人所得税法》，适用超额累进税率计算个人所得税的所得项目有(　　)。

A. 综合所得　　B. 经营所得

C. 利息、股息、红利所得　　D. 财产转让所得

【参考答案】AB

【答案解析】根据《中华人民共和国个人所得税法》第三条，个人所得税的税率包括：①综合所得，适用3%~45%的超额累进税率；②经营所得，适用5%~35%的超额累进税率；③利息、股息、红利所得，财产租赁所得，财产转让所得和偶然所得，适用比例税率，税率为20%。

8. 政府人力资源管理中育才的主要途径有(　　)。

A. 职位分类　　B. 职业生涯发展规划

C. 员工培训　　D. 终身继续教育

E. 建立考核制度

【参考答案】BCD

【答案解析】育才的主要途径就是政府人力资源的职业生涯发展管理、员工的培训和终身继续教育。

9. 自动稳定器的机制主要表现为(　　)。

A. 累进税率的所得税　　B. 税收乘数

C. 政府福利支出　　D. 存款准备金制度

E. 出口退税

【参考答案】AC

【答案解析】自动稳定器是经济系统本身存在的一种减少各种干扰对国民收入冲击的机制。其可以自动地发生作用，调节经济，无须政府做出任何决策。

10. 某种既定的资源配置状态中，帕累托最优状态是指（　　）。

A. 不存在帕累托改进

B. 一国的国民收入实现了公平分配

C. 社会全体成员的福利同时得到改善

D. 实现外部影响内部化

E. 具有经济效率的

【参考答案】AE

【答案解析】帕累托最优状态是指不存在帕累托改进，是具有经济效率的。

11. 根据《全国税务机关纳税服务规范（3.0 版）》，下列关于税收证明的描述正确的有（　　）。

A. 主管税务机关依法为纳税人对其资产、行为、收入出具税收证明

B. 主管税务机关依法为纳税人对其收入征（免）税情况出具税收证明

C. 主管税务机关依法为纳税人对其资产、行为、收入征（免）税情况出具税收证明

D. 税收证明是要式证明，供纳税人提交第三方使用

E. 税收证明是要式证明，由税务机关提供给第三方使用

【参考答案】BCD

【答案解析】税收证明，是指主管税务机关依法为纳税人出具的对其资产、行为、收入征（免）税情况的要式证明，供纳税人提交第三方使用。

12. 涉密信息系统应当指定专门人员管理和维护，严格设定用户权限，按照（　　）的原则，控制涉密信息知悉范围。

A. 最高密级防护　　B. 最严密级防护

C. 最小授权管理　　D. 最大授权管理

【参考答案】AC

13. 下列各项，属于终端计算机安全防护方法的有（　　）。

A. 软件定期升级或更新补丁　　B. 合理地配置操作系统

C. 关闭操作系统不必要的服务　　D. 定期备份重要资料与系统数据

E. 定期清理浏览器临时文件

【参考答案】ABCD

【答案解析】定期清理浏览器临时文件属于对 IE 浏览器的使用，不属于终端计算机安全防护方法。

14. 由理性认识向实践飞跃的意义更加伟大，因为（　　）。

A. 理性认识只有回到实践中才能得到检验、补充、丰富、修正和发展

B. 理性认识重要，感性认识不重要

C. 理性认识只有回到实践中才能实现理论的指导作用，达到无产阶级改造世界的目的

D. 实践比理论重要

【参考答案】AC

【答案解析】由理性认识向实践飞跃的意义更加伟大，因为理性认识只有回到实践中才能得到检验、补充、丰富、修正和发展；理性认识只有回到实践中才能实现理论的指导作用，达到无产阶级改造世界的目的。

15. 管理学中以人为中心的人本原理强调(　　)。

A. 组织是人的集合体，组织活动是由人来进行的

B. 人们为了组织的利益最大化而工作

C. 组织要通过激励调动和发挥员工的积极性

D. 要最大限度地发挥人的作用

E. 应提高员工的工作质量和生活质量

【参考答案】ACDE

【答案解析】人本原理是管理学四大原理之一，以人为本的管理强调组织是由人组成的，组织为了满足人不断增长的需求，同时提高员工的工作质量和生活质量，必须依靠全体员工的智慧和力量。其实质就是充分肯定人在管理活动中的主体地位和作用，同时，通过激励调动和发挥员工的积极性，引导员工去实现预定的目标。

16. 在我国现行税收体系中，增值税属于（　　）。

A. 从价税　　B. 从量税　　C. 直接税　　D. 间接税

【参考答案】AD

【答案解析】本题的知识点是税收分类，属于基础型知识点。增值税以应税货物或劳务的价格为依据，按照适用税率计征，属于从价税；增值税税负易于转嫁，属于间接税。

17. 在我国现行税制体系中，下列税种属于“货物与劳务税”的有（　　）。

A. 增值税　　B. 消费税　　C. 土地增值税　　D. 企业所得税

【参考答案】AB

【答案解析】本题的考查点是税收分类，属于提高型知识点。增值税和消费税属于货物与劳务税，土地增值税是特定目的税，企业所得税是所得税。

18. 广大党员要查找分析理想信念是否坚定、对党是否忠诚老实、大是大非面前是否旗帜鲜明、是否做到在思想上政治上行动上同以中共中央总书记、国家主席习近平为核心的党中央保持高度一致，要着力解决的问题有（　　）。

A. 党的意识不强　　B. 组织观念不强

C. 发挥作用不够　　D. 遵守党纪不严

【参考答案】ABC

【答案解析】要着力解决的是党的意识不强、组织观念不强、发挥作用不够等问题。

19. 坚持和完善中国特色社会主义制度、推进国家治理体系和治理能力现代化的总体目标包括（　　）。

A. 到中国共产党成立100年时，在各方面制度更加成熟、更加定型上取得明显成效

B. 到2020年，各方面制度更加完善，基本实现国家治理体系和治理能力现代化

C. 到2035年，各方面制度更加完善，基本实现国家治理体系和治理能力现代化

D. 到新中国成立100年时，全面实现国家治理体系和治理能力现代化，使中国特色社会主义制度更加巩固、优越性充分展现

E. 到2050年，全面实现国家治理体系和治理能力现代化，使中国特色社会主义制度更加巩固、优越性充分展现

【参考答案】ACD

20. 2020年4月20日，国家发展改革委首次明确“新基建”范围，主要包括（　　）。

A. 信息基础设施　　B. 融合基础设施

C. 创新基础设施　　D. 算力基础设施

E. 科教基础设施

【参考答案】ABC

【答案解析】2020年4月20日，国家发展改革委在线召开4月份例行新闻发布会，明确“新基建”范围，主要包括3个方面内容：一是信息基础设施；二是融合基础设施；三是创新基础设施。D选项错误，算力基础设施属于信息基础设施的范畴。E选项错误，科教基础设施属于创新基础设施的范畴。

21. “互联网＋税务”行动计划中，需要的技术保障是（　　）。

A. 完善标准规范　　B. 严格安全要求

C. 强化基础平台　　D. 拓展应用支撑

E. 加强考核评价

【参考答案】ABCD

【答案解析】加强考核评价是组织实施方面的保障，不属于技术保障。

22. 税收新闻发布是政府信息公开和税收宣传的重要途径，很多税务机关通过定期或不定期召开税收新闻发布会等方式，向社会发布税收政策、税收收入、税收工作重大举措以及其他重要新闻，取得了较好的积极成效。在以下单位税收新闻发布的具体过程中，做法正确的有(　　)。

A. 某市税务局要求税收新闻发布会不论新闻的重要程度，必须申请同级地方政府新闻办公室来共同组织发布

B. 某县税务局通过税收新闻发布会通报了某重大突发税收事件的处理情况

C. 某县税务局税务所通过税收新闻发布会通报了该所 2018 年组织税收收入情况

D. 某省税务局拟举办主题为“2018 年税收管理改革白皮书”的税收新闻发布会，准备阶段主要经过了确定发布主题、确定发布人员、组织发布材料、实施新闻发布等程序

E. 某市税务局规定对税收突发事件和敏感问题的信息发布因紧急特殊情况可不纳入应急预案管理

【参考答案】BD

23. 税务局在公开政府信息前需要按照相关法律法规和政策规定，对拟公开政府信息进行保密审查，以下说法正确的有(　　)。

A. 税务局需要列入保密审查范围的是依申请公开的政府信息，主动公开信息不需要进行保密审查

B. 月度、季度、年度税收收入数据需要进行保密审查

C. 税务稽查案件查处情况需要进行保密审查

D. 与其他国家（地区）签订的税收协定需要进行保密审查

E. 税收行政复议、行政诉讼案件情况

【参考答案】BCDE

24. 下列各项，属于税务机关督查督办工作范围的有（　　）。

A. 局长办公会作出的重要工作部署

B. 局领导批示和交办事项的落实情况

C. 本级人大代表议案、建议和政协委员提案的办理情况

D. 重要信访案件的办理情况

E. 其他部门来电、来函征求意见的办理情况

【参考答案】ABCDE

25. 国家税务总局要求，各级税务机关应当建立信访、舆情、应急管理工作联席会议（以下简称“联席会议”）制度。以下关于联席会议制度说法正确的有（　　）。

A. 联席会议应议定重大信访事项的处理、复查和复核意见

B. 联席会议一般每半年召开一次

C. 省辖市税务局联席会议召集人应由主要领导担任

D. 联席会议的会议纪要应由机关办公室起草

E. 联席会议应由召集人主持

【参考答案】ABC

26. 下列文件，属于信息公开选项中“不予公开”的有（　　）。

A.《国家税务总局××省税务局关于国家税务总局××市税务局新增网络节点的批复》

B.《国家税务总局××省税务局关于贯彻落实全国税务工作会议精神的报告》

C.《国家税务总局××省税务局关于电子税务局上线的通告》

D.《国家税务总局××省税务局办公室关于征求绩效管理7.0版指标体系意见的函》

E. 税收专报《国家税务总局××市税务局关于上半年稽查案件办理情况的报告》

【参考答案】ABDE

27. 习近平总书记强调，全媒体不断发展，信息无处不在，无所不及，无人不用，导致舆论生态、媒体格局、传播方式发生了深刻变化，新闻舆论工作面临新的挑战。他所指的全媒体是指（　　）。

A. 全息媒体　　B. 全程媒体　　C. 全员媒体　　D. 全效媒体

【参考答案】ABCD

【答案解析】2019年1月25日，中共中央政治局在人民日报社就全媒体时代和媒体融合发展举行第十二次集体学习，习近平主持学习并发表重要讲话，其中提到：没有网络安全就没有国家安全；过不了互联网这一关，就过不了长期执政这一关。全媒体不断发展，出现了全程媒体、全息媒体、全员媒体、全效媒体，信息无处不在、无所不及、无人不用，导致舆论生态、媒体格局、传播方式发生深刻变化。

28. 秘书小赵陪局领导到办税大厅检查安全及应急管理工作，他应该注意的要点有(　　)。

A. 有没有占用、封闭、堵塞安全疏散通道、安全出口

B. 是否违规储存易燃易爆危险品

C. 消防安全设施及所需器材是否配备齐全

D. 有没有公示突发事件处理预案

【参考答案】 ABC

29. 关于税收宣传纪律，正确的说法有（　　）。

A. 严格执行新闻采访报告制度，市税务局接受《人民日报》、新华社采访，事先要报告省税务局

B. 税务干部以个人名义发表涉及国家税务总局重大事项的讲话或文章须事先报告税收宣传部门同意

C. 各税务局对有记者证、采访函、采访内容清楚的媒体记者可以安排采访

D. 税务人员不得擅自对外发布任何与税收有关的言论

【参考答案】 AB

30. 习近平总书记指出，秘书人员在处理同领导的关系中，力求做到“参与而不干预、协助而不越权、服从而不盲从”。下列做法不符合上述要求的有（　　）。

A. 某省局办公室副主任积极献言献策发挥参谋助手作用

B. 某市局办公室主任资历老、水平高，常删节或补充某年轻挂职副局长的批示

C. 某市局办公室主任根据局长的暗示把“双随机”抽查到的A企业排除在查账范围之外

D. 某主持工作的省局办公室副主任坚持每晚下班前到局长办公室汇报当日全局重要工作进展情况

【参考答案】 BC

31. 县以上税务机关，在依法受理有关部门查询管辖范围内的纳税人涉税信息时，应当注意的保密要求有（　　）。

A. 单位查询受理，个人查询不受理

B. 纳税人查询自身涉税信息受理，查询其他纳税人信息不受理

C. 应当检验查询人工作证明、身份证件以及其他相关法律关系证明

D. 对外提供涉税信息查询应当与查询单位和个人签订保密责任书

E. 政府机关查询涉税信息时，无须签订保密责任书

【参考答案】CD

32. 关于保密违法违纪责任，下列说法正确的是（　　）。

A. 丢失秘密文件资料或者泄露党和国家秘密，情节较重的，给予开除党籍处分

B. 在保密工作方面不负责任，致使发生重大失密泄密事故，造成或者可能造成较大损失的，对负有主要领导责任者，给予警告或者严重警告处分

C. 泄露机密级国家秘密 4 项（以上）的，应当以过失泄露国家秘密罪立案

D. 通过口头、书面或者网络等方式向公众散布、传播国家秘密的，应当以故意泄露国家秘密罪立案

【参考答案】BD

33. 某市税务局货物和劳务税科牵头起草一份税收规范性文件，该文件涉及征管业务流程调整及信息技术服务，该文件在送办公室审核之前，应当(　　)。

A. 经货物和劳务税科负责人初审　　B. 经征收管理科会签

C. 经信息中心会签　　D. 经政策法规科复审

E. 经办公室会签

【参考答案】ABCD

34. 关于突发事件应急预案的内容，下列描述正确的是（　　）。

A. 市县级专项和部门针对突发事件应急预案侧重明确突发事件的组织指挥机制、风险评估、监测预警、信息报告、应急处置措施、队伍物资保障及调动程序等内容

B. 针对重大活动保障制定的专项和部门应急预案，侧重明确活动安全风险隐患及防范措施、监测预警、信息报告、应急处置、人员疏散撤离组织和路线等内容

C. 针对为突发事件应对工作的部门应急预案，侧重明确组织指挥机制、资源布局、不同种类和级别突发事件发生后的资源调用程序等内容

D. 单位和基层组织应急预案侧重明确应急响应责任人、风险隐患监测、信息报告、预警响应、应急处置、人员疏散撤离组织和路线、可调用或可请求援助的应急资源情况及如何实施等，体现自救互救、信息报告和先期处置特点

【参考答案】ABCD

35. 便函在写作时，不得出现（　　）。

A. 设定行政许可、行政审批、行政处罚、行政强制事项

B. 规定内部管理审批、税收政策解释、税收征管问题解释事宜

C. 规定具体税收征管工作、会议培训和书刊征订事宜

D. 通报和汇报有关减税降费等具体性、一般事务性问题

【参考答案】ABC

36. 某省媒体记者以记者的身份向某市税务局申请公开某新闻当事人近两年的纳税情况。收到申请后，市税务局经研究确认（　　）。

A. 回复记者，该信息只能由当事人本人查询

B. 回复记者，该信息公开须经当事人同意

C. 该信息不属于信息公开范围，对记者不予理睬

D. 同意只向记者本人公开

【参考答案】AB

37. 某省年仅38岁的副县长宣布辞职，其发表的辞职感言在网上被大量转载，引发网友的热议，两天之内，国内多家主流媒体先后发表了相关评论，如《影响辞官的不是体制是观念》《我们为何习惯不了官员辞职》《官员辞职风轻云淡是进步》《官员辞职遭非议源于权力被扭曲的社会心理》等，这些表明（　　）。

A. 同样的新闻事件，看问题角度不同，可能得出完全不同的结论或态度

B. 各有看点，充分彰显了网络时代新闻评论的特色

C. 评论不是结论，只是提供一个看问题的角度

D. 选好新闻角度是舆情引导值得关注的技巧，能够引导网友的兴奋点

【参考答案】ABCD

38. 根据《中国共产党重大事项请示报告条例》的规定，下级党组织应当向上级党组织报告的事项有（　　）。

A. 经济社会发展中出现的重要情况和重大舆情

B. 重大敏感事件、突发事件和群体性事件应对处置情况

C. 全面工作总结和计划

D. 本地区（部门、单位）工作中具有在更大范围推广价值的经验做法和意见建议

E. 同级机关党委工作计划及总结

【参考答案】ABCD

39. 习近平总书记多次对媒体创新融合作出部署，对新闻队伍提出了更严要求和更

高期待，这些要求有（ ）。

A. 因势而谋　　B. 应势而动　　C. 顺势而为　　D. 见势而作

【参考答案】ABC

【答案解析】习近平于2013年8月19日，在全国宣传思想工作会议上发表重要讲话指出，宣传思想工作一定要把围绕中心、服务大局作为基本职责，胸怀大局、把握大势、着眼大事，找准工作切入点和着力点，做到因势而谋、应势而动、顺势而为。

40. 绩效受多方面因素的影响，在下列选项中，影响员工个人行为和工作的因素包括（ ）。

A. 组织外部环境　　B. 个人生理条件

C. 组织内部文化　　D. 个人心理因素

E. 国内政治局势

【参考答案】ACD

41. 关于政府职能的定位，下列论述正确的是（ ）。

A. 政府职能满足于公共行政的根本要求

B. 政府职能是政府机构设置的基本依据

C. 政府职能转变是行政管理机制和机构改革的关键

D. 政府职能是公共行政的核心内容

【参考答案】ABCD

42. 某市税务局办公室的朱某，在临时负责本局办公室工作期间，为了给新购进的复印纸腾出存放地点，批准工作人员将2000年至2010年形成的档案从柜中搬出，装入麻袋堆放在机要室，后来因为办公室调整又转放到图书室。此后，在长达半年多的时间里，朱某既没有安排档案管理人员去整理、保管这部分档案，也没过问这批档案的下落，最终使得图书室管理员误认为是无用的废纸予以销毁。下列说法正确的是（ ）。

A. 造成这次误销事件的发生，究其原因是朱某的档案意识淡薄

B. 朱某作为办公室临时负责人，对档案工作负有领导责任

C. 销毁档案室应该事前进行鉴定，经过审核、批准后方可销毁

D. 该局的档案管理人员玩忽职守，造成档案误销，朱某并不负责任

E. 对该局的误销档案行为应由档案行政管理部门给予警告，可以并处罚款

【参考答案】ABCE

43. 会议管理是政务管理的一项重要内容，违反相关规定，将依法依规追究会议举办单位和相关人员的责任，在下列行为中，应对直接负责的主管人员和相关负责人给予行政处分的有（　）。

A. 计划外召开会议的

B. 以虚报、冒领手段骗取会议费的

C. 虚报会议人数、天数等进行报销的

D. 违规扩大会议费开支范围，擅自提高会议费开支标准的

E. 违规报销与会议无关费用的

【参考答案】 ABCDE

【答案解析】 依据《中央和国家机关会议费管理办法》。

44. 某市税务局局长王某，与老家一名私营企业老板张某是发小，多次在某会员制会所接受张某的宴请，喝洋酒、抽雪茄，进行高档消费活动。王某的行为（　　）。

A. 严重违反了中央八项规定的精神　　B. 违反了党的廉洁纪律

C. 违反有关规定　　D. 违反了党的工作纪律

【参考答案】 ABC

45. 根据与外方签订的互访协议，某税务局 5 次组织“因公出国团组”赴国外考察访问，局长赵某批准，但其本人未参与出国活动，后经调查，出国团组既无明确公务目的，也无实质性任务安排，团组人数、出访时间均超出了规定标准，相关费用由该局下属事业单位公款支付。在定性时，说法正确的是（　　）。

A. 违反了党的廉洁纪律

B. 赵某未对出访任务、时间和行程等把关，应追究其领导责任

C. 赵某虽然批准，但没有参加，对违纪行为不应负责任

D. 违反了党的工作纪律

【参考答案】 CD

46. 下列有关法的特征的表述，正确的是（　　）。

A. 历史上一切法的规定都是明确的、肯定的

B. 法律以外的其他社会规范，也可以作为司法机关裁判案件的根据

C. 法是以国家政权意志的形式出现的

D. 法是司法机关办案的主要根据

【参考答案】 BCD

47. 李某是某大学二年级学生，在校强奸某一女生后潜逃回家，其父得知情况后，对其错误进行了严厉申斥，并说“法网恢恢，疏而不漏”，要求他到公安机关自首，李某通过学习法律也得知自己如果自首，可能会得到从轻处罚。李某自首后，法院依法判处其有期徒刑 7 年。这一案例反映了法的规范作用，包括（　　）。

A. 指引功能　　B. 预测功能　　C. 强制功能　　D. 评价功能

【参考答案】ABCD

48. 党组织重大事项请示报告适宜简便进行的，可以采用口头方式。口头请示报告视情形可采用的方式包括（　　）。

A. 通话　　B. 微信　　C. 当面　　D. 会议

E. 邮件

【参考答案】ACD

【答案解析】口头请示报告视情形采用通话、当面、会议等方式。

49. 下列各项，属于公务员内部行政纪律责任的惩戒措施的有（　　）。

A. 批评教育　　B. 通报批评　　C. 降级　　D. 责令待岗

E. 责令作出书面检查

【参考答案】ABDE

【答案解析】内部行政纪律责任是指行政法律责任之外，违反内部行政纪律，由行政机关对其成员给予惩戒的相关责任。一般而言，主要包括批评教育/责令作出书面检查、通报批评、取消评先资格、责令待岗、调离执法岗位、取消执法资格。

50.《税收违法案件一案双查工作补充规定》指出，有下列情形之一的，实行“一案双查”（　　）。

A. 稽查部门在检查中发现税务机关或者税务人员涉嫌失职渎职、索贿受贿或者侵犯公民、法人和其他组织合法权益等行为的

B. 重大税收违法案件存在税务机关或者税务人员涉嫌违法违纪行为的

C. 检举涉税当事人税收违法行为，同时检举税务机关或者税务人员违纪违法行为，线索具体的

D. 纪检监察部门认为需要实行“一案双查”的其他税收违法案件

E. 涉案金额比较大的稽查案件

【参考答案】ABCD

51. 税务系统巡视巡察工作应以问题为导向，在下列选项中，属于巡视巡察工作应重点发现的问题有（ ）。

A. 任人唯亲、严重不团结

B. 干部选拔过程中违规用人

C. 落实中央八项规定精神不力

D. 税收执法程序不规范

E. 落实意识形态工作责任制不到位

【参考答案】 ABCDE

52. 党组履行全面从严治党主体责任，重点履行组织领导、选人用人、支持保障、管理监督责任。其中有关领导责任的说法，正确的有（ ）。

A. 每半年专题分析研究全面从严治党工作至少 1 次

B. 每年听取 1 次党组班子成员、机关各单位和下一级税务局党组落实全面从严治党主体责任情况汇报

C. 每年听取机关党建和党风廉政建设工作汇报至少 2 次

D. 各级税务局党组开展中心组学习每季度不少于 1 次，每年安排反腐倡廉专题学习不少于 2 次

【参考答案】 ABCD

53. 税务系统落实全面从严治党主体责任和监督责任的实施办法中要求做好检查考核工作，下面有关说法，正确的有（ ）。

A. 全面从严治党检查考核工作在各级党委统一领导下，由系统党建工作部门负责组织实施

B. 检查考核工作每年进行一次，采取案头和实地两种方式进行。案头检查与绩效考核相结合，做到全覆盖；实地检查与巡视巡察相结合，检查面不少于 20%

C. 对全面从严治党工作情况和领导干部廉洁自律情况进行民主测评，参加测评人员为被考核单位机关全体干部以及下一级领导班子主要负责人。参加民主测评人员不低于应参加测评人员的 50%

D. 检查考核结果和民主测评情况归入领导干部廉政档案

【参考答案】 BD

【答案解析】 全面从严治党的检查考核，由全面从严治党工作领导小组负责组织实施，不是党建工作处；参加民主测评人员不低于应参加测评人员的 80%，不是 50%。

54.《中国共产党重大事项请示报告条例》规定，党组织应当按照有关规定向上级党组织报备下列事项（ ）。

A. 党内法规和规范性文件　　B. 领导班子成员分工

C. 有关干部任免　　D. 党委领导班子成员休假

【参考答案】ABC

55. 落实全面从严治党“两个责任”中对办公室的职责要求是（　　）。

A. 负责协助党委领导班子和党委书记落实全面从严治党责任

B. 协助组织安排履行全面从严治党主体责任的重要活动和重要会议

C. 配合起草党组织履行主体责任情况相关报告

D. 协调落实有关事项，将落实全面从严治党工作情况纳入督查督办

【参考答案】ABCD

56.《中国共产党问责条例》规定，对党的领导干部的问责，应根据危害程度及具体情况采取不同方式，主要有（　　）。

A. 通报　　B. 诫勉　　C. 组织调整　　D. 纪律处分

E. 书面检查

【参考答案】ABCD

57. 税务系统内部控制中的行政管理风险，具体包括（　　）。

A. 人事管理风险　　B. 财务管理风险

C. 政务管理风险　　D. 舆情监督风险

E. 信息系统管理风险

【参考答案】ABCE

【答案解析】根据《全国税务系统内部控制基本制度（试行）》第十二条，行政管理风险包括人事管理风险、财务管理风险、政府采购风险、政务管理风险、信息系统管理风险、内部监督风险、其他行政管理风险。

58. 下列各项，属于督察内审部门权限的有（　　）。

A. 检查权　　B. 调查权　　C. 质询权　　D. 建议权

E. 临时处置权

【参考答案】ABDE

【答案解析】督察内审部门的权限包括：检查权、调查权、临时处置权、建议权。除以上权限外，督察内审部门还有权参加或列席本级税务机关有关会议，召开督察内审专题会议等。根据工作需要，税务机关可授权下级办理督察内审事项，并指导检查工作

开展情况。

59. 下列各项，对督察内审工作基本职能的表述正确的是（　　）。

A. 查错纠弊　　B. 促进管理　　C. 强化监督　　D. 突出重点

E. 防范风险

【参考答案】 ABE

【答案解析】 督察内审工作应该充分发挥“查错纠弊、促进管理、防范风险、服务大局”的职能作用，推动税收事业又好又快发展。

61. 下列各项，关于监督执纪的四种形态表述正确的有（　　）。

A. 经常开展批评和自我批评、约谈函询，让“红红脸、出出汗”成为常态

B. 党纪轻处分、组织调整成为违纪处理的大多数

C. 党纪重处分、重大职务调整的成为少数

D. 严重违纪涉嫌违法立案审查的成为极少数

【参考答案】 ABCD

【答案解析】“四种形态”是指：第一种，党内关系要正常化，批评和自我批评要经常开展，让咬耳扯袖、红脸出汗成为常态。第二种，党纪轻处分和组织处理要成为大多数。第三种，对严重违纪的重处分、作出重大职务调整应当是少数。第四种，严重违纪涉嫌违法立案审查的只能是极少数。

62. 党内法规制度体系在党章之下，一般包括（　　）。

A. 党的组织法规制度　　B. 党的领导法规制度

C. 党的自身建设法规制度　　D. 党的监督保障法规制度

E. 党的思想法规制度

【参考答案】 ABCD

【答案解析】 根据《中央党内法规制定工作第二个五年规划（2018—2022 年）》，党内法规制度体系在党章之下，一般可以划分为党的组织法规制度、党的领导法规制度、党的自身建设法规制度、党的监督保障法规制度四大板块。

63. 加强党的政治建设，坚定政治信仰主要任务包括（　　）。

A. 坚持用党的科学理论武装头脑　　B. 坚定推进政治体制改革

C. 坚定执行党的政治路线　　D. 坚决惩处一切腐败

E. 坚决站稳政治立场

【参考答案】ACE

【答案解析】《中共中央关于加强党的政治建设的意见》明确，加强党的政治建设主要任务有坚定政治信仰包括坚持用党的科学理论武装头脑、坚定执行党的政治路线、坚决站稳政治立场。

64. 关于教育培训工作，下面表述正确的是（　　）。

A. 干部参加脱产培训情况应当记入干部年度考核表，参加 2 个月以上的脱产培训情况应当记入干部任免审批表

B. 干部教育培训考核不合格的，年度考核不得确定为优秀等次

C. 干部个人参加社会化培训，如果培训内容和工作相关，可以申请由单位报销

D. 县级以上党政领导班子成员特别是主要领导干部应当带头到党校、行政学院、干部学院、社会主义学院和高等学校等授课

E. 干部教育培训以脱产培训、党委（党组）中心组学习、网络培训、在职自学等方式进行

【参考答案】ABDE

【答案解析】《干部教育培训工作条例》第五十五条规定，干部参加脱产培训情况应当记入干部年度考核表，参加 2 个月以上的脱产培训情况应当记入干部任免审批表，故选项 A 正确；第十六条规定，干部教育培训考核不合格的，年度考核不得确定为优秀等次，故选项 B 正确；第十八条规定，干部个人参加社会化培训，费用一律由本人承担，不得由财政经费和单位经费报销，不得接受任何机构和他人的资助或者变相资助，故选项 C 错误；第四十三条规定，建立健全领导干部上讲台制度。县级以上党政领导班子成员特别是主要领导干部应当带头到党校、行政学院、干部学院、社会主义学院和高等学校等授课，故选项 D 正确；第二十四条规定，干部教育培训以脱产培训、党委（党组）中心组学习、网络培训、在职自学等方式进行，故选项 E 正确。

65. 党委（党组）讨论决定干部任免事项时，与会成员对任免事项应当发表以下明确意见（　　）。

A. 同意　　B. 不同意　　C. 不表态　　D. 缓议

【参考答案】ABD

66.《党政领导干部选拔任用工作条例》规定，凡用人失察失误造成严重后果的，本地区本部门用人上的不正之风严重，干部群众反映强烈以及对违反组织人事纪律的行为查处不力的，应当根据具体情况，追究（　　）的责任。

A. 党委主管领导和直接领导

B. 党委（党组）主要领导成员、有关领导成员

C. 组织（人事）部门有关领导成员

D. 纪检监察机关有关领导成员

【参考答案】BCD

67. 依据《中国共产党章程》，中国共产党的性质包括（　　）。

A. 中国工人阶级的先锋队　　B. 中国人民和中华民族的先锋队

C. 中国特色社会主义事业的领导核心　　D. 全心全意为人民服务

E. 实现中华民族伟大复兴的领导核心

【参考答案】ABC

【答案解析】《中国共产党章程》总纲：中国共产党是中国工人阶级的先锋队，同时是中国人民和中华民族的先锋队，是中国特色社会主义事业的领导核心，代表中国先进生产力的发展要求，代表中国先进文化的前进方向、代表中国最广大人民的根本利益。

68. 加强党的政治建设，净化政治生态主要包括（　　）。

A. 严肃党内政治生活　　B. 永葆清正廉洁的政治本色

C. 严明党的政治纪律和政治规矩　　D. 坚持德才兼备选人用人标准

E. 发展积极健康的党内政治文化

【参考答案】ABCE

69. 纪检组协助党委推进全面从严治党，应履行的监督责任有（　　）。

A. 暗访检查责任　　B. 监督检查责任

C. 纪律审查责任　　D. 问责追究责任

E. 执纪问责责任

【参考答案】BCD

【答案解析】根据《税务系统落实全面从严治党主体责任和监督责任实施办法（试行)》第三十四条，纪检组协助党委推进全面从严治党，承担监督检查、纪律审查、问责追究责任。

70. 加强党的政治建设，坚定政治信仰主要任务包括（　　）。

A. 坚决站稳政治立场　　B. 坚定共产主义理想信念

C. 坚定执行党的政治路线　　D. 坚决惩处一切腐败行为

E. 坚持用党的科学理论武装头脑

【参考答案】ACE

【答案解析】《中共中央关于加强党的政治建设的意见》明确，加强党的政治建设主要任务有坚定政治信仰，包括坚持用党的科学理论武装头脑、坚定执行党的政治路线、坚决站稳政治立场。

71. 全面从严治党重点从六个方面推进，这六个方面是（　　）。

A. 抓思想从严，抓管党从严　　B. 抓工作从严，抓作风从严

C. 抓作风从严，抓反腐从严　　D. 抓执纪从严，抓治吏从严

E. 抓监督从严，抓执纪从严

【参考答案】ACD

【答案解析】党的十八大以来，以习近平同志为核心的党中央身体力行、率先垂范，坚持思想建党、组织建党和制度治党紧密结合，集中整饬党风，严厉惩治腐败，净化党内政治生态，重点从六个方面推进全面从严治党：一是抓思想从严；二是抓管党从严；三是抓执纪从严；四是抓治吏从严；五是抓作风从严；六是抓反腐从严。

72. 加强党的政治建设主要任务包括（　　）。

A. 坚定政治信仰　　B. 强化政治领导

C. 提高政治能力　　D. 净化政治生态

E. 坚定理想信念

【参考答案】ABCD

【答案解析】加强党的政治建设主要任务有坚定政治信仰、强化政治领导、提高政治能力、净化政治生态。

73. 依据党章有关规定，党的基层组织包括（　　）。

A. 党的基层委员会　　B. 总支部委员会

C. 支部委员会　　D. 党小组

E. 党组

【参考答案】ABC

【答案解析】党的基层组织，根据工作需要和党员人数，经上级党组织批准，分别设立党的基层委员会、总支部委员会、支部委员会。

74. 下列情形，违反任职回避规定的是（　　）。

A. 小张和其妻同在某单位工作，小张是局长秘书，其妻在人事科任科员

B. 市局王局长的儿子很优秀，以考试第一名的成绩被录用到市局财务科工作

C. 赵某在系统党建科工作，丈夫王某在人事科工作，都由张局长分管

D. 小马一直在原地税征管处工作，他舅舅原任国税局纪检组长、机构合并后现任税务局纪检组长

E. 张某出生在大连，后随父母在青岛长大并参加工作，近期被组织任命到大连担任公安局局长

【参考答案】BC

【答案解析】根据《党政领导干部选拔任用工作条例》第五十二条，党政领导干部任职回避的亲属关系为：夫妻关系、直系血亲关系、三代以内旁系血亲以及近姻亲关系。有上列亲属关系的，不得在同一机关担任双方直接隶属于同一领导人员的职务或者有直接上下级领导关系的职务，也不得在其中一方担任领导职务的机关从事组织（人事）、纪检监察、审计、财务工作。领导干部不得在本人成长地担任县（市）党委和政府以及纪委监委、组织部门、法院、检察院、公安部门主要领导成员，一般不得在本人成长地担任市（地、盟）党委和政府以及纪委监委、组织部门、法院、检察院、公安部门主要领导成员。

75. 《中国共产党党员教育管理工作条例》规定，有权根据评议情况和日常表现情况对党员提出评定意见的会议有（　　）。

A. 党支部委员会会议　　B. 党支部党员大会

C. 党小组会议　　D. 党员民主生活会

E. 党员组织生活会

【参考答案】AB

76. 对财务公开事项的真实性负责的是（　　）。

A. 单位负责人　　B. 财务会计

C. 财务部门负责人　　D. 审计部门负责人

【参考答案】AC

77. 对财务管理权的监督重点包括(　　)。

A. 预算分配　　B. 基建项目管理

C. 大宗物资采购　　D. 财务公开制度

【参考答案】ABCD

【答案解析】按照《财政违法行为处罚处分条例》《关于加强国家税务局系统财务管理权监督制约的实施办法》《国家税务局系统政府采购管理办法（试行）》《国家税务局系统财务公开暂行办法》《金税三期工程管理办法》及相关规程等规定，重点对预算分配、资金使用、基建项目管理、固定资产管理、大宗物资采购、财务内控制度和财务公开制度进行财务管理权的监督。

78. 和基本建设支出一样，属于项目支出的是（　　）。

A. 交通工具购置　　B. 税收宣传

C. 车辆购置税　　D. 人员工资

【参考答案】BC

【答案解析】项目支出是指行政单位为完成特定的工作任务，在基本支出之外发生的支出。

79. 某市税务局取得资产处置收入一笔，在上缴财政专户时可以从中扣除的主要费用有（　　）。

A. 资产评估费　　B. 技术鉴定费

C. 交易手续费　　D. 交通运输费

【参考答案】ABC

【答案解析】税务系统行政单位国有资产处置收入属于国家所有，扣除处置应缴纳的税款和所发生的相关费用（资产评估费、技术鉴定费、交易手续费等）后，按照国家有关规定，实行“收支两条线”管理。

80. 2020 年 A 市税务局对其所属 C 县税务局 2019 年度政府采购工作做专项检查。2019 年该县局政府采购预算 30 万元，其中，货物类预算 20 万元、服务类预算 10 万元。

2019 年 5 月采购一批办公家具，预算 10 万元。5 月 10 日该局发出询价通知书，5 月 15 日从本单位服务中心、监察室、办公室等部门抽调 4 名人员组成询价小组进行询价。5 月 17 日局长办公会依据询价小组提供的询价结果报告，研究确定了报价最低的 A 家具城为成交供应商。该局印刷、车辆保险、车辆维修等项目均已进行了政府采购。该局政府采购工作中存在的问题有（　　）。

A. 询价小组成员人数应为单数。询价小组由采购人代表和专家共 3 人以上单数组成

B. 询价小组成员不合规。其中专家人数依法不得少于谈判小组成员总数的 2/3

C. 成交供应商不应由局长办公会议确定，应由政府采购领导小组确定

D. 确定价格较低且质量较好的企业为成交供应商错误。采购人应根据符合采购需

求、质量和服务相等且报价最低的原则确定成交供应商

【参考答案】ABCD

81.《税务行政处罚决定书》的主要内容不包括（ ）。

A. 税款滞纳时间、滞纳金计算方法、缴纳期限及地点

B. 行政处罚种类和依据

C. 行政处罚履行方式、期限和地点

D. 告知当事人不按期履行行政处罚决定应当承担的责任

E. 检查结论

【参考答案】AE

【答案解析】税款滞纳时间、滞纳金计算方法、缴纳期限及地点和检查结论不属于《税务行政处罚决定书》的内容。

82. 税务机关纪检组协助党委推进全面从严治党，承担责任包括（ ）。

A. 防范预警 B. 监督检查 C. 纪律审查 D. 问责追究

【参考答案】BCD

【答案解析】纪检组协助党委推进全面从严治党，承担监督检查、纪律审查、问责追究责任。

83. 任职回避是领导干部任用工作的重要人，下列情形，违反任职回避规定的是（ ）。

A. 王某和其妻同在某单位工作，王某是局长秘书，其妻张某在财务科任科员

B. 人事厅某处刘处长的儿子新考录进厅里，刘处长想让儿子在自己处里先锻炼一两年

C. 机构改革后，李某和丈夫张某都到赵局长分管的部门工作

D. 小钱2018年遴选到市税务局后一直在所得税处工作，今年6月，他的叔叔被任命为该市税务局的总经济师

【参考答案】BC

【答案解析】根据《党政领导干部选拔任用工作条例》第五十二条，党政领导干部任职回避的亲属关系为：夫妻关系、直系血亲关系、三代以内旁系血亲以及近姻亲关系。有上列亲属关系的，不得在同一机关担任双方直接隶属于同一领导人员的职务或者有直接上下级领导关系的职务，也不得在其中一方担任领导职务的机关从事组织（人事）、纪检监察、审计、财务工作。领导干部不得在本人成长地担任县（市）党委和政

府以及纪委监委、组织部门、法院、检察院、公安部门主要领导成员，一般不得在本人成长地担任市（地、盟）党委和政府以及纪委监委、组织部门、法院、检察院、公安部门主要领导成员。

84. 税务机关领导干部应当掌握“灰犀牛”风险的应对策略，下列说法正确的是（　　）。

A. 承认危机的存在

B. 不要静止不动，不要在冲击面前僵化在原地

C. 定义“灰犀牛”风险的性质

D. 不要浪费已经发生的危机，要学会以灾难中吸取教训

E. 要站在顺风处眼睛盯住前方，准确预测看似遥远的风险，排除犹疑心态，优化决策和行动过程

【参考答案】ABCDE

85. 2021 年 2 月，L 市税务局发生了一起突发事件，该局拟定了几项应对措施，正确的有（　　）。

A. 组织开展应急救援工作　　B. 收集并保存相关证据

C. 开展风险分析和排查　　D. 及时向上级税务机关报告

【参考答案】ABD

【答案解析】突发事件发生后，事发地税务机关应紧密依靠当地政府及有关部门采取措施控制事态发展，保护突发事件现场涉密资料、重要物资的安全，收集并保存相关证据，组织开展应急救援工作，并及时向上级税务机关报告。

86. 行政沟通在行政管理中非常重要，下列行为属于行政沟通的是（　　）。

A. 省税务局党委召开会议，研究干部调动问题

B. 企业财务人员小李教小王利用手机办税

C. 市税务局各内设机构和管理分局负责人向市局党委汇报工作

D. 中介机构辅导纳税人申报纳税

【参考答案】AC

【答案解析】行政沟通的特点是行政机关中的工作人员之间的沟通。

87. 主办部门负责人审核起草公文，审核的重点是（　　）。

A. 是否符合国家法律法规和党的路线方针政策，提出新的政策、规定和措施等是

否可行

B. 是否需要会签其他职能部门或者有关单位

C. 公文文种的选用是否适当，拟制的公文是否符合行文规则和公文格式的有关要求

D. 人名、地名、时间、数字、段落顺序、引文等是否准确；文字、数字、计量单位和标点符号等用法是否规范

【参考答案】ABC

【答案解析】选项 D 是公文处理中文秘负责人应该审核的重点。

88. 领导人签发公文时，符合规定的说法是（　　）。

A. 应当签署意见、姓名和完整日期

B. 未经办公厅（室）审核的公文，机关负责人不予签发

C. 文稿核准签发后即为定稿，未经签发人同意，不得改动

D. 签发公文应当符合存档要求。不得使用圆珠油笔和铅笔，可以使用黑色以外其他颜色的墨水

E. 经复核需要对文稿进行实质性修改的，应当提请签发人复审并签名

【参考答案】ABCE

【答案解析】选项 D 中，领导人签发公文时不得使用黑色以外其他颜色的墨水。

89. 2021 年 1 月 22 日修订通过的《中华人民共和国行政处罚法》规定了关于限制人身自由的行政处罚，下列各项正确的有（　　）。

A. 限制人身自由的行政处罚，只能由法律设定

B. 行政法规可以设定限制人身自由的行政处罚

C. 地方性法规可以设定限制人身自由、吊销营业执照的行政处罚

D. 限制人身自由的行政处罚只能由公安机关和法律规定的其他机关行使

【参考答案】AD

【答案解析】根据《中华人民共和国行政处罚法》，行政法规可以设定限制人身自由以外的行政处罚；地方性法规可以设定限制人身自由、吊销营业执照以外的行政处罚。

90. 下列用经典语句反映出的哲学原理，有几项的哲学原理是一致的，分别是（　　）。

A. 泾溪石险人兢慎，终岁不闻倾覆人。却是平流无石处，时时闻说有沉沦

B. 天下之理，有张必有翕，有强必有弱，有兴必有废，有与必有取

C. 耳闻不如目见，目见不如足践

D. 兵无常势，水无常形

【参考答案】 ABD

【答案解析】 本题考查马克思主义哲学。选项A反映了矛盾具有同一性，矛盾双方在一定的条件下相互转化，体现了对立统一规律的辩证法内容。选项B体现了矛盾双方相互依存，对立统一，体现了对立统一规律，属于辩证法内容。选项C通过耳闻—目见—足践的对比，强调了实际经验的重要性，反映了认识和实践的辩证关系，属于认识论问题。选项D强调随着改革形势变化，干部的思想观念、工作思路等也应跟着变，体现了矛盾的特殊性，具体问题具体分析的辩证法内容。故选项A、B、D是一致的。

91. 清代的赋税有着不同于前代的做法，下面符合历史事实的是（　　）。

A. 清代前期康熙、雍正年间实行的赋税改革叫摊丁入亩，就是在固定地丁的基础上，将全部丁银摊入田亩征收，做到地丁合一，相对均平了赋税负担

B. 清代地方省、道、府、县行政机构与税务征管机构是分开的，各省都设立了承宣布政使司掌钱谷出纳

C. 晚清的厘金制，实行一百抽一厘的做法，最初专为就地筹措平定太平天国所实行的一种商业税

D. 清代后期有一种特别的税种叫土药税，它是对农产品开征的一种新税，实质上是田赋附加

【参考答案】 AC

【答案解析】 清代地方省、道、府、县行政机构与税务征管机构是合一的。道由分守道专管钱谷，府县长官亲理钱谷民事。土药税是光绪年间朝廷对内地所产的鸦片而课的税。

92. 我国古代的赋税有不同的名称，早期的叫“贡”“助”“彻”，各有特点，下面说法正确的是（　　）。

A. 夏代的赵四种了50亩地，不管丰歉，按规定他要向政府交1/10的“贡”

B. 商代的张三种了70亩地，他除了要向政府交“助”以外，还要和相邻8家助耕一块70亩的公田

C. 西周的王五一家3个男人，种了300亩地，每到年底，他要按百亩的实际收获交1/10“彻”，他不再交“贡”

D. 春秋时期的李二于鲁宣公十五年定居鲁国后，发现他种的田无论是公田还是私田，都须按亩交纳土地税了

【参考答案】 AD

【答案解析】 商代的田赋叫“助”，张三种了70亩地是不用交税的，他只拿9家共

耕的那70亩公田的收获交给政府就行了。西周的赋税，农民除了交田赋作“彻”外，还要交“贡”，名义上是诸侯贡献给周天子的，实际上向民众征集。

93. 唐代著名的财政专家杨炎向唐德宗建议革除租庸调制，创行“两税法”，以户税和地税来取代。下列有关“两税法”的说法，正确的是（　　）。

A. 两税法，先预算国家一年的财政经费，据此规定相应的课征收入，改变了传统的“量入为出”财政原则，确立了“量出为入”的原则

B. 两税法，先问现居之户，再问所有之产，将居民和行商都纳入课税主体，不以人丁为本，而以资产为本，以贫富为差，更合乎租税公平原则

C. 两税法，将纳税期限固定为夏、秋两期，防止官府经常催收，纳税人不胜其扰，符合便民的原则

D. 两税法，改实物税为货币税，不再需要车载斗量，符合降低纳税成本的原则

【参考答案】ABC

【答案解析】两税法取得了巨大的财税效果，国库收入明显增加，对赋税管理思想产生了重要而深远的影响，但两税法虽然改实物税为货币税，却只是一种过渡，它只是以钱为计算单位，实际上还是要折钱纳实物，即折算成米绢交纳。

94. 党的十九届五中全会深入分析了我国发展环境面临的深刻复杂变化，认为当前和今后一个时期，我国发展仍然处于重要战略机遇期，但机遇和挑战都有新的发展变化，其中面临的挑战有（　　）。

A. 发展不平衡不充分问题仍然突出

B. 重点领域关键环节改革任务仍然艰巨

C. 创新能力不适应高质量发展要求

D. 城乡区域发展和收入分配差距较大

E. 中等收入群体显著扩大

【参考答案】ABCD

【答案解析】时事政治。E选项不是挑战，恰恰是优势。

95. “十四五”规划强调建立现代财税金融体制，提出“完善现代税收制度”，主要内容包括（　　）。

A. 健全地方税、直接税体系

B. 优化税制结构，适当提高直接税比重

C. 深化税收征管制度改革

D. 对企业投入基础研究实行税收优惠

【参考答案】ABC

【答案解析】对企业投入基础研究实行税收优惠是提升企业技术创新能力的举措，不属于完善现代税收制度的内容。

96. 十九届中央纪委五次全会上明确2021年要坚定不移深化反腐败斗争，一体推进不敢腐、不能腐、不想腐。重点查处（　　）。

A. 政治问题和经济问题交织的腐败案件

B. 聚焦政策支持力度大、投资密集、资源集中的领域和环节

C. 坚决查处基础设施建设、项目审批、国企改革、公共资源交易、科研管理等方面的腐败问题

D. 深化金融领域反腐败工作，持续惩治国有企业腐败问题

E. 加大对政法系统腐败惩治力度

【参考答案】ABCDE

【答案解析】本题考查时事政治。这几个重点透露出2021年反腐败的新动向。

97. 税务领导干部要提升自我修养，努力学习哲学，掌握用哲学的视角来分析判断是非，是衡量其能力的一个维度。如，“凡可状皆有也；凡有皆象也；凡象皆气也”，对这个观点的判断错误的是（　　）。

A. 客观唯心主义的观点　　B. 主观唯心主义的观点

C. 形而上学的观点　　D. 唯物主义的观点

【参考答案】ABC

【答案解析】凡是可以描述、可见其状的都是客观存在的，凡是客观存在的都是自然现象，凡是自然现象都是气运动的结果。这是将世界的本原理解为具体的客观存在，承认和坚持了物质的客观性，是朴素的唯物主义。这句话是宋代唯物主义哲学家张载的观点。

98. 行政管理风险，是指税务机关及其工作人员在内部管理过程中，因故意或过失，损害国家利益、管理秩序或相关当事人合法权益的可能性。下列各项属于行政管理风险的是（　　）。

A. 信息系统管理风险　　B. 财务管理风险

C. 人事管理风险　　D. 政策制定风险

E. 税务管理风险

【参考答案】ABC

【答案解析】政策制定风险是内控机制四大风险中一个大类，税务管理风险是税收执法风险中一个小类，不属于行政管理风险。

99. 美国麻省理工学院的彼得博士提出世界的管理和方法正在酝酿新的趋势，那就

是“学习型组织”的诞生，学习型组织的五项修炼包括（　　）。

A. 自我超越　　B. 改善心智模式

C. 建立共同愿景　　D. 团体学习

E. 自主管理

【参考答案】ABCD

【答案解析】学习型组织五项修炼包括自我超越、改善心智模式、建立共同愿景、团体学习和系统思考。

100. 税务系统的国有资产管理实行分类管理，下列说法正确的是（　　）。

A. 取得固定资产时，应当按照其成本入账

B. 已经入账的固定资产，不得任意变动账面价值

C. 税务系统行政单位的固定资产不计提折旧，财政部另有规定的除外

D. 各级后勤服务管理部门是税务系统国有资产管理的主管机构

E. 税务系统行政单位不得出租、出借办公用房、公务用车

【参考答案】ABCE

【答案解析】各级财务管理部门是税务系统国有资产管理的主管机构，故选项D错误，其他各项均正确。

101. 《中共中央关于制定国民经济和社会发展第十四个五年规划和二〇三五年远景目标的建议》指出，要“完善现代税收制度，健全（　　）体系，优化税制结构，适当提高直接税比重，深化税收征管制度改革”。

A. 地方税　　B. 间接税　　C. 直接税　　D. 中央税

【参考答案】AC

【答案解析】《中共中央关于制定国民经济和社会发展第十四个五年规划和二〇三五年远景目标的建议》指出，要“完善现代税收制度，健全地方税、直接税体系，优化税制结构，适当提高直接税比重，深化税收征管制度改革”。

102. 税收制度的制定是由该国的（　　）决定的。

A. 生产力发展水平　　B. 生产关系性质

C. 经济管理体制　　D. 税收应发挥的作用

【参考答案】ABCD

【答案解析】一个国家制定什么样的税收制度是由该国生产力发展水平、生产关系性质、经济管理体制和税收应发挥的作用决定的。

103. 下列税种，属于货物和劳务税的有（　　）。

A. 增值税　　B. 车船税　　C. 消费税　　D. 车辆购置税

【参考答案】ACD

【答案解析】车船税属于财产行为税。

104. 以下关于税收基本术语的表述，正确的有（　　）。

A. 纳税人是最终负担税款的人　　B. 税收属于社会再生产的交换环节

C. 税目反映了征税广度　　D. 税率反映了征税深度

【参考答案】CD

【答案解析】负税人是最终负担税款的人；税收属于社会再生产的分配环节。所以选项A、B不正确。

105. 下列各项，属于我国税法规定的纳税地点的有（　　）。

A. 机构所在地　　B. 财产所在地

C. 经济业务发生地　　D. 核算地

【参考答案】ABCD

【答案解析】我国税法规定的纳税地点主要有机构所在地、经济业务发生地、核算地、财产所在地、报关地等。

106. 一般认为，税收横向公平的基本要求有（　　）。

A. 排除特殊阶层的免税　　B. 自然人与法人均需课税

C. 纳税能力不能作为纳税的依据　　D. 法律要求课税内外一致

【参考答案】ABD

【答案解析】横向公平就是纳税能力相同的人负担相同的税，所以纳税能力是作为纳税的依据。选项C不正确。

107. 在我国现行税制体系中，下列税种属于“财产与行为税”的有（　　）。

A. 车辆购置税　　B. 车船税

C. 土地增值税　　D. 契税

【参考答案】BCD

【答案解析】车辆购置税是货物和劳务税。

108. 为深入贯彻落实党中央、国务院深化“放管服”改革决策部署，国家税务总局下发《全国税务系统深化“放管服”改革五年工作方案（2018—2022）》，下列关于改革目标的说法，正确的有（　　）。

A. 构建自主遵从、优质便捷的纳税服务体系

B. 构建科学严密、规范统一的税收征管体系

C. 构建强大稳定、智能高效的税收信息化体系

D. 构建完备规范、成熟定型的组织保障体系

【参考答案】ABC

【答案解析】《全国税务系统深化“放管服”改革五年工作方案（2018—2022）》指出：到2022年，基本形成征纳双方权责清晰、政策更加透明、办税更加便捷、合法权益更有保障、诚信纳税意识明显提升、纳税人税法遵从意愿和遵从能力不断提高，自主遵从、优质便捷的纳税服务体系。基本形成以动态“信用+风险”管理为基础，税收征管方式从依靠事前审批、审核校验向信用评价、监控预警、风险应对的全流程管理转变，税收征管能力不断提升，科学严密、规范统一的税收征管体系。基本形成以业务创新为引领，以大数据云平台为支撑，以电子税务局为核心，强大稳定、智能高效的税收信息化体系。

109. 近年来，全国税务系统勇于创新，开拓进取，持续推进“放管服”改革，取得了明显成效。下列属于“放管服”改革措施的有（　　）。

A. 在后续管理上做“加法”，加快转变税收征管方式

B. 在简政放权上做“减法”，大幅削减行政审批事项

C. 在优化服务上做“乘法”，开展便民办税春风行动

D. 在进户执法上做“除法”，严格一次进户各税统查

【参考答案】ABC

【答案解析】“放管服”改革是指在后续管理上做“加法”，加快转变税收征管方式；在简政放权上做“减法”，大幅削减行政审批事项；在优化服务上做“乘法”，开展便民办税春风行动。

110. 根据《中华人民共和国税收征收管理法》的规定，纳税人未按照规定期限缴纳税款的，税务机关可以采取的措施有（　　）。

A. 责令限期缴纳

B. 加收滞纳金

C. 取消发票领购资格

D. 通知出入境管理机关阻止其法定代表人出境

【参考答案】ABD

【答案解析】纳税人未按照规定期限缴纳税款的，税务机关可以采取的措施有：责令限期改正、加收滞纳金和通知出入境管理机关阻止其法定代表人出境。

111. 稽查局经所属县以上税务局（分局）局长批准，可以依法采取强制执行措施的情况包括（　　）。

A. 被执行人未按照《税务处理决定书》确定的期限缴纳或者解缴税款，由税务机关责令限期缴纳，逾期仍未缴纳的

B. 经稽查局确认的纳税担保人未按照确定的期限缴纳所担保的税款，由税务机关责令其限期缴纳，逾期仍未缴纳的

C. 被执行人对《税务行政处罚决定书》确定的行政处罚事项，逾期不申请行政复议也不向人民法院起诉、又不履行的

D. 被执行人未履行对《税务行政处罚决定书》确定的行政处罚事项，未申请行政复议，但依法向人民法院提起了诉讼

E. 未按照规定办理税务登记的从事生产、经营的纳税人以及临时从事经营的纳税人，经税务机关核定其应纳税额后不缴纳的

【参考答案】ABC

【答案解析】《中华人民共和国税收征收管理法》第四十条规定，从事生产、经营的纳税人、扣缴义务人未按照规定的期限缴纳或者解缴税款，纳税担保人未按照规定的期限缴纳所担保的税款，由税务机关责令限期缴纳，逾期仍未缴纳的，经县以上税务局（分局）局长批准，税务机关可以采取下列强制执行措施。第三十七条规定，对未按照规定办理税务登记的从事生产、经营的纳税人以及临时从事经营的纳税人，由税务机关核定其应纳税额，责令缴纳；不缴纳的，税务机关可以扣押其价值相当于应纳税款的商品、货物。扣押后缴纳应纳税款的，税务机关必须立即解除扣押，并归还所扣押的商品、货物；扣押后仍不缴纳应纳税款的，经县以上税务局（分局）局长批准，依法拍卖或者变卖所扣押的商品、货物，以拍卖或者变卖所得抵缴税款。第八十八条规定，当事人对税务机关的处罚决定逾期不申请行政复议也不向人民法院起诉、又不履行的，作出处罚决定的税务机关可以采取本法第四十条规定的强制执行措施，或者申请人民法院强制执行。

112. 某纳税人未按规定期限缴纳税款，经税务机关责令后，逾期仍不缴纳税款，税务机关遂依法通知该纳税人的某开户银行扣缴相当于应纳税款的存款，该银行以纳税人

在其他银行也有账号为由，拒绝执行税务机关作出的扣缴税款决定。税务机关应(　　)。

A. 对该银行处应纳税款50%以上5倍以下的罚款

B. 对该银行处10万元以上50万元以下罚款

C. 对该银行负责人处1000元以上1万元以下的罚款

D. 对该银行直接负责的主管人员和其他直接责任人员处1000元以上1万元以下的罚款

E. 对该银行处应纳税款50%以上3倍以下的罚款

【参考答案】BD

【答案解析】根据《中华人民共和国税收征收管理法》第七十三条，纳税人、扣缴义务人的开户银行或者其他金融机构拒绝接受税务机关依法检查纳税人、扣缴义务人存款账户，或者拒绝执行税务机关作出的冻结存款或者扣缴税款的决定，或者在接到税务机关的书面通知后帮助纳税人、扣缴义务人转移存款，造成税款流失的，由税务机关处10万元以上50万元以下的罚款，对直接负责的主管人员和其他直接责任人员处1000元以上1万元以下的罚款。

113. 从事生产、经营的纳税人、扣缴义务人，有《中华人民共和国税收征管法》规定的税收违法行为，拒不接受税务机关处理的，税务机关可以（　　）。

A. 收缴其发票

B. 停止向其发售发票

C. 没收违法所得

D. 暂停受理该企业申报

E. 收缴其税务登记证

【参考答案】AB

【答案解析】根据《中华人民共和国税收征收管理法》第七十二条，从事生产、经营的纳税人、扣缴义务人有本法规定的税收违法行为，拒不接受税务机关处理的，税务机关可以收缴其发票或者停止向其发售发票。

114. 2020年12月1日，甲公司对所在地县税务局核定的企业所得税应纳税额及在12月31日前缴清税款的要求极为不满，决定撤离该县且不缴纳税款。县税务局得知后，责令该公司在12月15日前纳税。当该公司有转移生产设备和商品的明显迹象时，县税务局责成该公司提供纳税担保。就该公司与税务局的纳税争议，下列说法正确的是(　　)。

A. 如该公司不提供纳税担保，经批准，税务局有权书面通知纳税人开户银行，从

其存款中扣除相当于应纳税款的存款

B. 如该公司不提供纳税担保，经批准，税务局有权扣押、查封该公司的价值相当于应纳税款的商品、货物

C. 如该公司找到符合规定的第三方提供担保，担保书经纳税担保人签字盖章，并经税务机关同意即为有效

D. 如该公司对应纳税额有争议，可以直接向法院提起诉讼

E. 如该公司对税务局的税收保全措施不服，可以申请行政复议，也可以直接向法院起诉

【参考答案】BE

【答案解析】根据《中华人民共和国税收征收管理法》第三十八条，税务机关有根据认为从事生产、经营的纳税人有逃避纳税义务行为的，可以在规定的纳税期之前，责令限期缴纳应纳税款；在限期内发现纳税人有明显的转移、隐匿其应纳税的商品、货物以及其他财产或者应纳税的收入的迹象的，税务机关可以责成纳税人提供纳税担保。如果纳税人不能提供纳税担保，经县以上税务局（分局）局长批准，税务机关可以采取下列税收保全措施：①书面通知纳税人开户银行或者其他金融机构冻结纳税人的金额相当于应纳税款的存款；②扣押、查封纳税人的价值相当于应纳税款的商品、货物或者其他财产。选项 A 是强制执行，不是税收保全；选项 B 正确。

根据《中华人民共和国税收征收管理法实施细则》第六十二条，纳税担保人同意为纳税人提供纳税担保的，应当填写纳税担保书，写明担保对象、担保范围、担保期限和担保责任以及其他有关事项。担保书须经纳税人、纳税担保人签字盖章并经税务机关同意，方为有效。选项 C 错误。

根据《中华人民共和国税收征收管理法》第八十八条，纳税人、扣缴义务人、纳税担保人同税务机关在纳税上发生争议时，必须先依照税务机关的纳税决定缴纳或者解缴税款及滞纳金或者提供相应的担保，然后可以依法申请行政复议；对行政复议决定不服的，可以依法向人民法院起诉。当事人对税务机关的处罚决定、强制执行措施或者税收保全措施不服的，可以依法申请行政复议，也可以依法向人民法院起诉。选项 D 为复议前置情况，选项 E 正确。

115. 下列行为符合《中华人民共和国税收征收管理法》及其实施细则规定的有（　　）。

A. 纳税人不能按期办理纳税申报的，经税务机关核准，可以延期申报

B. 纳税人因有特殊困难，不能按期缴纳税款的，经县级税务局批准，可以延期缴纳税款，但是最长不得超过3个月

C. 经县以上税务局（分局）局长批准，税务机关可以按规定采取强制执行措施

D. 经设区的市、自治州以上税务局局长批准，税务机关可以将纳税人、扣缴义务人当年的账簿、记账凭证、报表和其他有关资料调回检查，但是税务机关必须在60日内退还

E. 经县以上税务局（分局）局长批准，税务机关可以凭全国统一格式的检查存款账户许可证明，查询从事生产、经营的纳税人、扣缴义务人在银行或者其他金融机构的存款账户

【参考答案】ACE

【答案解析】根据《中华人民共和国税收征收管理法》第二十七条，纳税人、扣缴义务人不能按期办理纳税申报或者报送代扣代缴、代收代缴税款报告表的，经税务机关核准，可以延期申报。选项A正确。

根据《中华人民共和国税收征收管理法》第三十一条，纳税人因有特殊困难，不能按期缴纳税款的，经省、自治区、直辖市国家税务局、地方税务局（现统一为税务局）批准，可以延期缴纳税款，但是最长不得超过三个月。选项B错误。

根据《中华人民共和国税收征收管理法》第四十条，经县以上税务局（分局）局长批准，税务机关可以采取下列强制执行措施：①书面通知其开户银行或者其他金融机构从其存款中扣缴税款；②扣押、查封、依法拍卖或者变卖其价值相当于应纳税款的商品、货物或者其他财产，以拍卖或者变卖所得抵缴税款。选项C正确。

根据《中华人民共和国税收征收管理法实施细则》第八十六条，经设区的市、自治州以上税务局局长批准，税务机关可以将纳税人、扣缴义务人当年的账簿、记账凭证、报表和其他有关资料调回检查，但是税务机关必须在30日内退还。选项D错误。

根据《中华人民共和国税收征收管理法》第五十四条，经县以上税务局（分局）局长批准，凭全国统一格式的检查存款账户许可证明，查询从事生产、经营的纳税人、扣缴义务人在银行或者其他金融机构的存款账户。选项E正确。

116. 下列关于税务行政处罚的表述，正确的有（　　）。

A. 未按照规定设置、保管账簿或者保管记账凭证和有关资料的，由税务机关责令限期改正，可以处2000元以下的罚款；情节严重的，处2000元以上1万元以下的罚款

B. 转借、涂改、损毁、买卖、伪造税务登记证件的，处2000元以下的罚款；情节

严重的，处2000元以上1万元以下的罚款

C. 以假报出口或者其他欺骗手段，骗取国家出口退税款的，由税务机关追缴其骗取的退税款，并处骗取税款1倍以上5倍以下的罚款；构成犯罪的，依法追究刑事责任

D. 纳税人、扣缴义务人的开户银行或者其他金融机构拒绝接受税务机关依法检查纳税人、扣缴义务人存款账户，或者拒绝执行税务机关作出的冻结存款或者扣缴税款的决定，或者在接到税务机关的书面通知后帮助纳税人、扣缴义务人转移存款，造成税款流失的，由税务机关处10万元以上50万元以下的罚款，对直接负责的主管人员和其他直接责任人员处1000元以上1万元以下的罚款

E. 税务机关依照税收征管法规定，到车站、码头、机场、邮政企业及其分支机构检查纳税人有关情况时，有关单位拒绝的，由税务机关责令改正，可以处1万元以下的罚款；情节严重的，处1万元以上5万元以下的罚款

【参考答案】ACDE

【答案解析】根据《中华人民共和国税收征收管理法》第六十条，未按照规定设置、保管账簿或者保管记账凭证和有关资料的，由税务机关责令限期改正，可以处2000元以下的罚款；情节严重的，处2000元以上1万元以下的罚款。选项A正确。

根据《中华人民共和国税收征收管理法》第六十条，纳税人未按照规定使用税务登记证件，或者转借、涂改、损毁、买卖、伪造税务登记证件的，处2000元以上1万元以下的罚款；情节严重的，处1万元以上5万元以下的罚款。选项B错误。

根据《中华人民共和国税收征收管理法》第六十六条，以假报出口或者其他欺骗手段，骗取国家出口退税款的，由税务机关追缴其骗取的退税款，并处骗取税款1倍以上5倍以下的罚款；构成犯罪的，依法追究刑事责任。选项C正确。

根据《中华人民共和国税收征收管理法》第七十三条，纳税人、扣缴义务人的开户银行或者其他金融机构拒绝接受税务机关依法检查纳税人、扣缴义务人存款账户，或者拒绝执行税务机关作出的冻结存款或者扣缴税款的决定，或者在接到税务机关的书面通知后帮助纳税人、扣缴义务人转移存款，造成税款流失的，由税务机关处10万元以上50万元以下的罚款，对直接负责的主管人员和其他直接责任人员处1000元以上1万元以下的罚款。选项D正确。

根据《中华人民共和国税收征收管理法实施细则》第九十五条，税务机关依照《中华人民共和国税收征收管理法》第五十四条第（五）项的规定，到车站、码头、机场、邮政企业及其分支机构检查纳税人有关情况时，有关单位拒绝的，由税务机关责令改

正，可以处 1 万元以下的罚款；情节严重的，处 1 万元以上 5 万元以下的罚款。选项 E 正确。

117. 纳税人的下列（ ）行为，可以由税务机关责令限期改正，并处 2000 元以下的罚款；情节严重的，处 2000 元以上 1 万元以下的罚款。

A. 未按照规定的期限申报办理税务登记、变更或者注销登记的

B. 未按照规定设置、保管账簿或者保管记账凭证和有关资料的

C. 未按照规定将财务、会计制度或者财务、会计处理办法和会计核算软件报送税务机关备查的

D. 未按照规定将其全部银行账号向税务机关报告的

E. 未按照规定使用税务登记证件，或者转借、涂改、损毁、买卖、伪造税务登记证件的

【参考答案】 ABCD

【答案解析】 根据《中华人民共和国税收征收管理法》第六十条，纳税人有下列行为之一的，由税务机关责令限期改正，可以处 2000 元以下的罚款；情节严重的，处 2000 元以上 1 万元以下的罚款：①未按照规定的期限申报办理税务登记、变更或者注销登记的；②未按照规定设置、保管账簿或者保管记账凭证和有关资料的；③未按照规定将财务、会计制度或者财务、会计处理办法和会计核算软件报送税务机关备查的；④未按照规定将其全部银行账号向税务机关报告的；⑤未按照规定安装、使用税控装置，或者损毁或者擅自改动税控装置的。纳税人不办理税务登记的，由税务机关责令限期改正；逾期不改正的，经税务机关提请，由工商行政管理机关吊销其营业执照。纳税人未按照规定使用税务登记证件，或者转借、涂改、损毁、买卖、伪造税务登记证件的，处 2000 元以上 1 万元以下的罚款；情节严重的，处 1 万元以上 5 万元以下的罚款。

118. 下列选项，对纳税人、扣缴义务人的法律责任理解正确的有（ ）。

A. 扣缴义务人未按照规定设置、保管代扣代缴、代收代缴税款账簿或者保管代扣代缴、代收代缴税款记账凭证及有关资料的，由税务机关责令限期改正，可以处 2000 元以下的罚款；情节严重的，处 2000 元以上 5000 元以下的罚款

B. 纳税人未按照规定的期限办理纳税申报和报送纳税资料的，或者扣缴义务人未按照规定的期限向税务机关报送代扣代缴、代收代缴税款报告表和有关资料的，由税务机关责令限期改正，可以处 2000 元以下的罚款；情节严重的，可以处 2000 元以上 2 万元以下的罚款

C. 纳税人不进行纳税申报，不缴或者少缴应纳税款的，由税务机关追缴不缴或者少缴的税款、滞纳金，并处不缴或者少缴税款1倍以上5倍以下罚款

D. 扣缴义务人应扣未扣、应收而不收税款的，由税务机关向纳税人追缴税款，对扣缴义务人处应扣未扣、应收未收税款50%以上3倍以下的罚款

E. 以假报出口或者其他欺骗手段，骗取国家出口退税款，由税务机关追缴其骗取的退税款，并处骗税款1倍以上5倍以下的罚款。

【参考答案】ADE

【答案解析】《中华人民共和国税收征收管理法》第六十二条规定，纳税人未按照规定的期限办理纳税申报和报送纳税资料的，或者扣缴义务人未按照规定的期限向税务机关报送代扣代缴、代收代缴税款报告表和有关资料的，由税务机关责令限期改正，可以处2000元以下的罚款；情节严重的，可以处2000元以上1万元以下的罚款。第六十四条规定，纳税人不进行纳税申报，不缴或者少缴应纳税款的，由税务机关追缴其不缴或者少缴的税款、滞纳金，并处不缴或者少缴的税款百分之五十以上五倍以下的罚款。因此选项B、C不正确。

119. 依照《中华人民共和国税收征收管理法》的规定，纳税人、扣缴义务人对税务机关所做出的决定，享有（　　）。

A. 陈述权

B. 拒绝执行权

C. 申请行政复议权

D. 提起行政诉讼、请求国家赔偿权

E. 申辩权

【参考答案】ACDE

【答案解析】根据《中华人民共和国税收征收管理法》第八条第四款，纳税人、扣缴义务人对税务机关所作出的决定，享有陈述权、申辩权；依法享有申请行政复议、提起行政诉讼、请求国家赔偿等权利。故选项A、C、D、E正确。

120. 出现下列（　　）情况时，税务机关有权核定纳税人的应纳税额。

A. 依据法律、行政法规规定可以不设置账簿的

B. 依据法律、行政法规规定应当设置账簿但未设置的

C. 设置账簿，会计核算健全的

D. 发生纳税义务，未按照规定的期限办理纳税申报，经税务机关责令限期申报，逾期仍不申报的

【参考答案】ABD

【答案解析】根据《中华人民共和国税收征收管理法》第三十五条，纳税人有下列情形之一的，税务机关有权核定其应纳税额：①依照法律、行政法规的规定可以不设置账簿的；②依照法律、行政法规的规定应当设置账簿但未设置的；③擅自销毁账簿或者拒不提供纳税资料的；④虽设置账簿，但账目混乱或者成本资料、收入凭证、费用凭证残缺不全，难以查账的；⑤发生纳税义务，未按照规定的期限办理纳税申报，经税务机关责令限期申报，逾期仍不申报的；⑥纳税人申报的计税依据明显偏低，又无正当理由的。

121. 根据税收征收管理法律制度的规定，应由国家税务总局负责的有(　　)。

A. 增值税专用发票的印制
B. 全国统一的发票防伪专用品的确定
C. 全国统一的发票监制章的样式
D. 全国统一的发票版面的印刷要求

【参考答案】ABCD

【答案解析】以上四个选项均应由国家税务总局负责。

122. 甲公司所在地因暴雨引发山洪，受此影响，甲公司当月没有进行纳税申报，甲公司主管税务机关认为，甲公司应向税务机关提出申请，经税务机关核准后才能延期申报，遂决定对甲公司处以2000元罚款，甲公司不服拟提起税务行政复议，则下列说法中错误的有(　　)。

A. 甲公司因不可抗力原因，不能按期办理纳税申报，可以延期办理，并于不可抗力消除后立即向税务机关报告

B. 税务机关对甲公司作出2000元罚款的决定正确

C. 甲公司提起税务行政复议应先交纳罚款

D. 甲公司提起税务行政复议应先提供担保

【参考答案】BCD

【答案解析】由于不可抗力原因无须申请直接延期，税务机关事后查明、核准。

123. 根据税收征收管理法律制度的规定，在下列各项中，属于纳税担保范围的有(　　)。

A. 应纳税款
B. 税款滞纳金
C. 实现税款及滞纳金的费用
D. 纳税人应受到的罚款

【参考答案】ABC

【答案解析】纳税担保范围包括税款、滞纳金和实现税款、滞纳金的费用。

124. 下列关于税务行政复议管辖的说法，正确的有(　　)。

A. 对税务所作出的具体行政行为不服的，向其所属税务局申请行政复议

B. 对两个以上税务机关共同作出的具体行政行为不服的，向共同上一级税务机关申请行政复议

C. 对被撤销的税务机关在撤销以前作出的具体行政行为不服的，向继续行使其职权的税务机关的上一级税务机关申请行政复议

D. 对税务机关作出逾期不缴纳罚款加处罚款的决定不服的，向作出行政处罚决定的税务机关申请行政复议

【参考答案】ABCD

【答案解析】本题考查税务行政复议的管辖。上述说法都正确。

125. 根据税收征收管理法律制度的规定，税务机关在税款征收中可以根据不同情况采取相应的税款征收措施，在下列各项中，属于税款征收措施的有(　　)。

A. 查账征收　　B. 罚款

C. 核定应纳税额　　D. 责令提供纳税担保

E. 税收保全

【参考答案】DE

【答案解析】本题考查税款征收措施。选项A是税收征收方式。选项B是行政处罚。

126. 下列关于“五证合一、一照一码”的说法，正确的有(　　)。

A. 工商登记“一个窗口”统一受理申请后，申请材料和登记信息在部门间共享，各部门数据互换、档案互认

B. 各级税务机关应加强与登记机关的沟通协调，确保登记信息采集准确、完整

C. 对工商登记已采集的信息，税务机关不再重复采集；其他必要涉税的基础信息，可在登记企业办理有关涉税事宜时，及时采集

D. 登记企业信息发生变化的，直接向工商机关申报变更

【参考答案】ABC

【答案解析】本题考查“五证合一”登记制度改革。登记企业信息发生变化的，向税务机关申请变更。

127. 根据税收征收管理法律制度的规定，纳税人办理发票领购手续应当提供的资料包括(　　)。

A. 执行五证合一的企业，涉税信息已补充完整的工商营业执照

B. 经办人身份证明

C. 法定代表人身份证明

D. 财务印章或者发票专用章的印模

【参考答案】ABD

【答案解析】本题考查发票领购。发票领购手续应当提供的资料：经办人身份证、税务登记证、财务专用章或发票专用章的印模。

128. 关于纳税评估，下列说法正确的有(　　)。

A. 纳税评估工作主要由基层税务机关的稽查部门及其税务稽查员负责

B. 纳税评估的对象是综合审核对比分析中发现有问题或疑点的纳税人

C. 纳税评估中发现纳税人有偷税、逃避追缴欠税等税收违法行为嫌疑的，要移交税务稽查部门处理

D. 纳税评估分析报告和纳税评估工作底稿可以作为行政复议和诉讼依据

E. 纳税评估中，对重点税源户，要保证每年至少重点评估分析一次

【参考答案】CE

【答案解析】选项A，纳税评估工作主要由基层税务机关的税源管理部门及其税收管理员负责；选项B，纳税评估的对象为主管税务机关负责管理的所有纳税人及其应纳所有税种，发现有问题或疑点的纳税人要作为重点评估分析对象；选项D，纳税评估分析报告和纳税评估工作底稿是税务机关内部资料，不发纳税人，不作为行政复议和诉讼依据。

129. 下列关于纳税评估工作的说法，错误的有(　　)。

A. 税务机关通过金税三期系统运用数据信息对比分析的方法，发现纳税人纳税申报的上年度税负明显低于行业平均税负，判定为偷漏税行为要求纳税人补缴一定的税款及滞纳金

B. 纳税评估指标是税务机关筛选评估对象、进行重点分析时所选用的主要指标，分为通用分析指标和特定分析指标两大类

C. 纳税评估的对象为综合审核对比分析中发现有问题或疑点的纳税人

D. 税务机关与纳税人进行约谈时，一般情况下进行实地调查核实

E. 筛选纳税评估对象可采用计算机自动筛选、人工分析筛选和重点抽样筛选等方法

【参考答案】ACD

【答案解析】选项A，不能直接下结论判定纳税人为偷漏税行为，应当进行深入分析

或是与纳税人进行约谈；选项C，纳税评估的对象为税务机关负责管理的所有纳税人及其应纳所有税种；选项D，一般不需要实地调查核实，对评估分析和税务约谈中发现的必须到生产经营现场了解情况、审核账目凭证的，应经所在税源管理部门批准，由税收管理员进行实地调查核实。

130. 根据《中华人民共和国税收征收管理法》的规定，纳税人应享有的权利包括(　　)。

A. 享受国家税法规定的减免税优待

B. 要求税务机关对自己的财务情况保守秘密

C. 依法申请退回多缴的税款

D. 申请延期申报和延期缴纳税款

E. 认为税务机关具体行政行为不当，纳税人有权拒绝履行纳税义务

【参考答案】ABCD

【答案解析】选项E，纳税人认为税务机关的具体行政行为不当，可以申请税务行政复议或行政诉讼，但不能以此为借口不履行纳税义务。

131. 下列各项，属于税款征收措施的有(　　)。

A. 阻止出境

B. 责令提供纳税担保

C. 采取税收保全措施

D. 关联企业之间纳税调整

E. 查账征收

【参考答案】ABCD

【答案解析】选项E，属于税款征收方式，不是措施。

132. 税收管理权包括(　　)。

A. 税法审议权

B. 税法的解释权

C. 税目的增减权

D. 税率的调整权

E. 税种的开征与停征权

【参考答案】BCDE

【答案解析】税收管理权包括：税种的开征与停征权，税法的解释权，税目的增减与税率的调整权，减免税的审批权。税收立法权包括：税法制定权、审议权、表决权和公布权。选项A，属于税收立法权。

133. 《中华人民共和国税收征收管理法》及其实施细则中关于纳税申报的方式

有(　　)。

A. 自行申报　　B. 代理申报　　C. 查定申报　　D. 邮寄申报

E. 核定申报

【参考答案】ABD

【答案解析】纳税申报的方式有：①自行申报；②邮寄申报；③电子方式；④代理申报。

134. 下列关于纳税申报的说法，正确的有(　　)。

A. 实行定期定额方式缴纳税款的纳税人，可以不进行纳税申报，直接按照核定的税款缴纳

B. 经核准延期办理申报的，不需要在纳税期内预缴税款

C. 扣缴义务人办理了延期纳税申报的，应当在纳税期内先预缴税款

D. 纳税人享受定期减税、免税待遇的，在减税、免税期限内应当按照规定办理纳税申报

E. 纳税人当期没有销售货物、提供劳务，没有取得应税所得的，应当在规定的时间进行纳税申报

【参考答案】CDE

【答案解析】纳税申报的具体要求：①纳税人、扣缴义务人，不论当期是否发生纳税义务，除经税务机关批准外，均应按规定办理纳税申报或者报送代扣代缴、代收代缴税款报告表。②实行定期定额方式缴纳税款的纳税人，可以实行简易申报、简并征期等申报纳税方式。③纳税人享受减税、免税待遇的，在减税、免税期间应当按照规定办理纳税申报。④纳税人、扣缴义务人按照规定的期限办理纳税申报或者报送代扣代缴、代收代缴税款报告表确有困难，需要延期的，应当在规定的期限内向税务机关提出书面延期申请，经税务机关核准，在核准的期限内办理。经核准延期办理前款规定的申报、报送事项的，应当在纳税期内按照上期实际缴纳的税额或者税务机关核定的税额预缴税款，并在核准的延期内办理税款结算。

135. 下列关于税款征收方式的表述，正确的有(　　)。

A. 对账务不全，但能控制其材料、产量或进销货物的纳税单位或个人采取查定征收的税款征收方式

B. 查验征收是指税务机关对纳税人的应税商品、产品，通过查验数量，按市场一般销售单价计算其销售收入，并据以计算应纳税款的一种征收方式

C. 代扣代缴是指按照税法规定，负有收缴税款义务的单位和个人，负责对纳税人应纳的税款进行代收代缴的一种方式

D. 委托代征这一征收方式主要适用于小型个体工商户

E. 委托代征中，代征人在代征税款中获知纳税人商业秘密和个人隐私的，应当依法为纳税人保密

【参考答案】ABE

【答案解析】选项C，代收代缴是指按照税法规定，负有收缴税款义务的单位和个人，负责对纳税人应纳的税款进行代收代缴的一种方式；选项D，委托代征这一征收方式主要适用于零星、分散和异地缴纳的税收的行为。

136. 下列关于账簿设置的表述，错误的是(　　)。

A. 扣缴义务人应当自税收法律、行政法规规定的扣缴义务发生之日起10日内，按照被扣缴人分别设置代扣代缴、代收代缴税款账簿

B. 从事生产、经营的纳税人应自其领取工商营业执照之日起15日内按照规定设置账簿

C. 纳税人、扣缴义务人会计制度健全，能够通过计算机正确、完整计算其收入和所得或者代扣代缴、代收代缴税款情况的，其计算机输出的完整的会计记录可视同会计账簿

D. 生产经营规模小又确无建账能力的纳税人，若聘请专业机构或者人员有实际困难的，经县以上税务机关批准，可以按照规定建立收支凭证粘贴簿、进货销货登记簿或者安装税控装置

E. 从事生产、经营的纳税人应当自领取工商营业执照之日起15日内，将其财务、会计制度或者财务、会计处理办法和会计核算软件报送税务机关备案

【参考答案】AE

【答案解析】选项A，扣缴义务人应当自扣缴义务发生之日起10日内，按照代扣代缴的税种，分别设置代扣代缴、代收代缴税款账簿；选项E，从事生产、经营的纳税人应当自领取税务登记证之日起15日内，将其财务、会计制度或者财务、会计处理办法和会计核算软件报送税务机关备案。

137. 关于纳税人欠税的税务处理，下列说法正确的有(　　)。

A. 税务机关依法对欠税企业行使代位权的可免除欠税企业的尚未履行的纳税义务

B. 欠税5万元以上的纳税人在处分其不动产前，应当向税务机关报告

C. 抵押权人、质权人可以要求税务机关提供纳税人有关欠税的情况

D. 税务机关清收欠税时税收优先于所有抵押权、质权执行

E. 税务机关可按规定对欠税的纳税人采取强制执行措施

【参考答案】BC

【答案解析】选项A，税务机关依法行使代位权、撤销权的，不免除欠缴税款的纳税人尚未履行的纳税义务和应承担的法律责任；选项D，税务机关征收税款，税收优先于无担保债权；选项E，从事生产、经营的纳税人、扣缴义务人未按照规定的期限缴纳或者解缴税款，纳税担保人未按照规定的期限缴纳所担保的税款，由税务机关责令限期缴纳，逾期仍未缴纳的，经县以上税务局（分局）局长批准，税务机关可以采取强制执行措施。

138. 税务机关在税收征收管理中可以行使的权力有(　　)。

A. 税收保密权

B. 核定税款权

C. 税收强制行使权

D. 税收检查权

E. 处罚权

【参考答案】BCDE

【答案解析】税务机关的权力主要包含：①税收法律、行政法规的建议权，税收规章的制定权；②税收管理权；③税款征收权；④批准税收减、免、退、延期缴纳税款权；⑤税务检查权；⑥处罚权；⑦国家赋予的其他权力。

139. 下列关于税务登记管理的表述，不正确的有(　　)。

A. 税务登记是一种法定手续，它是整个税收征收管理的首要环节

B. 从事生产、经营的纳税人，均应当依法向税务机关办理税务登记，领取税务登记证件

C. 需要办理税务登记的组织，若资料齐全、符合法定形式、填写内容完整的，税务机关应当自收到相关资料之日起30日内审核并办理

D. 纳税人在办理注销登记前，应当向税务机关结清应纳税款、滞纳金、罚款、缴销发票、税务登记证件和其他税务证件

E. 税务登记内容发生变化，其变更登记的内容与工商登记内容无关的，应当自税务登记内容实际发生变化之日起30日内，或者自有关机关批准或者宣布变更之日起30日内，持有关证件到原税务登记机关申报办理变更税务登记

【参考答案】BC

【答案解析】选项 B：税务登记的范围规定如下：按照“多证合一”等商事制度改革要求，领取加载统一社会信用代码证件的，企业、农民专业合作社、个体工商户及其他组织无须单独到税务机关办理该事项，其领取的证件作为税务登记证件使用；“多证合一”改革之外的其他组织，如事业单位、社会组织、律师事务所、境外非政府组织等，应当依法向税务机关办理税务登记，领取税务登记证件。选项 C：需要办理税务登记的组织，若资料齐全、符合法定形式、填写内容完整的，税务机关受理后可以即时办结。

140. 税务工作人员离开工作计算机时，应（　　）。

A. 激活带口令的屏幕保护　　B. 注销

C. 关机　　D. 关掉显示器电源

【参考答案】ABC

【答案解析】税务工作人员离开工作计算机时，应激活带口令的屏幕保护、注销或者关机。

题型三　判断题

1. 建立健全保密工作机制是保密工作的重中之重。（　　）

【参考答案】√

【答案解析】《国家税务总局关于加强税务系统保密工作的意见》中指出，立足税务系统保密工作实际，坚持依法管理，以理顺保密管理机制为基础，以完善管理制度为重点，以落实管理责任为目的，切实规范保密管理。将建立健全保密工作机制看作保密工作的重中之重。

2. 信息社会就是信息和知识将扮演主角的社会，作为最重要的信息资源的政府信息涵盖全社会信息的60%，它既是公众了解政府行为的直接途径，也是公众监督政府行为的重要依据。（　　）

【参考答案】×

【答案解析】应为80%。

3. 行政机关发现影响或者可能影响社会稳定、扰乱社会和经济管理秩序的虚假或者不完整信息的，应当立即予以制止。（　　）

【参考答案】×

【答案解析】行政机关发现影响或者可能影响社会稳定、扰乱社会和经济管理秩序的虚假或者不完整信息的，应当发布准确的政府信息予以澄清。

4. 行政机关依申请提供政府信息，不可以收取费用。（　　）

【参考答案】×

【答案解析】考点分析行政机关依申请提供政府信息，不收取费用。但是，申请人申请公开政府信息的数量、频次明显超过合理范围的，行政机关可以收取信息处理费。

5. 收文后，应当对来文的合法性、规范性进行审核。（　　）

【参考答案】×

【答案解析】只对下级税务机关上报并需要办理的公文，才需要这样审核。

6. 发现外来人员在办税服务厅进行拍照、录音、录像等，应礼貌地请其出示有效证件以确认身份，妥善处理，并向领导报告。（　）

【参考答案】√

7. 明天才公布的国家关于税收方面的重大体制改革方案及其宏观调控的重大政策和措施所属于的国家秘密级别是机密级。（　）

【参考答案】×

【答案解析】尚未公布的国家关于税收方面的重大体制改革方案及其宏观调控的重大政策和措施属于绝密级。绝密级是指泄露会严重削弱国家宏观经济调控能力，使国家的安全和经济利益遭受特别严重损害的；或引起全国社会秩序和经济秩序混乱，在社会上造成特别恶劣影响的。

8. 本机关党委、纪委制定的工作制度保存期限为永久，团委、工会、妇委会制度的工作制度保存期限为定期。（　）

【参考答案】×

9. 税收规范性文件不得溯及既往，但是为了更好地保护税务行政相对人权利和利益时，可以例外。（　）

【参考答案】√

10. 党组织请示报告工作一般应当以组织名义进行，向负有领导或者监督指导职责的上级党组织请示报告。特殊情况下，可以根据工作需要以党组织负责同志名义代表党组织请示报告。（　）

【参考答案】√

11. 绩效考核评价是绩效管理的核心环节，绩效结果应用是绩效管理取得成效的关键，如果对员工的激励和约束机制存在问题，绩效管理不可能取得成效。（　）

【参考答案】√

12. “数字人事”中的业务能力考核是将干部工作能力设置为行政管理、纳税服务、征管评估、税务稽查和信息技术五类13级，为干部选拔任用、考核培养提供参考。

（　）

【参考答案】×

13. 泄露会使特定群体、特定领域经济利益受到损害，对社会稳定造成影响的税务

工作秘密的应当划入机密级。（ ）

【参考答案】×

14. 不按照规定公开党务、政务等，侵犯群众知情权，对直接责任者和领导责任者，情节较重的，给予警告或者严重警告处分；情节严重的，给予撤销党内职务或者留党察看处分。（ ）

【参考答案】√

15. 九三学社机关的工作人员不属于公务员。（ ）

【参考答案】×

【答案解析】依法履行公职，纳入国家行政编制，由国家财政负担工资福利的工作人员就是公务员。宪法规定，各民主党派是参政党。因而其工作人员属于公务员。

16. 为履行好减税降费这一重点工作，某市税务局决定开展集中办公，只需以便函的形式发出通知。（ ）

【参考答案】×

17. 涉税舆情研判分析报告应包括涉税舆情突发事件的各要素，包括时间、地点、人物，事件的起因、性质、规模、基本过程，造成的危害和影响范围等。（ ）

【参考答案】√

18. “党内法规”是党的十八大之后中央的新提法。（ ）

【参考答案】√

19. 受理信访事项，要做到“四个清楚”，即信访人的基本情况清楚、信访活动的基本过程清楚、信访反映的问题清楚、信访的分类清楚。（ ）

【参考答案】√

20. 当税收弹性小于1时，表明税收的边际税率小于平均税率，税收制度富有弹性。

【参考答案】×

【答案解析】当税收弹性小于1时，表明税收的边际税率小于平均税率，税收制度缺乏弹性。

21. 官僚主义有过程无结果，只对官负责，不对民负责。（ ）

【参考答案】√

22. “数字人事”的基本框架“一个基础、四个支柱、一个平台、一个顶子”，其中

的“一个顶子”是指数据应用。 （ ）

【参考答案】√

23. 战国时期的著名军事家孙膑刚到魏国时，魏王想试一试他的才能。有一次，魏王在大殿上召见孙膑说：“听说你很有才能，你有什么办法让我离开座位走到殿下面去呢?”孙膑略加思索后回答：“我不能叫大王离开座位走下来，但我却能叫您从下面走上去。”魏王不信，便从座位上走下来，结果上了孙膑的当。故事中，孙膑用的是求异性思维方法中的迂回思维法。

【参考答案】×

【答案解析】故事中孙膑用的是求异性思维方法中的逆向思维法。

24. 前不久，县局党委书记兼局长王山主持召开了一次局党委会议，会议议题未征询个别党委委员的意见，在第二天的党委民主生活会上，党委委员、副局长赵丁就此特别对王局长提出了批评。请问赵局长批评得对还是不对。 （ ）

【参考答案】√

25. 办公室文秘张久久陪同市局党委书记丁大山在北京出席一个重要会议，会议期间，主办单位发放了一份涉密文件，为慎重起见，丁局长特地派张秘书携带涉密文件专程送回局里。 （ ）

【参考答案】×

26. 区局依法治税领导小组成立，办公室主任提出解决印章问题，区局局长表示不用了，需要使用印章时，以机关行政印章代替就好了。 （ ）

【参考答案】√

27. 7 月 26 日下午，某县局几名离退休干部到市局办公室反映退休后政策执行方面的诉求，办公室负责信访工作的小李劝他们要发扬风格，不要太过于在意、计较这点得失，随即将几人劝走。请问小李做法是否正确。 （ ）

【参考答案】×

【答案解析】应该认真接访，详细记录，制订方案。

28. “开会不研究真实情况、不解决实际问题，为开会而开会”属于形式主义、官僚主义整治的贯彻落实党的路线方针政策、中央重大决策部署方面问题。 （ ）

【参考答案】×

【答案解析】这是形式主义、官僚主义整治的学风会风文风及检查调研方面的问题。

29. 要尽快从相“加”阶段迈向相“融”阶段，从“你是你、我是我”变成“你中有我、我中有你”，进而变成“你就是我、我就是你”，着力打造一批新型主流媒体。（ ）

【参考答案】√

30. 根据政府信息公开相关要求，各级税务机关的人事管理、重大项目等信息应不予对外公开。（ ）

【参考答案】×

31. 纳税担保，是指经税务机关同意或确认，纳税人或其他自然人、法人、经济组织以保证、抵押、质押的方式，为纳税人应当缴纳的税款及滞纳金提供担保的行为。（ ）

【参考答案】√

32. 新形势下加强和规范党内政治生活，必须以党章为根本遵循，坚持党的政治路线、思想路线、组织路线、群众路线，着力增强党内政治生活的政治性、时代性、原则性、战斗性，着力增强党自我净化、自我完善、自我革命、自我提高能力，着力提高党的领导水平和执政水平、增强拒腐防变和抵御风险能力，着力维护党中央权威、保证党的团结统一、保持党的先进性和纯洁性，努力在全党形成又有集中又有民主、又有纪律又有自由、又有统一意志又有个人心情舒畅、生动活泼的政治局面。（ ）

【参考答案】×

【答案解析】题目中着力四个自我，其中应是“自我革新”，不是“自我革命”。

33. 严明的政治纪律，是我们党区别于其他政党的显著标志之一，是无产阶级政党的先进性的具体体现。（ ）

【参考答案】×

【答案解析】党的宗旨是全心全意为人民服务，严明的群众纪律，是我们党区别于其他政党的显著标志之一。

34. 税务人员进行税务检查时，必须出示工作证件，否则，纳税人、扣缴义务人及其他当事人有权拒绝接受检查。（ ）

【参考答案】×

【答案解析】税务机关要履行持证检查的义务，出示税务检查证和税务检查通知书。

35. 函除具有独特的商洽、询问功能外，对平行机关还可以代行请示、报告、批复

等职能。（ ）

【参考答案】√

36. 虚开增值税专用发票的手段主要有为他人虚开、为自己虚开、让他人为自己虚开和介绍他人虚开，行为人实施其中一个行为即可构成本罪。（ ）

【参考答案】√

【答案解析】虚开增值税专用发票的行为主要表现为他人虚开、为自己虚开、让他人为自己虚开和介绍他人虚开，行为人实施其中一个行为即可构成本罪。

37. 赔偿请求人取得的赔偿金要予以征税。（ ）

【参考答案】×

【答案解析】一般产生收益才会有纳税，国家赔偿金不属于收益，不应征税。《国家赔偿法》第四十一条规定，对赔偿请求人取得的赔偿不予征税。

38. 以录音资料作为证据的，必须附具相应的文字整理资料。（ ）

【参考答案】√

【答案解析】《最高人民法院关于行政诉讼证据若干问题的规定》第十二条规定，根据《中华人民共和国行政诉讼法》第三十一条第一款第（三）项的规定，当事人向人民法院提供计算机数据或者录音、录像等视听资料的，应当符合下列要求：①提供有关资料的原始载体。提供原始载体确有困难的，可以提供复制件。②注明制作方法、制作时间、制作人和证明对象等。③声音资料应当附有该声音内容的文字记录。

39. 虚开发票罪是指虚开增值税专用发票、用于骗取出口退税、抵扣税款发票，情节严重，依法应受处罚的行为。（ ）

【参考答案】×

【答案解析】虚开发票罪是指虚开增值税专用发票、用于骗取出口退税、抵扣税款发票以外发票的行为。

40. 税务行政法律关系的主体，不仅包括税务行政主体，而且包括税务行政相对人。（ ）

【参考答案】√

41. 调节总需求的货币政策的三大工具为法定准备金率、公开市场业务和贴现政策。（ ）

【参考答案】√

42. 地方各级人民政府、各级人民政府主管部门、单位和个人违反法律、行政法规规定，擅自做出减税、免税的决定，税务机关不得执行，并向上级税务机关报告。（ ）

【参考答案】√

43. 税收纵向公平就是要求经济能力相同的人缴纳相同的税收。（ ）

【参考答案】×

【答案解析】本题涉及的知识点是税收原则。税收纵向公平，就是纳税能力不同的人，负担的税负则不应相同，纳税能力越强，其承担的税负应越重。

44. 当政府部门或某一组织失去公信力时，无论说真话还是假话，做好事还是坏事，都会被认为是说假话、做坏事。上述观点称为“修昔底德陷阱”。（ ）

【参考答案】×

【答案解析】当政府部门或某一组织失去公信力时，无论说真话还是假话，做好事还是坏事，都会被认为是说假话、做坏事。上述观点称为“塔西佗陷阱”。

45. 良好生态环境是最公平的公共产品，是最普惠的民生福祉。（ ）

【参考答案】√

46. 保护生态环境就是保障民生，改善生态环境就是改善民生。（ ）

【参考答案】√

47. 组织生活会一般以党支部党员大会、党支部委员会会议或者党小组会形式召开。（ ）

【参考答案】√

【答案解析】参见《中国共产党支部工作条例（试行）》第十七条。

48. 会议记录是会议发言的原始记录，基本上要做到有言必录；会议纪要是经过整理加工的会议上达成的一致认识，是会议内容的要点。有会议记录的不一定写会议纪要，但如果工作上需要，则须撰写纪要。（ ）

【参考答案】√

49. 行政强制措施是指行政机关或者行政机关申请人民法院对不履行行政决定的公民、法人或者其他组织依法强制履行义务的行为。（ ）

【参考答案】×

【答案解析】行政强制措施是指行政机关在行政管理过程中，为制止违法行为、防止证据损毁、避免危害发生、控制危险扩大等情形，依法对公民的人身自由实施暂时性限制，或者对公民、法人或者其他组织的财物实施暂时性控制的行为。题干是行政强制措施的定义。

50.《中华人民共和国税收征收管理法》规定，纳税人、扣缴义务人有权要求税务机关为纳税人、扣缴义务人的情况保密，这体现了税务行政相对人的请求权。（　　）

【参考答案】√

【答案解析】这是《中华人民共和国税收征收管理法》第八条第二款的规定，体现了税务行政相对人的请求权。

51. 全面落实《中共中央办公厅关于解决形式主义突出问题为基层减负的通知》要求，要牢固树立正确政绩观、大力精简文件简报、从严控制压缩会议、统筹规范督察检查考核、改进调查研究。（　　）

【参考答案】√

52.《中华人民共和国公务员法》规定，处于领导地位的公务员，在辞职前都需要接受审计检查，在调查结果没出来，或者说涉嫌犯罪的司法程序尚未终结时，该岗位公务员不允许擅自离职。除此之外，非领导地位的员工如果在调查期的，也是不允许辞职的，一定要等结果出来以后，确定在职期间没有违法乱纪行为才能顺利办理离职。

（　　）

【参考答案】√

53. 供给侧结构性改革的主要任务是去产能、去库存、去杠杆、降成本、补短板，最终落脚点是实现更高水平的供需平衡。（　　）

【参考答案】√

54. 总部经济是指因为某一单一产业价值的吸引力，而出现众多资源大规模聚合，形成有特定职能的经济区域。（　　）

【参考答案】√

55. 对税务部门而言以互联网增强公共服务能力就是指要进一步提高税收征管的集约化水平。（　　）

【参考答案】×

【答案解析】以互联网增强公共服务能力，关键在于依托互联网平台构建社会协同、公众参与的税收治理机制。

56. 民主集中制是中国共产党的优良传统和政治优势，是经济工作和其他一切工作的生命线，是全面推进税收现代化的重要保障。 （ ）

【参考答案】×

【答案解析】思想政治工作是中国共产党的优良传统和政治优势，是经济工作和其他一切工作的生命线。

57. 中央八项规定既不是最高标准，更不是最终目的，只是我们改进作风的第一步。 （ ）

【参考答案】√

58. 形式主义、官僚主义的主要表现就是不作为、不负责、不担当，从根子上背离了党性、丢掉了宗旨，严重破坏党群关系，危及党的执政基础。 （ ）

【参考答案】√

59. 形式主义、官僚主义不是简单的作风问题，而是严肃的政治问题，必须通过加强党的政治建设来加以解决，把密切党同人民群众的血肉联系作为着力点，深入推进落实中央八项规定精神。 （ ）

【参考答案】√

60. 形式主义背后是功利主义、实用主义作祟，政绩观错位、责任心缺失，官僚主义背后是官本位思想，权力观扭曲，思想上都是懒政怠政、不愿担当，必须从思想和利益根源上加以破解。 （ ）

【参考答案】√

61. 党内监督必须加强对党组织主要负责人和关键岗位领导干部的监督，重点监督其政治立场、加强党的建设、从严治党，执行党的决议，公道正派选人用人，责任担当、廉洁自律，落实意识形态工作责任制情况。 （ ）

【参考答案】√

62. 坚持党内谈话制度，认真开展提醒谈话、诫勉谈话。发现领导干部有思想、作风、纪律等方面苗头性、倾向性问题的，有关党组织负责人应当及时对其诫勉谈话；发现轻微违纪问题的，上级党组织负责人应当对其提醒谈话。 （ ）

【参考答案】×

【答案解析】发现轻微违纪问题，应该诫勉谈话。苗头性问题，提醒谈话。

63. 述责述廉重点是执行政治纪律和政治规矩、履行管党治党责任、推进党风廉政建设和反腐败工作以及执行廉洁纪律情况。述责述廉报告应当载入廉洁档案，并且保密。（　　）

【参考答案】×

【答案解析】要在一定范围内公开。

64. 税务系统巡视工作程序中规定，巡视了解期间不可以受理信访举报。（　　）

【参考答案】×

【答案解析】可以受理信访举报，是规定程序之一。

65. 税务纪检监察部门受理举报应注意工作留痕。接听电话举报要做好电话录音，受理网络举报要及时截图保存。

【参考答案】×

【答案解析】接听电话举报要认真做好记录；受理网络举报要及时下载打印。

66. 选拔任用党政领导干部不准个人决定干部任免，个人不能改变党委（党组）会集体作出的干部任免决定，有关干部任免的决定，在通知下发之前需复议的，必须经党委（党组）1/2 以上领导成员的同意方可进行。（　　）

【参考答案】√

67. 部门与地方双重管理干部的任免，双方意见不一致时，副职的任免由上级组织部门决定。（　　）

【参考答案】×

【答案解析】由主管方决定。

68. 《中国共产党章程》明确，坚持正确价值观，推动构建人类命运共同体。（　　）

【参考答案】×

【答案解析】“价值观”应为“义利观”。

69. 党支部正式党员人数不少于 3 人，一般不超过 50 人。（　　）

【参考答案】√

【答案解析】凡是有正式党员 3 人以上的，都应当成立党支部。党支部党员人数一般不超过50人。

70. 机关、国有企业、事业单位，党支部书记应当由本部门本单位主要负责人担任。（ ）

【参考答案】×

【答案解析】机关、国有企业、事业单位，党支部书记一般由本部门本单位主要负责人担任，也可以由本部门本单位其他负责人担任。根据工作需要，上级党组织可以选派党员干部担任专职党支部书记。

71. 党内监督是全党的任务，首要的是纪委监督。（ ）

【参考答案】×

【答案解析】习近平总书记曾在讲话中指出，党内监督是全党的任务，第一位的是党委监督，不能一谈到监督就只想到纪委或推给纪委。

72. 对停止党籍的党员，符合条件的，可以按照规定程序重新入党。（ ）

【参考答案】×

【答案解析】根据《中国共产党党员教育管理工作条例》，对停止党籍的党员，符合条件的，可以按照规定程序恢复党籍。

73. 领导班子成员按照分权制衡的原则进行分工，主要负责人不能直接分管人事、财务和基建工作，一般由其他领导成员分管。为方便工作开展，一般由同一名领导班子成员分管财务、基建、审计工作。（ ）

【参考答案】×

【答案解析】领导班子成员按照分权制衡的原则进行分工，主要负责人不直接分管人事、财务和基建工作。分管财务工作的，不得同时分管审计工作。

74. 党支部党员大会是党支部的最高权力机构，由全体党员参加，一般每季度召开1次。（ ）

【参考答案】×

【答案解析】党支部党员大会是党支部的议事决策机构，由全体党员参加，一般每季度召开1次。

75. 根据《党政领导干部选拔任用工作条例》，选拔任用党政领导干部，必须坚持党管干部原则；德才兼备、以德为先原则；人岗相适、人事相宜原则；公道正派、群众公认原则。（ ）

【参考答案】×

【答案解析】根据《党政领导干部选拔任用工作条例》第二条，选拔任用党政领导干部，必须坚持下列原则：①党管干部；②德才兼备、以德为先，五湖四海、任人唯贤；③事业为上、人岗相适、人事相宜；④公道正派、注重实绩、群众公认；⑤民主集中制；⑥依法依规办事。

76.《党政领导干部选拔任用工作条例》规定，近3年年度考核结果中有被确定为基本称职以下等次的，不得列为考察对象。（　）

【参考答案】√

77.《党政领导干部选拔任用工作条例》规定，实行党政领导干部任职前公示制度，公示期不少于7个工作日。（　）

【参考答案】×

【答案解析】应为不少于5个工作日。

78. 对党员的纪律处分种类包括警告、记过、记大过、留党察看和开除党籍。（　）

【参考答案】×

【答案解析】根据《中国共产党纪律处分条例》，对党员的纪律处分分为警告、严重警告、撤销党内职务、留党察看和开除党籍。

79. 民主评议党员可以结合组织生活会一并进行。（　）

【参考答案】√

80. 党纪处分除开除党籍处分外，在受处分期间确有悔改表现，并且没有再发生违法违纪行为的，处分期满后应当解除处分。（　）

【参考答案】×

【答案解析】党纪处分没有处分期和解除处分的规定，政纪处分才有处分期和解除处分的规定。

81. 公开招标是指采购人依法以招标公告的方式邀请特定的供应商参加投标的采购方式。（　）

【参考答案】×

【答案解析】公开招标，不是特邀供应商参加，特邀供应商参加投标属于邀请招标。

82. 按照管理权限，财政票据由省级以上财政部门监（印）制。（　）

【参考答案】×

【答案解析】财政票据由财政部监（印）制。

83. 四类会议参会人员视内容而定，一般不得超过 100 人。（　）

【参考答案】×

【答案解析】四类会议不超过 50 人。

84. 税务系统工作人员使用的公务卡具有财政财务管理的独特属性，不具有普通信用卡授信消费属性，不能支付个人消费。（　）

【参考答案】×

【答案解析】公务卡具有财政财务管理属性，同时具有普遍信用卡授信消费属性。

85. 领导干部免职制度中规定，免职是一种处分。（　）

【参考答案】×

【答案解析】免职不是一种处分，而是一种法律程序，是领导干部职务变迁和调整。根据《中国共产党纪律处分条例》，有受到责任追究应当免职的，因违纪违法应当免职的，也有因到了退休年龄界限或因健康原因应当免去现职的情况。

86. 对公务员来说，行政道德具有一定的强制性。（　）

【参考答案】√

87. 公务员受警告处分的当年，参加年度考核，但不定等次。（　）

【参考答案】×

【答案解析】根据《公务员考核规定》，公务员受警告处分的当年，参加年度考核，不得确定为优秀等次。

88. 税务稽查人员应当依法为纳税人、扣缴义务人的商业秘密、个人隐私保密。纳税人、扣缴义务人的税收违法行为属于保密范围。（　）

【参考答案】×

【答案解析】纳税人、扣缴义务人的税收违法行为不属于保密范围。

89. 党组会议一般每月召开 1 次，遇有重要情况可以随时召开。应当有 2/3 以上党组成员到会方可召开。（　）

【参考答案】×

【答案解析】根据《中国共产党党组工作条例》，党组会议应当有半数以上党组成员到会方可召开，讨论决定干部任免事项必须有2/3以上党组成员到会。

90. 纪检监察机关可以不经本级党委（组）同意，直接向上级纪检机关反映报告、请求复查、提出申诉。（　　）

【参考答案】√

【答案解析】纪检机关可以不经本级党委（组）同意，直接向上级纪检机关反映情况，对同级党委处理案件的决定有不同意见，可以请求上级纪委予以复查；发现同级党委或其成员有违犯党的纪律的情况，在同级党委不给予解决或不给予正确解决的情况下，有权向上级纪委提出申诉。

91. 涉密计算机不得安装使用无线键盘、无线鼠标、蓝牙、红外和无线网卡。（　　）

【参考答案】√

【答案解析】根据《中华人民共和国保守国家秘密法》，涉密计算机不得安装使用无线键盘、无线鼠标、蓝牙、红外和无线网卡。

92. 按照现行规定，消费者索取增值税普通发票，必须提供统一社会信用代码的是企业、社会团体和党委政府及其工作部门。（　　）

【参考答案】×

【答案解析】根据《国家税务总局关于增值税发票开具有关问题的公告》（国家税务总局公告2017年第16号），目前只要求企业必须提供统一社会信用代码。

93. 张某将自己的沿街商用房出租给电信公司，作为该公司办公用房，每年租金100万元，租金由电信公司于每年1月10日前一次性支付。张敏2020年1月5日收到2020年度租金100万元，应缴纳增值税为0元。（　　）

【参考答案】√

【答案解析】依据《国家税务总局关于小规模纳税人免征增值税政策有关征管问题的公告》（国家税务总局公告2019年第4号）。

94. 问责是权力正确运行的根本保证，是加强和规范党内政治生活的重要举措。（　　）

【参考答案】×

【答案解析】加强和规范党内政治生活的重要举措，确保权力正确运行的根本保证是监督，不是问责。

95. 社会突发公共事件、虚假信息、不良信息等属于网络舆情诱因，而行政执法不属于网络舆情诱因。（ ）

【参考答案】√

【答案解析】网络舆情与社会舆情在内容表现形态方面具有一致性，是群众关心的现实社会及社会中各种现象、问题所表达的信念、态度、意见和情绪，与具体的行为关系不大。

96. 现行增值税小规模纳税人的标准是年应征增值税销售额500万元以下。（ ）

【参考答案】×

【答案解析】标准是年应征增值税销售额500万元（含）以下。

97.《中华人民共和国行政处罚法》规定，电子技术监控设备记录违法事实未经审核的，不得作为行政处罚的证据。（ ）

【参考答案】√

98. 扶贫的主攻方向和治本之计分别是发展生产扶贫和发展教育扶贫。（ ）

【参考答案】√

【答案解析】总书记的讲话，要把发展生产扶贫作为主攻方向，努力做到户户有增收项目、人人有脱贫门路；要把发展教育扶贫作为治本之计，确保贫困人口子女都能接受良好的基础教育，具备就业创业能力，切断贫困代际传递。

99. 中国历史上课税对象有三，即田、户、丁，到清代开始转向对物征税。（ ）

【参考答案】×

【答案解析】对物征税是从明初开始的，至一条鞭法实施后，大部分改为按田亩征税，丁税虽然存在，但随田征收，重要性已大大降低。

100. 1950年1月中央人民政府政务院颁布了《全国税政实施要则》，决定增强税务力量，建立统一的税收制度。（ ）

【参考答案】√

【答案解析】了解税史，可以提高税务干部的职业身份认同和税务精神。

101. 2020年是第29个税收宣传月，主题是“减税费优服务 助复产促发展”。

（ ）

【参考答案】√

【答案解析】税收宣传月活动最早开始于1992年，2020年是第29个税收宣传月，主题是“减税费优服务 助复产促发展”。

102.《中华人民共和国契税法》自2020年9月1日起施行。（ ）

【参考答案】×

【答案解析】《中华人民共和国契税法》自2021年9月1日起施行。

103. 为解决超额累进税率计算税款比较复杂的问题，在实际工作中引进了自动稳定器。（ ）

【参考答案】×

【答案解析】为解决超额累进税率计算税款比较复杂的问题，在实际工作中引进了速算扣除数。

104. 税收额外负担，就是征税所引起的资源配置效率降低，因此，政府应选择合理的征税方式，以使税收的额外负担最小，保持税收中性。（ ）

【参考答案】√

【答案解析】额外负担最小，就是要保持税收中性，减少对经济的干扰。

105. 2020年10月30日国家税务总局召开党委扩大会议传达学习党的十九届五中全会精神，会议指出要围绕形成强大国外市场，进一步落实落细税费优惠政策，厚植有利于市场主体发展壮大的税收环境，全力服务构建新发展格局。（ ）

【参考答案】×

【答案解析】2020年10月30日国家税务总局召开党委扩大会议传达学习党的十九届五中全会精神，会议指出要围绕形成强大国内市场，进一步落实落细税费优惠政策，厚植有利于市场主体发展壮大的税收环境，全力服务构建新发展格局。

106. 2020年10月30日国家税务总局召开党委扩大会议传达学习党的十九届五中全会精神，会议指出要围绕加快发展现代产业体系，研究税收支持数字经济发展的有力举措，推动经济体系优化升级。（ ）

【参考答案】×

【答案解析】2020年10月30日国家税务总局召开党委扩大会议传达学习党的十九届五中全会精神，会议指出要围绕加快发展现代产业体系，研究税收支持实体经济发展的有力举措，推动经济体系优化升级。

107. 2020 年 9 月 28 日，国家税务总局等十三部门发布《关于推进纳税缴费便利化改革优化税收营商环境若干措施的通知》，指出要积极构建动态“信用 + 风险”新型管理方式，实时分析识别纳税人行为和特征，实现“无风险不打扰、低风险预提醒、中高风险严监控”。对逃避税问题多发的重点行业、重点领域，加强税收风险防控。（　　）

【参考答案】√

【答案解析】《关于推进纳税缴费便利化改革优化税收营商环境若干措施的通知》中的“（十三）强化分类精准管理”指出：不断完善税收大数据和风险管理机制，健全税务管理体系。积极构建动态“信用 + 风险”新型管理方式，实时分析识别纳税人行为和特征，实现“无风险不打扰、低风险预提醒、中高风险严监控”。对逃避税问题多发的重点行业、重点领域，加强税收风险防控。加强税务、公安、人民银行、海关等部门的密切协作，严格依法查处利用“假企业”“假出口”“假申报”等手段虚开骗税行为，规范税收秩序，促进公平竞争，努力做到对市场主体干扰最小化、监管效能最大化。

108. 研究宏观税收负担时，一般用税收总收入占国内生产总值的比重作为衡量指标。（　　）

【参考答案】√

【答案解析】宏观税收负担一般用税收总收入占国内生产总值的比重来反映。

109. 2020 年以“战疫情促发展服务全面小康”为主题，连续第 7 年开展“便民办税春风行动”。（　　）

【参考答案】√

【答案解析】2014 年开始税务系统每年开展“便民办税春风行动”，成为一道亮丽的风景。2020 年主题为“战疫情促发展服务全面小康”。

110. 《中华人民共和国行政处罚法》规定，听证程序是所有行政处罚的必经程序。（　　）

【参考答案】×

【答案解析】参见新修订的《中华人民共和国行政处罚法》。

111. 区块链是分布式数据存储，点对点传输、共识机制、加密算法等，计算机技术的新型应用模式。（　　）

【参考答案】√

【答案解析】本题考查区块链的概念。

112. 对新兴业态税务机关应坚持包容审慎的原则，不得专门针对某一新兴业态、新型商业模式，组织开展全面风险应对和税务检查。（　　）

【参考答案】√

【答案解析】《国家税务总局关于优化税务执法方式严禁征收“过头税费”的通知》（税总发〔2020〕29号）中的“三、积极支持新业态健康发展”指出：主动适应新经济不断发展的新要求，持续完善支持电子商务、“互联网＋”等新兴业态发展的税收政策体系和管理服务措施，大力培育新兴经济增长点。继续坚持包容审慎的原则，不得专门针对某一新兴业态、新型商业模式，组织开展全面风险应对和税务检查。积极运用税收大数据，深入分析线上经济发展情况，完善精准化、精细化税收服务和管理措施，促进线上线下融合，支持新兴业态持续健康发展。

113. 纳税人编造虚假计税依据的，由税务机关责令限期改正，并处5万元以下的罚款。（　　）

【参考答案】√

【答案解析】根据《中华人民共和国税收征收管理法》第六十四条，纳税人、扣缴义务人编造虚假计税依据的，由税务机关责令限期改正，并处五万元以下的罚款。

114. 根据《中华人民共和国税收征收管理法》的规定，对于扣缴义务人应扣未扣税款，税务机关需向扣缴义务人加收滞纳金。（　　）

【参考答案】×

【答案解析】根据《中华人民共和国税收征收管理法》第六十九条，扣缴义务人应扣未扣、应收而不收税款的，由税务机关向纳税人追缴税款，对扣缴义务人处应扣未扣、应收未收税款百分之五十以上三倍以下的罚款。

115. 税务机关查证权是指税务机关到车站、码头、机场、邮政企业及其分支机构检查纳税人托运、邮寄应纳税商品、货物或者其他财产的有关单据、凭证、有关资料和打开货物或财产的包装进行验货的权力。（　　）

【参考答案】×

【答案解析】根据《中华人民共和国税收征收管理法》第五十四条，到车站、码头、机场、邮政企业及其分支机构检查纳税人托运、邮寄应纳税商品、货物或者其他财产的有关单据、凭证和有关资料。因此，查证权不包括打开货物或财产的包装进行验货的权力。

116. 税务人员滥用职权，故意刁难纳税人、扣缴义务人的，调离税收工作岗位，并依法给予行政处分。（ ）

【参考答案】√

【答案解析】根据《中华人民共和国税收征收管理法》第八十二条，税务人员滥用职权，故意刁难纳税人、扣缴义务人的，调离税收工作岗位，并依法给予行政处分。

117. 税务机关采取税收保全措施的期限一般不得超过6个月；重大案件需要延长的，应当报省、自治区、直辖市税务局批准。（ ）

【参考答案】×

【答案解析】根据《中华人民共和国税收征收管理法实施细则》第八十八条，依照《中华人民共和国税收征收管理法》第五十五条规定，税务机关采取税收保全措施的期限一般不得超过6个月；重大案件需要延长的，应当报国家税务总局批准。

118. 青山实业总资产为1000万元，资产重组时实际欠税100万元。资产重组分立为松山公司和华山公司，松山公司分得资产800万元，华山公司分得资产200万元。则税务机关在追缴欠税时，松山公司最多承担清偿欠税80万元的义务，其余应向华山公司追缴。（ ）

【参考答案】×

【答案解析】根据《中华人民共和国税收征收管理法》第四十八条，纳税人有合并、分立情形的，应当向税务机关报告，并依法缴清税款。纳税人合并时未缴清税款的，应当由合并后的纳税人继续履行未履行的纳税义务；纳税人分立时未缴清税款的，分立后的纳税人对未履行的纳税义务应当承担连带责任。

119. 根据规定，纳税人未按照规定期限缴纳税款的，税务机关有权采取强制执行措施，扣押、查封、依法拍卖或者变卖其价值相当于应纳税款的商品、货物或者其他财产，以拍卖或者变卖所得抵缴税款。（ ）

【参考答案】×

【答案解析】纳税人未按照规定期限缴纳税款的，税务机关有权采取“责令缴纳”的税款征收措施，并不是采取强制执行措施。从事生产、经营的纳税人、扣缴义务人未按照规定的期限缴纳或者解缴税款，纳税担保人未按照规定的期限缴纳所担保的税款，由税务机关责令限期缴纳，逾期仍未缴纳的，经县以上税务局（分局）局长批准，税务机关可以采取强制执行措施。

120. 企业所得税的征收管理，适用《中华人民共和国税收征收管理法》。 （ ）

【参考答案】√

【答案解析】税务机关负责征收的所有税种都适用《中华人民共和国税收征收管理法》。

121. 纳税人发生纳税义务，未按照规定的期限办理纳税申报，经税务机关责令限期申报，逾期仍不申报的，税务机关可对其执行税收保全措施。 （ ）

【参考答案】×

【答案解析】纳税人发生纳税义务，未按照规定的期限办理纳税申报，经税务机关责令限期申报，逾期仍不申报的，税务机关可对其核定应纳税额。

122. 查验征收适用生产经营规模较小、产品零星、税源分散、会计账册不健全，但能控制原材料或进销货的小型厂矿和作坊。 （ ）

【参考答案】×

【答案解析】查定征收适用生产经营规模较小、产品零星、税源分散、会计账册不健全，但能控制原材料或进销货的小型厂矿和作坊。

123. 李某欠缴税款3000元，由税务机关责令限期缴纳，逾期仍未缴纳，为防止国家税款流失，税务机关扣押了其一批价值3600元的商品，准备依法进行变卖，以变卖所得抵缴税款，税务机关的做法正确。 （ ）

【参考答案】×

【答案解析】税务机关应该扣押价值不超过欠缴税款也就是3000元的商品。

124. 申请人对税务机关作出的逾期不缴纳罚款加处罚款的决定不服的，应当先缴纳罚款和加处罚款，再申请行政复议。 （ ）

【参考答案】√

【答案解析】本题考查税务行政复议。本题目表述正确。

125. A省甲公司到相邻的B省从事临时经营活动，需要申请领购当地发票，B省税务机关要求甲公司缴纳2万元的保证金，其做法正确。 （ ）

【参考答案】×

【答案解析】本题考查发票的领购。可以要求提供担保或不超过1万元的保证金。

126. 税务行政处罚显失公正的情况下，当事人可以提起行政诉讼，人民法院可以直接作变更判决。 （ ）

【参考答案】√

【答案解析】依据《中华人民共和国行政诉讼法》。

127. 对纳税人偷逃的税款，税务机关可以无限期追征。（ ）

【参考答案】√

【答案解析】根据《中华人民共和国税收征收管理法》，对偷税、抗税、骗税的，税务机关追征其未缴或者少缴的税款、滞纳金或者所骗取的税款，不受追征期限的限制。

128. 扣缴义务人不能成为偷税的主体。（ ）

【参考答案】×

【答案解析】扣缴义务人如果符合《中华人民共和国税收征收管理法》第六十三条第二款所规定的情形，将构成偷税的主体。

129. 人民法院审理行政案件只作合法性审查，不审查行政行为的合理性。（ ）

【参考答案】×

【答案解析】人民法院审理行政案件，原则上审查行政行为的合法性，但对于明显不当的行政行为，可以判决撤销，对于处罚明显不当的，可以判决变更，所以人民法院在行政诉讼中某些情形下也审查行政行为的合理性。

130. 税务机关对于罚款不能自行强制执行，只能申请法院执行。（ ）

【参考答案】×

【答案解析】根据《中华人民共和国税收征收管理法》第八十八条，税务机关对于罚款可以自行强制执行，也可以申请法院执行。

131. 税款只能由税务机关执行，不能申请法院强制执行。（ ）

【参考答案】×

【答案解析】无论是税款还是罚款，税务机关都可以申请法院强制执行。

132. 对违反发票管理规定 2 次以上或者情节严重的单位和个人，税务机关可以向社会公告。（ ）

【参考答案】√

【答案解析】依据《中华人民共和国发票管理办法》。

133. 税务机关实施行政许可期间内如遇有休假日，一律顺延计算期间。（ ）

【参考答案】√

【答案解析】根据《中华人民共和国行政许可法》，行政机关实施行政许可的期限都是指工作日。

134. 按普通程序处罚的案件，只要当事人没有异议，可以当场下处罚决定书。（　　）

【参考答案】×

【答案解析】如果是达到听证标准的案件，需待申请听证期限届满当事人没有申请听证，行政机关才可以下处罚决定。

135. 《中华人民共和国行政处罚法》规定，听证程序是所有行政处罚的必经程序。（　　）

【参考答案】×

【答案解析】听证程序不是所有行政处罚的必经程序，只是在一般处罚程序中才会有。

136. 作出罚款决定的行政机关应当收缴罚款。（　　）

【参考答案】×

【答案解析】罚缴分离是《中华人民共和国行政处罚法》的明确要求。

137. 在纳税人未申请复议也未起诉的情况下，税务机关对罚款的强制执行应在申请复议期或起诉期届满后实施。（　　）

【参考答案】√

【答案解析】根据《中华人民共和国税收征收管理法》第八十八条，纳税人法定期限内未申请复议也未起诉的，税务机关才可以强制执行罚款。

138. 对个人独资企业、合伙企业处以2000元以下的罚款，可以适用简易程序。

【参考答案】√

【答案解析】个人独资企业、合伙企业属于非法人组织，应适用单位的简易处罚标准，依据新处罚法规定3000元以下可以适用简易程序。

139. 已开具的发票存根联和发票登记簿应当保存5年，保存期满后可自行销毁。（　　）

【参考答案】×

【答案解析】本题考查发票的保管。已开具的发票存根联和发票登记簿，应当保存5年。保存期满，报经税务机关查验后销毁。

140. 税务机关委托某单位代征税款，该单位可以自己名义进行征收，但其行为的法律后果由税务机关承担。 （ ）

【参考答案】 ×

【答案解析】 委托行政情况下，受托方应以委托的行政机关的名义实施行为。

题型四　实务题

试题一

某市一企业 17 名员工到省税务局反映情况，诉称：企业经营困难，欠缴税金。税务机关按要求通知企业及时缴清税款，导致企业资金更加紧张，开始拖欠员工社会保险费。员工代表要求税务部门减免企业所欠税费，保障企业员工权益。省税务局办公室向该市税务局通报情况，并要求协助进行妥善处理。

根据上述材料，回答下列问题：

1. （单项选择题）该企业员工到省税务局反映情况的行为属于（　　）。

A. 重大税务新闻　　　　B. 重大群体上访

C. 涉税争议事件　　　　D. 涉税突发舆情

2. （单项选择题）市税务局负责处理该事件的第一责任人是（　　）。

A. 市局局长　　　　B. 市局办公室主任

C. 分管信访工作的市局领导　　　　D. 企业所在辖区税务分局局长

3. （多项选择题）市税务局应当采取的措施有（　　）。

A. 立刻通知企业所在辖区的税务分局局长到省局负责劝返

B. 由市局局长带领办公室和相关部门负责人到省局劝返

C. 及时向省局报告信访事由、经过、已采取的措施等情况

D. 立刻请求市公务局和市信访局派人一同前往省税务局劝返

【参考答案】1. B；2. A；3. BC

试题二

小于是某市局办公室的印章管理人员，也负责机关档案管理。2019 年 4 月 18 日，小于计划五一小长假期间带家人到省内的某景点游玩，于是就私自打印了一张空白的“机关公务接待函”，并加盖了局办公室印章，准备到时候方便让基层税务机关接待。4 月 19 日上午，小于正准备去会议室参加视频会议，碰上办公室负责财务工作的小李来

查阅一张往年的财务凭证，小于和小李是大学校友，平时关系也很好，于是小于就直接把钥匙交给小李，让小李自行查阅，自己去开会了。

根据上述材料，回答下列问题：

1.（单项选择题）小于私自在空白接待函上盖章，以下说法错误的是（　　）。

A. 该接待函不一定使用，只有使用时才需要盖章

B. 空白接待函不能加盖印章

C. 盖章必须经过领导审签

D. 未对使用印信进行登记

2.（单项选择题）对于该事件，下列选项正确的有（　　）。

A. 财务凭证不属于归档文件资料范围

B. 小李无权私自进入档案室翻查档案资料

C. 机关财务也属于办公室管理，小李也是办公室人员，可以单独进入档案室查阅资料

D. 小李也是办公室人员，所以只要履行登记手续就可以单独进入档案室查阅资料

3.（单项选择题）小于作为印章管理人员，应该遵守的下列规定，不正确的是(　　)。

A. 单位重要印信必须由办公室负责发文人员管理，实行保管人和办公室主任负责制

B. 重要印信要存放在保险柜内，专人保管，防止被盗

C. 用印完毕后要及时放入柜中并落锁，不能将其随意放置办公桌上

D. 公章保管人因事短时间离岗时，为确保印信安全，暂停印章使用

4.（单项选择题）身为机关档案管理人员，小于应该遵守档案管理相关规定，以下做法不符合规定的是（　　）。

A. 档案借阅者必须遵循有关规定，履行必要的手续，不得涂损档案，不得转借他人，阅完及时归还

B. 本单位工作人员因工作需要可以借阅库存档案

C. 借阅非本人主管业务的机密文件，必须经办公室负责人批准

D. 借阅库存档案时都可以复印，但不能把复印件带走

5.（单项选择题）下列关于接待函的说法，正确的是（　　）。

A. 按照《国家税务总局机关国内公务接待管理办法》的规定，进行公务接待必须携带《税务机关公务接待函》

B.《税务机关公务接待函》加盖单位办公室公章才能生效

C. 公务接待时，根据客人身份安排住宿，并替客人结算食宿费

D. 公务接待时，替客人订购返程车船票或飞机票

【参考答案】1. A；2. B；3. D；4. D；5. A

试题三

某日临近下班，市税务局刘副局长告诉办公室负责保密工作的副主任小高，自己手上有一份机密文件没有处理完，让小高通过保密专用复印机复印文件后交给自己带回家处理。刘局长第二天归还文件时，布置小高抓紧起草落实方案，并尽快将落实方案下发至各县税务局。为提高工作效率，小高将文件扫描转换为电子版，用 U 盘将相关资料拷贝回办公室使用日常喜爱的办公电脑处理。

根据上述材料，回答下列问题：

1. （单项选择题）根据税务系统工作秘密相关规定，小高起草的落实方案属于(　)。

A. 内部文件　B. 秘密文件　C. 机密文件　D. 绝密文件

2. （单项选择题）小高在向各县税务局下发落实方案时，应选择的传递方式是(　)。

A. 密码传真机　B. 顺丰快递

C. 城市机要文件交换站　D. 邮政 EMS

3. （多项选择题）小高的下列行为，不符合保密相关要求的是（　　）。

A. 使用非保密 U 盘传递涉密文件

B. 使用扫描仪扫描保密文件

C. 使用专用复印机复印保密文件

D. 使用办公电脑处理落实保密文件的方案

4. （单项选择题）刘副局长的行为，违反了保密工作规定的是（　　）。

A. 让小高通过专用复印机复印机密文件

B. 将机密文件带回家

C. 将落实机密文件的方案下发至各县税务局

D. 机密文件当天没有处理完

5. （多项选择题）材料中充分说明该市税务局在保密工作中存在很多的问题，应该采取的补救措施有（　　）。

A. 市税务局应当加强保密工作责任制的落实

B. 应当健全保密管理制度

C. 应开展保密宣传教育

D. 尽快加强保密检查

【参考答案】 1. C；2. D；3. ABD；4. B；5. ABCD

【答案解析】

1. 根据机密文件起草的落实方案文件，其秘密同样对待。

2. 涉密文件要通过邮政机要通信、城市机要文件交换站等进行传递，通过密码电报或者符合国家保密规定的计算机信息系统进行传输。因为小高传递的涉密文件要下发至各县，所以城市机要文件交换站行不通，顺丰快递更不行。邮政 EMS 合乎规定。

3. 存储、处理涉密文件必须使用符合国家保密规定的计算机信息系统，不能用日常办公电脑和非保密 U 盘。

4. 机密文件不能带离保密场所；复印、复制上级机关下发或其他机关单位制发的密件，应当经制发机关批准。机密级和秘密级文件，必须经过批准并履行审批手续方可复制、复印、摘抄、汇编。

5. 根据《中华人民共和国保守国家秘密法》，机关单位应当实行保密工作责任制，健全保密管理制度，完善保密防护措施，开展保密宣传教育，加强保密检查。材料中刘副局长和小高的做法充分说明了这些措施都做得不到位，需要采取补救措施。

试题四

为更好实施促进各国私营部门（中小企业）发展的战略，世界银行成立 Doing Business 小组，负责企业营商环境指标体系创建。2003 年底，世界银行发布第一期营商环境报告，即《2004 年营商环境报告》（英文简称 DB2004），此后每年发布一期。目前已形成相对完善的评价体系，成为衡量营商环境优劣的重要标准。DB2004 至 DB2019，报告考察范围从 133 个经济体扩展至 190 个。从 DB2015 起，对人口超过 1 亿的 11 个经济体考察覆盖范围扩展至其第二大商业城市，继上海之后，北京也纳入考察范围，其中：上海占比 55%，北京占比 45%。某地税务机关为持续优化税收营商环境，大力推进新办企业“套餐式”服务、推进“一次”办税、“一门”办税、“一窗”办税、精简涉税资料报送等服务举措，有效提升纳税人满意度和获得感。

根据上述材料，回答下列问题：

1. （单项选择题）世界银行《营商环境报告》的指标贯穿企业生命周期，下列指标中与税务部门相关的是（　　）。

A. 办理施工许可证　　B. 执行合同

C. 跨境贸易　　D. 纳税

2. （多项选择题）新办纳税人“套餐式”服务一般应包括 10 个涉税事项，包括(　　)。

A. 网上办税服务厅开户　　B. 登记信息确认

C. 发票票种核定　　D. 增值税专用发票最高开票限额审批

E. 发票代开

3. （多项选择题）按照《全国税务系统进一步优化税收营商环境行动方案（2018—2022 年)》要求，以下说法正确的有（　　）。

A. 将资源税按 1 日、3 日、5 日、10 日、15 日或 1 个月申报，调整为按月或按季申报

B. 2019 年 12 月底前，除特定纳税人及特殊情形外，取消增值税发票抄报税

C. 2020 年 12 月底前主要涉税服务事项 90% 实现网上办理

D. 所有办税服务厅实现“一窗一人”办税模式，综合窗口可办理所有各类涉税事项

E. 2019 年 12 月底前，实现税务机关网上代开增值税电子专用发票

4. （多项选择题）在《营商环境报告》中，开办企业指标中的税务登记和发票取得、财产登记指标中的税费缴纳也与税收密切相关。关于发票领用，以下说法正确的有(　　)。

A. 受理人员应对办税人员进行实名信息验证

B. 对于领用增值税电子普通发票的纳税人，只发放发票电子数据

C. 税务机关提供“最多跑一次”服务。纳税人在资料完整且符合法定受理条件的前提下，最多只需要到税务机关跑一次

D. 纳税信用 A、B 级的纳税人可一次领取不超过 3 个月的增值税发票用量

E. 发票领用即时办结，但无法实现同城通办

【参考答案】1. D；2. ABCD；3. ABCD；4. ABC

【答案解析】

1. 《营商环境报告》中，纳税指标记录了一家中型企业在开业后的第二年内必须缴

纳的各种税项和强制性派款，也衡量因纳税与支付派款以及进行税后合规而产生的行政负担。除纳税指标外，开办企业指标中的税务登记和发票取得、财产登记指标中的税费缴纳也与税收密切相关。

2. 根据《国家税务总局关于推行新办纳税人“套餐式”服务的通知》要求，新办纳税人“套餐式”服务一般应包括以下10个涉税事项：网上办税服务厅开户、登记信息确认、财务会计制度及核算软件备案、纳税人存款账户账号报告、增值税一般纳税人登记、发票票种核定、增值税专用发票最高开票限额审批、实名办税、增值税税控系统专用设备初始发行、发票领用。

3. 按照《全国税务系统进一步优化税收营商环境行动方案（2018—2022年）》要求，优化增值税代开发票管理，2019年12月底前，实现税务机关网上代开增值税电子普通发票。

4. 根据《纳税服务规范（3.0）版》，纳税信用A级的纳税人可一次领取不超过3个月的增值税发票用量。纳税信用B级的纳税人可一次领取不超过2个月的增值税发票用量。发票领用可同城通办。

试题五

某市税务局稽查局举行党支部换届选举，要选举出新一届党支部委员会（5名委员）。1月9日，稽查局召开党员大会进行支部委员会选举，稽查局共有20名党员，当天参加选举会议的有18名党员（其中2人为预备党员、1人受留党察看处分并在留党察看期内），通过选举，有5名候选人获得超过8票的赞成票；随后，党员大会又从5名当选的支部委员会候选人中通过等额选举选举出了书记和副书记。选举过后，稽查局将党支部委员会及其书记、副书记选举结果上报市税务局党委进行审批。

根据上述材料，回答下列问题：

1.（单项选择题）稽查局党支部委员会一般每届任期（　　）。

A. 3年　　B. 4年　　C. 5年　　D. 3～5年

2.（单项选择题）当天参加选举会议拥有选举权的党员人数为（　　）。

A. 15人　　B. 16人　　C. 17人　　D. 18人

3.（单项选择题）本次会议选举（　　）。

A. 有效　　B. 无效　　C. 不符合规定　　D. 不清楚

4.（单项选择题）稽查局党支部委员会委员候选人应当如何产生，对此说法正确的是（　　）。

A. 党委决定

B. 党支部决定

C. 上一届党支部委员会差额提名，提交党员大会选举

D. 支部选举

5. （单项选择题）稽查局党支部委员会书记、副书记的产生方式是（　　）。

A. 党委决定　　B. 党组决定

C. 党员大会选举　　D. 委员会第一次全体会议选举

【参考答案】1. A；2. A；3. B；4. C；5. D

【答案解析】

1. 根据《中国共产党支部工作条例（试行）》第二十一条，村、社区党支部委员会每届任期5年，其他基层单位党支部委员会一般每届任期3年。

2. 根据《中国共产党章程》，预备党员没有表决权、选举权和被选举权；党员在留党察看期间没有表决权、选举权和被选举权。因此，当天参加选举会议拥有选举权的党员人数为15人。

3. 根据《中国共产党基层组织选举工作暂行条例》第十九条，进行选举时，有选举权的到会人数超过应到会人数的4/5，会议有效。参会人员比例 = 15/20 × 100% = 75%，本次会议选举无效。

4. 根据《中国共产党基层组织选举工作暂行条例》第十三条，党的总支部委员会、支部委员会委员候选人，由上届委员会根据多数党员的意见确定，在党员大会上进行选举。

5. 根据《中国共产党基层组织选举工作暂行条例》第二十条，委员会第一次全体会议选举常委、书记、副书记。

试题六

2019年7月，李某自财经大学税收学专业毕业后考入某县税务局，并被安排在第一税务分局（办税服务厅）负责综合管理工作。在办税服务厅工作期间，为尽快提高业务能力，领导特意安排第一税务分局（办税服务厅）副局长王某（李某表姐），一对一帮助辅导李某工作业务，促进其成长进步；同时，李某通过网络大学等网络学习方式进行了60课时的自学。2019年8月，为提高业务水平，李某个人参加了社会化培训，相关培训费用交付单位报销。2019年10月份，李某按照培训安排在省税校参加了初任脱产

培训，培训期间，李某认识了同学孙某，并于培训结束后一起到某地旅游了 20 多天，其间李某没有办理请假手续。

根据上述材料，回答下列问题：

1.（单项选择题）李某与同在第一税务分局（办税服务厅）的王某存在以下哪一类回避关系？

A. 夫妻关系　　　　B. 直系血亲关系

C. 三代以内旁系血亲关系　　　　D. 近姻亲关系

2.（单项选择题）《2018—2022 年全国税务系统干部教育培训规划》提出，税务干部每人每年网络培训学时数不低于（　　）。

A. 24 学时　　B. 30 学时　　C. 50 学时　　D. 90 学时

3.（单项选择题）关于小赵的公务员年度考核，下列说法正确的是（　　）。

A. 由于小赵在试用期内，不参加年度考核

B. 小赵参加年度考核，但由于在试用期内，其年度考核不得确定为优秀等次

C. 由于小赵在试用期内，其年度考核将被定为基本称职

D. 小赵参加年度考核，不确定等次，只写评语

4.（多项选择题）李某个人参加社会化培训，以下哪些费用应由个人承担（　　）。

A. 住宿费用　　　　B. 餐饮费用

C. 购买教材费用　　　　D. 交通费用

5.（单项选择题）针对李某旷工行为，县局应如何处理（　　）。

A. 责令其作出书面检查　　　　B. 取消录用

C. 谈话提醒　　　　D. 调整岗位

【参考答案】1. C；2. C；3. D；4. ABCD；5. B

【答案解析】

1. 根据《中华人民共和国公务员法》第七十四条，公务员之间有夫妻关系、直系血亲关系、三代以内旁系血亲关系以及近姻亲关系的，不得在同一机关双方直接隶属于同一领导人员的职位或者有直接上下级领导关系的职位工作，也不得在其中一方担任领导职务的机关从事组织、人事、纪检、监察、审计和财务工作。

2. 参见《2018—2022 年全国税务系统干部教育培训规划》。

3. 根据《公务员考核规定》第二十一条，新录用的公务员在试用期内参加年度考核，不确定等次，只写评语，作为任职、定级的依据。

4. 根据《税务系统贯彻〈干部教育培训工作条例〉实施办法》（税总发〔2016〕98号），税务干部个人参加社会化培训，费用一律由本人承担，不得由财政经费和单位经费报销，不得接受任何机构和他人的资助或者变相资助。

5. 根据《新录用公务员试用期管理办法（试行）》第十六条规定，新录用公务员有下列情形之一的，应当取消录用："（六）有公务员法规定的应予以辞退情形的"；《中华人民共和国公务员法》第八十八条规定，公务员有下列情形之一的，予以辞退："（五）旷工或者因公外出、请假期满无正当理由逾期不归连续超过十五天，或者一年内累计超过三十天的"。李某符合上述情况，应当取消录用。

试题七

阅读下列公文，请按党政机关公文的写作要求，回答下列问题（该公文已省略眉首、发文字号、版记部分）。

××××税务局关于表彰2020年度

我省税务系统征管能手的决定

×××：

为促进"练兵比武"活动取得成效，在全省税务干部职工中大力倡导爱岗敬业、勤奋学习、钻研技能的良好风尚……，根据……规定，决定：授予×××等50位同志"××省税务系统征管能手"荣誉称号，并通报表彰。

希望受表彰的个人再接再厉，努力取得新的成绩。

附：全省税务系统征管能手名单

××××税务局

2019年10月10日

1.（多项选择题）上述公文存在错误的方面是（　　）。

A. 文种使用不当，应使用通报

B. 标题中的"我省"应改为"全省"

C. 正文第三行"决定"前缺少主语"省局"

D. "附"应改为"附件"

2.（多项选择题）选定公文种类主要的原则方法是（　　）。

A. 考虑行文的具体需要　　B. 考虑本单位的权限

C. 根据行文方向选定　　D. 根据隶属关系选用

3.（单项选择题）根据《全国税务机关公文处理办法》的相关规定，公文中附注内容各条之间用来分隔的符号是（　　）。

A. 逗号　　B. 分号　　C. 句号　　D. 破折号

4.（单项选择题）下列关于公文规定表述正确的是（　　）。

A. 公文如有附件，应当标明附件顺序和名称

B. 意见、通报和决定均属于下行文

C. 通报分为表扬性通报和批评性通报

D. 决定只适用于对重要事项作出决策和部署

【参考答案】1. BCD；2. ABCD；3. A；4. A

【答案解析】

1. 根据《全国税务机关公文处理办法》，选项 A 中通报和决定均可以。决定适用于对重要事项作出决策和部署、奖惩有关单位和人员、变更或者撤销下级机关不适当的决定事项。

2. 根据行文规则正确选用文种，以上四个选项均对。

3. 根据《全国税务机关公文处理办法》第三十八条，附注内容各条之间用逗号分隔。

4. 选项 B 错误，意见可以用于上行文、下行文和平行文，通报和决定属于下行文；选项 C 错误，通报分为表扬性通报、批评性通报和情况通报三种；选项 D 错误，决定适用于对重要事项作出决策和部署、奖惩有关单位和人员、变更或者撤销下级机关不适当的决定事项。

试题八

某税务机关工作人员王某，是中共党员。王某在微博上多次公开发表反对党的改革开放政策的文章，编造政治谣言损坏党和国家形象，造成不良社会影响。

根据上述材料，回答下列问题：

1.（单项选择题）党组织经过程序，认定其情节较重，依据《中国共产党纪律处分条例》，张某应受到的处分是（　　）。

A. 警告或者严重警告　　B. 严重警告或者撤销党内职务

C. 撤销党内职务或者留党察看　　D. 开除党籍

2.（单项选择题）党组织经过程序，认定其情节较重，给予留党察看处分，王某认

为处分过重可以提出（　　）。

A. 申辩　　B. 复议　　C. 申诉　　D. 诉讼

3.（单项选择题）依据《中国共产党纪律处分条例》，下列情形中可以从轻或者减轻处分的，不包括（　　）。

A. 主动交代本人应当受到党纪处分的问题的

B. 在组织核实、立案审查过程中，能够配合核实审查工作，如实说明本人违纪违法事实的

C. 检举同案人或者其他人应当受到党纪处分或者法律追究的问题，经查证不属实的

D. 主动挽回损失、消除不良影响或者有效阻止危害结果发生的

4.（单项选择题）依据《中国共产党纪律处分条例》，王某的行为属于违反以下哪项纪律（　　）。

A. 违反政治纪律　　B. 违反组织纪律

C. 违反廉洁纪律　　D. 违反群众纪律

5.（多项选择题）党员受留党察看处分期间，没有以下哪些权利（　　）。

A. 表决权　　B. 选举权　　C. 被选举权　　D. 发言权

【参考答案】 1. C；2. C；3. C；4. A；5. ABC

【答案解析】

1. 根据《中国共产党纪律处分条例》第四十六条，通过网络、广播、电视、报刊、传单、书籍等，或者利用讲座、论坛、报告会、座谈会等方式，有下列行为之一，情节较轻的，给予警告或者严重警告处分；情节较重的，给予撤销党内职务或者留党察看处分；情节严重的，给予开除党籍处分：①公开发表违背四项基本原则，违背、歪曲党的改革开放决策，或者其他有严重政治问题的文章、演说、宣言、声明等的；②妄议党中央大政方针，破坏党的集中统一的；③丑化党和国家形象，或者诋毁、诬蔑党和国家领导人、英雄模范，或者歪曲党的历史、中华人民共和国历史、人民军队历史的。

2. 根据《中国共产党章程》第四十三条，如果本人对处分决定不服，可以提出申诉，有关党组织必须负责处理或者迅速转递，不得扣压。

3. 根据《中国共产党纪律处分条例》第十七条，有下列情形之一的，可以从轻或者减轻处分：①主动交代本人应当受到党纪处分的问题的；②在组织核实、立案审查过程中，能够配合核实审查工作，如实说明本人违纪违法事实的；③检举同案人或者其他人应当受到党纪处分或者法律追究的问题，经查证属实的；④主动挽回损失、消除不良

影响或者有效阻止危害结果发生的；⑤主动上交违纪所得的；⑥有其他立功表现的。

4. 王某行为违反的是《中国共产党纪律处分条例》第四十六条，属于第六章“对违反政治纪律行为的处分”。

5. 根据《中国共产党纪律处分条例》第十二条，留党察看处分，分为留党察看一年、留党察看二年。对于受到留党察看处分一年的党员，期满后仍不符合恢复党员权利条件的，应当延长一年留党察看期限。留党察看期限最长不得超过二年。党员受留党察看处分期间，没有表决权、选举权和被选举权。

试题九

某省税务局召开全省工作会议，省局统一安排食宿。A 市局王某提前一天乘火车前往省局参加会议，会议时间一天。王某到达省局开会地点后，见到了“欢迎市局领导莅临全省工作会议”等的欢迎标语，会议期间的就餐省局安排了自助餐，并在就餐区摆放了酒水、花草、水果等。会议结束后，王某回到所在市局报销了此次出差的相关费用。

根据上述材料，回答下列问题：

1. （多项选择题）根据《中央和国家机关会议费管理办法》中会议分类，税务系统可以召开的会议有（　　）。

A. 一类会议　　B. 二类会议　　C. 三类会议　　D. 四类会议

2. （多项选择题）下列开支属于会议费开支范围的是（　　）。

A. 会议场地租金　　B. 交通费

C. 伙食费　　D. 文件印刷费

3. （单项选择题）会议费开支实行综合定额控制，省局召开的全省工作会议综合定额标准是（　　）。

A. 450 元/人天　　B. 500 元/人天

C. 550 元/人天　　D. 650 元/人天

4. （多项选择题）会议期间，以下做法不正确的是（　　）。

A. 安排自助餐　　B. 悬挂欢迎标语

C. 就餐区摆放酒水　　D. 摆放花草、水果

【参考答案】1. BCD；2. ABCD；3. C；4. BCD

【答案解析】

1. 根据《关于印发〈中央和国家机关会议费管理办法〉的通知》（财行〔2016〕

214号）的会议分类，税务系统会议分为二、三、四类会议。

2. 根据《关于印发〈中央和国家机关会议费管理办法〉的通知》（财行〔2016〕214号）第十四条，会议费开支范围包括会议住宿费、伙食费、会议室租金、交通费、文件印刷费、医药费等。前款所称交通费是指用于会议代表接送站，以及会议统一组织的代表考察、调研等发生的交通支出。会议代表参加会议发生的城市间交通费，按照差旅费管理办法的规定回单位报销。

3. 三类会议，是指国家税务总局及其内设机构召开的专业性会议及各省税务局召开的每年一次的年度工作会议。省局召开的全省工作会议为三类会议，三、四类会议综合定额标准是550元/人天，各单位应在综合定额标准以内结算报销。

4. 根据《党政机关厉行节约反对浪费条例》精神，选项B、C、D均为错误选项。会议用餐严格控制菜品种类、数量和分量，一般安排自助餐，选项A正确。

试题十

李某的加工厂2019年2月开业，因一直未申报纳税，县税务局管理分局几次通知其申报，其拒不申报。2019年10月14日税务分局核实该加工厂欠缴税款5万元，于2019年10月17日作出补缴税款和加收滞纳金，并处以罚款10万元的决定，并送达税务行政处罚决定书。李某认为罚款过重，于2019年10月27日仅向税务机关缴纳了税款和滞纳金，并于同年11月14日以自己的名义，邮寄了行政复议申请书。行政复议机关以李某未缴纳罚款为由作出了不予受理决定，并书面通知了李某。

根据上述材料，回答下列问题：

1. （单项选择题）李某在知道县税务局作出处罚决定后，提出行政复议申请的期限是（　　）。

A. 15日内　　B. 30日内　　C. 60日内　　D. 90日内

2. （单项选择题）李某提出行政复议的被申请人是（　　）。

A. 管理分局　　B. 管理分局所在政府部门

C. 县税务局　　D. 县级政府

3. （多项选择题）下列关于行政复议、行政诉讼的说法中，正确的有（　　）。

A. 李某未缴纳罚款，行政复议机关不予受理行政复议的决定是正确的

B. 无论李某是否缴纳罚款，行政复议机关均应受理该行政复议

C. 李某作为行政相对人，可以在任何时间提出行政复议

D. 李某既可以申请行政复议，也可以向法院提起行政诉讼

4.（单项选择题）行政复议机关在接到李某的复议申请后，一般情况下应作出是否受理决定的期限是（　　）。

A. 当天　　B. 3 日内　　C. 5 日内　　D. 10 日内

5.（单项选择题）行政复议机关在受理李某的行政复议申请后，一般情况下作出行政复议决定的期限是（　　）。

A. 15 日内　　B. 30 日内　　C. 60 日内　　D. 90 日内

【参考答案】1. C；2. C；3. BD；4. C；5. C

【答案解析】

1. 根据《中华人民共和国行政复议法》第九条，公民、法人或者其他组织认为具体行政行为侵犯其合法权益的，可以自知道该具体行政行为之日起六十日内提出行政复议申请；但是法律规定的申请期限超过六十日的除外。根据《税务行政复议规则》第三十二条，申请人可以在知道税务机关作出具体行政行为之日起60日内提出行政复议申请。所以选项C正确。

2. 根据《中华人民共和国行政复议法》第十二条，对海关、金融、国税、外汇管理等实行垂直领导的行政机关和国家安全机关的具体行政行为不服的，向上一级主管部门申请行政复议，所以选项C正确。

3. 根据《中华人民共和国行政复议法》第六条关于行政复议范围的规定，罚款属于行政复议范围，所以选项A错误，选项B正确。根据《中华人民共和国行政复议法》第九条，公民、法人或者其他组织认为具体行政行为侵犯其合法权益的，可以自知道该具体行政行为之日起六十日内提出行政复议申请，但是法律规定的申请期限超过六十日的除外，所以选项C错误。根据《中华人民共和国税收征收管理法》第八十八条第二款，当事人对税务机关的处罚决定、强制执行措施或者税收保全措施不服的，可以依法申请行政复议，也可以依法向人民法院起诉，所以选项D正确。

4. 根据《中华人民共和国行政复议法》第十七条，行政复议机关收到行政复议申请后，应当在五日内进行审查，所以选项C正确。

5. 根据《中华人民共和国行政复议法》第三十一条，行政复议机关应当自受理申请之日起六十日内作出行政复议决定，所以选项C正确。

试题十一

B市税务局为解决人员老化、人手不足问题，全市共招有30名临聘人员，劳务费共计130万元。谢某是该局收入规划科负责人，主要负责减税降费工作，为落实好各项减税降费政策，谢某组织科室人员编写了宣传手册，获得纳税人一致好评。C市邻近B市，该市税务局收入核算科负责人李某与谢某私交好，听说B市的先进做法后，率科室人员一行6人赴B市调研学习。谢某负责接待了李某一行。

根据上述材料，回答下列问题：

1. （多项选择题）该局人事教育科王科长负责临时人员工作，针对聘用人员劳务费问题，王科长向财务管理科吴科长进行咨询。关于劳务费的说法以下正确的有（　　）。

A. 劳务费是支付给临聘人员的工资，可以按发放正式人员工资进行管理

B. 外聘人员的劳务费超过限额标准应当进行政府采购

C. 外聘人员的劳务费超过了120万元，应该进行公开招标

D. 因为劳务人员由各区局使用，劳务费由各单位自行负担

E. 劳务费支出报销必须提供临时人员工资发放明细，劳务合同

2. （单项选择题）谢科长组织科室4名工作人员周六全天加班编写宣传手册，经领导同意给每人发放加班补助100元，调休一天，按照相关规定下列说法正确的是(　　)。

A. 因在非工作日工作，因此可以发放加班补助

B. 只能调休，不能发放加班补助

C. 不能调休，可以发放加班补助

D. 优先调休，若无法调休可以发放一定补助

3. （单项选择题）谢科长使用公务卡结算了宣传资料的印刷费900元，因工作繁忙，谢科长迟迟未办理报销手续，造成该笔印刷费逾期未还。下列说法正确的是(　　)。

A. 该笔印刷费逾期产生的滞纳金应该由单位支付

B. 因谢科长未及时办理手续，因此逾期滞纳金应由谢某本人承担

C. 公务卡对于公务消费不会产生逾期利息

D. 印刷费不需要使用公务卡结算，可以使用现金支付

4. （单项选择题）李某一行6人因临时决定进行调研，B市房源紧张，李某通过某订房网站预订了B市一家五星级酒店，该酒店标间700元/晚。按照规定标准，B市住宿费标准为350元/晚，为避免超标，李某只订了3个标准间。下列各项，说法正确的是(　)。

A. 李某做法正确，没有过住宿费标准可以正常报销

B. 李某做法不正确，公务出差不能住五星级酒店

C. 李某做法不正确，出差一般不安排两人住一间

D. 李某做法正确，安排两人住一间，既不超标准，也厉行了节约

5. （单项选择题）谢某代表 B 市税务局负责接待陆某一行，为表示热情，谢某特地为李某一行 6 人分别购买了 B 市特产礼盒一份，共计 600 元，已使用公务卡结算。关于谢某的做法，下列说法正确的是（　）。

A. 谢某做法不正确，公务接待不能购买土特产

B. 谢某做法正确，属于正常的人情往来，可以报销

C. 谢某做法正确，特产礼盒金额不高，不算违规

D. 谢某做法不正确，该项支出不能使用公务卡结算

【参考答案】1. BE；2. D；3. B；4. B；5. A

【答案解析】

1. 根据《2017—2018 年政府采购集中目录及标准限额》，同一财政年度同一预算项目下同一品目采购金额达到 100 万元（含）以上的，需要进行分散采购，如金额达到 200 万元，需要进行公开招标。劳务费支出时必须提供劳务人员合同及工资发放明细。

2. 根据《中华人民共和国公务员法》，公务员执行国家规定的工时制度，按照国家规定享受休假。公务员在法定工作日之外加班的，应当给予相应的补休，不能补休的按照国家规定给予补助。

3. 持卡人使用公务卡结算的公务支出，须在发卡行规定的免息还款期内，按照有关规定到财务部门办理报销手续。因个人报销不及时造成的罚息、滞纳金等相关费用，由持卡人承担。

4. 根据《中央国家机关差旅费管理办法》，出差人员应当在职务级别对应的住宿费标准限额内，选择安全、经济、便捷的宾馆住宿。

5. 根据《税务机关国内公务接待管理办法》，接待单位不得超标准接待，不得组织旅游和与公务活动无关的参观，不得组织到营业性娱乐、健身场所活动，不得安排专场文艺演出，不得以任何名义赠送礼金、有价证券、纪念品和土特产品等。

试题十二

某市税务局未严格执行干部选拔任用规定，在某次干部选拔工作中未制定周密的工

作方案，即组织选拔考试。结果出现了两项集体作弊情况。一是参与命题的某高校教师王某将试题内容泄露给其配偶魏某（系该市A区税务局参考人员），魏某又将试题内容透露给A区税务局多位参考人员。二是该市B区税务局周某、刘某利用监考身份，在开考后将参考资料带入考场，传递给多位参考人员。事后，魏某、周某、刘某和A区、B区税务局党委书记等多人被给予纪律处分，其他作弊人员受到组织处理。

根据上述材料，回答下列问题：

1.（单项选择题）未制定周密的工作方案，是发生试题泄密、考场秩序混乱等问题的重要原因，在本次干部选拔任用工作程序中，应当制定工作方案的阶段是（　　）。

A. 提出动议阶段　　B. 民主推荐阶段

C. 组织考察阶段　　D. 讨论决定阶段

2.（单项选择题）按照《中国共产党问责条例》的规定，下列关于A区、B区税务局党委书记承担责任的表述，正确的是（　　）

A. 承担全面领导责任　　B. 承担主要领导责任

C. 承担重要领导责任　　D. 承担主管领导责任

3.（多项选择题）该市税务系统存在的税务工作风险有（　　）。

A. 内部监督风险　　B. 人事管理风险

C. 廉洁从政风险　　D. 政务管理风险

4.（多项选择题）针对存在的风险，该市税务系统需要改进和加强的内部控制措施有(　　)。

A. 痕迹记录控制　　B. 业务流程控制

C. 授权审批控制　　D. 专门监督控制

【参考答案】 1. A；2. B；3. ABCD；4. ABCD

试题十三

【材料一】张某，某县税务局副局长，中共党员。2019年12月某日晚，该局3名税务干部在步行街游玩时与多名商铺店员发生冲突，税务干部将店员周某等人打伤。张某作为带班领导，未按照规定的发生重大突发事件必须及时向组织汇报的要求，未向局里报告该情况。该事件未得到及时处置，经网络传播后，产生恶劣影响。

【材料二】胡某，某市税务局党委委员、副局长，中共党员。2018年8月的一个周末，该市税务局所属的一个办公区发生突发事件，需胡某马上出面协调。市政府联系胡某，胡某表示正在郊区调研。实际上，胡某当时正在海南旅游。后查明，2017—2018 年胡某多次利用周末、节假日到外地游玩，且未向组织报备，情节严重。

【材料三】赵某，某省税务局一位业务处室的处长，中共党员。赵某的女儿赵丽在国外一家投资公司任职。2017 年，赵丽嫁给某外籍公民，并加入该国国籍。2017 年底，赵某在填报《领导干部个人有关事项报告表》时，因对女儿的婚事并不赞同，在《报告表》中仅填报了赵丽在国外工作情况，未填写其婚姻及国籍情况。另外，赵某为规避报告，以其远房亲戚名义购买了 50 万元理财产品，也未报告。

根据上述材料，回答下列问题：

1.（单项选择题）材料一中的张某的行为构成（　　）。

A. 违反突发事件处置的有关规定，故意隐瞒不报

B. 不按规定向组织请示报告重大问题、重要事项行为

C. 渎职，故意包庇税务干部

D. 未能正确履职，侥幸心理所致，不属于违纪

2.（单项选择题）材料二中的胡某构成哪一种行为（　　）。

A. 不按规定报告个人去向行为

B. 不按规定报告个人事项行为

C. 不按规定报告重要事项行为

D. 不如实报告工作情况的行为

3.（单项选择题）针对材料三中的赵某的行为，在讨论时，这一行为的性质有不同看法，你认为属于（　　）。

A. 赵某不同意女儿的跨国婚姻而未填写其婚姻与国籍，不属于隐瞒不报；以远房亲戚名义购买理财产品而不报告则属于隐瞒不报，应该从重处理

B. 赵某不同意女儿的跨国婚姻而未填写其婚姻与国籍，属于漏报；以远房亲戚名义购买理财产品而不报告则属于瞒报，应该依规处理

C. 未报告子女与外国人、无国籍人，或者与港澳、台湾居民通婚情况的，应认定为瞒报；理财产品不属于必须报告的个人事项，可以从轻处理

D. 未报告子女与外国人、无国籍人，或者与港澳、台湾居民通婚情况的，应认定为瞒报；理财产品也属于投资，而且超过 30 万元的规定，应从重处理

4.（单项选择题）一些地方制定了《关于建立和完善领导干部外出报备制度》，这种做法（　　）。

A. “不按要求报告或不如实报告个人去向”行为中的“要求”不明确，给了地方加码的空间

B. 超出了“不按要求报告或不如实报告个人去向”行为中的规定

C. 属于本地区本部门制定的相关制度规定或工作要求，不纳入《党纪处分条例》的要求

D. 属于《中国共产党纪律处分条例》规定的“不按要求报告个人去向”中的“要求”，未达到情节较重的，则不构成违纪

【参考答案】1. B；2. A；3. D；4. D

【答案解析】

1. 请示报告制度是党的一项重要制度，是执行党的民主集中制的有效工作机制，也是党的组织纪律和工作纪律的重要内容。《关于新形势下党内政治生活的若干准则》强调，领导干部必须强化组织观念，工作中重大问题和个人有关事项必须按规定按程序向组织请示报告，离开岗位或工作所在地要事先向组织请示报告。对无正当理由不按时报告、不如实报告或隐瞒不报的，要严肃处理。

张某作为县税务局副局长，带班领导，没有按照规定，及时将突发事件向组织汇报，致使事件未得到及时处理，造成恶劣影响。张某的行为构成了党纪处分条例第六十六条第一款规定的“不按照有关规定或者工作要求，向组织请示报告重大问题、重要事项”行为，违反了党的组织纪律。

2. 按要求如实报告个人去向，是党的组织纪律的重要内容，即使周末或节假日也必须按照要求向组织报告。《中国共产党党内监督条例》第二十四条也明确规定，领导干部必须事先请示报告离开岗位或者工作所在地。本案中，胡某多次在未报备的情况下到外地游玩，情节严重。其行为违反了党的组织纪律，构成《中国共产党纪律处分条例》第六十六条第二款规定的“不按要求报告或者不如实报告个人去向”行为。

3. 按规定报告个人有关事项是党组织对领导干部提出的一项基本要求，是党组织对党员干部进行监督的有力手段。2017 年 2 月，中央办公厅、国务院办公厅修订了《关于领导干部报告个人有关事项的规定》，对报告的范围、要求和责任追究等作出了具体规定。

党员干部在报告个人有关事项时应做到及时、完整、真实，不得迟报、漏报、少报，更不得虚假报告或隐瞒不报。本案中，赵某对女儿婚事不赞同，并不构成不报告的正当理由。他购买的 50 万元理财产品，虽然未在其个人名下，但对此类行为应坚持

“实质判断”标准，只要由当事人出资并实际所有都应当如实填报。赵某的行为构成《中国共产党纪律处分条例》第六十七条第一款第一项规定的“违反个人有关事项报告规定，不报告、不如实报告”行为。赵某的行为属于存在两种瞒报行为，应从重处理。

4.《中国共产党纪律处分条例》第六十六条第二款规定了“不按要求报告或者不如实报告个人去向”行为。这里的“要求”包括本地区本部门制定的相关制度规定或工作要求，该条款要求情节较重的，才能给予相应党纪处分。未达到情节较重的，则不构成违纪，可以根据情节轻重，给予批评教育组织调整或组织处理。

试题十四

某省税务局机关第一党支部于2019年12月5日召开“不忘初心、牢记使命”主题组织生活会。会前，支部唐书记与支部委员周某进行了重点谈话，针对其工作中存在的问题提出一些批评。会上，全体党员按照要求进行对照检查，开展批评与自我批评。会后，该支部及时建立了问题台账，制定了整改措施，明确了工作要求和完成时限，并将会议情况报告和会议记录上报局机关党委。

根据上述材料，回答下列问题：

1.（单项选择题）根据组织生活会要求，下列选项，不属于唐书记与周委员谈心谈话的必要形式是（　　）。

A. 交换意见　　B. 互相批评　　C. 交流思想　　D. 提出问题

2.（单项选择题）此次组织生活会的会议形式属于（　　）。

A. 党内代表会　　B. 支部委会会议

C. 党员大会　　D. 党小组会

3.（多项选择题）此次组织生活会的必要议程有（　　）。

A. 明确整改方向　　B. 开展批评与自我批评

C. 个人对照检查　　D. 学习有关文件

【参考答案】 1. A；2. C；3. ABCD

【答案解析】

1. 党支部（党小组）组织生活会是党支部或党小组以交流思想、总结经验教训、开展批评与自我批评为中心内容的组织生活制度。

2. 组织生活会有三种形式：一是召开全体党员大会，全体党员开展批评与自我批评；二是先召开支委会，支委会成员开展批评与自我批评，然后召开支部大会，支部书记通报支委会召开情况，党员对班子进行批评，党员之间开展批评与自我批评；三是以党小组为单位，支委会成员分别参加各党小组会议，党员之间开展批评与自我批评。

3. 组织生活会的议程有组织集中学习；广泛听取意见建议，联系思想工作实际查摆问题；严肃认真开展批评与自我批评；会后落实整改。党支部班子和个人要对照查摆的问题和党员群众提出的意见，列出整改事项、作出整改承诺。

试题十五

社交网络上流传着一篇学术论文《通过靶向肠道菌群调控人体的物质需求有望提高廉政文化建设效率》，大概意思是，肠道菌群基因组 DNA 系统在人体的过度活跃和紊乱，有可能是导致人贪污腐败的生物学诱因，通过靶向肠道菌群调控，可以生理性地消除饥饿感，减少人对物质的需求，有利于提高廉政文化建设效率。

根据上述材料，回答下列问题：

1. （多项选择题）关于腐败的成因，下述说法正确的是（　　）。

A. 遏制腐败，需要多种多样的措施，这一学术研究，是廉政建设研究的一个创新

B. 腐败成因很复杂，是多种因素交互任用的结果，生物学诱因的研究是一种有益的探索

C. 这一研究不靠谱，腐败既有惩罚力度不够，制度不完善、监督乏力的原因，也有私欲作祟、侥幸心理因素

D. 这一研究靠不靠谱不说，廉政文化建设要从政治生态、社会生态和历史文化等方面多下功夫，而不是简单的生理上的问题

2. （多项选择题）中央提出要构建一体推进不敢腐、不能腐、不想腐的体制机制，下列表述正确的是（　　）。

A. 以零容忍态度惩治腐败，有腐必反、有贪必肃，就是强化“不敢”；开展以案促改、扎牢制度笼子，完善监管措施，就是强化“不能”；印发案例通报和违纪违法干部忏悔录，推进党性教育、法治教育和道德教育，就是促进“不想”

B. 落实中央八项规定精神，对顶风违纪者严肃查处，通报曝光，就是强化“不敢”；织密群众监督网、健全改进作风常态化制度，就是强化“不能”；引导党员干部增强党性修养，严明公私界限，就是促进“不想”

C. 发现腐败分子一查了之，就是强化“不敢”；层层传导压力，就是强化“不能”；保护干部，提高干部待遇，就是促进“不想”

D. 保持高压态势，就是强化“不敢”；严肃问责基层，就是强化“不能”；科学治

疗物欲，就是促进“不想”

【参考答案】 1. CD；2. AB

试题十六

明朝开国皇帝朱元璋在地方官上任之前，总要找他们谈一次话。朱元璋告诫他们：俸禄虽不丰，但像井底之泉，可以天天汲水，不会干涸，因而要老老实实地守着自己的薪俸过日子，不图非分之财。

根据上述材料，回答下列问题：

1. （单项选择题）对公务员实行职业保障，又称“井底之泉”，这在赫茨伯格的双因素理论中属于激励理论中的（　　）。

A. 激励因素　　B. 保健因素　　C. 保障因素　　D. 制度因素

2. （单项选择题）“井底之泉”说，让人想到“高薪养廉”，这一说法吻合 X 理论，其要点是（　　）。

A. 重视人的基本特征和基本需求，鼓励人们参与自身目标和组织目标的制定

B. 建立严格的绩效考核制度和与绩效挂钩的报酬制度，即以经济利益为主要激励手段

C. 要用信任取代监督，以启发与诱导代替命令与服从

D. 为员工提供高于行业平均 25% ~50% 报酬，以加强工作对员工的驱动力

3. （多项选择题）朱元璋给地方官做的任前谈话，有点类似于今天的廉政谈话、廉政提醒，下列说法正确的是（　　）。

A. 没有实质性的区别，都是以预防腐败为目的

B. 朱元璋的任前谈话带有恐吓意味，今天的干部任前廉政谈话是一项制度

C. 朱元璋的任前谈话以经济作诱惑，干部任前廉政谈话是为了筑牢拒腐防变的思想道德防线

D. 朱元璋的任前谈话内容单一，干部任前廉政谈话内容丰富

4. （多项选择题）有关党内谈话制度的说法，正确的有（　　）。

A. 发现领导干部有思想、作风、纪律等方面苗头性、倾向性问题的，有关党组织负责人应当及时对其提醒谈话

B. 发现轻微违纪问题的，上级党组织负责人应当对其诫勉谈话

C. 接到对干部一般性违纪问题的反映，应当及时找本人核实，谈话提醒、约谈函询

D. 巡视工作中发现线索，要与被巡视党组织领导班子成员和干部群众进行个别谈话

【参考答案】1. B；2. B；3. BCD；4. ABC

【答案解析】

1. 从“满意”和“不满意”两个维度出发，赫茨伯格总结得出能够提高员工工作满意度的因素主要包括：个人成就、组织或社会的赞赏、工作的挑战性、明确的职责划分以及个人的成长与发展。这些主要与工作有关，能够令员工满意，激发员工工作积极性的因素，被赫茨伯格命名为“激励因素”。与之相对的，政策与管理方式、上级的监督、工资福利、人际关系以及工作的条件，这些与环境相关、容易引起员工的不满、不能激发其工作热情的因素被命名为“保健因素”。

2. 选项 A 是 Y 理论的要点；选项 C 是 Y 理论的要点，选项 D 是 C 理论的要点。X 理论就是通俗的“胡萝卜加大棒”的激励和惩罚手段，认为人是消极的、懒惰的，给予高薪才能保持清廉，否则就会腐败。

3. 选项 A 错误，二者有着本质区别。

4. 选项 D 错误，个别谈话是巡视工作可以采取的工作方式，是为了发现问题线索，与党内谈话制度不同。

试题十七

A 市税务局对口扶贫丁字乡丁字村，不久前，该村因为村干部处事不公引发了群体事件。为了及时调解矛盾，安抚村民，市局应县委的要求决定重新派一支扶贫工作组进驻该村。可是，在研究落实工作组负责人选问题上碰到了难题：派谁去合适呢？张三不行，他虽然是本乡人，但是因为工作不力被群众指着鼻子骂；李四怎么样？也不行，他在那个县局工作三年，群众对他的告状信就有半麻袋。挑来挑去，市局老干科科长袁大世荣幸地被选为工作组组长，市局主要领导还赋予他自主回应群众提出的一切合理要求的权力。

经过一天一夜的努力工作，袁大世先后倾听了数十名群众的怒吼怨语，本着能答复的立即答复、不能答复的耐心细致做解释工作的原则，最后终于达成一致。末了，几个群众代表异口同声地说：袁同志，今天若不是你，他们哪个来也与我们谈不到一块儿。接着面对县委书记和市局局长时，他们也说：如果你们的领导干部都能像他这样就好了，这样的事也就不会发生了。

事后，市局局长感慨地问袁大世：那些村民为什么都听你的？袁大世说：不，应该说首先是我听他们的。

根据上述材料，回答下列问题：

1.（多项选择题）袁大世能够完成任务的原因是（ ）。

A. 他走的是“从群众中来，到群众中去”的群众路线，群众信任他，愿意听他的

B. 他接受了领导的合理、适当授权，民众值得听他的

C. 他当过老干科科长，知道怎么和农民打交道

D. 群体事件已经发生过了，风险过去了

2.（多项选择题）市局在处理这件事上的成功之处在于（ ）。

A. 市局领导做到了知人善用，正确用人，将适合的人放到适合的工作方位上去

B. 用老干科科长做扶贫工作组组长，是人与职位相匹配

C. 正确授权，使袁大世权责一致

D. 领导懂得越是边缘部门的人，越是有想干成事的欲望

E. 袁大世的性格也起了一定的作用，他为民着想，细致耐心，是民众称赞的好干部

3.（多项选择题）本案例给我们提供了很多启示，你认为正确的有（ ）。

A. 当干部就要一心为民，从群众中来，到群众中去，走群众路线

B. 只要满足了群众的一切要求，就能换取群众信任

C. 授权时一定权责一致，真正下放权力，使下属放心大胆地干

D. 老干科是个培养干部的好去处

4.（单项选择题）本案例再次证明了党的群众路线的正确，下述说法错误的是（ ）。

A. 党的群众路线，是我们党的根本的政治路线，也是我们党的根本的组织路线

B. 党的十一届三中全会第一次把群众路线确定为毛泽东思想三大“活的灵魂”之一

C. 把群众观点和群众路线深深植根于思想中，具体落实到行动上，是“不忘初心、牢记使命”主题教育的要求

D. 以人民为中心，是对群众路线的新的概括

【参考答案】1. AB；2. AC；3. AC；4. B

试题十八

【材料一】气候变暖已经成为全人类共同面临的大问题。科学家和环境保护组织不断发出警告：如果我们不立刻行动起来保护环境，阻止气候变暖，那么人类总有一天会

毁灭地球，不能继续生存下去。

【材料二】甲、乙、丙三人各自举着红旗、绿旗和黄旗，分别从东面、南面和西面三个方向朝山顶攀登。甲不举红旗，也不从东面上山；举红旗的人从西面上山；乙举着绿旗。

根据上述材料，回答下列问题：

1. （单项选择题）根据材料一的陈述，可以推出下列哪项？（　　）

A. 只要我们立刻行动起来保护环境，就能阻止气候变暖，人类就能在地球上继续生存。

B. 如果人类不能继续生存在地球上，一定是没有立刻开始保护环境。

C. 要想保护环境、保护地球、保护人类自身，就须防止气候变暖。

D. 如果人类想在地球上继续生存，就须立即行动起来保护环境，阻止气候变暖。

E. 除非人类在地球上继续生存下去，否则地球将因气候变暖而毁灭。

2. （单项选择题）根据材料二，可以推出（　　）。

A. 举绿旗者从南面上山　　B. 丙从东面上山

C. 举黄旗的不是甲　　D. 乙不从南面上山

E. 举黄旗者从东面上山

【参考答案】 1. D；2. D

【答案解析】

1. 属于翻译推理。题干翻译为：—保护→—生存。

选项A翻译为保护→生存，犯了否前否后错误；

选项B翻译为—生存→—保护，犯了肯后肯前错误；

选项C翻译为保护→防止，题干未提到保护和防止的关系；

选项D翻译为生存→保护，和题干逆否等价；

选项E翻译为—生存→—保护，犯了肯后肯前的错误。

2. 属于分析推理。最大信息是红旗，甲不举红旗，乙不举红旗，所以举红旗的是丙，丙从西面上山。特殊信息是乙举绿旗，所以甲只能举黄旗。甲不从东面上山，也不从西面上山，所以甲从南面上山，乙从东面上山。即①甲—黄旗—南面；②乙—绿旗—东面；③丙—红旗—西面。选择选项D。

试题十九

【材料一】A市税务局稽查局长赵某平时很注意廉政纪律，有个跟他私交很好的同乡王某为了感谢他平时的关照，送给他一张 50 万元的银行卡，但赵某拒绝了。王某提出让赵某开一投票账户，用这笔钱炒股，赚了钱自己将本金取走，剩下的钱留给赵某。赵某觉得这样不算违纪，就照办了。在当年股市一路飘红的行情下，赵某仅一年多时间就赚得了 120 万元。按约定，王某将本金取走，留下 120 多万元在账户上。

【材料二】2020 年底，某市税务局提拔副处级干部时，李某是有着多年工作经验而且年轻的一位县局局长，口碑也不错，是候选人选之一，但由于竞争激烈，他多次跑到市局一把手家中嘘寒问暖，并暗示如果得到局长关照得以进步，一定会重谢。他用同样的方式请求市委相关领导做工作，最终如愿以偿。结果不久被人实名举报，他因跑官要官被剥夺候选人资格。

【材料三】2020 年 3 月 7 日，福建省泉州市一家疫情防控集中隔离酒店轰然倒塌，造成多人伤亡。事件发生以后，福建省纪委监委第一时间成立事故追责问责调查组。调查发现，有的干部因存在利益瓜葛出具消防假证明等恶劣情节，被移送司法机关。有的干部存在形式主义、官僚主义作风，没有积极主动履职尽责，给予政务记过处分。

根据上述材料，回答下列问题：

1. （单项选择题）材料一中赵某的行为在定性上属于（　　）。

A. 违反八项规定　　B. 受贿

C. 贪污　　D. 四风问题

2. （单项选择题）材料二中，“跑官要官”的行为属于违反（　　）。

A. 政治纪律　　B. 组织纪律　　C. 廉洁纪律　　D. 换届纪律

3. （单项选择题）隔离酒店倒塌事件中，有干部因存在利益瓜葛出具消防假证明，处理上归属于（　　）。

A. 第一种形态　　B. 第二种形态

C. 第三种形态　　D. 第四种形态

4. （单项选择题）存在形式主义、官僚主义，没有积极主动履职尽责，处理上应该(　　)。

A. 以第一种形态问责　　B. 以第二种形态问责

C. 以第三种形态问责　　D. 以第四种形态问责

5. （多项选择题）坚持严管和厚爱结合，注重“三个区分开来”，让被问责干部重扛责任、担当作为，“三个区分”是指（　　）。

A. 干部在推进改革中因缺乏经验、先行先试出现的失误和错误，同明知故犯的违

纪违法行为区分开来

B. 把上级尚无明确限制的探索性试验中的失误和错误，同上级明令禁止后依然我行我素的违纪违法行为区分开来

C. 把为推动发展的无意过失，同为谋取私利的违纪违法行为区分开来

D. 把知错认错、主动投案自首与对抗组织调查、对党不忠诚不老实区分开来

6.（多项选择题）下列做法，属于形式主义、官僚主义作风表现的是（　　）。

A. 黑龙江肇州县疫情防控中发出通知，对国内其他地区返乡人员采取“21 天集中隔离 +7 天居家隔离”、费用自理的管控措施

B. 李城市税务局对实名举报局党委委员、副局长孙某的违纪行为的干部詹某实行约谈

C. 重庆市某区区委书记杨某爱好打篮球，跟他一起打球的干部都能得到重用

D. 王城县税务局干部张某表面上不分管人事，实则凡是动干部都得由他说了算

E. 甘肃白银市委书记大骂国土局长：从办公室滚出去

【参考答案】1. B；2. B；3. D；4. B；5. ABC；6. AE

试题二十

“两个相互矛盾方面的共存、斗争以及融合成一个新范畴，就是辩证运动。”马克思、恩格斯在确认矛盾论的同时，就提出了系统思想。作为一种哲学思维方式，辩证思维的本质特征就是矛盾思维。在辩证思维方式中，矛盾思维和系统思维是相辅相成、相互补充的。作为一门现代科学，系统论是“对整体和整体性进行科学探索”，向人们展示的“不是‘实物的世界’，而是‘系统的世界’，并且是发展着的系统的世界”。系统论在凸显系统世界、提供系统思维的同时，其本身就体现着整体与部分、系统与要素、系统与环境、结构与功能的矛盾关系。

矛盾必然造成相互作用，相互作用是事物的真正的终极原因。只有从这个普遍的相互作用出发，我们才能了解现实的因果关系。系统思维就是从事物的相互作用出发，确认在相互作用过程中产生了不属于事物本身、只在相互作用中存在的“关系质”，确认相互作用形成了事物的“序”和“整体性”或“总体性”。

根据上述材料，回答下列问题：

1.（单项选择题）这段材料阐述的核心观点是（　　）。

A. 辩证思维就是系统思维

B. 系统思维属于辩证思维

C. 系统思维就是辩证思维

D. 辩证思维与系统思维是两种不同的思维方式

2.（单项选择题）习近平总书记指出：在任何工作中，我们既要讲两点论，又要讲重点论，没有主次，不加区别，眉毛胡子一把抓，是做不好工作的。这里阐述的是(　　)。

A. 底线思维　　B. 系统思维　　C. 辩证思维　　D. 战略思维

3.（单项选择题）客观地设定最低目标，立足最低点，争取最大期望值的一种积极的思维能力是指（　　）。

A. 创新思维　　B. 系统思维　　C. 历史思维　　D. 底线思维

4.（单项选择题）从群众中来、到群众中去，试点推广、试验示范，借鉴经验，抓典型榜样，建设中国特色社会主义。这符合（　　）。

A. 矛盾的普遍性和特殊性原理　　B. 矛盾的同一性原理

C. 对立统一原理　　D. 矛盾的斗争性原理

5.（单项选择题）马克思指出："主要的困难不是答案，而是问题"。毛泽东也指出："问题就是事物的矛盾。哪里有没有解决的矛盾，哪里就有问题。"这里表达的同一个意思是（　　）。

A. 各种物质运动形式中的矛盾，都带有特殊性

B. 正确认识矛盾的普遍存在，承认其客观性，强调问题意识

C. 明确了主要矛盾，就明确了中心任务

D. 有了问题意识，只要抓住主要矛盾就可以了

【参考答案】1. B；2. C；3. D；4. A；5. B

附录

2021 时事政治 200 题
参考答案与解析

题型一 单项选择题

1. **【参考答案】** A

【答案解析】 2018 年 3 月 11 日，第十三届全国人民代表大会第一次会议通过《中华人民共和国宪法修正案》，在“自力更生，艰苦奋斗”前增写“贯彻新发展理念”。创新、协调、绿色、开放、共享的发展理念，是管全局、管根本、管长远的导向，具有战略性、纲领性、引领性。在省部级主要领导干部学习贯彻党的十九届五中全会精神专题研讨班开班式上，习近平总书记深刻指出：“为人民谋幸福、为民族谋复兴，这既是我们党领导现代化建设的出发点和落脚点，也是新发展理念的‘根’和‘魂’”。

2. **【参考答案】** C

【答案解析】“加快形成以国内大循环为主体、国内国际双循环相互促进的新发展格局”，是以习近平为核心的党中央基于当前和今后一个时期国内外形势、着眼高质量发展作出的重大战略部署。其主线是供给侧结构性改革，也是当前经济工作的主线。

3. **【参考答案】** B

【答案解析】 新发展理念是在深刻分析国内外发展大势的基础上形成的，集中反映了我们党对经济社会发展规律认识的深化，随着新时代我国社会主要矛盾发生历史性变化，必须贯彻新发展理念，引领和解决我国发展中的突出矛盾和问题。要从政治视野、用政治眼光来理解新发展理念是一个系统的理论体系，将其作为我们党关于发展的政治立场、价值导向、发展模式、发展道路等重大政治问题来全面深刻把握。

4. **【参考答案】** B

【答案解析】 对党忠诚、永不叛党，是党章对党员的基本要求。对党忠诚，是共产党人首要的政治品质；我们党一路走来，经历了无数艰险和磨难，但任何困难都没有压垮我们，任何敌人都没能打倒我们，靠的就是千千万万党员的忠诚。

5. **【参考答案】** D

【答案解析】 恩格斯说：“一个民族要想站在科学的最高峰，就一刻也不能没有理论思维。”习近平总书记说：“中华民族要实现伟大复兴，也同样一刻不能没有理论思维。”

6. **【参考答案】** B

【答案解析】 数字化转型是开发数字化技术及支持能力以新建一个富有活力的数字化商业模式。

7. **【参考答案】** A

【答案解析】 党的十八大以来，习近平总书记高度重视坚持和发展“枫桥经验”，作出一系列重要论述。2021年第5期《求是》杂志发表习近平总书记重要文章《坚定不移走中国特色社会主义法治道路 为全面建设社会主义现代化国家提供有力法治保障》。文章指出，要推动更多法治力量向引导和疏导端用力，完善预防性法律制度，坚持和发展新时代“枫桥经验”，完善社会矛盾纠纷多元预防调处化解综合机制，更加重视基层基础工作，充分发挥共建共治共享在基层的作用，推进市域社会治理现代化，促进社会和谐稳定。

8. **【参考答案】** D

【答案解析】“枫桥经验”主要特色就是用村规民约自治，“枫桥经验”之一，就是“小事不出村，大事不出镇，矛盾不上交”。

9. **【参考答案】** B

【答案解析】“新发展阶段”重大战略判断是国民经济与社会发展进入新时期的标志。

10. **【参考答案】** B

【答案解析】 习近平在2021年3月中央党校（国家行政学院）中青年干部培训班开班式上发表重要讲话强调，年轻干部无论是立身处世还是从政干部，首先要解决好我是谁、为了谁、依靠谁的问题，不断追求“我将无我，不负人民”的精神境界。

11. **【参考答案】** B

【答案解析】 见习近平《讲好中国共产党的故事》。

12.【参考答案】B

【答案解析】“四个伟大”中，新的伟大工程是指党的建设伟大工程。

13.【参考答案】B

【答案解析】实事求是是岳麓书院的一块匾额。这一论断是习近平总书记考察湖南时在岳麓书院的讲话中提到的。

14.【参考答案】B

【答案解析】这个题目几个选项迷惑性很强，最容易让人混淆。人民当家作主是社会主义民主政治的本质和核心。习近平总书记指出，人民当家作主是我们党矢志不渝的奋斗目标。

15.【参考答案】B

【答案解析】人民中心，是马克思主义价值观的生动表达，是中国特色社会主义本质的内在要求，是中国共产党的最高价值遵循。

16.【参考答案】B

【答案解析】习近平总书记在多种场合提到“政治三力”，首次提出是在2020年12月召开的中央政治局民主生活会上。

17.【参考答案】B

【答案解析】习近平总书记指出，在党的六项纪律中，政治纪律最重要、最根本、最关键，“首先从政治纪律查起，彻底查处整而未治、阳奉阴违、禁而不绝督查问题。”

18.【参考答案】C

【答案解析】腐败是党面临的最大挑战。历史充分证明，江山就是人民，人民就是江山，人心向背关系党的生死存亡。

19.【参考答案】C

【答案解析】2021年2月20日，在党史学习教育动员大会上，习近平总书记首次公开提出“树立正确党史观”的重要论述，为学习党史提供了根本遵循。

20.【参考答案】B

【答案解析】在党史学习教育动员大会上，习近平总书记指出，各级党委（党组）要承担主体责任，主要领导同志要亲自抓、率先垂范。

21.【参考答案】A

【答案解析】根据税务总局党委新修订的《税务系统落实全面从严治党主体责任和监督责任实施办法（试行)》，各级税务局党委承担本单位本系统全面从严治党主体责任，履行政治领导责任。探索建立政治生态评价机制体系，将政治建设工作情况纳入各级党组织书记抓党建述职评议和党建考核评价体系，并突出其权重。

22. 【参考答案】B

【答案解析】坚持和发展中国特色社会主义是改革开放以来我们党全部理论和实践的鲜明主题，也是习近平新时代中国特色社会主义思想的核心要义。

23. 【参考答案】D

【答案解析】2035 年是一个有着特殊意义的年份，是一个具有远景目标意义的标志性年份。

24. 【参考答案】B

【答案解析】生态文明建设是习近平新时代中国特色社会主义思想的重要内容之一，学习时要多加留意。

25. 【参考答案】D

【答案解析】党高度重视理论建设和理论指导，实现了党的指导思想和基本理论与时俱进。在实践基础上的理论创新，是保持马克思主义政党与时俱进理论品格的重要途径，是坚持和发展中国特色社会主义的思想引领，是赢得伟大斗争胜利的力量源泉。

26. 【参考答案】B

【答案解析】《关于新形势下党内政治生活的若干准则》第一部分的开头就提出："共产主义远大理想和中国特色社会主义共同理想，是中国共产党人的精神支柱和政治灵魂，也是保持党的团结统一的思想基础。必须高度重视思想政治建设，把坚定理想信念作为开展党内政治生活的首要任务。"

27. 【参考答案】A

【答案解析】增强党内政治生活的"四性"即政治性、时代性、原则性、战斗性，是对我们党开展党内政治生活宝贵经验的深刻总结，也是针对当前党内政治生活存在的突出问题开出的"药方"。

28. 【参考答案】B

【答案解析】党的政治建设决定党的建设方向和效果，不抓党的政治建设或背离党的政治建设指引的方向，党的其他建设就难以取得预期成效。

29. **【参考答案】** A

【答案解析】 这是习近平总书记在党的十九大开幕式上强调的。他还指出，必须始终把人民利益摆在至高无上的地位，让改革发展成果更多更公平惠及全体人民，朝着实现全体人民共同富裕不断迈进。

30. **【参考答案】** D

【答案解析】 这是习近平总书记首次提出“中国特色反贫困理论”这一重要论断，揭秘了中国脱贫攻坚战的制胜法宝。

31. **【参考答案】** B

【答案解析】“十四五规划”指出要加强基础研究、注重原始创新，优化学科布局和研发布局，推进学科交叉融合，完善共性基础技术供给体系。

32. **【参考答案】** C

【答案解析】 现阶段社会主要矛盾变了，中国特色社会主义进入新时代，我国社会主要矛盾已经转化为人民日益增长的美好生活需要和不平衡不充分的发展之间的矛盾。改革开放的基本国策没有变，但不属于“两个没有变”之中。

33. **【参考答案】** A

【答案解析】《中国共产党组织工作条例》由 2021 年 4 月 30 日中共中央政治局会议审议批准，2021 年 5 月 22 日由中共中央发布。

34. **【参考答案】** A

【答案解析】 这句话是党的十九大报告中提出来的，绿色低碳循环发展是十九大报告的关键词。2020 年 3 月，国家发展改革委、司法部印发了《关于加快建立绿色生产和消费法规政策体系的意见》。

35. **【参考答案】** B

【答案解析】 今年两会提出了很多重大的举措，其中之一便是培育市场主体，方便群众，实现跨省通办。

36. **【参考答案】** A

【答案解析】 2020 年 6 月，外军公然违背与我方达成的共识，悍然越线挑衅。按照处理边境事件的惯例和双方之前达成的约定，团长祁发宝本着谈判解决问题的诚意，仅带几名官兵前出交涉，却遭对方蓄谋暴力攻击。祁发宝组织官兵一边喊话交涉，一边占据有利地形，与数倍于己的外军展开殊死搏斗。增援队伍及时赶到，官兵们奋不顾身、英勇战斗，一举将来犯者击溃驱离。外军溃不成军，抱头逃窜，丢下大量越线和伤亡人员，付出了惨重代价。在前出交涉和激烈斗争中，团长祁发宝身先士卒，身负重伤；营长陈红军、战士陈祥榕突入重围营救，奋力反击，英勇牺牲；战士肖思远，突围后义无反顾返回营救战友，战斗至生命最后一刻；战士王焯冉，在渡河前出支援途中，拼力救助被冲散的战友脱险，自己却淹没在冰河之中。

37.【参考答案】B

【答案解析】国家乡村振兴局，国务院直属机构，前身为国务院扶贫开发领导小组办公室。

38.【参考答案】B

39.【参考答案】B

【答案解析】星际探测的含义更广泛，目标更伟大。

40.【参考答案】C

【答案解析】地外天体起飞，不是空间站起飞，也不是地面起飞。

41.【参考答案】B

【答案解析】《关于进一步优化税务执法方式的意见》，其主要内容是优化税务执法方式，推动税务执法、服务、监管的理念方式手段变革，深入推进精确执法、精细服务、精准监管、精诚共治，大幅提高税法遵从度和社会满意度，明显降低征纳成本，发挥税收在国家治理中的基础性、支柱性、保障性作用。

42.【参考答案】B

【答案解析】在全国政协2021新年茶话会上，习近平总书记强调要发扬为民服务孺子牛、创新发展拓荒牛、艰苦奋斗老黄牛的精神。此诗描述的是老黄牛精神。

43.【参考答案】B

【答案解析】天问一号负责执行中国第一次自主火星探测任务，天宫一号是中国第一个空间实验室。选项C、D均是迷惑选项。

44.【参考答案】B

【答案解析】考查《人类减贫的中国实践》的内容。中国提前10年实现《联合国

2030年可持续发展议程》减贫目标，打赢脱贫攻坚战，显著缩小了世界贫困人口版图。

45.【参考答案】B

【答案解析】时事政治，了解香港、关注香港、爱国爱港。

46.【参考答案】B

【答案解析】中国成为世界最大的制造业国家是从2010年开始的。

47.【参考答案】D

【答案解析】在时间节点方面，很容易出题。本题考查的是《关于进一步深化税收征管改革的意见》对深化税收大数据共享应用的要求。

48.【参考答案】A

【答案解析】《关于进一步深化税收征管改革的意见》提出，健全以“数据集成+优质服务+提醒纠错+依法查处”为主要内容的自然人税费服务与监管体系。

49.【参考答案】B

【答案解析】不收过头税费是财政部、税务总局近年来多次强调的“底线”，严肃组织收入工作纪律，坚决不收过头税费、坚决防止搞集中清欠，把各项减税降费措施落实到位。

50.【参考答案】B

【答案解析】北京冬奥会、冬残奥会火炬名为飞扬。

51.【参考答案】A

【答案解析】时事政治+科技知识。

52.【参考答案】B

【答案解析】大概率思维是一种风险意识，也指明了应对复杂性挑战的工作方法。小概率事件，通常是指基于人们的经验和统计分析，在一段特定时间发生的可能性相对较低的事件。不能因为其发生的可能性小就放松对其监测、预警和防范，而应用大概率思维来应对它。

53.【参考答案】A

【答案解析】考查全国税务工作会议精神。

54.【参考答案】A

【答案解析】碳达峰和碳中和是今年两会上的热词，也是习近平总书记在中央全面深化改革委员会上特别强调的。

55.【参考答案】A

【答案解析】题目中说水葫芦可以当猪饲料，这是它的优点；但是又会带来影响航运、窒息鱼类的问题，这是它的缺点。用一分为二的观点看问题，这属于一对矛盾。

题型二　多项选择题

56.【参考答案】ABC

【答案解析】新发展阶段是我国发展的历史方位。故选项D表述不当。

57.【参考答案】ABC

【答案解析】考查新发展理念，选项D是迷惑选项。

58.【参考答案】ABC

【答案解析】脱贫攻坚精神是习近平2021年2月25日提出的，主要内容是“上下同心、尽锐出战、精准务实、开拓创新、攻坚克难、不负人民”。

59.【参考答案】ABCDE

【答案解析】中国特色反贫困理论的主要内容。

60.【参考答案】ABCD

【答案解析】考查内容为习近平总书记2021年2月19日主持召开中央全面深化改革委员会第十八次会议并发表的重要讲话。

61.【参考答案】CD

【答案解析】“枫桥经验”主要是社会治理方式的创新，也是因地制宜、实事求是的创新。与选项A、B均无关。

62.【参考答案】AC

【答案解析】“枫桥经验”体现了矛盾的普遍性与特殊性的辩证统一，也是人民群众自发创造的，因此，选项A、C正确。

63.【参考答案】ABC

【答案解析】“政治三力”是指政治判断力、政治领悟力和政治执行力。

64.【参考答案】ABC

【答案解析】选项 A、B、C 均准确，没有“政治观”这一说。

65. 【参考答案】ABCD

【答案解析】延安精神具体内容的表述。

66. 【参考答案】ABCD

【答案解析】抗战精神主要内容的准确表述。

67. 【参考答案】ABC

【答案解析】浦东开发开放的经验，与制度创新关联不大，选项 D 错误。

68. 【参考答案】ABCD

【答案解析】“四个全面”战略布局是习近平新时代中国特色社会主义思想的重要内容，其提出的时间节点十分重要。

69. 【参考答案】ABCD

【答案解析】绿色税收也称环境税收，是以保护环境、合理开发利用自然资源，推进绿色生产和消费为目的，建立开征以保护环境的生态税收的“绿色”税制，从而保持人类的可持续发展。

70. 【参考答案】ABCD

【答案解析】“四个不摘”是习近平总书记对脱贫问题的重要指示。

71. 【参考答案】ABC

【答案解析】考查党史观的主要内容。

72. 【参考答案】ABCD

【答案解析】考查党史学习教育的具体要求。

73. 【参考答案】ABCDE

【答案解析】考查十九届五中全会精神。

74. 【参考答案】AB

【答案解析】考查积极的财政政策。

75. 【参考答案】ABCD

【答案解析】考查中央对优化和落实减税政策的部署。

76. 【参考答案】ABC

【答案解析】考查现阶段税务机关如何做好党史学习，选项D未涉及。

77. 【参考答案】ABCDE

【答案解析】考查抗疫精神的主要表述。

78. 【参考答案】ABCD

【答案解析】“四精理念”中，题干其实已经提示了执法、服务、监管三个方面，另外再加一个精诚共治。

79. 【参考答案】AB

【答案解析】《关于印发全面深化服务贸易创新发展试点总体方案的通知》中公布了数字人民币试点地区。目前，数字人民币试仍是“4+1”，即先行在深圳、苏州、雄安新区、成都及未来的冬奥场景进行内部封闭试点测试。

80. 【参考答案】ABCDE

【答案解析】新《中华人民共和国行政处罚法》的发布对于税务执法有着很大的影响，应该重点关注学习。

81. 【参考答案】ABCE

【答案解析】十九届五中全会精神学习，科技强国不是题中应有之义，故选项D错误。

82. 【参考答案】ABC

【答案解析】十九届五中全会精神学习，三个大幅跃升，不包括文化软实力，故选项D错误。

83. 【参考答案】AB

【答案解析】重要时事政治，对于问天、梦天这2个名称，应该知晓。

84. 【参考答案】ABCDE

【答案解析】《中国共产党组织处理规定》是2021年3月发布的，应该注意学习并掌握。

85. 【参考答案】ABC

【答案解析】中共中央办公厅、国务院办公厅联合发布的《关于进一步深化税收征管改革的意见》对于税收工作具有重大的指导意义，税务干部应该重点学习。

86. 【参考答案】ABCD

【答案解析】对本题中的四个时间节点均应该有所了解。

87.【参考答案】ABDE

【答案解析】《中共中央关于坚持和完善中国特色社会主义制度推进国家治理体系和治理能力现代化若干重大问题的决定》指出，坚持和完善党的领导制度体系，提高党科学执政、民主执政、依法执政水平的内容包括：建立“不忘初心、牢记使命”的制度；完善坚定维护党中央权威和集中统一领导的各项制度；健全党的全面领导制度；健全为人民执政、靠人民执政各项制度；健全提高党的执政能力和领导水平制度；完善全面从严治党制度。选项C错误，其属于坚持和完善中国特色社会主义法治体系，提高党依法治国、依法执政能力的内容。

88.【参考答案】BCDE

【答案解析】党委书记是落实全面从严治党主体责任的第一责任人，重点履行统筹推进、选人用人、管理监督和示范引领责任。

89.【参考答案】ABC

【答案解析】解放思想是邓小平理论的哲学基础，故选项D表述不妥。

90.【参考答案】ABCD

【答案解析】了解马克思主义中国化的内涵。

91.【参考答案】ABC

【答案解析】对毛泽东思想的历史地位做实事求是的评价是在十一届六中全会《关于建国以来党的若干历史问题的决议》做出的。

92.【参考答案】ABC

【答案解析】实事求是是思想路线，群众路线与实事求是不是谁比谁更重要。

93.【参考答案】ABCD

【答案解析】本题考查互联网+税务行动的内容。

94.【参考答案】ABC

【答案解析】2020年4月20日，国家发展改革委在线召开4月份例行新闻发布会，明确“新基建”范围，主要包括3个方面内容：一是信息基础设施；二是融合基础设施；三是创新基础设施。选项D错误，算力基础设施属于信息基础设施的范畴。选项E错误，科教基础设施属于创新基础设施的范畴。

95.【参考答案】BC

【答案解析】秘书人员发挥参谋助手作用、坚持汇报工作进展，是秘书人员的本职工作，与题干中“三不”无关。

96.【参考答案】ABCD

【答案解析】同级机关党委工作计划总结不属于下级党组织应当向上级党组织报告的事项。

97.【参考答案】ACE

【答案解析】《中共中央关于加强党的政治建设的意见》明确，加强党的政治建设主要任务有坚定政治信仰包括坚持用党的科学理论武装头脑、坚定执行党的政治路线、坚决站稳政治立场。

98.【参考答案】AD

【答案解析】根据《中华人民共和国行政处罚法》，行政法规可以设定限制人身自由以外的行政处罚；地方性法规可以设定限制人身自由、吊销营业执照以外的行政处罚。

99.【参考答案】ABCD

【答案解析】时事政治。选项 E 不是挑战，恰恰是优势。

100.【参考答案】ABC

【答案解析】对企业投入基础研究实行税收优惠是提升企业技术创新能力的举措，不属于完善现代税收制度的内容。

101.【参考答案】ABCDE

【答案解析】时事政治。这几个重点透露出 2021 年反腐败的新动向。

102.【参考答案】AC

【答案解析】《中共中央关于制定国民经济和社会发展第十四个五年规划和二〇三五年远景目标的建议》指出，要“完善现代税收制度，健全地方税、直接税体系，优化税制结构，适当提高直接税比重，深化税收征管制度改革”。

103.【参考答案】ABC

【答案解析】《全国税务系统深化“放管服”改革五年工作方案（2018—2022）》指出：到 2022 年，基本形成征纳双方权责清晰、政策更加透明、办税更加便捷、合法权益更有保障、诚信纳税意识明显提升、纳税人税法遵从意愿和遵从能力不断提高，自主遵从、优质便捷的纳税服务体系。基本形成以动态“信用＋风险”管理为基础，税收征管方式从依靠事前审批、审核校验向信用评价、监控预警、风险应对的全流程管理转变，税收征管能力不断提升，科学严密、规范统一的税收征管体系。基本形成以业务创新为引领，以大数据云平台为支撑，以电子税务局为核心，强大稳定、智能高效的税收信息化体系。

104. 【参考答案】ABC

【答案解析】“放管服”改革是指在后续管理上做“加法”，加快转变税收征管方式；在简政放权上做“减法”，大幅削减行政审批事项；在优化服务上做“乘法”，开展便民办税春风行动。

105. 【参考答案】ABCD

【答案解析】本题考查重大事项报告制度。

106. 【参考答案】ABCE

【答案解析】《税务系统开展违规收送礼品礼金 私车公养问题专项整治工作方案》明确，违规收送礼品礼金专项整治主要包括七个方面的内容：收受与行使职权有关或可能影响公正执行公务的礼品礼金；收受下属单位的礼品礼金；向上级单位（领导）或利害关系单位（个人）赠送礼品礼金；收受管理、服务对象的礼品礼金；借节假日或办理婚丧喜庆等事宜违规收送礼品礼金；收送明显超出正常礼尚往来的礼品礼金；其他违规收送礼品礼金的行为。

107. 【参考答案】ABD

【答案解析】根据2020年6月28日《关于河北省景县违规征税摊派捐款举债搞迎检办大会等问题的督查情况通报》，“要紧扣保就业保民生保市场主体，认真落实减税降费政策，为市场主体减负，坚决制止不合规收费，严禁收‘过头税费’、违规揽税收费和以清缴补缴为名增加市场主体不合理负担。”

108. 【参考答案】ABCD

【答案解析】房价暴涨属于“灰犀牛”事件，是有苗头的，只是人们没有察觉，习以为常。

109. 【参考答案】ABCDE

【答案解析】《灰犀牛》一书的作者米歇尔·渥克提出了上述五点应对策略。同时，他提醒人们，成为发现“灰犀牛”风险的人，就能成为控制“灰犀牛”风险的人。

110.【参考答案】ABC

【答案解析】哪些属于违反政治纪律，哪些属于违反组织纪律，这是最容易混淆模糊的知识点。

111.【参考答案】CD

【答案解析】核心价值观，承载着一个民族、一个国家的精神追求，体现着一个社会评判是非曲直的价值标准。由此可以得出的结论是不同文化的竞争很大程度上表现为核心价值体系的竞争，现阶段我国必须用社会主义核心价值体系引领社会思潮，选项C、D正确。选项A错误，社会基本矛盾决定着人类社会历史发展的总趋势和方向。选项B错误，一国的综合国力从根本上说取决于经济和科技实力。

112.【参考答案】ABCDE

【答案解析】《中共国家税务总局委员会关于加强新形势下税务系统党的建设的意见》中指出的基本原则是：坚持政治引领，加强党对税收工作的全面领导，确保税收事业始终沿着正确的方向前进；坚持服务中心，努力实现党的建设与税收中心工作融合共进；坚持以上率下，抓机关带系统，充分发挥领导机关和领导干部的示范作用；坚持问题导向，着力解决党建工作中存在的突出问题，补齐短板弱项；坚持改革创新，既继承和弘扬好的工作经验和做法，又把握时代脉搏，不断与时俱进、创新方式方法。

113.【参考答案】ABCDE

【答案解析】考查习近平新时代中国特色社会主义思想的重要内容。

114.【参考答案】ABCDE

【答案解析】这些论述，不必死记硬背，一定要熟悉，否则命题人稍微换一个表述，故意弄错某个观点，就可能导致选错。

115.【参考答案】AC

【答案解析】本题考查对《习近平谈治国理政》第三卷的熟悉程度。

116.【参考答案】ABC

【答案解析】本题考查中央经济工作会议精神。

117.【参考答案】BCD

【答案解析】习近平指出，腐败这个党执政的最大风险依然存在，存量还未清底，增量仍有发生。

118.【参考答案】ABD

【答案解析】每年的全国税务工作会议精神都有值得关注的知识点。本题中的“三假”不包括假发票。

119.【参考答案】ABC

【答案解析】“干股”是指未出资而获得的股份。进行了股权转让登记，或者相关证据证明股份发生了实际转让的，违纪数额按转让行为时股份价值计算，所分红利按违纪孳息处理。股份未实际转让，以股份分红名义获取利益的，实际获利数额应当认定为违纪数额。

120.【参考答案】ABCD

【答案解析】本题考查国情国力。

121.【参考答案】ABCD

【答案解析】本题考题综合国情国力，2020 年是我国连续 7 年成为全球最大出口国。

122.【参考答案】ABCD

【答案解析】“四力”的内容常让人感到熟悉而陌生。

123.【参考答案】ABCE

【参考答案】新“六大体系”中，合作共赢的国际税收体系，不是税收共治体系。

124.【参考答案】ABCDE

【答案解析】“六大体系”前后有两次不同的表述，不要混淆。

125.【参考答案】ABCDE

【答案解析】熟悉税收现代化建设“六大能力”的具体要求。

126.【参考答案】AB

【答案解析】掌握税务总局关于“新、精、进”的具体要求。

127.【参考答案】ABCDE

【答案解析】本题考查的是税务系统“六位一体”的全面从严治党新格局。

128.【参考答案】ABC

【答案解析】“三牛”精神的重要表述。

129.【参考答案】ABCD

【答案解析】本题考查的是《关于进一步深化税收征管改革的意见》中的指导思想。

130.【参考答案】ABC

【答案解析】《关于进一步深化税收征管改革的意见》中明确的主要目标分为三个阶段：2022 年、2023 年和 2025 年。没有涉及 2035 年。

131.【参考答案】ABC

【答案解析】2023 年要实现的目标是“三个基本建成”，实现从“以票管税”向“以数治税”分类精准监管转变，不是实现以票管理向以数治税的转变，选项 D 表述不准确。

132.【参考答案】AB

【答案解析】关于推进智慧税务建设的目标，到 2022 年基本实现法人税费信息一户式、自然人税费信息一人式智能归集。实现税务机关信息一局式、税务人员信息一员式智能归集是到 2023 年。

133.【参考答案】ABCD

【答案解析】《关于进一步深化税收征管体制改革的意见》针对完善税务执法制度和机制提出了 5 点要求，其中包括强化税务执法内部控制和监督，不是外部控制和监督。

134.【参考答案】ABC

【答案解析】大力推行优质高效智能税费服务，全面改进办税缴费方式，《关于进一步深化税收征管体制改革的意见》对 2021 年、2022 年、2023 年都提出了具体的要求。选项 D 不符合题意，应该是逐步改变以表单为载体的传统申报模式。

135.【参考答案】ABCDE

【答案解析】我国载人航天 30 年，神舟十二号载人飞船实现了五个第一次，选项 A、B、C、D、E 均正确。

136.【参考答案】ABC

【答案解析】习近平总书记的文章提出了要把握好三大关系，选项 D 是迷惑选项。

137.【参考答案】BCD

【答案解析】选项 A 错误，印花税是一个很古老的税种，荷兰自 1624 年即开征印花税。其他三个选项均正确。

138.【参考答案】ABCD

【答案解析】碳达峰和碳中和是我国生态文明建设的一个重要目标，也将为促进人类命运共同体而作出巨大的贡献。

139.【参考答案】ACD

【答案解析】《中共中央关于加强对“一把手”和领导班子监督的意见》着眼政治大局，坚持严的主基调，牢牢把握加强对“一把手”和领导班子监督的政治性，明确了加强对“一把手”和领导班子监督的重要意义、指导思想、监督重点，从加强对“一把手”的监督、同级领导班子监督和对下级领导班子的监督3个方面作出规定，对切实加强党对监督工作的领导提出要求。

140.【参考答案】BCD

【答案解析】习近平总书记指出，我们党能成为百年大党、创造世纪伟业的关键以及党的生命是旗帜鲜明讲政治、保证党的团结和集中统一。

题型三　判断题

141.【参考答案】×

【答案解析】总目标是完善和发展中国特色社会主义制度。

142.【参考答案】×

【答案解析】中央全面深化改革领导小组改名为中央全面深化改革委员会是在2018年两会。

143.【参考答案】×

【答案解析】两次历史性飞跃，一次是毛泽东思想，一次是中国特色社会主义理论体系。

144.【参考答案】×

【答案解析】习近平总书记首次提出“中国方案”，是在2014年德国柏林的演讲中。

145.【参考答案】×

【答案解析】应是自然人的民事权利能力一律平等。

146.【参考答案】×

【答案解析】《中华人民共和国民法典》在十三届全国人大三次会议上通过。

147. 【参考答案】√

【答案解析】《中华人民共和国民法典》自2021年1月1日起施行。

148. 【参考答案】×

【答案解析】习近平在全国脱贫攻坚总结表彰大会上的讲话指出，我国脱贫攻坚战我国脱贫攻坚战取得了全面胜利，完成了消除绝对贫困的艰巨任务。

149. 【参考答案】√

150. 【参考答案】√

151. 【参考答案】×

【答案解析】新发展阶段是我们党带领人民迎来从站起来、富起来到强起来历史性跨越的新阶段。

152. 【参考答案】×

【答案解析】习近平总书记指出，我们党领导人民治国理政，很重要的一个方面就是要回答好实现什么样的发展、怎样实现发展这个重大问题。

153. 【参考答案】√

154. 【参考答案】×

【答案解析】构建新发展格局的关键在于加强需求侧管理。

155. 【参考答案】×

【答案解析】2021年，我国国内生产总值增长目标是6%。

156. 【参考答案】×

【答案解析】2021年全国两会上，政府工作报告提出，今年我国单位国内生产总值能耗降低3%左右。

157. 【参考答案】×

【答案解析】是将制造业企业加计扣除比例提高到100%。

158. 【参考答案】×

【答案解析】新发展格局不是封闭的国内循环，而是开放的国内国际双循环。

159. 【参考答案】√

160. 【参考答案】×

【答案解析】对新产业新业态实行包容审慎的监管。

161. 【参考答案】√

162. 【参考答案】×

【答案解析】100 条具体措施。

163. 【参考答案】√

164. 【参考答案】√

165. 【参考答案】√

166. 【参考答案】×

【答案解析】此次修改完善，拟采取“决定 + 修法”的方式进行，不涉及修改《中华人民共和国香港特别行政区基本法》正文。

167. 【参考答案】×

【答案解析】《中华人民共和国香港特别行政区维护国家安全法》通过之日，国家主席习近平签署第 49 号主席令予以公布，于公布之日起实行。

168. 【参考答案】×

【答案解析】这不是习近平主席第一次祝贺拜登正式就任美国总统。

169. 【参考答案】√

170. 【参考答案】√

171. 【参考答案】√

172. 【参考答案】√

【答案解析】这是习近平总书记在十九届政治局第二十次集体学习时的讲话中的内容。

173. 【参考答案】×

【答案解析】这是坚持党的领导的最高原则，不是最底线原则 。

174. 【参考答案】×

【答案解析】应是《法治中国建设规划（2020—2025 年）》

175. 【参考答案】×

【答案解析】《中国共产党统一战线工作条例》是修订印发，不是首次制定和发布。

176.【参考答案】×

【答案解析】坚持系统观念，不是坚持绿色发展理念。其余都表述正确。

177.【参考答案】×。

【答案解析】不是再次，是首次。

178.【参考答案】×

【答案解析】宣布如期完成新时代脱贫攻坚任务是在2020年12月3日召开的中共中央政治局常务委员会会议上。

179.【参考答案】×

【答案解析】应是突破一百万亿元（以人民币计）。

180.【参考答案】√

181.【参考答案】√

182.【参考答案】√

183.【参考答案】×

【答案解析】对以上机关、单位中非中共党员领导干部、不担任领导职务的干部，以及国有企业中担任领导职务的人员参照《中国共产党组织处理规定（试行）》执行。

184.【参考答案】√

185.【参考答案】×

【答案解析】应是连续两年超过1万美元。

186.【参考答案】√

187.【参考答案】×

【答案解析】活动标识除党徽、数字100、1921、2021外，还有光芒线。

188.【参考答案】√

189.【参考答案】√

190.【参考答案】×

【答案解析】稳步实施发票电子化改革，2025年基本实现发票全领域、全环节、全要素电子化，着力降低制度性交易成本。

191. 【参考答案】√

【答案解析】《关于进一步深化税收征管改革的意见》对严格规范税务执法行为提出了明确且具体的要求，特别是执法信息网上录入、执法程序网上流转、执法活动网上监督、执法结果网上查询。

192. 【参考答案】×

【答案解析】健全违法查处体系，是要精准有效打击“假企业”虚开发票、“假出口”骗取退税、“假申报”骗取税费优惠等行为。

193. 【参考答案】×

【答案解析】《关于进一步深化税收征管改革的意见》中提出，对税务执法等实施自动化考评，不是差异化考评。

194. 【参考答案】√

195. 【参考答案】√

196. 【参考答案】×

【答案解析】《中华人民共和国民法典》的编次顺序是总则、物权、合同、人格权、婚姻家庭、继承、侵权责任以及附则。

197. 【参考答案】×

【答案解析】题目故意混淆习近平总书记提出的“七种能力”和税务总局提出的提升税收治理“六大能力”，后者即政治引领能力、谋划创新能力、科技驱动能力、制度执行能力、协同共治能力、风险防范能力。

198. 【参考答案】√

【答案解析】区块链是分布式数据存储、点对点传输、共识机制、加密算法等计算机技术的新型应用模式。

199. 【参考答案】√

200. 【参考答案】×

【答案解析】全国首家个人破产事务管理机构名称是深圳市破产事务管理署。